财政部规划教材

全国高等院校财经类专业规划教材

产业扶持政策应用

康　坤　董　娣　李爱红　主编

中国财经出版传媒集团
中国财政经济出版社
· 北京 ·

图书在版编目（CIP）数据

产业扶持政策应用 / 康坤，董娣，李爱红主编.
北京 ： 中国财政经济出版社，2024. 12. -- （财政部规划教材）（全国高等院校财经类专业规划教材）.
ISBN 978-7-5223-3537-7

Ⅰ. F269.22

中国国家版本馆CIP数据核字第20241D6C62号

责任编辑：苏小珺　　责任校对：胡永立

封面设计：北京兰卡绘世　　责任印制：党　辉

产业扶持政策应用

CHANYE FUCHI ZHENGCE YINGYONG

中国财政经济出版社 出版

URL：http：//www.cfeph.cn

E－mail：cfeph@cfeph.cn

社址：北京市海淀区阜成路甲28号　邮政编码：100142

营销中心电话：010－88191522

天猫网店：中国财政经济出版社旗舰店

网址：https：//zgczjjcbs.tmall.com

北京虎彩文化传播有限公司印刷　各地新华书店经销

成品尺寸：185mm×260mm　16开　21.75印张　423 000字

2024年12月第1版　2024年12月北京第1次印刷

定价：88.00元

ISBN 978－7－5223－3537－7

（图书出现印装问题，本社负责调换，电话：010－88190548）

本社质量投诉电话：010－88190744

打击盗版举报热线：010－88191661　QQ：2242791300

编委名单

前　言

在全球化和信息化快速发展的今天，产业扶持政策已成为各国政府推动经济增长、提升产业竞争力的重要手段。面对日益激烈的市场竞争和产业结构的快速调整，如何有效地应用产业扶持政策，成为各类企业共同关注的焦点。《产业扶持政策应用》正是在这一背景下应运而生，旨在通过系统而全面的讲解，提升读者认识和应用产业扶持政策的综合能力，助力企业更好地理解和运用相关政策，提升企业竞争力，实现可持续发展。

本书深入剖析了产业政策与扶持政策的内涵、产业扶持政策的实施路径，以及应用实务。全书共分为七章，内容涵盖了产业政策与扶持政策概览、企业信息管理、项目申报技能、扶持政策应用规划及应用实务等多个方面。详细介绍了产业政策和扶持政策的理论基础、实施条件、管理体系和扶持政策信息获取的理论知识，并通过真实的扶持政策应用场景，展示产业政策信息管理、企业申报信息管理、扶持政策应用规划等应用环节和产业扶持政策转化为企业效益的具体过程。

本书的特色在于实务性、创新性和全面性。首先，以工业和信息化部人才交流中心《产业政策人才岗位能力》标准作为本书内容设计的参考依据，确保本书支持国家重点领域人才培养需求。其次，在研究方法上，本书采用了多学科交叉的研究视角，综合运用经济学、管理学等多学科知识和方法，对产业扶持政策进行了全面、系统的分析，并通过生动的导入案例和翔实的操作过程激发读者学习兴趣，提升读者实务能力。最后，在观点阐述上，本书力求客观、公正，既指出了产业扶持政策的积极作用，也提出了在实际应用过程中存在的主要问题和分析看法，为读者提供了全面的思考视角。

本书适合各类企业管理人员、政策研究人员和相关专业学生使用，亦可作为学习产业政策与扶持政策的入门教材，还可作为企业制定发展战略、申报扶持项目的重要参考。

本书同步配套了实训平台、视频微课等丰富的数字化资源，可以实现教、学、练、评的统一，能满足翻转课堂和线上线下混合式教学的需要。

本书是全国财经商贸数字化服务产教共同体产教融合、校企合作的工作成果，共同体副理事长单位九阶管理咨询有限公司为本书编写提供了专业指导和实务案例支持，共同体其他单位也为本书的编写提供了诸多建议和支持。在此，表示衷心感谢。

因作者认知水平有限，书中不足之处，敬请读者批评指正。

编　者
2024 年 10 月

目录 Contents

第一章　产业政策概览

学习目标

了解产业政策的定义、起源和演进过程，理解产业政策的由来及存在的理论依据，掌握产业政策的分类、特征以及与财政政策和货币政策的关系；能分析特定产业政策对产业发展和结构调整的影响，运用产业政策的相关知识评估政府的经济干预措施，具备从宏观和微观角度综合分析产业政策影响的能力；树立对产业政策科学性和实效性进行批判性思考的意识，养成对经济全球化背景下产业政策变化的适应能力和创新意识。

导入案例

日本战后的产业政策

尽管在“二战”中日本经济被完全摧毁，但“二战”后，日本政府通过广泛运用产业政策手段，推动本国经济恢复、发展。19 世纪 70 年代末，日本已经成长为世界第二大经济强国，也成为运用产业政策促进经济发展的范本。

战后初期，面对被战争完全摧毁的国民经济，日本政府选择了“倾斜生产方式”，对对国民经济恢复至关重要的煤炭和钢铁产业采取重点扶持政策，以这些重点产业为突破点，通过政府直接干预的方式，利用财政政策和严密保护等政策措施，支持相关产业的恢复与发展。日本政府还通过复兴金融公库优惠贷款等方式向这两个产业提供资金支持。在政府的直接扶持下，日本经济很快得到恢复。

随着 20 世纪 60 年代日本先后加入国际货币基金组织、关贸总协定和经济合作与发展组织，日本的产业政策选择开始出现向贸易自由化与经济自由化的方向转变的迹象。对外，日本先后实行了贸易自由化和资本自由化，外贸出口持续增加，经济发展战略选择也从以往的进口替代战略转向了出口导向战略，国际收支顺差持续扩大。对内，通产省（MITI）提出组建政府、产业界、金融界之间的金融协调，这也标志着日本的产业政策手段从早期的直接干预，转向更注重市场规律的政府引导手段。

20世纪70年代的两次石油危机也沉重地打击了资源匮乏的日本经济，因此，20世纪70年代日本的产业政策开始关注环境保护与能源节约，以及于危机之中的日本企业的救助。在产业政策的产业选择方面，日本政府扶持的重点产业从早期的钢铁、化纤、机械，到70年代成为汽车，80年代再转变为家电、电子、新材料等产业，在这些产业转移中，科技创新在现代日本经济中的地位明显有了显著提升，产业政策也从早期动员政府资源推动经济增长，转向利用市场机制手段引导市场行为，在争取纯经济目标之外，实现一些市场机制无法实现的非经济目标。

20世纪90年代以后，面对日元升值带来的出口下滑和长期的经济衰退，日本的产业政策目标也从关注出口转向关注扩大内需。在产业扶持方面，日本政府提出“新技术立国”与“科学技术立国”的方针，重点扶持技术密集型和知识密集型产业。1995年颁布的《面向21世纪的日本经济结构改革思路》提出的通过在现有产业体系中加强科技创新、延长企业价值链、加深国际分工、推动经济结构改革等产业政策思路，更表明了现代日本的产业政策已经转向关注科技创新与国际竞争力的提升，应对全球化竞争格局。

【思考与讨论】日本战后不同阶段重点扶持了哪些产业？扶持的措施有哪些？日本政府的产业政策是否对当时的经济起到积极的作用？

在市场经济中，产业不可能自动地或者完全地靠市场机制作用自发实现结构合理化和高级化、各产业比例合理、布局合理、组织完善和发展健康，政府必须适当地进行管理和调控。因此，人们对政府在市场经济中发挥作用的原因、范围和方式等进行了广泛深入的研究，并在实践中不断探索。政府主要采用制定和执行产业政策的方式对产业的状况及其发展实行必要的干预。

本章首先阐述了产业政策的概念、由来、存在的理论依据、一般特征和实质；其次，对产业政策的制定与实施路径和手段以及产业政策体系加以介绍；最后，对我国产业政策实践进行分析。

第一节 产业政策相关概念

一、产业政策的定义

“产业政策”一词尽管在20世纪70年代以来就在世界各国被广泛使用，但由于不同的学者具有不同的研究角度和学术背景，迄今为止，关于“产业政策”的定义，经济理论界仍未达成共识。本书从综合的角度，将产业政策定义为：政府为了实现一定的经济和社会目标，对产业经济活动（包括产业类型、产业组织、产业结构、产业布局、产业关联和产业发展等各方面的状况和变化）进行干预而制定的各种政策的总和。

西方学者往往把产业政策、财政政策和货币政策并称为三大经济政策，这体现了三种经济政策具有同等地位的事实。同时，要注意的是三者之间不只是简单的并列关系，因为三者遵循统一的分类标准，所能达到的目标和所起的作用也是有显著差异的。产业政策的实施是政府通过直接干预、间接诱导、法律规制等方法，影响某些产业全体；财政政策和货币政策则分别以财政手段和金融手段来调控宏观经济需求。在大多数情况下，产业政策常常需要财政政策和货币政策的配合才能付诸实施，即三大政策是相互交叉、不可截然分离的关系。

二、产业政策的由来

虽然“产业政策”一词是日本在1970年才正式提出，但据一些学者研究，产业政策的雏形在很早以前就出现了。中国封建时代是“普天之下，莫非王土”，结合史学家的研究，中国的产业政策实践堪称源远流长。中国最早具有产业经济思想的“经济政策”是春秋战国时期越王勾践的休养生息政策，后来三国时期的“屯田制”、北魏和唐初的“均田制”同样有此特性，均有力地促进了当时的农业生产。此外，古埃及统一管理全国水利系统和开凿新水渠、扩大耕地面积的政策，古巴比伦严格保护私有财产的《汉谟拉比法典》，都被大部分欧美学者认为是产业政策的原始表现形式。虽然相对于现代意义的产业政策来说，当时并不存在独立的产业政策概念，但是其思想和实践对推动一国的产业发展起到了重要作用。

现代意义上的产业政策在不同国家、不同时期具有不同的内容，各自的侧重点也不同。17 世纪，英国重商主义者主张国家对经济的全面干预，提倡借用国家政权的强制力实行各种保护主义的经济措施。1791 年，美国开国元勋亚历山大·汉密尔顿在向国会提交的《关于制造业的报告》中主张国家采取各种措施，消除制造业发展的各种障碍，以保护并促进本国制造业的发展。1841 年，德国经济学家李斯特就德国当时经济落后的实际情况，提出并反复论证了利用产业政策改变德国落后状况的必要性。早在日本明治维新期间，为了加快工业化步伐，明治政府颁布的长达 30 卷的《兴业意见书》，首次系统地提出了扶持各产业发展的政策措施。1970 年，日本通产省（日本政府机构中最大的产业主管部门）的代表在经济合作与发展组织（OECD）大会上正式提出“产业政策”一词。

第二次世界大战后，曾遭受严重破坏的西欧各国和日本面临着如何加快重建和复兴的艰巨任务。法国政府从 1947 年开始实行指导性计划，为了实现计划，政府采取了一系列政策，帮助其重建经济。西欧六国在 1957 年建立欧共体时，签署的《罗马条约》中就包括了产业政策的一些内容，如国家援助居支配地位的企业、促进资本和劳动力的自由流动以及建立共同市场等。

此外，印度于 1948 年宣布了第一个产业政策，主要内容涉及对国营和私营企业范围的划分，强调发展小工业和家庭手工业，以及实现外国企业本地化等产业政策。1950 年，韩国公布的“稳定经济的 15 项原则”提出重点发展日用消费品生产。中国自改革开放后，面对十分严重的产业结构失衡问题，已经广泛、持续地推行了以产业结构调整为内容的产业政策，尤其从“七五”计划时期开始，政府不断推出日趋细化和扩展的产业政策，使中国成为一个推行产业政策较多的国家。1989 年，国务院发布了《关于当前产业政策要点的决定》，对制定产业政策的基本原则、产业发展序列，以及推行产业政策的保障措施、组织实施措施等方面进行了明确的规范。1994 年，国务院又发布了《90 年代产业政策纲要》，对 20 世纪 90 年代我国产业政策要解决的主要问题、产业政策目标及组织实施措施等方面进行了新的规范，标志着我国产业政策的制定与实施进入了新阶段。

同样，欧美国家于 2008 年国际金融危机后也开始加强了产业政策的设计与实施。一向反对选择性政策的欧美国家，在这一时期继续强化了功能性产业政策的力度，如加强教育与培训、设立企业创新基金、建设科技基础设施等，以便为企业创新营造良好的环境。同时，针对具体产业制定了选择性产业政策，如吸引制造业投资、大力发展新能源产业、支持汽车以旧换新等，以抢占产业发展先机，并解决国内就业和环境等方面的问题。

三、产业政策存在的理论依据

产业政策的制定和推行是政府经济职能的重要实现形式，但其并不完全是从良好愿望出发的，而是有理论依据的，各国学者对产业政策的理论认识主要包括以下四种：

（一）市场失灵理论

亚当·斯密（1776）的经济理论系统阐述了在完全的市场竞争条件下，市场这只“看不见的手”能优化社会资源配置，使社会资源的使用效益达到最高。但现实经济却并不是纯粹的完全竞争市场，其存在垄断、外部性、公共物品及信息不对称等各种情况，即存在市场失灵。为了弥补市场失灵的缺陷，几乎所有的政府都通过“看得见的手”和市场这只“看不见的手”并用来干预经济，其中产业政策就是“看得见的手”的具体体现。日本经济学家小宫隆太郎一针见血地指出，产业政策的中心课题，就是针对在资源分配方面出现的市场失灵采取对策。制定和推行产业政策，首先就在于解决市场失灵问题。

约瑟夫·斯蒂格利茨（1998）批评了新自由主义对于完全市场机制的假设，他指出新自由主义认为市场是完全的，然而在多数发展中国家，却存在市场失灵与不完全。既然市场自身不能满足发展的需要，就必须寻求政府通过一些合理处理政府与市场关系的促进发展的政策来实施干预。

拉尔（2003）也强烈地批判了新自由主义思想的理论基础，他指出新自由主义的理论基础是市场是有效的，保证市场运作的制度是存在并有效的，如果达不到最优，政府也无法提高效率。他强调市场力量是强大的，但也是不完全的，用于保证市场更有效运作的制度常常是弱的，甚至是缺失的，因此必须利用政府来提升市场产出。政府有必要通过加强对于产业政策的研究，提高自身制定与执行产业政策的能力，消除政策失灵对于产业政策执行效果的负面影响。

（二）后发优势理论

后发优势理论是学者们在李斯特“动态比较成本”理论的基础上提出的。李斯特认为，工业化起步较晚的国家，有可能经过国家产业政策的保护和培育，能够在经济发展中具有比先行者更加有利的条件和地位，这种条件和地位就称为后发优势。后发国家可以直接吸收和引进先进国家的技术，技术成本要比最初开发的国家低得多。在同样资金、资源和技术成本条件下，后发国家还具有劳动力成本便宜的优势，只要在国家的保护与扶持下达到规模经济阶段，就可能发展起新的优势产业，与先进国家在传统的资本或技术领域进行竞争。从历史上看，英国赶超荷兰时期、美国和德国赶超英国时期，特别是日本赶超美国时期，都曾经通过产业政策手段有效利用了后发优势，是利用这种“动态比较优势”理论取得成功的范例。因此，发展中国家后发优势的发挥需要有效的产业政策扶持也是其存在的理论依据。

（三）结构转换理论

英国的科林·克拉克、德国的霍夫曼和美国的库兹涅茨等都曾对经济增长与收入过高过程中的产业结构变化规律进行过深入研究，并提出了“配第—克拉克定理”“霍夫曼比率”“库兹涅茨增长理论”等学说。日本学者在他们研究的基础上，提出了产业政策有利于推动产业结构的转换，或者说产业结构转换对产业政策具有一定的依赖性，主要体现在以下三点：第一，结构转换是一个重要的利益再分配过程，其顺利完成需要政府的产业政策干预；第二，结构转换需要在产业政策的指导下主动实施，而不应是一个被动的结果；第三，转换过程中应利用产业政策协调经济目标与非经济目标之间的关系。

由此可知，产业结构升级和发展中存在的结构性冲击和退出障碍及结构转换过程中出现的问题都需要产业政策的有效调节，产业政策由此产生。

（四）规模经济理论

规模经济是指随着生产规模的不断扩大，在未达到其最优规模时单位成本是递减的。在发展新兴产业初期，生产规模往往比较小，没有充分利用规模经济，继续扩大规模是有利的。然而，如果单凭市场力量来集聚企业，扩大生产规模，将耗费时日，耽误时机，失去发展机会。因此，需要政府采取各种措施，实施组织合理化政策，促进企业合并、联合，迅速达到最佳规模，提高竞争能力，发展新兴产业。

四、产业政策的特征

（一）导向性

产业政策为产业的发展指明了方向。它基于国家对经济发展的长远规划和战略思考，明确了哪些产业需要重点发展、哪些需要限制或淘汰，从而引导资源向符合国家利益和发展需求的方向流动。一方面，产业政策给企业指明了宏观经济环境的变化方向；另一方面，相关部门如财政、金融、外贸和法律部门等，也可以根据产业政策的指导，正确决定各种经济杠杆和法律措施对各类不同产业和企业的差别程度。

例如，在能源领域，国家可能制定产业政策鼓励新能源的开发和利用，以减少对传统化石能源的依赖，实现可持续发展的目标。这种导向性能够促使企业和投资者作出相应的决策，加大对新能源产业的投入。

（二）综合性

产业政策涉及经济的多个层面和领域。它不仅关注产业的生产、销售和市场竞争，还涵盖了技术研发、人力资源培养、资金融通、税收政策等多个方面。

例如，为了推动某一高新技术产业的发展，产业政策可能包括对相关企业的税收优惠、提供科研经费支持、建立人才培养机制以及完善相关的金融服务体系等一系列综合措施。此外，产业政策还需要与财政政策、货币政策、贸易政策等其他宏观经济政策相互协调配合，形成合力，以达到最佳的政策效果。

（三）针对性

产业政策是针对特定的产业或产业领域制定的。不同的产业在发展过程中面临着不同的问题和挑战，产业政策能够根据各产业的特点和需求，制订出有针对性的解决方案。

以农业为例，由于农业具有基础性、弱质性和风险性等特点，产业政策可能侧重于加大农业基础设施建设投入、提供农业补贴、加强农业技术推广等方面，以提高农业的生产效率和农民的收入水平。对于新兴产业，产业政策可能着重于创造良好的创业环境、提供风险投资支持、保护知识产权等，以促进其快速成长。

（四）动态性

产业政策不是一成不变的，而是随着经济发展的阶段、国内外市场环境的变化以及技术进步等因素不断调整和完善的。

当经济处于快速增长期，产业政策可能侧重于鼓励产业扩张和创新；在经济衰退期，产业政策可能更注重产业结构调整和企业的兼并重组。随着技术的不断进步，一些传统产业可能需要转型升级，产业政策也会相应地作出调整，支持这些产业采用新技术、新工艺，提高产业竞争力。同时，国际市场的变化，如贸易摩擦、汇率波动等，也会促使产业政策进行调整，以保护本国产业的利益。

（五）干预性

由于市场机制存在失灵的情况，如信息不对称、外部性、公共物品供应不足等，产业政策作为政府干预经济的一种手段，能够在一定程度上弥补市场的缺陷。政府可以通过产业政策直接配置资源，或者对市场主体的行为进行引导和规范，促进产业健康发展。

例如，对于具有正外部性的产业，如环保产业，政府可以通过补贴等政策鼓励其发展；对于存在垄断的产业，政府可以通过反垄断政策维护市场竞争秩序。

（六）系统性

产业政策的制定和实施是一个系统工程，需要综合考虑产业内部各环节之间的关系，以及产业与其他相关产业之间的关联。一个产业的发展不仅依赖于自身的生产和经营，还受到上下游产业、相关配套产业和服务产业的影响。产业政策需要统筹协调这些产业之间的发展，形成完整的产业链和产业集群。

同时，产业政策的实施还需要建立健全的监督评估机制，及时发现政策执行过程中存在的问题，并进行调整和改进，以确保政策目标的实现。

产业政策的这些特征相互关联、相互影响，共同作用于产业的发展，对于促进经济的持续健康发展具有重要意义。

专栏1-1　部分国际机构和专家学者关于产业政策的定义

关于“产业政策”的定义，经济理论界仍未达成共识，以下为当前部分国际机构和专家学者关于产业政策定义的表述：

OECD（1975）：产业政策是关于促进产业增长和效率提升的政策。

Curzon Price（1981）：产业政策是政府实施的旨在促进或者抑制产业结构变化的一套政策工具。

Wachter和Wachter（1981）：产业政策术语指的是政府和企业在微观层面上的关系。

Tyson和Zysman（1984）：产业政策是政府针对或为化解特定行业内部困难而实施的政策。

Johnson（1984）：产业政策是由政府发起和协调实施的，用来提高整体经济和特定产业的生产效率和竞争力的政策。

小宫隆太郎（1988）：产业政策是政府为改变产业间的资源分配和各种产业中私营企业的某种经营活动而采取的政策。换句话说，它是促进某种产业的生产、投资、研究开发、现代化和产业改组而抑制其他产业的同类活动的政策。

Graham（1986）：产业政策指的是那些以某种方式影响制造业和服务业的政策。

Geroski（1989）：产业政策是一个基于微观供给的、广泛的、混杂的政策集合，其目的是以各种方式来提高市场绩效，而这些手段偶尔会相互掣肘。

Krugman 和 Obstfeld（1991）：产业政策是政府鼓励资源流入那些被认为可能会对未来经济增长起至关重要作用的特定行业的政策。

Chang（1994）：产业政策是针对特定产业（包括构成这个产业的厂商）实施的，以取得有力提升整体经济效率的政策。

Sharp（1998）：产业政策可被定义为政府实施的旨在影响产业资源分配的任何政策，既包括宏观经济政策，也包括传统微观经济政策。

Foreman - Peck 和 Frederico（1999）：产业政策是影响作为经济重要部分的产业发展的每一种政府干预行为。

Rodrik（2004）：产业政策是支持充满活力的经济活动的结构性重组政策，不管这些活动本质上是发生在工业还是制造业内部。

从以上不同的概念表述中，我们仍可以看到关于产业政策概念表达的共性。

第二节　产业政策的实施

一、产业政策实施的条件

任何一项政策的实施都需要相关的外在条件，产业政策也是如此，产业政策是否能够得到有效实施，主要从以下三个方面进行判断。

（一）是否存在发达的市场条件

产业政策虽然是市场机制的补充和修正，但是在很多时候，产业政策的实施可能并不能起到完善市场的作用，反而会出现一定的反作用。因此，产业政策的贯彻实施需要具有发达的市场条件，以防其出现较大的副作用。

（二）收集的信息是否充分，处理分析信息的手段是否先进

产业政策的制定者需要收集足够充分的信息，方能对市场偏差作出准确的判断，从而

制定出可行的产业政策；产业政策的实施者只有掌握充分的市场信息，方能科学分析政策的效应，对各方面的利益要求作出正确的反应。同时，信息反馈的渠道快速、灵敏、畅通，有利于政策制定者和实施者不断修正和完善产业政策。

（三）是否有完备的法治基础

产业政策是政府干预经济、调节市场的手段。产业政策的制定和有效实施要求具备完备的法治基础，主要表现在以下三个方面：首先，产业政策在很多情况下是以法律形式出现的，是国家和全民的意旨而非政府的意旨，这就要求有比政府权威更高的法律权威作为依据；其次，要求有全面覆盖资源分配和企业行为的各个方面的完善的经济法律体系，不能留有漏洞，更不能相互矛盾；最后，要求有独立、公正的司法体系，以做到有法必依，维护法律权威，保证产业政策得到有效实施。

虽然产业政策的有效实施需要上述相关的外部条件，但这并不意味着产业政策只有在这些条件都具备的情况下方能实施，在大多数情况下，产业政策的制定和实施与上述条件是相互促进的。

二、产业政策实施的工具

产业政策的目标要通过选择有效的政策工具加以实现，产业政策工具的设计、选择和运用是产业政策贯彻落实的重要基础，也是产业政策目标实现的重要保障。根据产业政策对产业的影响方向、作用方式和管控力度等，政府可选择的政策工具分为直接干预、间接诱导和其他措施三大类型。

（一）直接干预

直接干预是指政府以行政指令的形式，干预某产业的资源分配与运行态势，及时纠正产业活动中与产业政策相抵触的各种违规行为。包括但不限于限定某种产品的价格、实行配额制、许可证制、审批制、市场准入限制、强制淘汰等。

配额制是指对有限资源的一种管理和分配，通过调整供给数量，实现对供需不等或者各方不同利益的平衡，如外汇配额、信贷配额、进口配额等。通常，政府为了保护本国产业不因进口产品过量而受损害，或者为了防止本国（地区）产品过度出口而主动或者被动地控制产品进出口数量或者价值。

许可证制、审批制、市场准入制均为政府根据管辖职责，对市场主体提出的申请，经过依法审查，采取“批准”“同意”“年检”“发放证照”等方式，准予其从事特定活动、认可其资格资质，实现保护并合理分配有限资源，强化对产业经济的调控。

（二）间接诱导

间接诱导主要是指通过提供行政指导、信息服务、税收减免、融资支持、财政补贴、关税保护、采购特定商品和劳务等方式，诱导企业在有利可图的情况下自主决定服从政府的产业政策目标，引导企业的资源配置符合产业政策目标。

信息服务主要涉及向企业传播国民经济发展趋势信息，引导产业调整；提供信息服务；提供信息交换场所，传递市场信息等，这是政府利用所掌握的信息进行政策引导的措施。政府还可以通过扩大教育和培训投入，全面提升国民受教育年限，或加大对特定群体的相关技能培训的投入等。

税收减免是指为了实现特定产业目标，政府利用税收制度，按预定目的，在税收方面采取相应的激励和照顾措施，以减轻某些纳税人应履行的纳税义务来补贴纳税人的某些活动或相应的纳税人，如关税减免、所得税减免和增值税减免等。

融资支持是指政府通过贷款差别利率、调整贷款期限、提供政府担保和设定政府基金等方式，直接增加或引导社会资金流入相应产业，为产业发展、调整和优化等提供资金保障，实现产业优化升级。

财政补贴是指政府通过对财政收入的再分配，以支持或调控经济活动为目标，针对企业特定的经营活动给予一定的资金，如价格补贴和生产补贴、研发补贴、利息补贴和进出口关税补贴等。财政补贴可以用在工业、农业、商业、交通运输、建筑和外贸等国民经济各部门，以及生产、流通、消费各环节和居民生活各方面。

关税保护是指一个国家为了保护国内产业，对外国商品进口征收关税，增加进口商品的成本，使进口商品在国内市场的价格上升，从而使那些价格相对较高的国内产品能够与之竞争。

（三）其他措施

其他措施主要包括组织措施、法律措施和外贸措施。其中，组织措施是实现产业政策目标的组织保证，只有建立有效的管理和监控机关，产业政策的实施才能得到有效保障。例如，日本有通产省内设的产业政策局、通商政策局等专门负责开发和协调全部的产业政策；法国有工业战略开发部；英国有全国经济发展委员会；韩国有全国产业政策研究院；中国产业政策的制定和执行权集中在国务院。法律措施是指国家运用法律手段，保证产业政策目标的实现和政策措施的落实，如各国普遍推行的反垄断法、反不正当竞争法等实际上都起着规范产业活动、引导产业发展的作用。外贸措施则是通过鼓励、保护、限制进出口贸易来实现产业政策的目标。后进国家在赶超时期，都有一个从加强外贸保护措施到逐步实现外贸自由化的阶段，即使是发达国家，为了促进本国产业发展和维护本国产业的利益，也绝不会放弃对本国企业实行资助和对本国市场实行保护的政策。

三、产业政策实施的管理路径

一项产业政策从最初的制定到最终的落地实施，从产业政策内容变化的角度看，其管理路径主要包括四个阶段：基本政策、规划方案、实施办法和政策执行。

（一）基本政策

产业政策的制定需要吸纳各方利益相关者参与，形成一体化的治理机制，包括加强组织统筹与协调、提高社会参与度和建立审议制度。政策制定主体通常由国务院指定的相关负责部门牵头，形成产业政策协调委员会，负责综合性产业政策的制定和实施。这一时期的产业政策通常基于国家发展战略和目标，明确提出产业发展的方向和重点，如促进区域经济发展、优化产业结构和提升产业技术水平等。例如，2018 年 1 月，中国政府发布《中共中央 国务院关于实施乡村振兴战略的意见》。

（二）规划方案

产业政策的规划方案是基于上述基本政策下制定的更为具体的方案，规划方案应顺应科技革命和产业变革趋势，进行系统谋划和超前布局。这要求政策制定者把握产业发展趋势，重点推进未来制造、未来信息、未来材料、未来能源、未来空间和未来健康六大方向的产业发展。

规划方案的制定主体通常是中央政府，如国务院及其相关部委，它们负责制定国家层面的宏观政策和规划方案。实施主体则包括中央政府和地方政府，它们共同承担政策的具体实施和执行工作。

例如，在《中共中央 国务院关于实施乡村振兴战略的意见》出台后，2018 年 9 月，财政部出台《财政部贯彻落实实施乡村振兴战略的意见》；2019 年 1 月，科技部发布《科技部关于印发〈创新驱动乡村振兴发展专项规划（2018—2022 年）〉的通知》，展示了政府相关部门在产业政策实施中的主体地位；2020 年，中共河南省委、河南省人民政府发布《关于推进乡村振兴战略的实施意见》。

（三）实施办法

产业政策的实施需要加强部际协同、央地协作，形成工作格局。政策的实施力度可以通过政策文件颁布机构的行政级别来展现。政策执行通常由中央和地方政府机构承担，地方政府负责落实和执行国家产业政策，并定期向中央政府报告政策实施情况。在实际的产业政策管理过程中，中央政府负责制定整体的产业政策方向和目标，而地方政府则根据中央政策精神和本地实际情况，制定具体的实施措施和操作细则。这种多层次、多主体的管理模式有助于确保产业政策既符合国家战略，又能够适应地方发展的实际需要。

例如，规划方案出台后，在具体推进乡村振兴的策略上，2020 年，河南省人民政府办公厅又出台了《关于加快推进农业机械化和农机装备产业高质量发展的意见》，从农业现代化发展的策略上推进乡村振兴；郑州市科学技术局印发了《郑州市星创天地认定管理办法》的通知，面向农业农村创新创业主体，推进乡村振兴。

（四）政策执行

在政策执行阶段，执行政策文件会明确提出产业发展的目标和任务，指出政策执行的方向和预期效果，包括具体的行动计划、执行标准、操作流程和监管要求等，甚至包括配套的支持政策，如财政补贴、税收优惠、金融支持等激励措施，以确保政策能够顺利实施。政策文件通常有一定的灵活性，以适应不同地区或行业的具体情况。

执行主体通常是中央政府和地方政府，它们共同承担政策的具体实施和执行工作。中央政府负责制定整体政策框架和目标，而地方政府则根据中央政策精神和本地实际情况，制定具体的实施措施和操作细则。

例如，在上一产业政策实施办法出台后，2020 年，河南省农业机械技术中心又发布了《河南省关于 2018—2020 年农机购置补贴机具补贴额一览表（2020 年调整）的公告》（豫农机公告〔2020〕1 号）；郑州市科学技术局发布《关于组织开展 2020 年度郑州市星创天地申报工作的通知》（郑科〔2020〕3 号），这些政策均为实施办法的具体执行措施及操作细则。

政策执行的管理主体涉及多个层面，包括但不限于产业政策协调委员会、行业协会和学术机构等，它们负责政策的审议、监督、评估和反馈，确保政策执行的精准性和有效性。此外，政策实施过程中还可能涉及人大等机构的监督和问责机制，以及第三方机构的独立评估，以提高政策实施的透明度和公信力。产业政策执行的精准性需要通过督查评估机制来保障，包括强化人大督查职能、建立政策执行奖励和问责机制，以及引入第三方机构对政策实施效果进行独立评估。

除了以上四个管理路径之外，一项产业政策最终落地、产生经济效果，还需要一系列配套措施和保障措施。例如，加强政策协调，促进产业政策与创新政策、竞争政策、财政政策等联动；强化产业政策实施的制度保障，提高法治化水平；加大金融支持，推动相关基金加大投入，完善金融财税支持政策；强化安全治理，构建未来产业治理格局；深化国际合作，鼓励国内外企业联合开展技术研发和产业化应用等。

通过上述阶段，产业政策能够实现从制定到落地的全过程管理，以促进产业的高质量发展和国家经济的持续增长。

四、产业政策实施的目标

产业政策目标是产业政策的出发点和归宿，是产业政策方向的规定性和期望值的量化，也是政府协调其他各种支出活动的一种明确的意图。产业政策目标通常是由多项目标组成的一个群体，每个目标之间存在着内在的相关性和协调性。

（一）弥补市场失灵的缺陷

政府通过制定科学合理的产业政策，充分发挥政府和市场机制的双重作用，弥补市场机制的缺陷和不足，最大限度地减少市场失灵带来的损失，可以有效防止垄断、不当竞争、基础设施投资不足、环境污染、资源浪费等现象的发生与蔓延，引导经济向既定目标发展。

（二）促进超常规发展

后发国家可以通过产业倾斜政策聚集资本，帮助基础设施和基础工业相对薄弱的部门突破瓶颈，实现快速发展。同时，有序地扩大对外开放、制定和实施出口导向型产业政策，有效地促进本国产业参与国际分工，充分发挥比较优势和后发优势，低成本地引进国外的先进生产和管理技术，在技术、管理领域较快地接近国际先进水平，增加收入，积累资本，为产业结构的升级创造条件。

（三）增强国际竞争力

国家产业国际竞争力的主导因素是资源的国际比较优势、骨干企业的生产力水平、技术创新能力和国际市场开拓能力。在产业政策的引导下，能够充分利用本国资源的比较优势，以培育新的优势出口产业；通过保护国内弱势产业，以及扶持主导产业和支柱产业，提高这些产业产品出口的竞争力。

（四）实现资源优化配置

产业政策最主要的作用是尽可能地实现资源的优化配置。资源的优化配置包括资源在产业之间和产业内部企业之间的合理分配和有效利用，促进产业结构优化升级，减少或避免资源的闲置和浪费。促进产业组织合理化，提高企业资源使用的效果。

产业政策实施目标与国家国情、经济制度、经济发展阶段和文化差异密切相关。从当前各国产业政策的特点可以看出，美国、德国、英国、法国等先行发达国家以反垄断和中小企业政策为主，以完善市场自我调节机制，增强经济活力为目标；日本、韩国等后起发达国家以提高规模经济水平为目标，调整产业结构和组织；发展中国家则主要以优化产业结构、实现经济振兴和经济赶超为目标。然而，在经济全球化过程中，增强本国产业的国际竞争力是“21世纪各个国家产业政策的总目标之一”。近十年来，我国产业政策的重心是大力提升优势产业的国际竞争力。

专栏1-2 全球行业分类标准

产业由多个行业组成，这些行业共同构成了产业的整体框架。例如，技术创新往往首先在某个行业内部发生，然后逐渐扩散到整个产业，甚至影响到其他相关产业。因此，产业与行业密不可分，了解行业的划分，有助于了解产业内的结构特征。

全球行业分类标准是由标准普尔与摩根斯坦利公司于1999年8月联手推出的行业分类标准。该标准为全球金融业提供了一个全面的、全球统一的经济板块和行业定义。

全球行业分类标准为四级分类，包括11个经济部门、24个行业组、69个行业和158个子行业，表1-1选自2018年9月最新版官方分类标准。

表1-1 全球行业分类标准

部门	行业组	行业
10 能源	1010 能源	能源设备与服务、天然气和消费燃料等
15 材料	1510 材料	化学品、容器与包装、金属与矿业、造纸业和林业等
20 工业	2010 资本品	航空航天与国防、建筑与工程、电气设备工业集团等
	2020 商业和专业服务	商业服务与用品、专业服务
	2030 运输	航空货运与物流、公路与铁路、交通基础设施等

续表

部门	行业组	行业
25 非必需消费品	2510 汽车及零部件	汽车零部件、汽车
	2520 耐用消费品和服装	家庭耐用品、服装和奢侈品等
	2530 消费者服务	酒店、餐厅与休闲、多元化消费者服务
	2550 零售	分销商、多线零售、专业零售
30 必需品	3010 食品和主食零售	食品和主食零售
	3020 食品、饮料和烟草	饮料、食品、烟草
	3030 家庭和个人用品	家用产品、个人产品
35 卫生保健	3510 医疗保健设备与服务	保健设备及用品、医疗保健提供者和服务等
	3520 制药、生物技术和生命科学	生物技术、制药、生命科学工具与服务
40 金融	4010 银行	银行、储蓄和抵押金融
	4020 多元化金融	多元化金融服务、消费者金融、资本市场等
	4030 保险	保险
45 通信技术	4510 软件与服务	通信技术服务、软件
	4520 技术型硬件和设备	通信设备、存储和外部设备、电子设备、仪器及组件等
	4530 半导体与半导体设备	半导体与半导体设备
50 通信服务	5010 通信服务	多元化电信服务、无线电信服务
	5020 媒体与娱乐	媒体、娱乐、互动媒体与服务
55 公共事业	5510 公共事业	电气事业、燃气事业、复合公共事业、供水事业等
60 房地产	6010 房地产	股票房地产投资信托、房地产管理与开发

第三节　产业政策体系

产业政策涉及产业活动的各个方面，存在不同的类型。产业政策体系是由多种多样的有关联的产业政策构成的一个体系。按照政策功能分，主要包括产业结构政策、产业组织政策和产业发展政策。这三大类产业政策又分别包括多种不同的具体政策。某一项具体的产业政策通常是以上三种或者多种政策的组合。产业政策将政府干预与市场机制有机地融合在措施系统中，综合发挥各自的优势及组合功能。

一、产业结构政策

(一) 产业结构政策的概念

产业结构政策是产业政策的核心，是政府根据本国不同时期产业结构的变化趋势而制定的，旨在通过对产业之间资源的合理配置，影响与推动产业结构的调整、优化与升级，是实现促进经济增长的目标的相关措施的总和。

产业结构政策的核心在于依据不同产业的地位、作用、现状和发展趋势，分清轻重缓急和主次，选择产业发展顺序。具体而言就是正确选择主导产业、战略产业和支柱产业，扶植弱小产业，改造传统产业，淘汰落后产业，发展高新技术产业，提高产业发展的层次和技术水平。

产业结构政策是国家重要的战略性政策。现代经济增长过程中，产业结构转换会使整个国民经济产生基础性、深层次、长期性的质的变化，产业结构的优化升级已成为国家社会经济发展的重要标志。

产业结构政策按照政策目标和措施的不同，分为主导产业选择政策、战略产业支持政策、支柱产业支持政策、幼小产业保护政策和衰退产业调整政策等。

(二) 产业结构政策的目标

产业结构政策是针对本国产业结构的突出问题而制定的，用于纠正失衡的比例关系，突破“瓶颈”，实现产业结构合理化、高度化。具体目标如下：

1. 推动产业结构转换

实现产业结构转换主要靠市场机制和政府干预。在市场机制的作用下，产业结构可以自发地实现功能转换与层次升级，但市场机制下的产业结构对需求结构的反应滞后，调整也要有一个过程。由于产业内垄断、技术和资本壁垒的存在，市场机制调节作用受阻乃至失灵，产业结构转换缓慢，因此，政府通过调整、保护、扶植、改造、淘汰等措施，加速产业结构的合理转换。

2. 协调产业发展

政府首先依照一定的基准，确定若干优先发展的产业，再施以各种支持，使之得到较为迅速、有效的发展。一般而言，这种重点发展产业的选择范围大致包括主导产业、瓶颈产业和支柱产业。政府对重点产业发展顺序的安排一般以瓶颈产业为先，而后是主导产业和支柱产业。无论是发展顺序还是重点发展产业的选择，都会随着经济增长和结构变动而呈现出特定的时限性。对此，每个政策期都会有不同的选择。

3. 推动产业技术创新

技术进步是产业结构升级的内在动力。产业结构政策可以通过各种诱导和影响措施推动技术创新和高新技术的普及运用，提高产业的技术集约化程度，以高新技术改造传统产业，促使劳动密集型产业结构向技术密集型、资本集约型产业结构转变，从而实现产业结构的高级化。

（三）产业结构政策的内容

1. 主导产业选择政策

主导产业是指在产业结构系统中占有一定比重、技术先进、增长率高、关联强，能够最迅速、最有效地吸收创新成果，满足不断增长的市场需求，并获得较高持续发展的产业。主导产业会随其所依赖的资源、环境、政策等因素的变化而变化，正确选择当前阶段的主导产业，重点扶植，加速培育，降低产业结构的不合理性，实现产业结构的高级化，进而带动整个国民经济的全面发展。

主导产业选择政策是指政府为了引导、促进主导产业的合理发展，从整个经济发展的目标出发，运用经济政策、经济法规、经济杠杆和必要的行政措施、法律措施来影响主导产业发展的所有政策的总和。

2. 战略产业扶持政策

战略产业是指对国民经济具有全局和长远影响的、有可能在未来成为主导产业或支柱产业的新兴产业。战略产业是关系国家长远利益的产业，是对提高综合国力至关重要、国家必须保持控制和支持、不以短期利益决定取舍的产业。

战略产业扶持政策是产业结构政策中的主导方面和关键部分，通过对未来产业发展趋势的科学预测，选择对未来产业发展有重大意义的产业加以扶持培育，促进这些战略产业的成长，以争取未来产业发展的优势。着眼于未来的产业优势，直接服务于产业结构的高度化。通过政府强有力的介入，增强对战略产业的生产要素投入，再通过战略产业的超常规发展来带动整个产业结构的高度化。

战略产业扶持政策注重对未来的新兴主导产业即战略产业的培育，重点扶持与培养新的经济增长点，促使其采用先进的技术和工艺，并在政府产业政策的指导下，迅速形成自身的创新能力，并使这种创新能力形成产业集聚效应，通过其“强关联”效应，有序地带动其他产业升级，从而大大加速产业结构的转换，以提高其他产业的技术创新能力，带动其他产业的发展。

3. 支柱产业支持政策

支柱产业是指构成当前和未来经济总量和国民收入主要来源的产业。支柱产业扶持政策是指政府通过政策倾斜、鼓励产业创新、激发产业内在活力、利用产业关联效应等手段，实现对支柱产业的支持、保护或逐步调整，推动整个产业结构高级化的政策合集。支柱产业扶持政策的目标要与国民经济总体目标衔接，根据支柱产业各个发展阶段的状况进行必要的调整。常见的支柱产业扶持政策的实施办法包括直接的行政规制，如价格补贴、配额规制和直接贸易保护、技术引进规制、政府直接投资和财政直接支持等，还包括税收减免、融资支持、信息与技术援助、间接诱导等。

美国、日本和中国支柱产业扶持政策的内容大体包括：第一，推动农业基础设施建设加大农业科技及其成果转化，保证粮食稳定增产、有效供给和粮食安全；第二，加大能源、交通、通信等基础工业与基础设施建设的科技与资金投入，增强支柱产业实力，发挥其经济发展后劲与推动作用；第三，创建国家和区域创新系统，提高支柱产业技术创新能力，鼓励企业形成自主知识产权，并通过各种措施推动高科技产业发展。

4. 幼小产业扶持与保护政策

幼小产业是指具有生命力的弱势产业。幼小产业从长期看具有收入弹性大、技术进步快、劳动生产率提高快和发展潜力大的特点，有可能成为未来的主导或支柱产业，但是目前比较弱小、发展不成熟、没有比较优势，需要政府扶持和帮助。幼小产业扶持与保护政策是指政府制定的支持和帮助幼小而有发展前途、短缺而又重要的产业壮大的政策，对幼小产业的保护反映了产业政策的超前性。

对传统的幼小产业一般采取国际贸易保护政策和国内生产扶持政策。国际贸易保护政策是指通过限制有关产品进口，或削弱进口产品在本国市场上的竞争力，从而为本国幼小产业的成长创造一个良好的市场环境，主要包括关税保护、进口配额制、进口许可证制、关税配额制、外汇管制，以及对某些进口商品征收国内税等。

国内生产扶持政策是政府在实行贸易保护的有限期间内，通过财政扶持、金融扶持、技术扶持、直接规制扶持等政策，将资源向幼小产业倾斜，以达到迅速增强本国幼小产业扩大生产、参与国际竞争的能力。例如，直接财政补贴、特别折旧制度、政府直接投资基础设施、拓宽融资渠道、组建政府与企业合作的技术开发体系等。

同时，充分利用世界贸易组织（WTO）对发展中国家幼小产业的保护政策，以 WTO 的有关协议为准则，调整贸易保护措施的组合；强化进口配额和许可证的分配环节；灵活运用政府采购、反倾销、反补贴等措施。

5. 衰退产业调整政策

衰退产业是指在产业结构中陷入停滞甚至萎缩，进入产业生命周期衰退期的产业，主要特征是产品的需求量和销售量大幅度减少，生产能力严重过剩，技术进步缓慢，创新乏力，从业人员流失和失业现象严重，在国民经济中的地位下降。

衰退产业调整政策是收缩、转移、改造、淘汰衰退产业的政策，是产业结构高度化过程中具有重大现实意义的基本政策，其立足点是帮助衰退产业实行有序转型，降低退让成本，并引导其资本存量向高增长率产业部门有序转移，维持经济和社会稳定。衰退产业调整政策主要措施包括：

（1）促进转产和转移。减少生产某些产品的衰退产业部门，协助其选择适宜的转产方向，通过提供转产贷款、减免税和发放转产补贴等方法，促进衰退产业的资本转移。

（2）消除就业者退出障碍。建立健全劳动力市场，构建社会保障制度，提供就业信息，进行转产培训和技能指导，对录用失业者的企业予以补贴等。

（3）加速设备折旧。通过制定和实施衰退产业设备的报废量、报废时间表和提前折旧率的规定，采取促进折旧的特别税制，对因设备报废而产生的损失提供部分补偿，加速设备折旧，减少转产损失。

（4）采取援助措施。政府通过税负、价格补贴等方式缓和衰退产业生产量和利润的急剧下降，为其生产调整、资本与劳动力转移创造时机。

（5）劳动力援助。为了减少衰退产业调整引起的社会经济震荡，政府有必要建立并完善社会化援助体系，提供就业服务、转岗培训等，帮助衰退产业职工转岗就业。

专栏1-3　中国“十四五”时期的产业结构政策

“十三五”时期是全面建成小康社会决胜阶段。经济运行总体平稳，产业结构持续优化，国内生产总值突破100万亿元。“十三五”规划目标任务胜利完成，我国经济实力、科技实力、综合国力和人民生活水平跃上新的大台阶，全面建成小康社会取得伟大历史性成就，中华民族伟大复兴向前迈出了新的一大步，社会主义中国以更加雄伟的身姿屹立于世界东方。“十四五”时期的产业结构政策主要包括：坚持农业农村优先发展，全面推进乡村振兴；深入实施制造强国战略；发展壮大战略性新兴产业；促进服务业繁荣发展；构建实体经济、科技创新、现代金融、人力资源协同发展的现代产业体系。

1. 坚持农业农村优先发展，全面推进乡村振兴

走中国特色社会主义乡村振兴道路，全面实施乡村振兴战略，强化以工补农、以城带乡，推动形成工农互促、城乡互补、协调发展、共同繁荣的新型工农城乡关系，加快农业农村现代化。持续强化农业基础地位，深化农业供给侧结构性改革，强化质

量导向，推动乡村产业振兴。把乡村建设摆在社会主义现代化建设的重要位置，优化生产生活生态空间，持续改善村容村貌和人居环境，建设美丽宜居乡村。建立健全城乡要素平等交换、双向流动政策体系，促进要素更多向乡村流动，增强农业农村发展活力。建立完善农村低收入人口和欠发达地区帮扶机制，保持主要帮扶政策和财政投入力度总体稳定，实现巩固拓展脱贫攻坚成果同乡村振兴有效衔接。

2. 深入实施制造强国战略

坚持自主可控、安全高效，推进产业基础高级化、产业链现代化，保持制造业比重基本稳定，增强制造业竞争优势，推动制造业高质量发展。实施产业基础再造工程和重大技术装备攻关工程，健全产业基础支撑体系，在重点领域布局一批国家制造业创新中心，完善国家质量基础设施，提升产业链供应链现代化水平。深入实施智能制造和绿色制造工程，发展服务型制造新模式，推动制造业高端化、智能化、绿色化。深入实施质量提升行动，推动制造业产品“增品种、提品质、创品牌”。

3. 发展壮大战略性新兴产业

着眼于抢占未来产业发展先机，培育先导性和支柱性产业，聚焦新一代信息技术生物技术、新能源、新材料、高端装备、新能源汽车、绿色环保以及航空航天、海洋装备等战略性新兴产业，加快关键核心技术创新应用，增强要素保障能力，培育壮大产业发展新动能，推动战略性新兴产业融合化、集群化、生态化发展，到 2025 年战略性新兴产业增加值占 GDP 比重达到 17%。

4. 促进服务业繁荣发展

聚焦产业转型升级和居民消费升级需要，扩大服务业有效供给，提高服务效率和服务品质，构建优质高效、结构优化、竞争力强的服务产业新体系。以服务制造业高质量发展为导向，推动生产性服务业向专业化和价值链高端延伸，加快发展研发设计、现代物流、法律服务等服务业，推动现代服务业同先进制造业、现代农业深度融合，加快推进服务业数字化。以提升便利度和改善服务体验为导向，推动生活性服务业向高品质和多样化升级，加快发展健康、养老、托育、文化、旅游、体育、物业等服务业，加强公益性、基础性服务业供给。

二、产业组织政策

（一）产业组织政策的概念

产业组织政策是指政府为了获得一定的经济绩效，制定和采用的调整市场结构、规范企业行为的政策。利用经济政策改善产业组织，实现产业组织的合理化，规范市场秩序，实现资源有效利用、收入公平分配等目标。

从政策导向角度看，产业组织政策通常分为两类：一是竞争促进政策，包括反垄断政策、反不正当竞争行为规划与中小企业政策等，着眼于建立与维持正常的市场环境秩序；二是政府规制，也称产业合理化政策，表现为政府的规制政策，主要适用于自然垄断产业，鼓励专业化和规模经济，着眼于限制过度竞争。

从政策对象看，产业组织政策可分为市场结构控制政策和市场行为控制政策两类。市场结构控制政策是从市场结构方面禁止或限制垄断的政策，如控制市场集中度、降低市场进入壁垒等。市场行为控制政策是从市场行为角度防范或制止限制竞争和不公正交易行为的发生。

（二）产业组织政策的目标

产业组织政策的一般目标是促进市场的有效竞争，实现产业内部及企业之间资源的合理配置，并达到预期的经济绩效。根据不同阶段进行细化后形成具体目标，主要包括：

第一，促进企业规模均等化，降低市场集中度，改善市场结构；

第二，禁止不正当竞争行为，规范企业行为；

第三，促进产品质量和服务水平提升，丰富产品种类；

第四，有效利用自然资源。

（三）产业组织政策的手段

1. 调控市场结构

（1）改善市场结构的政策措施。分割处于垄断地位的企业，以降低卖方集中度，适当降低进入壁垒，减少不合理的产品差别。

（2）预防形成垄断性市场结构的加剧。例如，建立企业合并的预审制度，对中小企业实行必要的共植等。

（3）在某些产业，如资源开发产业，实施限制政策，以防止过度竞争损害资源配置效率和社会福利。

（4）对适合大批量生产体制、经济规模显著的企业，为防止过度竞争造成资源浪费，在政策上应鼓励适当集中。

2. 规范企业行为

规范企业行为主要包括禁止和限制竞争者的共谋、卡特尔及不正当的价格歧视；通过政府、公益组织和大众媒介对卖方的价格、质量进行广泛交流和监督；限制和惩处欺骗、行贿、中伤竞争者的各种不正当行为。

3. 改善资源配置

改善资源配置主要包括政府直接补助初期盈利不高的新兴产业；以立法或行政形式禁止滥用稀缺资源；限制和处罚高污染等负外部性明显的企业；政府财政直接投资某项重大公共工程或某一产业。

（四）产业组织政策的内容

产业组织政策主要分为产业组织合理化政策和产业竞争政策，具体政策内容主要有以下三种。

1. 反垄断政策

反垄断法通过法律的强制性作用排除各种对竞争机制作用的干扰，保护市场主体参与市场竞争的权利，维持合理的市场结构，提高资源配置效率。反垄断法是规范市场秩序的利器，是维护并促进经济民主化的法律保障。

随着经济快速发展，大量联盟组织通过固定价格、瓜分市场、瓜分原粮产地等方式获取高额垄断利润，严重损害了消费者的利益。在此背景下，美国于1890年通过了《谢尔曼法》，这是世界上第一部反垄断法，是世界各国反垄断法产生的渊源。19世纪60—70年代，德国、法国等国家相继出现各种垄断组织。在《谢尔曼法》的影响下，大部分资本主义国家都制定了反垄断法，以维护经济的正常运行。我国在借鉴各国反垄断立法和执法经验的基础上，于2007年8月30日通过了《中华人民共和国反垄断法》，并于2008年8月1日执行。

2. 禁止不正当竞争政策

不正当竞争是指采用假冒伪劣、坑蒙拐骗、囤积居奇、欺行霸市等违法的、不正当的手段展开竞争，它破坏市场运行的正常秩序，使市场竞争机制不能真正发挥作用，优不胜、劣不汰，与垄断行为相同，也会给社会经济造成极大的危害。

反不正当竞争规定的内容主要有：第一，禁止欺诈行为。欺诈行为包括欺骗性广告、虚假的合格验证、盗用的商标名称、商号名称等。第二，禁止给予酬金和回扣的不正当销售行为。第三，禁止贸易限制。贸易限制是指两个或更多的人（或企业）之间存在损害自由竞争的协议或共谋行为，如瓜分市场、维持垄断高价、削减生产设备、限产量及分配销售额等。第四，其他禁止行为。诸如非法使用竞争对手的商标、商号、专利，败坏竞争对手的商誉，行贿、收买竞争对手的职员或代理人，窃取对方情报等均属不正当竞争行为，均在禁止之列。

3. 中小企业扶持政策

随着经济全球化、高新技术产业发展和国际分工不断深化，中小企业以分布广、机制活等优势，逐步成为不可或缺的力量。中小企业能满足多样化的市场需求，可吸纳大量劳动力，在制度创新和技术创新方面具有较多优势，有利于保持产业组织内部的活力。中小企业的不可替代性引起了各国的广泛重视，在产业组织结构政策体系中，中小企业政策占有较大比重。

中小企业政策是对中小企业采取的综合性扶持政策。根据政策对象分为以所有中小企业为对象的一般政策和以特定中小企业为对象的特定政策，主要作用于以下六个方面：

（1）在金融方面，建立针对中小企业的专门金融机构和信用制度，通过政策性投入贷款向中小企业提供低息贷款。

（2）在税收方面，减轻中小企业的法人纳税负担，对采用现代化设备的中小企业采取特别折旧制度，用特别减税措施来支持。

（3）在财政方面，给予中小企业专项财政补助金。

（4）在行政规制方面，限制大企业滥用市场支配权力，防止大企业干预中小企业。

（5）在信息服务方面，对中小企业提供技术、市场经营等方面的信息。

（6）在政府采购方面，政府对中小企业产品优先采购，保证中小企业有平等接受政府采购的机会。

三、产业发展政策

（一）产业发展政策的概念

产业发展政策是指一国政府为特定产业的结构调整和升级，全面提高产业国际竞争力，以技术创新、组织结构合理化、优化空间布局等方式，满足消费者需求，促进产业持续健康发展，所制定或采取的各种政策的总和。由此可见，产业发展只是产业政策的一部分，它并不直接涉及有关产业组织、产业结构等方面的内容，而侧重较宏观的产业长期发展。

同产业结构政策和产业组织政策相比，产业发展政策具有以下三个方面的特点：

1. 目标具有综合性

产业发展政策是以一定时期的产业发展目标为出发点，而产业发展的目标具有多维性，既有经济增长、充分就业、物价稳定和收支平衡等经济性目标，又有社会安定、国家安全、民族团结、国民素质提高等社会性目标。产业发展政策目标必须权衡上述两方面目标再作决定。因此，广义的产业发展政策也包含产业结构和产业组织政策的内容。

2. 内容具有多样性

产业结构政策主要涉及产业结构的优化升级，产业组织政策主要涉及产业组织的合理化，产业发展政策则涉及诸如技术、布局、外贸、金融、发展战略和方式等多方面的内容。

3. 产业发展政策具有长期性和前瞻性

产业发展政策是一项中长期的经济政策，力图在较长时期内通过政策的调整对产业结构、组织和绩效产生影响。例如，日本和韩国的产业发展经过了至少五个时期的长期计划才产生显著效果。因此，产业发展政策的制定应着眼于未来几十年的产业发展趋势和长远利益，不能局限于眼前的商业利益。只要产业发展政策实施的未来收益的贴现值大于实施成本，此项政策就是成功的。

（二）产业发展政策的内容

产业发展政策的内容具有多样性，常见的有产业技术政策、产业布局政策、产业外贸政策、产业金融政策和产业可持续发展政策等，这里主要阐述产业布局政策和产业技术政策。

1. 产业布局政策

产业布局政策一般指政府根据一国经济发展的区域差异、产业的技术经济特性和国情国力状况，对重要产业的空间分布进行规划、引导与合理调整的目标和相关措施的总和。主要包括重点发展区域的选择和产业优先发展战略等，前者形成若干优先发展的地区，后者确立优先发展的产业及其集中布局的区域。

在经济不发达阶段，政府的产业布局政策通常更强调优先发展某些地区，通过这些地区经济的超常规增长，带动其他地区以及整个国家经济的增长；当经济较为发达之后，产业布局政策则从维护经济公平和社会稳定等目标出发，偏重强调地区经济的均衡性，对经济落后地区进行重点扶持。

同时，产业布局政策还应该考虑空间布局的合理化。产业空间布局的合理化指地区分工协作的合理化、资源在区域配置和利用上合理化，国家通过制定产业布局战略，选择重点和优先发展区域；而产业集中发展战略则是通过政府直接规划、建立产业开发区等带动产业集中发展。

例如，1979 年 7 月，党中央和国务院作出决定，对广东、福建两省的对外经济活动实行特殊政策和灵活措施，并决定在深圳、珠海、汕头、厦门设立经济特区，作为吸收外资、学习国外先进技术和经营管理方法的窗口。

2015 年 10 月，在党的十八届五中全会上通过的“十三五”规划再次明确了“拓展发展新空间，形成沿海、沿江、沿线经济带为主的纵向、横向经济轴带，培育壮大若干重点经济区”的新思路。

产业布局政策的目标一般可归纳为经济增长、社会稳定、生态平衡三大方面的内容。经济增长包括提高综合国力、平衡产业地理分布、协调区域间经济利益；社会稳定包括民族团结、消灭贫困、充分就业、国防安全；生态平衡包括对自然生态环境的保护，对社会聚居环境的改善。

产业布局政策的手段主要是规划性的，也包括一定意义上的政府直接干预。政府通过制定产业布局规划，确定各地区产业发展的目标和重点，指导各地区产销的选择、调整、发展，避免重复建设，防止地区产业结构趋同，实现产业总体布局的合理化；政府通过发布有关产业布局信息，尽可能克服由信息不对称带来的盲目性，引导产业在各地区的发展；政府通过财政拨款、发行国家债券、引进外资等方式筹集资金，根据产业布局的要求，选择投资地区，直接投资兴建基础设施和国有企业，调整产业分布格局；政府采用税收、金融、采购、工资、就业等手段，通过影响各地区和企业的利益得失，间接地引导产业在某些地区的扩张、收缩、进退，从而调整产业布局；政府通过法律制度、政策规定、行政方法，直接限制某些产业和地区的布点，强行收缩过度膨胀的产业，淘汰过剩的生产能力。

2. 产业技术政策

产业技术政策是国家及地方政府为促进产业技术进步而制定的引导或影响产业技术开发和转移的产业政策。该类政策以产业技术进步为直接目标，是保障产业技术适度和有效发展的重要手段。技术进步会带来生产要素的重新配置，导致产业结构的变动，当有重大的技术进步或技术革命时，通常意味着降生新兴的产业部门，其影响将直接波及其他相关产业。

产业技术政策包括产业技术开发政策、产业技术引进政策和产业技术扩散政策，后两项可以统称产业技术转移政策。

（1）产业技术开发政策。鼓励和保护技术开发，如鼓励新技术的发明和创造政策、知识产权保护政策、专利政策、促进新技术传播和扩散的政策；协调基础研究、应用研究和发展研究的政策；促进高新技术开发的政策；提高新技术、新工艺、新产品普及率的政策。

（2）产业技术引进政策。技术引进的全过程包括引进、消化、改进、扩散。产业技术引进政策必须鼓励适当引进，强调消化吸收，提倡改造创新。配套的政策措施有加强政府在技术引进方面的指导作用；以税收、外贸、外汇等优惠政策支持多种方式的引进；用经济、法规和必要的行政手段鼓励引进关键技术，做好引进技术的消化吸收。

（3）产业技术扩散政策。技术扩散是技术进步的最后阶段，也是最有影响力的阶段。先行国家、后发国家和发展中国家采用的产业技术扩散政策虽有差异，但对其重要性的认识是相同的。

政府实施产业技术政策的手段可分为直接干预和间接干预两大类。直接干预是政府依据有关产业技术进步的各种法规实行干预，包括政府对引进技术实行鼓励和管制，直接投资于产业技术开发和应用推广，主持和参与重点技术攻关、特定产业技术开发项目等。间接干预主要是政府对产业技术的发展前景、战略目标、项目重点等提供指导，包括健全和发展技术市场，发挥市场对技术进步的促进作用；完善企业技术进步的内在机制，鼓励企业建立内部技术开发体系，设立技术开发基金，重视技术设备的更新改造，对产业技术开发提供补助金、委托费、税制优惠和融资支持。

专栏1-4 中国当前的产业技术政策

2006年，我国颁布并实施《国家中长期科学和技术发展规划纲要（2006—2020年）》，以此为标志，我国进入了提高自主创新能力、建设创新型国家的阶段。此后，我国又颁布了《国家中长期教育改革和发展规划纲要（2010—2020年）》《国家中长期人才发展规划纲要（2010—2020年）》。这三个纲要作为相互支撑的有机整体，确立了我国现代化建设全局中教育、科技、人才三个“优先发展”的战略。党的十九大报告进一步要求，“要瞄准世界科技前沿，强化基础研究，实现前瞻性基础研究、引领性原创成果重大突破”。三个纲要和党的十九大报告的主要产业技术政策可归纳为五个重点。

1. 深化科技体制改革，加强建设国家创新体系

深化科技体制改革，建立以企业为主体、市场为导向、产学研深度融合的技术创新体系，加快建立企业主导产业技术研发创新的体制机制，加强对中小企业创新的支持，使企业成为技术创新决策、研发投入、科研组织和成果应用的主体，完善市场导向的创新格局。

全面推进国防科技创新体系、区域创新体系和科技中介服务体系建设，加强基础研究、应用研究、技术创新和应用推广的有机衔接，促进科技资源开放共享，加强统筹协调和协同创新，提高国家创新体系整体效能。深化科研院所分类改革，增强科研院所高等学校创新和服务能力。积极支持科技型中小企业发展，提高“专精特新”水平。

2. 强化基础研究、前沿技术研究，抢占科技发展战略制高点

党的十九大报告提出，“加强应用基础研究，拓展实施国家重大科技项目，突出关键共性技术、前沿引领技术、现代工程技术、颠覆性技术创新，为建设科技强国、质量强国、航天强国、网络强国、交通强国、数字中国、智慧社会提供有力支撑”。围绕增强原始创新、集成创新和引进消化吸收再创新能力，强化基础性、前沿性技术和共性技术研究平台建设，建设和完善国家重大科技基础设施，加强相互配套、开放共享和高效利用。在重点学科和战略高技术领域新建若干重大科学中心、国家（重点）实验室，构建国家科技基础平台；在关键产业技术领域建设一批国家工程实验室，优化国家工程中心布局；加强企业技术中心建设，支持面向企业的技术开发平台和技术创新服务平台建设；深入实施全民科学素质行动计划，加强科普基础设施建设，强化面向公众的科学普及。

3. 把增强自主创新能力作为战略基点，推动经济发展方式转变及机构和结构调整

围绕产业发展需求部署创新链，完善科技有效支撑和引领产业发展的机制。实施国家科技重大专项，并根据形势需要不断调整充实，着力突破重大技术瓶颈，充分发挥国家科技计划、示范应用工程等的引领带动作用，充分发挥国家自主创新示范区、高新产业开发区等的核心载体作用，实现从研究开发到产业化的有机衔接。加快发展战略性新兴产业，加快新技术、新产品、新工艺研发应用，加强技术集成和商业模式创新，加快共性技术突破和成果转移转化，促进传统产业升级改造。推进科技服务业创新发展，不断完善现代服务技术支撑体系，促进科技与文化融合，运用现代科技加强和创新社会管理，加大发展关系民生的科学技术。

4. 完善科技创新支持政策环境，凝聚全社会的智慧和力量

强化支持企业创新和科研成果产业化的财税金融政策。保持财政科技经费投入稳定增长，加大政府对基础研究的投入，深化科研经费管理制度改革。全面落实企业研发费用加计扣除等促进技术进步的税收激励政策。实施知识产权质押等鼓励创新的金融政策。

实施知识产权战略，完善知识产权法律制度，加强知识产权的创造、运用、保护和管理，加大知识产权执法力度。鼓励采用可推广、具有自主知识产权的技术标准。完善科技成果评价奖励制度，加强科研诚信建设。

培养创新人才及创新团队。党的十九大报告提出，“培养造就一大批具有国际水平的战略科技人才、科技领军人才、青年科技人才和高水平创新团队”，为产业技术创新提供智慧和力量。

5. 扩大科技开发合作，在共享创新机遇中推进自主创新

支持企业、地方与高新区提高引进消化吸收再创新水平，鼓励企业到海外建立研发机构；支持国际学术组织、跨国公司等来华设立研发机构，吸引全球优秀科技人才来华创新创业；围绕战略需求积极参与国际大科学计划和工程，鼓励我国科学家发起和组织国际科技合作计划；与各国加强在能源、粮食安全、人口健康、气候变化等全球性问题上的科技合作，共同应对人类面临的挑战。

第四节 产业政策在中国的实践

中国实行改革开放以来实现经济快速发展，同时也实现了经济体制由计划经济体制向社会主义市场经济体制的转型，产业政策也经历了由计划管理与选择性产业政策混合的产业政策体系向以选择性产业政策为主体、以功能性政策为辅助的产业政策体系转变的过程。党的十八大以来，中国的产业政策开始重视功能性产业政策与创新政策的运用。总体上看，中国的产业政策越来越注重市场机制的作用，但仍保留了大量直接干预市场的措施。

一、改革开放初期

1978 年 12 月，党的十一届三中全会作出历史性的决策，将党和国家的工作重心转移到经济建设上来并实行改革开放。随后，中国开始逐步在社会经济活动中引入市场机制，投资主体与经济决策呈现多元化的局面，高度集中的计划经济管理模式不能适应新的形势，需要提出一种新的经济管理体制。

20世纪80年代初，围绕经济体制改革的方向、“社会主义商品经济”展开激烈争论。恰恰在这一时期，日本战后经济发展取得的成就引起世人瞩目，政府通过产业政策积极干预经济和产业发展被认为是造就“日本奇迹”的关键，引起了中国学者与政府的关注。1983年，中国学者陈重和韩志国在《现代日本经济》第3期发表题为《八十年代的日本产业政策》的文章，这是中国学者第一篇公开发表介绍日本产业政策的文章，该文重点介绍了进入20世纪80年代后日本产业政策的调整。1985年，国务院发展研究中心组织学习、研究日本通产省产业政策经验；同年，在冲绳举办的“中日经济学术交流会”上，中、日学者围绕日本产业政策问题展开了深入交流和讨论。随后，越来越多的中国学者开始关注日本的产业政策及其对中国的启示与借鉴。

1985—1987年，国务院发展研究中心围绕产业政策问题组织了一系列相关研究，并赴通产省进行考察，以此为基础，国务院发展研究中心产业政策专题课题组撰写了一份题为《我国产业政策的初步研究》的研究报告，该报告在中国的产业政策历史上具有重要影响。1987年，党的十三大报告中明确提出，“新的经济运行机制，总体上来说应当是‘国家调节市场，市场引导企业’的机制”，“国家运用经济手段、法律手段和必要的行政手段，调节市场供求关系，创造适宜的经济和社会环境，以此引导企业正确地进行经营决策”。而国务院发展研究中心建议制定实施产业政策的意见中，提出产业政策为“国家调节市场”提供了有力的政策工具，该建议很快得到当时中央领导人的认可和批复。

1988年，国家计划委员会成立产业政策司。产业政策司成立后，开始着手产业政策的研究工作和起草制定工作。经过反复征求意见、修改，国务院于1989年3月发布《国务院关于当前产业政策要点的决定》，这是中国第一部以产业政策命名的政策文件，其中明确提出，“制定正确的产业政策，明确国民经济各个领域中支持和限制的重点，是调整产业结构、进行宏观调控的重要依据”，“当前和今后一个时期制定产业政策、调整产业结构的基本方向和任务是：集中力量发展农业、能源、交通和原材料等基础产业，加强能够增加有效供给的产业，增强经济发展的后劲；同时控制一般加工业的发展，使它们同基础产业的发展相协调”。在政策措施方面，主要采用了计划经济的方式，这与当时“有计划的商品经济”的主基调是一致的。

这些政策的制定，突破了传统“大一统”计划经济管理模式，在当时开辟了通过直接干预和影响资源配置进行国民经济管理的新模式，较大程度上缩小了计划管理的范围，并对当时新出现的在大量计划经济之外的市场经济活动进行管理和调节。这种产业政策的国民经济管理模式作为当时各方都能接受的方案，成为推动计划经济体制向市场经济机制转型的重要工具。从某种意义来讲，甚至可以被认为是中国经济改革的实践。

由于对市场机制持较为保留的态度，以及计划经济管理模式的惯性，这些政策仍沿用了不少计划经济管理措施，是产业计划管理与选择性产业政策的混合产物。但从总体上看，相对于传统的严格计划管理体制，采用产业政策进行调控放松了对经济主体的控制，扩大了地方和企业的经济决策权，激发了经济主体的活力，促进了产业与经济的发展。

二、市场经济改革深化时期

进入20世纪90年代，中国经济快速发展，产业结构变动速度加快，经济体制改革进程加快。1992年10月，党的十四大确定建立和完善社会主义市场经济体制。1993年11月，党的十四届三中全会通过了《中共中央关于建立社会主义市场经济体制若干问题的决定》，中国开始全面推进社会主义市场经济体制改革。同时，中国亦为恢复关贸总协定缔约国地位而努力。随着中国经济环境与制度环境的变化，1994年4月，国务院发布《90年代国家产业政策纲要》，这是中国第一部基于市场机制的产业政策，其中明确提出，制定国家产业政策必须遵循“符合建立社会主义市场经济体制的要求，充分发挥市场在国家宏观调控下对资源配置的基础性作用”的原则。

随后，中国发布了《汽车工业产业政策》（1994年）、《水利产业政策》（1997年）、《当前国家重点鼓励发展的产业、产品和技术目录》（1998年版、2000年修订）、《当前优先发展的高技术产业化重点领域指南》（1999年版、2001年版）、《鼓励软件产业和集成电路产业发展的若干政策》（2000年）等一系列产业政策。在这一时期，为加入世界贸易组织，中国着手规范外商投资政策。1994—2001年，《90年代国家产业政策纲要》及随后一系列产业政策的发布与实施，基本形成了由产业结构政策、产业技术政策、产业组织政策和行业专项政策构成的，以选择性产业政策为主的产业政策体系。这些产业政策的政策理念、思路与政策模式，对于此后的产业政策均产生了深远的影响，并在此后的产业政策中延续下来。

总体来看，在这一期间，中国政府通过产业政策的实施完全取代了对微观经济的严格计划管理，企业逐渐成为市场主体，在接受国家产业政策调控与引导的同时，主要根据市场信号进行决策；由于产业政策不像计划管理那样具有很强的约束性，不当的产业政策干预相对容易被突破和调整。许多产业的发展过程，均是不断突破有关部门预测、脱离其规划、摆脱其干预，进而高速增长的过程，如果产业政策的干预大部分得以实现，这些行业的发展就会被进一步延迟。从这个角度来看，产业政策因其灵活性与不断释放微观经济活力，在很大程度上促进了产业发展及产业结构调整。

三、21 世纪初期

2002—2012 年，中国经济发展的内外部环境发生了许多重要变化。中国的产业政策正是在这些变化的交互影响下发展和演进。2001 年，中国加入世界贸易组织，对外开放进程加速。中国企业在国内市场面临越来越多来自国外企业或产品的竞争，越来越多的企业参与到国际市场的竞争中来。2003—2007 年，中国出于对经济过热问题的担心与防治，加强了宏观调控。2008 年，国际金融危机爆发，中国经济亦受到强烈冲击，随后，中国政府出台了强有力的政策来推动经济复苏。中国的产业政策正是在这些重要变化的交互影响下发展和演进的。

（一）总体政策的调整与行业政策的强化

2004 年，国务院颁布《国务院关于投资体制改革的决定》，该决定的重点在于转变政府管理职能，确立企业的投资主体地位。2005 年，国务院颁布《促进产业结构调整暂行规定》，为政策部门全面干预与管理产业领域的投资从而干预（或促进）产业结构的演变提供了重要依据。2002 年后，部分行业的产能过剩问题引起政策部门的高度关注，政府相继出台了一系列的产业政策以抑制这些行业的盲目投资和产能过剩。中国政府进一步细化和强化了对行业发展的指导，相继制定了钢铁、电石、水泥、煤炭、铝、电力、纺织等行业的结构调整政策，这些政策的陆续颁布，标志着对单个产业发展进行系统干预的政策模式已经成熟。

（二）重点产业结构调整与振兴规划的推出与实施

2008 年，国际金融危机对中国经济亦产生了强烈冲击。针对国际金融危机和中国面临的严峻经济形势，2009 年 1 月 14 日，国务院首先审议通过了汽车、钢铁产业调整振兴规划，随后又先后通过了纺织、装备制造、船舶、电子信息、石油化工、轻工业、有色金属和物流业八个产业的调整振兴规划。虽然重点产业调整振兴规划强调利用市场机制、试图强化政府的服务功能，在一些政策细节方面进行了修订、调整与补充，但在很大程度上仍延续以往产业政策中干预主义色彩浓厚的特点。重点产业调整与振兴规划集中体现了我国产业政策的基本思想、政策措施偏好和发展趋势，是此前产业政策的集成和发展，构建起了比较全面、系统的产业政策体系，在某种程度上意味着政府部门进一步强化了产业政策的运用。

（三）培育和发展战略性新兴产业

国际金融危机发生以后，各国纷纷加大了在战略性新兴产业领域的投入与竞争，以积极抢占新一轮经济和科技发展的制高点。在此背景下，为了构建国际竞争新优势，加快推进产业结构升级与经济发展方式转变，国务院于 2010 年 9 月颁布了《国务院关于加快培育和发展战略性新兴产业的决定》。2012 年 7 月，国务院又发布了《“十二五”国家战略性新兴产业发展规划》，对重点发展领域及重点发展方向、主要任务、重大工程进行了部署。

在这一期间，中国的选择性产业政策体系得到强化，并形成自身特色。这种特色表现为中国产业政策的选择性不只体现为对特定产业的选择性扶持（或限制），还更多地表现为对特定技术路线、特定产品与特定企业的选择性扶持（或限制）。全面对外开放、支持技术研发与扩散等方面的产业政策在促进产业发展方面起到了重要作用，但是直接干预性产业政策措施的不良效应日趋突出。不良政策效应包括导致设租与寻租（如所谓的“跑‘部’运动”）、妨碍产业效率的提升、部分战略性新兴产业较为严重的产能过剩、行政垄断等问题。

四、党的十八大以来

党的十八大以来，中国经济进入新的发展阶段，经济增长效率下降，投资、要素驱动型的增长方式难以持续，创新及其对于经济发展的贡献不足，一些不利于经济发展的体制机制问题亟待改革完善，同时，中国还面临着新一轮科技革命和产业变革带来的挑战和机遇。2013 年，党的十八届三中全会作出了《中共中央关于全面深化改革若干重大问题的决定》，对中国的产业政策提出了新的要求，中国的产业政策随之进行调整。

党的十八大以来，中国的产业政策更为注重创新驱动发展和新兴技术在经济发展中的应用。围绕创新驱动、新兴技术（产业）及先进制造业发展方面出台的重要政策有《中国制造 2025》《国务院关于积极推进“互联网 +”行动的指导意见》《关于大力推进大众创业万众创新若干政策措施的意见》《国家创新驱动发展战略纲要》《国务院关于印发新一代人工智能发展规划的通知》《国务院关于强化实施创新驱动发展战略进一步推进大众创业万众创新深入发展的意见》等。

在化解过剩产能或者去产能方面，2013 年 10 月，国务院发布了《国务院关于化解产能严重过剩矛盾的指导意见》；2016 年 2 月，国务院发布《国务院关于钢铁行业化解过剩产能实现脱困发展的意见》《国务院关于煤炭行业化解过剩产能实现脱困发展的意见》；

2017年，国家发展改革委、工业和信息化部、财政部等部门共同发布了《关于做好2017年钢铁煤炭行业化解过剩产能实现脱困发展工作的意见》。

党的十八届三中全会也明确提出“使市场在资源配置中起决定性作用和更好发挥政府作用”。在这一大时代背景下，中国的产业政策更加注重发挥市场机制的作用，也更加强调政府应将政策重点放在构建良好的制度环境及外部环境方面，并开始注重功能性产业政策的应用，同时更为重视产业创新政策的制定实施。

五、中国产业政策未来发展

（一）中国产业政策演进的逻辑

中国产业政策的引进和发展，是在中国市场化改革、对外开放与经济快速发展的历史进程大背景下发生的。中国产业政策的演进沿着两条逻辑线索展开，一条是市场化改革进程中政府与市场关系的调整，它对于产业政策的取向、政策工具选择产生重要影响；另一条是经济快速发展中产业发展、产业结构转换所面临的主要问题的变化，它会对产业政策重点的变化产生重要影响。

中国的市场化改革经历了放权让利、有计划商品经济、社会主义市场经济体制、“在更大程度上发挥市场在资源配置中的基础性作用”到“使市场在资源配置中起决定性作用”的转变过程。与之相适应，中国的产业政策体系也经历了一个从计划管理与选择性政策混合的产业政策体系，到选择性产业政策体系，再到以选择性产业政策为主体、以功能性产业政策为辅助的产业政策体系的转变过程。从总体上看，在这个转变过程中，中国的产业政策越来越注重发挥市场机制的作用。

随着工业化进程与国民经济的发展，中国产业政策的重点亦随之调整。

改革开放初期，中国处于工业化初期，严格的计划经济管理导致国民经济缺乏活力，同时，基础设施十分落后，基础产业不能满足国民经济发展的需求，需要外汇购买国外先进设备与技术。这一时期产业政策的重点是减少计划管理、加强基础设施建设、发展基础产业与培育发展出口创汇产业。

随着经济发展向工业化中期迈进，中国基础设施与基础产业仍然薄弱，对于经济主体仍管制太多，同时需要促进产业结构的升级，并更多地享受国际分工和贸易的好处。中国的产业政策重点是加快基础设施和基础工业的发展，以产业政策管理全面替代计划经济管理，支持资本密集型产业的发展并将其培育成支柱产业，加大对外开放力度，积极发展对外贸易。

随着经济的进一步发展与工业化进入中期后半阶段，中国产业发展需要进一步融入国际分工体系和参与国际市场竞争，需要进一步提高技术能力与竞争能力。这时产业政策的重点在于全面支持资本密集型行业的技术提升、产品升级和竞争力提升，培育和发展技术密集型产业以及全面扩大对外开放。

随着中国步入中等偏高收入国家水平与进入工业化后期，与发达国家在产业与技术领域上的竞争越来越激烈，迫切需要提升产业创新能力。中国产业政策的重点转为提升技术密集型行业的技术能力，促进其产品升级，提高研发能力，培育和发展新兴产业，推动整个产业体系研发能力、创新能力的提升以及新技术的扩散。

（二）未来展望

随着中国改革开放的深入发展与国民经济的快速发展，中国以选择性政策为主体的产业政策体系，政策效果越来越有限且不良政策效应日趋显著。中国进入新的发展阶段后，迫切需要充分发挥市场机制的作用来激励创新，探索未来产业、技术发展的方向与新的经济增长点，并推动经济效率的不断提升。市场机制作用的发挥，主要依靠公平竞争的市场过程来实现，同时需要更为完善的市场制度作为保障。另外，中国迫切需要采用有效的产业政策来提升产业竞争力，加快产业结构的调整。这就需要确立竞争政策的基础性地位，推动产业政策的转型，实现产业政策与竞争政策的互补与协同。因而，转为实施与市场机制、竞争政策互补协同的功能性产业政策具有重要现实意义。

1. 遵循与服从竞争政策

公平竞争是创新、竞争力和增长最重要的驱动力，构筑功能性产业政策应与竞争政策发挥互补、协同的作用，而不是违背公平竞争的基本原则。政策工具选择方面应主要采用功能性、服务性的政策工具，包括完善市场经济制度体系，创造良好的营商环境，对于基础科学研究与基础、通用技术研究开发的支持，促进经济主体之间协调与合作，重视产业技术人才的培养与劳动者技能的提升。对战略性领域予以重点支持时，也应将政策资源导入与之相关的公共科技服务体系、竞争前技术研发环节，对于技术创新活动的补贴与税收优惠也应以普惠的形式发放。

2. 重视技术创新与新技术的扩散

当前，中国的产业结构向中高端迈进，中国的产业发展与转型升级以及在全球价值链位置的提升，越来越依赖于技术创新水平与创新能力的提升。中国必须为激励创新创造良好的制度环境，并构建更为有效的国家创新体系。第一，要加快完善知识产权保护制度及相应的执法体制，强化知识产权的保护，并为科技中介与服务机构的发展创造良好的外部环境。第二，构建完备的科技创新公共服务体系，包括独立的国家实验室、产业创新中心

（国家共性技术研究平台）、科技服务公共平台与全国性的技术转移公共平台，并为这些公共机构寻求良好的治理机制与运营机制。第三，加大对基础科学研究、基础技术与通用技术研究开发的支持力度，改革科技财政资金管理体制，提高科技领域财政资金投入的效率。第四，构建多层次的产业技术创新人才培养体系，平衡大学“人才培养”“科学研究”与“服务社会”的基本功能，充分发挥大学在国家创新体系中的作用。

3. 重视包容性发展

包容性发展倡导的是机会平等，有赖于公平有序的竞争环境的建立，让各阶层的人们可以凭借自身努力，相对公平而充分地参与到产业发展中来，并分享发展成果。在推动产业包容性发展时，需高度重视劳动者素质与技能的提升，以及帮助劳动者获取新的工作技能以适应新技术与新产业的发展。一方面，有助于提升产业的效率；另一方面，有助于劳动者更多地分享产业发展的成果。应尤为重视为低收入阶层提供良好的职业教育和工作技能培训，让低收入阶层有更多机会参与到产业发展中，还应鼓励和支持工业企业创造更多新工作岗位，特别是高质量工作岗位的投资。

4. 促进产业绿色发展

建立健全激励与约束机制，倡导绿色可持续发展理念，提倡使用新能源、清洁能源和节能技术，加强节能环保技术、工艺、装备创新及其推广应用，全面推行清洁生产。大力发展循环经济，提高资源回收利用效率，积极应对气候变化。强化安全生产保障能力建设，加快推动资源利用方式向绿色低碳、清洁安全转变。将发展资源节约、环境友好型产业，实现绿色发展作为产业结构调整与发展的重点领域。

实践环节

进入“产业扶持政策应用虚拟仿真实训项目”平台，打开“基础知识”板块并完成以下任务：

1. 进入“课程一产业政策体系”，观看视频《政府产业引导基金》，回答政府产业引导基金有哪些特点，对经济发展起到怎样的作用。

2. 进入“课程二扶持政策体系”，观看视频《产业的内涵与分类讲解》，归纳总结产业的几种主要分类，并分析我国产业结构的变迁。

第二章　产业扶持政策概览

学习目标

了解产业扶持政策的定义、扶持对象及实施意义，理解我国产业扶持政策体系构成和我国产业政策改革方向，掌握扶持政策分类和不同；能按管理路径、管理主体和管理层级描述扶持政策体系，具备对产业扶持政策分类管理的能力；树立对产业扶持政策科学性、系统性的认识，养成对国家产业政策的敏感性和应用意识。

导入案例

越南的电力挑战与高端制造业的未来

在当今全球经济的版图中，越南正以惊人的速度崛起，其经济发展轨迹不禁让人联想到中国20世纪90年代的蓬勃景象。那时的中国，正站在改革开放的浪潮之巅，工业化进程加速推进，电力需求急剧增长，电力短缺成为制约经济发展的关键因素之一。如今，这一幕在越南悄然上演，电力问题再次成为衡量一个国家能否顺利承接并转化国际产业转移的重要标尺，特别是高端制造业。

一、越南的电力现状与困境

近年来，越南凭借低廉的劳动力成本、稳定的政治环境和日益完善的基础设施，吸引了大量外资涌入，特别是来自中国的制造业转移。这些外资企业，尤其是高端制造业，对电力的需求远超过传统行业，它们需要稳定、充足的电力供应来保障精密设备的持续运行和高效生产。然而，越南的电力基础设施却未能跟上经济发展的步伐，导致电力供需矛盾日益突出。

为了保障工业用电，越南多地不得不采取拉闸限电的措施，这不仅影响了企业的正常生产，更对投资环境和经济增长潜力构成了威胁。对于依赖高端制造业提升产业结构、实现经济转型升级的越南而言，电力短缺无疑是一个亟待解决的问题。

二、电力问题对越南高端制造业的影响

首先，生产成本上升。拉闸限电导致企业不得不采用备用电源或调整生产计划，这无疑增加了企业的运营成本。对于利润空间本就有限的高端制造业而言，成本的上升将直接压缩利润空间。

其次，生产效率下降。电力供应不稳定会严重影响生产线的连续性和稳定性，导致生产效率下降，进而影响产品质量和市场竞争力。

再次，投资环境恶化。电力短缺和频繁的限电措施会让外资企业对越南的投资环境产生疑虑，影响其在越南的投资决策和长期布局。特别是对于对电力要求极高的高端制造业来说，稳定的电力供应是选址的关键考量因素之一。

最后，错失发展机遇。在全球产业链重构的背景下，越南本有机会成为高端制造业的重要承接地之一。但电力短缺问题若得不到有效解决，将可能使越南错失这一历史性的发展机遇。

三、越南的应对之策

面对电力短缺的严峻挑战，越南政府已采取了一系列措施来加强电力基础设施建设，提高电力供应能力。这包括但不限于加大资金投入、引进外资参与电力项目建设、推进可再生能源发展、优化电力调度和分配机制等。同时，越南还在积极寻求国际合作，以共同应对电力短缺问题。

然而，解决电力问题并非一朝一夕之功。越南需要在保障经济发展的同时，兼顾环境保护和可持续发展目标，通过科学规划和合理布局来构建安全、可靠、绿色的电力供应体系。只有这样，越南才能顺利承接并转化高端制造业红利，实现经济的持续健康发展。

【思考与讨论】

针对高端制造业对电力稳定性的高要求，越南政府是否可以设计差异化的产业扶持政策，如提供电力补贴、优先供电权等，以吸引和保留这些企业？政府应如何设立专项基金、税收优惠或其他激励措施，鼓励企业在节能降耗、智能制造等方面进行研发投入？

产业扶持政策是政府为促进产业健康发展所采取的一系列经济激励措施，它通过财政补贴、税收优惠、金融支持等多种手段，激发了市场活力，引导资本流向关键领域，推动了经济结构的优化升级。可以按扶持方向、扶持对象和扶持措施等不同维度对产业扶持政策进行分类，揭示产业扶持政策对产业升级和经济转型的积极影响。

第一节　产业扶持政策概述

一、产业扶持政策的定义

产业扶持政策，是指政府为了促进特定产业或行业的健康发展、结构优化、技术升级和市场竞争力提升，通过政府补贴、税收优惠、财政贴息、资质荣誉等多种经济手段和政策措施，为这些产业或行业提供的一系列扶持与激励措施的总称。这些政策旨在优化资源配置，引导社会资本向政府鼓励发展的领域流动，进而实现经济结构调整、产业升级和可持续发展目标。具体来讲，产业扶持政策涉及多个方面：

（1）政府补贴：政府直接投入财政资金，用于支持产业基础设施建设、关键技术研发、创新平台建设、人才培养与引进、市场开拓等关键环节，降低企业运营成本，加速产业成长。

（2）税收优惠：通过减免企业所得税、增值税、关税等税收负担，或者提供税收返还、税收抵免等优惠政策，增加企业盈利空间，激发投资活力。

（3）财政贴息：政府与银行、金融机构合作，设立专项贷款、信用担保、风险补偿等机制，降低企业融资成本，拓宽融资渠道，支持企业扩大生产规模和进行技术改造。

（4）资质荣誉：对符合条件的企业或项目给予直接补贴，如研发补贴、出口补贴、节能减排补贴等。同时，设立各类奖项，对在技术创新、市场开拓、品牌建设等方面表现突出的企业和个人给予表彰和奖励。

（5）金融支持：除了财政贴息外，政府还通过设立产业发展基金、创业投资基金、风险投资基金等多种形式，为具有发展潜力的高新技术企业、初创企业、中小企业等提供资金支持和融资便利。同时，鼓励金融机构创新金融产品，优化信贷结构，加大对重点产业和项目的信贷投放力度。

（6）市场准入与监管：政府通过放宽市场准入条件，简化审批流程，降低企业进入特定行业的门槛，促进市场竞争。同时，加强事中事后监管，规范市场秩序，打击不正当竞争行为，保障公平竞争环境，为产业发展营造良好的市场环境。

（7）技术创新与研发支持：政府加大对产业技术创新和研发的投入，通过设立科研专项、共建研发平台、资助关键技术攻关等方式，推动企业技术创新能力的提升。同时，鼓励产学研合作，促进科技成果的转化和应用，加速产业技术升级和产品更新换代。

（8）人才培养与引进：人才是产业发展的核心要素。政府通过制定和实施人才发展战略，加强高等教育和职业教育与产业发展的对接，培养符合产业发展需求的高素质人才。同时，通过提供优惠政策、改善工作和生活环境等措施，吸引海内外优秀人才投身产业发展。

（9）国际合作与交流：在全球化的背景下，国际合作与交流对于产业发展至关重要。政府积极推动与国际组织、跨国公司及国外先进地区的合作，引进先进技术和管理经验，参与国际竞争与合作，提升产业的国际竞争力和影响力。

（10）环境保护与可持续发展：随着环境保护意识的增强，绿色发展成为产业扶持政策的重要方向。政府通过制定严格的环保标准，推广清洁能源和环保技术，鼓励企业进行节能减排和循环利用，实现经济发展与环境保护的双赢。

综上所述，产业扶持政策是政府为了推动特定产业发展而采取的一系列综合性政策措施，核心在于通过财政资金的直接投入和间接支持，激发市场主体的积极性和创造力，促进产业结构的优化升级和经济的持续健康发展。

二、产业扶持政策的扶持对象

在深化国家经济战略蓝图的进程中，产业扶持政策被精准地聚焦于那些对经济结构优化升级具有决定性意义的领域，包括支柱产业、先导产业、瓶颈产业和幼稚产业。这些产业不仅是国家经济肌体中的核心动脉，更是驱动未来经济增长的强劲引擎，它们以独特而鲜明的特征，深刻塑造着经济体系的运行轨迹与长远愿景。

第一，它们具备卓越的创新能力与成果转化效率。这些产业能够敏锐捕捉科技前沿动态，迅速而有效地将科研创新成果转化为实际生产力，通过引入或自主研发新技术、新工艺，不断革新生产流程与产品形态，从而获得与新技术紧密捆绑的新生产函数。这种高效的创新转化机制，不仅大幅提升了产业自身的核心竞争力，更为整个经济体系注入了源源不断的活力与增长动力。

第二，这些产业展现出强大的产业关联效应与辐射带动力。它们如同经济体系中的枢纽节点，与其他产业之间存在着广泛而深刻的联系，通过产业链、供应链、价值链的深度融合，能够有效促进资源、技术、信息等要素在产业间的自由流动与优化配置。这种强大的联动作用，不仅带动了上下游配套产业的协同发展，还激发了新兴业态与商业模式的不断涌现，进一步拓宽了经济增长的空间与边界。

具体而言，支柱产业作为经济体系的基石，其稳定发展与持续壮大为整个经济提供了坚实的基础支撑；先导产业如同领航灯塔，引领着未来产业的发展方向，通过技术创新与模式创新，不断开辟新的经济增长点；瓶颈产业是制约经济体系整体效能提升的关键环节，通过政策扶持与资源倾斜，努力突破发展瓶颈，释放潜在增长动力；幼稚产业作为新兴产业的代表，虽尚处于成长初期，但蕴含着巨大的发展潜力与市场前景，通过精心培育与保护，有望成长为未来经济的新支柱。

因此，对上述四类产业的扶持与培育，不仅是当前经济转型升级的迫切任务，更是实现经济可持续发展与高质量发展的长远布局。政府应制定并实施一系列科学、合理且前瞻性的产业扶持政策，既要充分发挥市场在资源配置中的决定性作用，鼓励企业自主创新、公平竞争，又要积极发挥政府的引导与调控作用，为产业发展提供必要的政策支持、资金保障与制度保障。通过构建更加开放、包容、协同的产业发展环境，激发各类产业的活力与创造力，共同推动国家经济迈向更加繁荣、更加可持续的未来。

三、产业扶持政策的实施意义

（一）坚实保障：推动国家重大战略目标的实现

产业扶持政策作为国家宏观调控的重要手段，在推动国家重大战略目标的实现过程中发挥着不可替代的作用。以脱贫攻坚战为例，国家动用了超过4000亿元的财政扶贫专项资金，并配套出台了50余项扶持政策，涵盖了农林产业扶贫、旅游扶贫、电商扶贫、科技扶贫等多个维度，以及生态保护扶贫和就业扶贫等多个方面。这些政策的实施，不仅直接促进了贫困地区产业结构的优化和经济的快速增长，还极大地改善了贫困群众的生产生活条件，为全面打赢脱贫攻坚战、实现全面建成小康社会的战略目标奠定了坚实基础。产业扶持政策通过精准施策、靶向发力，有效解决了制约贫困地区发展的瓶颈问题，为贫困地区注入了强劲的发展动力。

（二）企业成长的加速器：政策红利的直接体现

对于企业而言，产业扶持政策不仅是政策上的支持，更是实实在在的利益输送。政府补助作为企业净利润的一部分，直接增加了企业的盈利能力，为企业的快速发展提供了有力支撑。特别是随着会计准则的修订，政府补助从营业外收入转变为营业内收入，计入营业利润，进一步凸显了政府补助对企业经营的重要性。这一变化不仅表明企业能够获取政府补贴是因其发展方向符合国家战略，还意味着企业的经营能力、可持续发展能力和市场价值得到了官方认可。因此，越来越多的企业开始重视扶持政策的应用，设立了专门的政策专员、政策申报员和项目申报员等岗位，以更好地把握政策机遇，推动企业快速发展。

（三）时代风口的导航仪：洞察未来趋势的窗口

产业扶持政策不仅是政府对企业和产业的直接支持，更是时代发展趋势的风向标。政府通过制定和实施产业扶持政策，引导社会资本和资源配置向符合国家战略方向和市场需求的领域倾斜。因此，关注和分析产业扶持政策，可以捕捉到时代发展的风口信息，为企业的战略决策提供重要参考。企业要想在激烈的市场竞争中立于不败之地，就必须紧跟时代步伐，把握政策导向，积极调整和优化自身的业务结构和经营策略。只有这样，才能站在风口上，享受政策红利和市场机遇带来的双重收益。

（四）民生福祉的增进器：促进就业与收入提升

产业的发展与繁荣是推动社会进步、增进民生福祉的重要力量。产业扶持政策通过支持企业的成长与扩张，间接促进了就业市场的繁荣与稳定，为社会创造了大量的就业机会。这不仅有助于缓解社会就业压力、提高居民收入水平，还进一步提高了民众的生活质量与生活条件。因此，产业扶持政策在促进经济发展的同时，也实现了对民生福祉的积极贡献。

（五）创新驱动的引擎：引领技术创新与产业升级

技术创新是推动产业升级与经济发展的核心动力。产业扶持政策往往包含对技术创新的重点支持与鼓励，通过设立科研专项、共建研发平台等方式，推动企业进行技术研发与产业升级。这不仅有助于提升整个产业的技术水平与核心竞争力，还促进了新技术、新产品的不断涌现与广泛应用。因此，产业扶持政策在引领技术创新与产业升级方面发挥着至关重要的作用。

（六）开放合作的桥梁：促进国际合作与市场拓展

在全球化的时代背景下，产业扶持政策也注重和国际接轨与合作。通过参与国际竞争与合作、引进先进技术与管理经验等方式，推动国内产业的国际化发展。这不仅有助于提升国内产业的国际竞争力与影响力，还拓展了国际市场空间与资料来源。因此，产业扶持政策在促进国际合作与开放方面发挥着积极的桥梁作用。

第二节　产业扶持政策体系

产业扶持政策体系的构建是一个多维度、多层次的过程，它不仅涉及具体的政策措施设计，还涵盖了管理路径的明确、管理主体的确立和管理层级的划分。

一、管理路径

产业扶持政策管理路径作为产业扶持政策体系构建的核心框架，其详细展开涵盖了从政策构思到具体实施的各个环节。在这一路径中，基本政策、规划方案、实施办法和申报通知构成了不可或缺的组成部分，它们相互衔接、层层递进，共同确保了政策的有效落地与执行。

作为驱动国家经济结构调整与产业升级的重要机制，产业扶持政策可自下而上进行溯源，亦可自上而下进行分解，其核心在于其管理路径的精细规划与高效执行。而管理路径则指一项政策出台后的贯彻和落实的路径，这条路径不仅是政策从构想变为现实的桥梁，更是国家战略意图深入社会肌理、激发地方活力的关键通道。

一般情况下，一项公共政策的出台从公共政策议程开始，形成基本政策，这个基本政策可能是国家战略层面的。基本政策首先按纵向的层级自上而下传达，如从中央传达到省、市、县，同时，横向的中央相关部门作出响应，出台规划方案或实施细则，再层层落实；其次，地方各级政府政策相关部门作出响应，结合本地具体情况出台实施办法，落实政策执行。产业扶持政策管理路径如图 2－1 所示。

（一）基本政策——国家层面的宏伟蓝图

产业扶持政策体系的根基在于国家层面的高瞻远瞩与战略部署。基本政策是产业扶持政策的基石，它明确了政策的核心目标、基本原则和总体方向。基本政策通常由政府或相关部门根据国家发展战略、地区经济特点和产业发展需求制定，具有全局性、指导性和稳定性。它为后续的规划方案、实施办法等提供了基本遵循和依据，确保了政策体系的内在一致性和连贯性。

以中共中央、国务院联合印发的《乡村振兴战略规划（2018—2022 年）》为例，这份

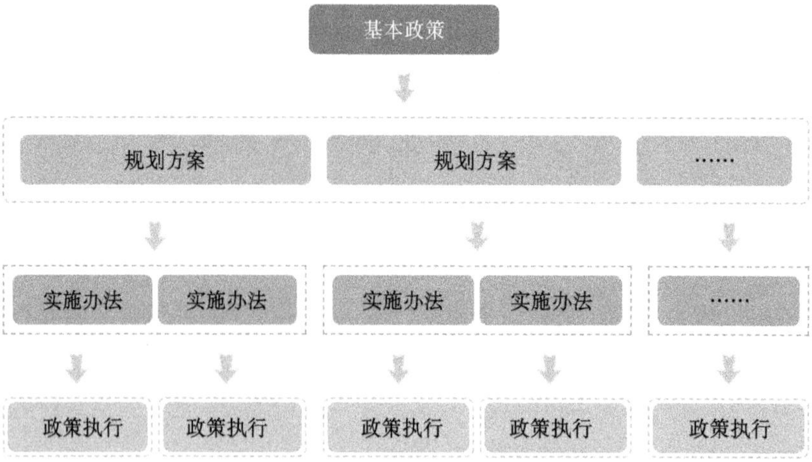

图 2－1　产业扶持政策管理路径

纲领性文件不仅为全国乡村振兴工作指明了方向，更是后续一系列政策措施出台的基石。它如同灯塔，照亮了农村发展的航道，引领着广大农村地区迈向全面振兴的新征程。

（二）规划方案——部委联动的专项支持

规划方案是在基本政策指导下，对产业发展进行的具体规划和布局。它根据产业发展现状、趋势和潜力，结合地区资源禀赋、环境条件等因素，制定出一系列具有针对性、可操作性的发展目标、重点任务和保障措施。规划方案通常包括产业发展目标、产业布局规划、重点项目建设、技术创新与人才培养等内容，为产业扶持政策的具体实施提供了明确的方向和路径。在基本政策的指引下，各中央部委积极响应，纷纷出台了一系列规划方案与实施细则，构建起多层次、多维度的政策支持体系。

例如，针对上一点提及的《乡村振兴战略规划（2018—2022 年）》这个基本政策，财政部发布《财政部贯彻落实实施乡村振兴战略的意见》（财办〔2018〕34 号）为乡村振兴提供了财政保障；农业农村部等多部门于 2020 年联合发布《农业农村部 国家发展改革委 教育部 科技部 财政部 人力资源社会保障部 自然资源部 退役军人部 银保监会关于深入实施农村创新创业带头人培育行动的意见》，着眼于激发农村创新活力，培育新型农业经营主体。这些规划方案如同政策体系的筋骨，为战略目标的实现提供了有力支撑。

（三）实施办法——地方实践的灵活创新

实施办法是将规划方案转化为具体行动方案的关键环节。它针对规划方案中提出的各项任务和目标，制定出具体的实施步骤、时间节点、责任主体和考核标准等。实施办法注重政策的可操作性和可执行性，通过细化政策内容、明确操作流程、强化责任落实等措施，确保政策能够顺利落地并产生实效。同时，实施办法还注重政策的灵活性和适应性，能够根据产业发展实际情况进行适时调整和优化。在国家与部委层面政策的引领下，地方各级政府政策相关部门应结合本地实际，创造性地出台具体实施办法。

仍以乡村振兴为例，河南省的《河南省乡村振兴促进条例》（2022 年）以地方性法规的形式，为乡村振兴提供了法律保障；《“一村九园”数字化建设规范（试行）》（2021 年）则通过数字化手段赋能乡村振兴，展现了地方政府的创新智慧。平顶山市科学技术局制定的《平顶山市星创天地建设实施细则》（2020 年）更是将科技创新与乡村振兴紧密结合，推动了农村创新创业的蓬勃发展。这些实施办法如同政策体系的血肉，让国家政策在地方层面落地生根，开花结果。

（四）申报通知——具体执行的号角

申报通知是产业扶持政策实施过程中的重要环节，它面向企业和相关主体发布政策申报的具体要求和流程。申报通知通常包括政策适用范围、申报条件、申报材料、申报时间、评审标准以及奖励或补贴标准等内容。通过发布申报通知，政府可以吸引更多符合条件的企业参与政策申报，提高政策的知晓度和参与度。同时，申报通知也是政府筛选和评估申报项目的重要依据，有助于确保政策资金和资源能够精准投放到真正需要扶持的企业和项目上。

例如，济源市《关于申报济源示范区数字乡村“一村九园”试点的通知》（2021 年）、平顶山市《关于开展 2020 年平顶山市星创天地申报工作的通知》（2020 年）、河南省农业农村厅《关于征集“一村九园”数字化应用场景典型案例的通知》（2021 年）等，不仅为项目申报提供了明确指引，也激发了社会各界参与乡村振兴的积极性。河南省教育厅、河南省人力资源和社会保障厅联合发布的《河南省教育厅 河南省人力资源和社会保障厅关于遴选第三批河南省乡村振兴技能人才培养示范基地和示范专业点的通知》（2020 年）更是为乡村振兴技能人才培养提供了重要平台。这些申报通知如同政策执行的号角，吹响了乡村振兴的新一轮冲锋。

综上所述，产业扶持政策体系的管理路径是一个从国家层面到地方层面、从规划方案到实施办法、从政策制定到具体执行的完整闭环。它以独特的魅力与力量，推动着乡村振兴战略不断向前发展，为实现农业农村现代化、全面建设社会主义现代化国家贡献着重要力量。

二、管理主体

产业扶持政策管理主体以政府为核心，围绕其构建了一个多领域、多层次的组织结构，如图 2－2 所示。这个管理主体通过下设的 12 个关键部门或领域，全面覆盖了社会经济发展的各个方面，体现了政府在国家治理中的核心地位和全面职能。

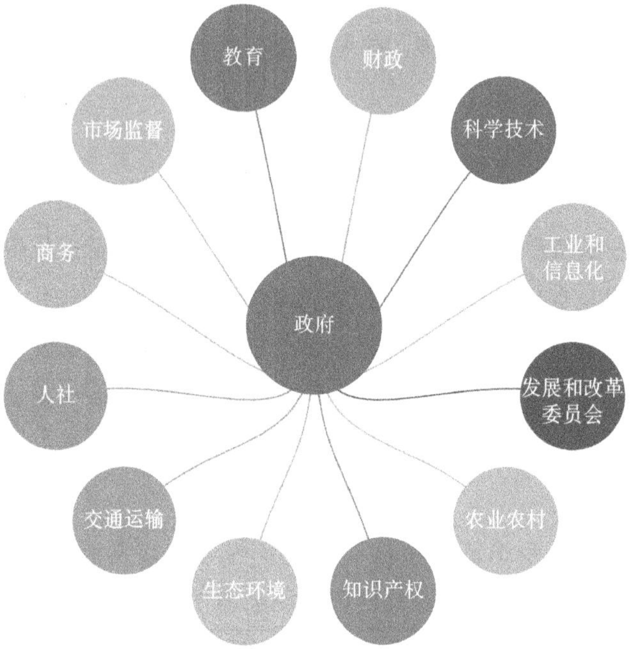

图 2－2　产业扶持政策管理主体

（1）教育部门：负责教育政策的制定与实施，管理各级各类教育机构，提升国民教育水平，培养国家发展所需人才。

（2）财政部门：管理国家财政收支，制定和执行财政政策，保障政府各项活动的资金需求，优化财政资源配置。

（3）科学技术部门：推动科技创新与发展，制定科技政策，管理科研项目和资金，促进科技成果的转化与应用。

（4）工业和信息化部门：管理工业发展和信息化建设，制定工业政策和信息化规划，推动产业升级和数字化转型，提升工业竞争力。

（5）发展和改革委员会：综合研究经济社会发展重大问题，制定发展战略和改革方案，推动经济社会全面协调可持续发展。

（6）农业农村部门：负责农业、农村和农民问题的研究与管理，推动农业现代化和农村发展，保障粮食安全和农民增收。

（7）知识产权部门：负责知识产权的创造、运用、保护和管理，激发创新活力，维护市场秩序，促进知识产权与经济社会发展的深度融合。

（8）生态环境部门：管理环境保护和生态建设，制定环境政策，治理环境污染，推动绿色低碳发展，保护自然生态和人民健康。

（9）交通运输部门：规划和管理交通运输体系，保障道路、水路、航空等交通方式的顺畅运行，提升交通运输效率和服务水平。

（10）人力资源和社会保障部门：负责人力资源的开发与管理，制定劳动就业和社会保障政策，维护劳动者权益，促进社会和谐稳定。

（11）商务部门：负责国内外贸易的管理与服务，促进商品和服务的自由流通，拓展国际市场，推动对外贸易的发展。

（12）市场监督部门：负责市场秩序的维护与监管，打击不正当竞争和违法行为，保护消费者权益，促进市场公平竞争和健康发展。

以教育领域为例，政府作为核心管理主体，依托教育厅这一关键职能部门发布各种项通知。例如，河南省教育厅发布的《关于开展中原教研名家和河南省骨干教研员培育对象遴选考核工作的通知》（2022 年）、《关于组织实施中原名校长领航工程和青年骨干校长培育工程的通知》（2022 年）等，不仅是政府在教育管理领域主动作为、科学规划的有力证明，更是为河南省教育事业的蓬勃发展注入了强劲的动力与崭新的活力。

三、管理层级

中国特色社会主义制度的核心在于中国共产党的领导，这一特征在产业扶持政策的管理体系中尤为显著。党中央与国务院共同制定并发布具有战略高度的产业政策大政方针，而这一系列政策的落地实施，则依赖于一个庞大而精细的管理网络，该网络由多个层级和职能各异的机构共同构成。

（1）核心管理层级：国务院组成部门作为政策执行的主力军，这些部门直接负责将党中央、国务院的产业政策转化为具体行动，包括但不限于外交部、国家发展改革委、科技部、生态环境部、交通运输部、农业农村部等关键部门，它们各自在促进产业升级、技术创新、环境保护、交通物流和农业现代化等方面发挥着不可替代的作用。

（2）直属与特设机构：①国务院直属特设机构如国有资产监督管理委员会，它专注于国有企业资产监管，确保国有资产保值增值，为产业发展提供坚实的经济基础；②国务院直属机构如海关总署、市场监管总局、税务总局等，则在国际贸易、市场监管、税收征管等领域为产业发展保驾护航；③国务院办事机构及部分在相关部门加挂牌子的机构，如国务院港澳办、国台办、侨办等，以及在国家部委内加挂牌子的机构，如新闻出版署、宗教事务局等，它们通过跨部门协作，推动特定领域或地区的产业发展。

（3）直属事业单位与部委管理国家局：①国务院直属事业单位，如新华社、社科院、证监会等，以其专业性和权威性，为产业发展提供信息支持、研究咨询及监管服务；②国务院部委管理的国家局，如国家能源局、国家烟草专卖局等，则在各自领域内实施更为具体的行业管理和政策执行，确保产业政策的有效落地。

（4）地方政府的角色：省级及以下政府作为中央政策的承接者，通常设立与中央对口的职能部门，但根据地方实际情况，可能存在职能调整或合并的情况。这些地方政府及其职能部门在推动地方产业发展、落实中央政策方面发挥着至关重要的作用。

通过一系列具体政策文件的发布，如《交通运输部办公厅关于印发〈基于区块链的进口干散货进出港业务电子平台建设指南〉的通知》（2022 年），国家税务总局印发《软件企业和集成电路企业税费优惠政策指引》（2022 年），生态环境部、国家发展改革委、自然资源部、水利部四部门联合印发《黄河流域生态环境保护规划》（2022 年）《科技部 农业部 水利部 国家林业局 中国科学院 中国农业银行关于印发〈国家农业科技园区发展规划（2018—2025 年）〉的通知》（2018 年）等，从中央到地方，各级政府和职能部门紧密协作，共同推动产业政策的实施与落地，促进产业结构的优化升级和经济的持续健康发展。

专栏 2－1　湖南明确 2024 年产业体系建设路径

红网时刻新闻 1 月 24 日讯（记者 廖洁 刘志雄）1 月 24 日上午，湖南省十四届人大二次会议在长沙开幕。省长毛伟明代表省人民政府作工作报告。报告提出，以先进制造业高地三大标志性工程为牵引，推动产品向高端进军、产业基地向高地迈进。

将通过改造提升传统产业、巩固延伸优势产业、培育壮大新兴产业、前瞻布局未来产业、加快推进新型工业化，构筑现代化产业体系的“四梁八柱”。

例如，改造提升传统产业，发展石油、盐氟等基础材料，推动有色金属、精品钢材、绿色建造等行业迈向高端，推进烟花爆竹产业转型发展等。

巩固延伸优势产业，工程机械产业重在提升主导优势产品国际竞争力，轨道交通产业重在推动国铁、城轨、磁浮、智轨“四轨一体”发展。

培育壮大新兴产业，数字产业紧扣发展先进计算、新一代半导体、新型显示、智能终端，新能源产业紧扣新能源汽车、新能源装备、新型储能发展，大健康产业紧扣中医药、现代医药、医疗器械、美妆、健康服务等领域。

前瞻布局未来产业，聚焦推进工业机器人、服务机器人等关键软硬件研发与制造，着力推动人工生物设计、脑机接口、类脑芯片等领域研发创新，强化在先进计算、智能制造、检测计量等领域的应用，围绕3D打印材料、超导材料、纳米材料等领域开展技术攻关。

加快推进新型工业化，推动工业化、信息化“两化融合”，加快“智赋万企”进企业、进车间、进班组步伐，实现数字经济增长15%等。

资料来源：红网．快讯丨湖南明确2024年产业体系建设路径［EB/OL］．（2024－01－24）．https：//baijiahao. baidu. com/s？ id = 1788934766924779376&wfr = spider&for = pc.

第三节 产业扶持政策分类

一、按扶持方向分类

（一）全面赋能的功能性产业扶持政策

功能性产业扶持政策致力于构建有利于产业发展的整体环境，它不仅关注某一产业的快速发展，还着眼于提升整个经济体系的运行效率与创新能力。通过优化营商环境、加强基础设施建设、提供公共服务平台等方式，为所有产业提供公平、高效、便捷的发展条件。

1. 功能性产业扶持政策的定义

功能性产业扶持政策是指政府为了提升产业整体功能、完善产业链、优化产业环境而采取的一系列政策措施。这些政策不特定于某一产业，而是关注于提升整个产业体系的运行效率、创新能力、可持续发展能力等。

2. 功能性产业扶持的政策效应

功能性产业扶持政策强调市场的决定性作用，鼓励企业通过自身努力提升竞争力，同时，政府作为“守夜人”，为产业发展提供必要的支持与保障。它有助于激发市场主体的创新活力，促进资源的优化配置，推动经济向高质量发展阶段迈进，其政策效应包括以下四点。

（1）产业链协同效应：功能性产业扶持政策通过加强产业链各环节之间的联系与合作，促进上下游企业协同发展，提升整体产业链的竞争力和抗风险能力。

（2）创新激励效应：政策鼓励技术创新、模式创新，为企业提供研发支持、知识产权保护等服务，激发产业创新活力。

（3）环境优化效应：通过改善产业基础设施、提升公共服务水平、优化营商环境等措施，为产业发展创造更加有利的外部条件。

（4）可持续发展效应：关注资源节约、环境保护和社会责任等议题，推动产业向绿色、低碳、循环方向发展。

3. 功能性产业扶持政策的适用范围

功能性产业扶持政策具有较广的适用范围，可应用于多个产业领域和地区。无论是传统产业还是新兴产业，无论是发达地区还是欠发达地区，都可以通过功能性产业扶持政策来提升产业整体功能和竞争力。它旨在通过优化产业生态、强化功能支撑、促进协同创新等多元手段，全面提升产业的综合竞争力和可持续发展能力。

在全球经济一体化日益加深的今天，功能性产业扶持政策的重要性愈发凸显。无论是发展中国家在寻求经济转型升级、构建现代化产业体系的道路上，还是发达国家在维护经济稳定增长、巩固并提升国际竞争优势的过程中，这一政策都扮演着不可或缺的角色。它鼓励技术创新与模式创新，推动产业链上下游的紧密协作与深度融合，为产业的高质量发展奠定坚实基础。

尤为重要的是，功能性产业扶持政策在制定与实施过程中，强调前瞻性与全局性的统一。政策制定者需具备敏锐的洞察力，能够准确把握全球产业发展趋势与未来方向，从而制定出既符合国情又具有国际视野的政策措施。同时，他们还需具备全局性的思维，确保政策在解决当前产业问题的同时，也为产业的未来发展预留足够的空间与潜力。

总之，功能性产业扶持政策以其广泛的适用范围和深远的影响力，成为推动产业转型升级、提升国家整体产业水平和国际竞争力的重要力量。在未来的发展中，我们有理由相信，随着政策体系的不断完善与优化，功能性产业扶持政策将在全球范围内发挥更加重要的作用，引领产业迈向更加繁荣与可持续的未来。

（二）精准定位的选择性产业扶持政策

在经济发展的战略蓝图中，选择性产业扶持政策犹如一盏明灯，为特定产业照亮了前行的道路。其核心价值在于，通过政策导向与资源倾斜，短期内能够促使被扶持产业实现跨越式发展，不仅直接拉动了经济增长的引擎，更促进了产业结构的优化升级，为经济体系的多元化与高端化奠定了坚实基础。这种政策模式犹如催化剂，加速了产业从量变到质变的飞跃。

1. 选择性产业扶持政策的定义

选择性产业扶持政策是指政府基于特定的经济、社会或政治目标，选取某一或某些特定产业进行重点扶持的政策措施。这些政策通常旨在通过资源倾斜、税收优惠、财政补贴等手段，加速特定产业的发展，以促进经济增长、优化产业结构或实现其他特定的战略目标。

2. 选择性产业扶持政策的政策效应

选择性产业扶持政策的政策效应可从以下四点进行分析。

（1）产业集聚效应：选择性产业扶持政策能够吸引相关产业链上下游企业向扶持区域集中，形成产业集聚效应，提高产业竞争力和生产效率。

（2）产业升级效应：通过支持高技术、高附加值产业的发展，推动产业结构向高端化、智能化转型，提升整体经济质量。

（3）经济增长效应：重点产业的发展能够带动就业、增加税收，对地方乃至全国经济产生显著的拉动作用。

（4）社会效应：部分选择性政策还兼顾社会目标，如促进贫困地区经济发展、解决就业问题等，具有显著的社会效益。

然而，任何政策都有双刃剑效应。选择性产业扶持政策在带来显著成效的同时，也悄然埋下了隐患。过度扶持可能导致部分行业出现产能过剩的困境，市场供需失衡，进而抑制了市场竞争的活力。更为严重的是，部分企业可能过分依赖政策红利，忽视了自身研发与创新能力的提升，形成了“政策依赖症”，长此以往将削弱其核心竞争力，阻碍产业的可持续发展。

3. 选择性产业扶持政策的适用范围

选择性产业扶持政策作为政府宏观调控的精细工具，其应用尤为适宜于那些拥有明确发展目标且资源相对有限的情境。在此框架下，政府能够精准施策，针对诸如新兴产业的孵化与壮大、传统产业的转型升级，以及区域经济的均衡发展等关键领域，提供必要的政策支撑与资源倾斜。不同国家和地区，基于各自独特的经济结构、资源禀赋及发展战略考量，会灵活选择并聚焦于特定的产业领域作为扶持重点，以期实现经济的跨越式发展与结构的持续优化。

对于尚处于追赶阶段的发展中国家而言，选择性产业扶持政策更是实现弯道超车的重要法宝。以改革开放初期的中国为例，通过实施这一政策模式，国家能够集中有限的资源与力量，聚焦于关乎国家核心竞争力与长远发展的关键产业，如信息技术、生物科技、高端制造等，从而迅速缩小与发达国家在关键技术突破、产业规模扩张等方面的差距。这种集中优势兵力、重点突破的策略，不仅加速了产业结构的升级换代，也为经济的持续快速增长注入了强劲动力。

然而，值得注意的是，选择性产业扶持政策的成功实施并非一蹴而就的，而是需要政府具备高度的战略眼光与灵活的调整机制。在政策执行过程中，应密切关注市场动态与产业发展趋势，适时对政策内容与力度进行调整与优化，避免一刀切式的僵化执行。只有这样，才能确保政策既能有效激发产业活力，促进产业创新与发展，又能维护市场公平竞争的原则，防止因过度干预而导致的市场扭曲与资源浪费。

综上所述，选择性产业扶持政策在推动产业发展、促进经济增长方面具有不可替代的作用，但其成功应用需建立在科学规划、灵活调整与有效监管的基础之上。对于不同国家和地区而言，应根据自身实际情况与发展需求，量身定制合适的扶持政策体系，以实现经济社会的全面协调可持续发展。

（三）功能性和选择性产业扶持政策对比

功能性产业扶持政策和选择性产业扶持政策在目标范围、支持方式和调整灵活性等方面存在差异，共同构成了促进产业发展的多元化政策体系。两类产业扶持政策扶持方向如图 2－3 所示。

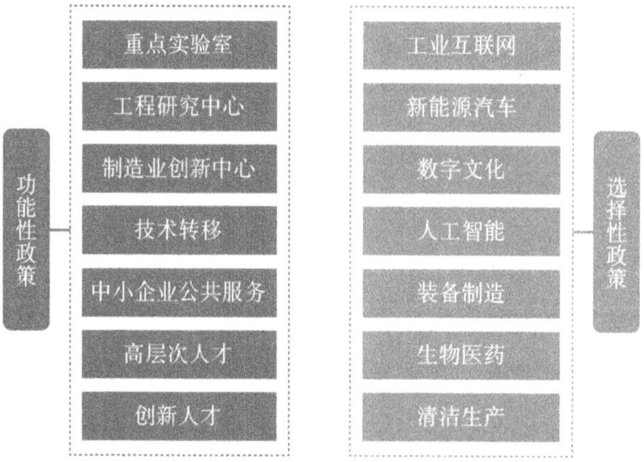

图 2－3　两类产业扶持政策扶持方向

从目标范围对比，功能性政策目标范围广泛，旨在提升整体产业环境；选择性政策更聚焦于特定产业或领域。

从支持方式上来看，功能性政策多为基础性、长期性的支持，如人才培养、技术创新等；选择性政策可能包括财政补贴、税收优惠等更为具体的激励措施。

对比调整的灵活性，由于选择性政策针对的是特定产业，其调整和优化可能更加灵活，以应对市场变化；功能性政策相对稳定，为产业发展提供持久支撑。

二、按扶持对象分类

（一）广泛覆盖的普惠性产业扶持政策

1. 普惠性产业扶持政策的定义

普惠性产业扶持政策是指不特定针对某一行业、地区或企业类型，而是广泛覆盖所有符合条件的市场主体，旨在营造公平竞争环境，促进整体经济活力和社会福祉提升的政策措施。这类政策通常具有普遍适用性，通过提供税收减免、资金补贴、融资便利、技术培训等支持手段，降低企业运营成本，激发市场创新活力。

2. 普惠性产业扶持政策的特点

（1）广泛覆盖：普惠性政策面向所有符合条件的市场主体，不区分所有制形式、企业规模或行业领域，确保政策的公平性和普惠性。

（2）基础支持：侧重于为企业提供基本运营和发展所需的条件支持，如税收优惠、融资服务、市场开拓等，帮助企业减轻负担，增强竞争力。

（3）长期效应：通过优化营商环境，激发市场内生动力，促进产业升级和结构调整，实现经济社会的长期稳定发展。

3. 普惠性产业扶持政策的适用范围

普惠性产业扶持政策作为一股强劲而细腻的春风，温柔地拂过全国每一寸土地，深切关怀着每一家企业的成长与发展，尤其是对那些处于成长初期的中小企业和初创企业而言，这不仅是雨露甘霖，更是破晓之光。这些企业往往因资金链条的紧绷、技术创新的瓶颈、市场拓展的艰难而步履维艰，普惠性政策恰如及时雨，通过提供资金扶持、技术引进指导、市场开拓策略等多维度支持，为它们铺设了一条稳健前行的道路，有效缓解了其在发展初期所面临的诸多挑战。

与此同时，普惠性政策也展现出其包容性与前瞻性的特质，不仅关注中小企业与初创企业的成长，更将目光投向了需要转型升级的传统产业和正在培育壮大的新兴产业。对于传统产业而言，政策通过鼓励技术创新、推动管理升级等方式，为其注入新的活力与动力，助其焕发新生；对于新兴产业，则提供了从研发支持、市场开拓到品牌建设的全方位、多角度的政策保障与激励，为其快速发展壮大奠定了坚实的基础。

在具体实施中，普惠性政策以多样化的形式展现其魅力。青年补贴政策如同青春的翅膀，助力青年一代勇敢追梦；创业补贴是创业的催化剂，让创新的火花得以燎原；疫情补贴是危难时刻的守护者，为受困群体送去了温暖与希望；价格补贴是民生的守护者，确保了基本生活的稳定与安宁；小微企业税收优惠更是如同春雨般细腻入微，滋养着小微企业的根系，让它们更加茁壮地成长。

综上所述，普惠性产业扶持政策以其全面覆盖、公平公正的特点，成为推动经济发展、促进社会和谐、实现共同富裕的重要力量。它不仅为企业的发展提供了坚实的保障，更为整个社会的繁荣稳定奠定了坚实的基础。

（二）竞争激烈的差异化产业扶持政策

1. 差异化产业扶持政策的定义

差异化产业扶持政策是指根据产业特点、区域优势、企业发展阶段等因素，制定具有针对性的支持措施，以满足不同产业和企业的个性化需求，促进资源的优化配置和产业结构的优化升级。这类政策通过精准施策，实现“对症下药”，提高政策的有效性和针对性。

2. 差异化产业扶持政策的特点

（1）针对性强：差异化政策根据产业和企业的具体情况制定，具有高度的针对性和灵活性，能够精准解决产业发展和企业运营中的实际问题。

（2）重点突出：政策通常聚焦于产业发展的关键环节和瓶颈问题，如技术创新、品牌建设、市场拓展等，通过集中力量突破难点，推动产业快速发展。

（3）区域特色：充分考虑区域资源禀赋和产业基础，制定符合地方实际的支持政策，促进区域特色产业的发展和区域经济的协调发展。

3. 差异化产业扶持政策的适用范围

差异化产业扶持政策作为一种高度定制化与精准化的政策工具，其精髓在于深刻洞察并精准对接不同地域特色、行业特征和企业实际需求的多样性。这一政策框架的巧妙设计，旨在通过一系列量身定制的激励措施，激发各类产业的内在潜力，推动经济结构的优化升级，促进区域经济的均衡发展与社会的全面进步。

在高新技术产业与战略性新兴产业的沃土上，差异化扶持政策犹如一股强劲的驱动力，为这些代表未来发展方向的产业注入了源源不断的活力。政府不仅提供慷慨的研发资金支持，助力企业攻克关键技术难题，加速科技成果的转化与应用，还积极搭建创新平台，促进产学研深度融合，构建开放协同的创新生态体系。同时，通过实施人才引进与培养计划，吸引并留住全球顶尖人才，为产业发展提供坚实的人才支撑与智力保障。

对于面临转型升级挑战的传统产业而言，差异化扶持政策则如同一剂良药，精准施策，助力其焕发新生。政府通过提供技术改造专项资金，鼓励企业采用先进适用技术，提升生产效率和产品质量；实施节能减排项目，推动企业向绿色低碳转型，实现可持续发展；加强品牌建设与市场推广，提升产品附加值与市场竞争力。这些专项扶持措施，不仅帮助传统产业克服了转型升级中的重重困难，更为其开辟了新的发展空间与增长点。

在欠发达地区和少数民族地区，差异化扶持政策更是展现出其独特的关怀与温度。政府根据当地实际情况，制定并实施了一系列特别的扶持政策，旨在促进当地经济发展与民生改善。通过加大基础设施建设投入，改善生产生活条件；发展特色产业与优势产业，培育新的经济增长点；加强教育与技能培训，提升当地民众素质与就业能力。这些政策的实施，不仅为欠发达地区和少数民族地区带来了实实在在的发展机遇与实惠，更为实现区域经济的均衡发展与社会的全面进步奠定了坚实的基础。

综上所述，差异化产业扶持政策以其精准性、灵活性与包容性，成为推动各类产业高质量发展、促进区域经济均衡发展与社会全面进步的重要力量。在未来的发展中，我们有理由期待这一政策体系能够不断完善与优化，为我国的经济社会发展贡献更加卓越的力量。

（三）普惠性和差异化产业扶持政策对比

从政策的广泛覆盖性、公平性和针对性、灵活性等方面进行逻辑上的推断和对比，不难看出在实际政策制定中，普惠性政策和差异化政策往往是相互补充、相辅相成的，共同构成了促进产业发展的完整政策体系。产业扶持政策扶持对象如图 2 – 4 所示。图 2 – 4 中提及的“科技创新”“创业创新”“人才培养”等子分类，可以视为普惠性产业扶持政策的广覆盖性、公平性的具体体现，它们不特定于某一具体企业或行业，而是对整个产业群体都具有重要意义。尽管图中未直接标注，但可以设想对于“小巨人”企业或“制造业单项冠军”，政府可能会提供更加个性化的扶持措施，如专项补贴、税收减免、融资便利等，以帮助这些企业更快地成长和发展，这些政策就是差异化产业扶持政策针对性和灵活性的体现。

三、按扶持措施分类

（一）财政补贴类扶持政策

财政补贴是政府为了支持企业而无偿拨付的款项。为了体现财政拨款的政策引导作用，这类拨款通常具有严格的政策条件，只有符合申报条件的企业才能申请补贴，同时附有明确的使用条件，政府在批准拨款时就规定了资金的具体用途。例如，财政部门拨付给

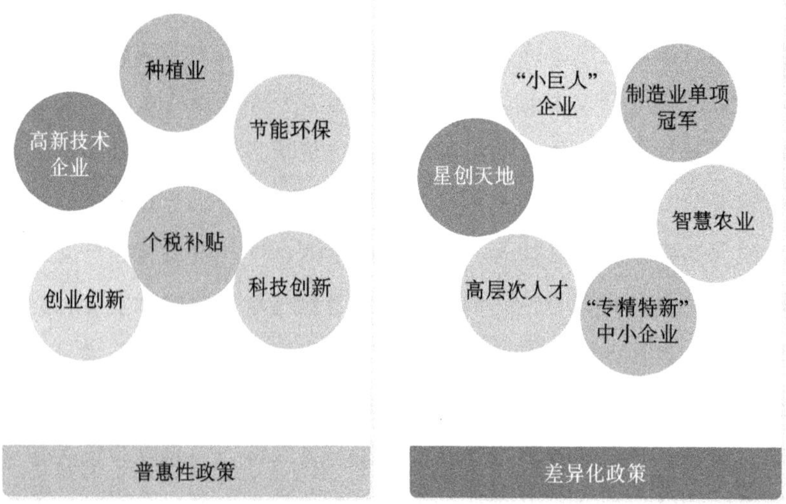

图 2－4　产业扶持政策扶持对象

企业的粮食定额补贴、鼓励企业安置职工就业的奖励款等就属于财政拨款。财政拨款可以是事前资助，也可以事后资助。事前资助是指符合申报条件的企业，经申请取得拨付款之后，将拨款用于规定用途或其他用途。例如，符合申请科技型中小企业技术创新基金条件的企业取得拨付资金后，用于购买设备等规定用途。事后资助是指符合申报条件的企业，从事相关活动、发生相关费用之后，向政府部门申请资助。

1. 财政补贴的定义

财政补贴是指企业从政府直接取得的资产，包括无偿取得的货币性资产或非货币性资产。货币性资产是指货币资金和将以固定或可确定的金额收取的资产，包括现金、银行存款、应收账款和应收票据以及准备持有至到期的债券投资等，如企业直接从政府取得的财政拨款，通过先征后返（退）、即征即退等方式返还的税款。非货币性资产是指货币性资产以外的资产，如交易性金融资产、可供出售金融资产、持有至到期投资、行政划拨的土地使用权、天然起源的天然林等。

财政补贴常见的是货币资产形式，但由于历史原因也存在无偿划拨非货币性资产的情况。随着市场经济体制逐步完善，这种情况已经趋于消失。

2. 财政补贴的内容

（1）资质评定类。例如，平台技术攻关项目一经评定即可获得额定资助。它是以某个项目为依托的，如构建了某个平台，政府主管部门主要考察的是项目的建设情况，有没有相关的人、财、物投入，有没有具体的研发场地，建设成果如何，有没有相关的证明或第三方认证来说明成果的先进性，等等。

如果是某种研发机构的评定，如企业技术中心、研发中心、设计中心、技术研究院、实验基地等，主管政府部门会重点考察该机构的整体承载能力和管理水平。简单来说，申报依托的研发机构不能是个空壳子，须有一套行之有效的体系，有对应的人员、设备、研发项目，并且已经能够按照既定的流程或制度有效地进行日常运营。

（2）推广带动类。这类财政补贴的对象一般是××示范项目、××示范企业。政府会在某个领域内挑选做得比较好的企业进行奖励，并且对企业做得比较好的部分进行提炼、总结，以期能给行业内的其他企业起到带头示范的作用，拉动行业整体水平的提升。企业知道这类财政补贴政策意义何在，就可以有针对性地准备申报材料。一般来说，能够申报推广带动类项目的企业，技术水平、创新能力相对来说都是比较优秀的，但如何在有限的名额里脱颖而出，就得具体来看申报材料的立意和角度。申报材料中不能光说自己好，还得能说出来自己为什么好，跟别人有什么不同，自己企业是怎么做到的，下一步还有什么样的规划，等等。企业要让评审专家明白，自己已经作为先驱摸着石头过了河，走在了前列，而且这套方法可以总结出来供其他企业学习参考。

（3）技术先进类。技术先进类项目以技术先进性为主要评判标准，根据领域和方向要求，说明企业自身所处的技术阶段和水平，以及能够解决的技术难点。例如，广东省科技厅组织开展的重点领域研发计划项目就是典型的技术先进类项目，项目评审中会对申报项目的背景、依据、技术路线、科研能力、时间进度、经费预算、绩效目标等进行评审论证，并进行技术就绪度和知识产权等专业化评估。

一般来说，申报技术先进类项目的企业，项目内容须真实可信，不得夸大自身实力与技术、经济指标，同时，项目研究成果一般应有高质量的知识产权目标，并在可行性报告中按要求对此进行阐述，提供必要的佐证支撑材料。对于佐证支撑材料，企业最好能提供拿得出手的第三方材料来证实企业申报项目所处的技术阶段和水平。如果实在没有，企业也应该提供内部的评审或验收，实事求是地说明自己公司开发的技术解决了行业内的什么问题、有什么影响、实现了哪些功能、填补了哪些空白等。这与企业提供的第三方材料相比，虽然有一定说服力，但是相对弱化。另外，企业在申报项目时最好能够利用大数据分析技术，对照科技部科技计划历年资助项目与广东省科技计划历年资助项目，对拟立项项目进行查重和技术先进性等分析。

（4）产业化类。产业化类项目更注重结合区域优势产业或拟重点发展产业，选择具有比较优势和竞争优势的重点领域方向予以支持。例如，广东省发改委重大科技成果产业化扶持专项项目便是产业化项目的典型代表。该专项项目由各地市主要依托的国家高技术产业基地、省战略性新兴产业基地和省级以上高新技术产业开发区、双创示范基地等区域性创新创业平台，针对本地战略性新兴产业和先进制造业产业化、特色化、集群式发展的需求，组织编制本市范围内优势战略性新兴产业和先进制造业重大科技成果产业化实施方案，并提出拟申请产业化专项支持的具体项目等。落到具体的项目上，其核心技术和关键环节方面所取得的成果须处于国内领先、国际先进水平。项目相关技术应已获得国家技术发明奖、国家科技进步奖或中国专利奖，或者已取得国家发明专利、PCT（专利合作条约）国际专利申请、创新新药证书、第三类医疗器械注册证、软件著作权、集成电路布图设计专有权、动植物新品种等自主知识产权。

整体来说，产业化项目在具体项目上要重点挖掘模式亮点和潜力，突出创新性和市场前景，强调产业未来发展方向和对当地经济贡献能力，毕竟产业化能力强、税收涵养能力高、创新驱动能力突出的企业更可能也更有必要得到政府产业化项目的资助。

（5）标准和知识产权奖励类。标准和知识产权奖励类项目比较简单直接，主要看企业主持或参与制定国际、国家、行业等标准的数量和质量，或者取得自主知识产权的数量和质量，如国际发明专利、国内发明专利、著作权、软著等，然后对照制定的奖励标准取得相应的奖励即可。

这类项目的优点是好操作、见效快，只要符合要求，一般不需要投入太多时间和精力，对文字材料的要求也不高。缺点是一般资助金额不会特别高，毕竟这类财政补贴类项目更主要的是在鼓励企业进行研发，降低企业研发成本。

（6）直接补贴类。补贴类项目和前面几种项目在申报载体上没有太大变化，主要区别在于资助形式。补贴类项目资助金额相对来说不会特别大，算是前几种的补充。例如，企业研发费补助、科技创新券后补助、特大型数据中心电费补贴、创新型互联网企业租金补贴等，一般都是普惠性补助，只要符合补助项目的申报条件，经合规性审查后都可以拿到补助，不存在企业之间的竞争。

3. 财政补贴的形式

财政补贴通常根据经济水平、市场行情等外在要素的变化趋势，以及企业项目、产业结构等内在要素的转变，由国家或地方政府划拨一定的资金对企业有序经营形成助力。补贴形式包括补贴率、创新专项配套资金、产业扶持资金、科技奖励、专利奖励、科技创新券、创新券等。

表 2－1 针对不同的财政补贴形式，列举了部分相关政策文件。

表 2－1　　财政补贴形式示例

政策文件	具体实施方式
《珠海市企业研究开发费补助资金管理暂行办法》（珠科工贸信〔2013〕230 号）	受资助企业上年核定的研发费税前加计扣除额需大于 30 万元。政府提供的资金扶持金额公式由系数和基数构成。其中，系数是由当年政府资金扶持额度与上年同类额度相除所得；基数是由企业上年度研发额度决定的。一般情况下，政府对企业的扶持额度低于 200 万元

续表

政策文件	具体实施方式
《国家科技重大专项资金配套管理办法实施细则》（沪科合〔2013〕28号）	所有重大国家级科研项目凡经地方责任部门承诺都可以向当地政府申请配套资金扶持 地方配套资金根据项目按照实际留沪中央财政资金的预算额度，以及（办法）明确的分类配套原则，分别确定地方配套资金支持额度
《政府出资产业投资基金管理暂行办法》（发改财金规〔2016〕2800号）	国家发放资金对相关产业进行扶持，如基建产业、生态产业、战略性新兴产业、创业创新产业等
《天津市企业研发投入后补助暂行办法》（津科规〔2018〕9号）	政府参照企业上年度研发费用加计扣除数和企业类型，按照一定比例进行资金扶持，由基础补助类和增量补助类两个层面补助额综合构建而成，补贴金额不得高于500万元
《首都科技创新券资金管理办法》（京财科文〔2018〕529号）	创新券采用网络认证的模式，在每一个申报周期，小微企业和创业团队申请创新券的最高补贴不超过50万元 申请的创新券额度采取分段超额累退比例法核定，结果四舍五入后取整，核定比例如下： 每年度符合补贴要求的业务合同金额在10万元及以下的部分按照最高不超过90%的比例核定； 超过10万元至50万元的部分按照最高不超过60%的比例核定； 超过50万元至100万元的部分按照最高不超过30%的比例核定； 超过100万元以上的部分，不再予以创新券补贴
《杭州市余杭区关于推进科技创新创业的若干政策意见》（余政办〔2018〕61号）	新认证的省级研究院、省级研究机构的科技企业分别奖励150万元、50万元； 对国家级技术奖项，一等奖、二等奖分别奖励500万元、200万元； 具有国家知识产权优势的企业，奖励50万元； 国家着重培育的新认证高科技企业，可得到60万元基础奖励：如果能够满足政策规定，还可得到2000万元之内的引导资金扶持
《广州市黄埔区、广州开发区、广州高新区关于集聚海外尖端人才的若干措施》（穗埔组通〔2019〕105号）	这种新的人才政策主要是吸引高层次的国外人才，重点政策有项目扶持、人才动资、人才推荐奖励等，为了增加对先进科技人才的吸引力，初次引入的科学家和行业内顶尖的人才团队可获得不高于15亿元的补助

4. 财政补贴的目标

企业的发展离不开政策的支持，政府对企业的补助实际上是一种信号机制。政府对企业研发进行补贴，实际上是对这类企业的一种认证。这种认证信号可以使投资者对市场中企业的经营质量状况进行更好的判断，从而减少资本市场的信息不对称，减轻企业的融资约束，在一定程度上提高企业外部融资的能力，进而提升企业的整体竞争力。具体来说，企业获得财政补贴有以下四个作用。

（1）降低企业研发创新成本。政府财政资金的投入，可以刺激企业自身技术创新投入的增加，降低企业研究开发新产品的风险，对于激励企业致力于产品创新、产业化应用推广有正面效应。另外，这种激励对于创业环节的中小企业更为明显。为有效保护中小企业的创新活力，政府需要介入中小企业尤其是科技创新型中小企业的创业环节，通过发挥政府资金的引领作用，鼓励银行、风险投资、基金等金融和投资机构对于科技型中小企业技术创新的投入，使中小企业能够通过有效筹措资金进行创新。

例如，高新技术企业资质是企业尤其是科技型企业发展道路上的一个必备资质，是吸引地方政府、行业组织对企业实施优惠政策和资金扶持的重要条件，也是吸引风险投资机构和金融机构对企业投资的动力，能推动企业快速投入产业化经营中。被认定为高新技术企业最直接的好处就是税收减免和各种奖励补贴，具体来说，高新技术企业可以享受企业所得税从原先的25%减为15%，减免额度达到40%。深圳市在《关于加强高新技术企业培育的通知》（深科技创新〔2017〕278号）中作出如下规定：对入库企业，按入库当年研发实际支出的10%的比例予以资助，资助额超过300万元的按300万元资助；对出库企业，按出库当年研发实际支出的10%的比例予以资助，资助额超过300万元的按300万元资助。对首次认定的国家高新技术企业奖励性补助5万元，重新认定企业奖励性补助3万元，用于补偿企业在认定过程中发生的专项审计、科研管理优化等成本和支出。

（2）引导企业创新发展方向。通过政府专项资金的支持，可以有效引导企业的发展方向。作为企业，特别是大多数民营企业，通过申请政府专项资金的支持，能够清晰了解到政府重点扶持的产业或者技术发展方向，了解新兴产业的市场前景，并在政策引导下对企业自身发展方向进行微调，进而能够更好地围绕当前社会发展方向及政府工作的重点研发新技术、开发新产品，促使自身立足市场，不断进行技术创新及产业化推广，从而有效地抢占市场先机。通过财政补贴来扶持有潜力的企业，让更多中小企业发展起来，从本质上讲才是政府的初衷。企业的成长其实都是从无到有的过程，部分企业经过申报财政资助项目之后，在财政资金使用的引导下，慢慢变得规范，更加重视研发，建立研发预算体系，调整产业结构，进一步推动企业创新成长，进而形成良性循环。

（3）推动企业规范化管理。为了更好获得政府的补贴支持，企业会主动推进规范化管理，包括建立预算机制、管理机制、财务机制等。近年来，随着国家对专项资金审计监督力度不断加大，一些企业由于管理不规范、预算不规范、企业内部监督不规范而造成挪用专项资金的事件屡被发现。这类事件的发生，大多由于企业法律意识不强，疏于管理，对专项资金如何使用理解不到位而造成。这不但不利于企业提升形象、塑造良好的舆论口碑，而且给企业的发展带来了负面影响。企业对于财政补贴资金，特别是专项资助资金，应当严格按照预算专款专用，规范项目管理流程和财务监管流程，更加规范化地进行管理和使用，并确保资金使用合理且到位。这在一定程度上有效地推动了企业管理尤其是企业财务管理更加规范化，也进一步保障了政府财政资金使用的安全性和高效性。

（4）塑造和提升企业形象。政府对企业的财政补贴从本质上来讲是一种信号机制。通过政府专项资金的补贴，表明政府、社会肯定了企业的发展方向、技术研发实力和产业化能力，代表了政府对于企业能力的一种认同，有利于企业获取科技项目的参与资格，使企业获得更多的政策红利。同时，有助于提升企业的创新投入水平，增强企业的盈利能力，最终塑造和提升企业形象。企业通过项目申报获得政府职能部门颁发的荣誉称号、资质认证等，如获得中国驰名商标、国家免检产品、高新技术企业等荣誉称号，在企业挂牌上市融资、参与政府采购、对外宣传推广等方面都有极大的说服力和公信力。而企业通过项目申报可让政府职能部门了解自身及其项目成果，其效果相当于在政府职能部门间“拿政府的钱给企业打广告”，进一步向政府部门宣传了企业的实力和能力。随着政府政策性支持的不断深化，企业在提升品牌知名度的同时，科研实力、销售额、纳税额、出口创汇能力也将因为品牌效应而提升，企业也会随之不断发展壮大。

5. 财政补贴的对象

为了支持当地企业的发展，各地方政府都会积极出台各式各样的企业补贴政策。这些补贴政策覆盖了各个领域，适用于不同类型的企业。总体来说，能获得政府补助的企业都是符合政府经济追求和政治需求的企业，主要分为以下五类。

（1）符合我国战略发展方向的企业。为全面建设小康社会，我国实行创新驱动发展战略、乡村振兴战略、科教兴国战略、人才强国战略、可持续发展战略、区域协调发展战略、军民融合发展战略七大发展战略。七大发展战略指明，我国的经济和政治发展方向、目标与实施路径，而围绕着七大发展战略，我国出台了许多政策和补助项目，涉及这七大方面的企业、机构更容易得到政府的资助。

（2）符合区域产业发展方向的企业。政府会充分发挥财政性资金的引导作用，优先支持符合当地产业发展方向或者今后该地区拟重点发展的高科技产业、战略性新兴产业等重点产业，进而促进这些重点产业的平稳健康发展。企业作为产业发展的主要抓手，自然是这些产业中政府重点资助的对象，同时政府也有很强的意愿给予这类企业扶持，并通过修改完善当地产业发展基金、财政资金借转补、天使投资基金、中小企业还贷应急资金、科技创新扶持专项资金、招商引资专项资金、鼓励银行加大信贷投放资金、促进政策性融资担保机构支持产业发展等具体管理办法来扶持企业发展。

（3）设立研发创新载体的企业。研发创新载体在提高企业自主创新及研发能力，帮助企业占领市场和提高国际竞争力，助力企业转型升级等方面有着重要领导作用，也是国家战略发展目标之一。作为企业研发的一种组织形式，企业通过建立研发创新载体，形成专业化的研发和服务体系，逐渐成为创新驱动发展的新生力量。如今，越来越多的企业深谙研发创新的重要性，不断加大研发投入。不少企业通过独立建设，或与高校、科研院所合作共建研发中心、实验室等创新载体，充分发挥企业在科技创新中的主体作用，实现了传统制造高新技术产业化。政府部门为引导科技型企业持续稳定加大研发投入，促使企业成为技术创新和研发投入的主体，推进区域范围内企业高质量发展，从国家到地方都在通过财政资助的方式鼓励企业加大研发投入。

（4）高成长性的科技型中小企业。中小企业在我国整个国民经济发展过程中起着举足轻重的作用，大力支持中小企业发展已成为我国的一项国家经济发展战略。随着经济发展，高端产业和优秀人才价值愈发体现，而重大创新成果转化和优秀人才创业项目又具有早期风险高、市场融资难的特点，创新要素与金融要素很难在第一时间有效融合。在此背景下，政府部门通过利用财政资金投资扶持高水平团队创业和重大科技成果转化，从而有效解决重大科技成果转化过程中遇到的工艺复杂、难度高、风险大、风投资本很难早期投入的难题，通过建立高成长性科技型中小企业专项投资扶持机制，分担早期风险，培育优质市场主体，“育苗成树”“育树成林”，让更多好企业茁壮成长。但一般来说，此类财政补贴普遍要求企业产品和行业属于国家重点支持领域，财务规范，收入和支出的费用清晰明了，有固定的研发人员和部门，具备持续创新能力，拥有研发成果和核心知识产权。

（5）解决社会就业等问题的企业。就业是最大的民生，也是经济发展的重中之重。当前，我国就业形势总体保持稳定，但经济运行稳中有变，经济下行压力有所加大，政府对就业的影响高度重视，必须把稳就业放在更加突出的位置，而企业是解决就业最主要的渠道。稳岗补贴是政府对企业进行补贴支持的一个重点方向，主要是政府部门为了进一步支持就业，解决社会就业问题。按照国家关于稳就业工作的决策部署，根据《国务院关于做好当前和今后一个时期促进就业工作的若干意见》（国发〔2018〕39 号）的要求，各级政府部门要坚持实施就业优先战略和更加积极的就业政策，支持企业稳定岗位，促进就业创业，强化培训服务，确保当前和今后一个时期就业目标任务完成和就业形势持续稳定。

（二）税收优惠类扶持政策

税收优惠政策激励核心创新主体的企业进行自主创新，不断增加创新资金和创新智力资源投入，促使扩大以企业专利申请数、企业有效专利数、企业拥有发明专利数、实用新型专利数和外观设计专利数，以及企业新产品销售收入等指标衡量的创新产出，并最终使企业拥有更多新产品、新技术、新工艺和新品牌。世界各国尤其是创新型国家普遍采用该政策。可以说，运用公共政策之税收优惠政策促进企业自主创新的做法历史悠久，同时，随着时代的发展变化不断推陈出新。

1. 税收优惠的定义

税收优惠政策是指一国税收法律、法规对某些纳税人及征税对象给予激励及照顾的一种特殊条款规定。例如，免除纳税人应缴的全部或部分税款、按照纳税人缴纳税款的一定比例给予返还、给予纳税人比一般税率更低的税率计算纳税额、给予纳税人在成本处理上的更多优惠等，从而减轻纳税人的税收负担。

税收优惠是政府对符合条件的企业给予税收上的直接减免或先征后退等，从而减轻其缴纳税金的压力。相比于直接拨款的财政补贴来说，税收优惠不能直接获得政府的资金，而是在满足相应的条件时减少征税负担，是一种间接的补助方式。但较于财政补贴，税收优惠有着独特优势，如市场干预强、管理成本低、灵活程度高等。税收优惠覆盖范围广，只要符合相关法规就能申请享受税收优惠，比财政补贴更具有普惠性，更不容易扭曲公平。正因为税收优惠政策的这些优点，所以其受到国家和各地政府的青睐，国家和各级政府部门也出台了很多相关政策文件，加大税收优惠政策的覆盖面和优惠力度。例如，高科技设备可以单次扣除的金额上限有大幅提高，从而减轻企业应纳税所得额；高新科技企业发生的可结转下年抵扣亏损的年限可以再延长五年等。

2. 我国税收优惠政策的类型

按照减轻或免除税收负担的具体方式不同，税收优惠可以分为税基型税收优惠、税率型税收优惠、税额型税收优惠和递延型税收优惠四种类型。

（1）税基型税收优惠。税基型税收优惠是指通过直接缩小计税依据的方式来实现减税或免税，具体包括起征点、免征额、费用扣除、盈亏互抵等。

起征点亦称征税起点，是指税法规定对课税对象开始征税的数量界限。若课税对象的数额未达到起征点，则不需要课税；若课税对象的数额达到或超过起征点，则要对全部数额课税，而不仅仅是对超过起征点的数额课税。我国现行的增值税当中就设置了起征点的规定。税法中规定起征点，是为了关怀和照顾低收入者，起到了对低收入者给予补贴的效果。

免征额又称税收豁免额，是税法规定对课税对象全部数额中免予征税的数额。当课税对象数额低于免征额时，不予征税；当其数额超过免征额时，仅对全部课税对象数额中超过免征额的部分征税。税法规定免征额是为了照顾纳税人的最低生活需要，使税收征收更加公平与合理。免征额通常采用定额扣除的方式来确定，也可以采用定率扣除的方式来确定。免征额一般适用于所得税和财产税，如我国的个人所得税工资薪金月费用扣除5000元就属于免征的范畴。

费用扣除又称税收扣除，是税法规定在计算应纳税额时允许从税基中扣除的特定成本、费用项目。费用扣除可以通过两种方法来设置：一是直接扣除法，指对纳税人实际发生的、符合规定的全部或者部分成本费用项目直接扣除，如捐赠费用的税前扣除；二是加计扣除法，指对某些政府鼓励的费用支出项目（如研究开发费用），允许纳税人在据实扣除的基础上，再按一定比例和标准额外多扣除一笔费用，即加计扣除超过实际发生额、多列支成本费用的方式来减轻纳税人的税收负担。

盈亏互抵又称亏损结转弥补，按照亏损结转的方向不同，分为向前结转和向后结转。向前结转是指税法规定准许纳税人以某一年度的亏损冲抵以后年度的盈余，从而减少其以后年度的应纳税额；向后结转是指税法规定准许纳税人以某一年度的亏损冲抵以前年度的盈余，从而申请退还以前年度已缴纳的税款。亏损结转仅适用于所得税方面优惠的企业，以有利润且要缴纳所得税和有亏损为前提，一般规定了亏损结转的时间期限。故盈亏互抵对经营状况好、资金周转顺畅的企业几乎无激励作用，而对投资者投资前景预期不确定的风险产业具有一定的鼓励作用。因为向后结转不仅要退还以前年度缴纳的税款，给财政核算带来很多不便，还涉及预算的法律程序问题，所以世界各国大多采取向前结转为主的盈亏互抵方式。

（2）税率型税收优惠。税率型税收优惠是指对特定的纳税人或特定的经济行为，通过直接降低征税率的方式来实现免除或者减轻其税收负担，具体包括减按低税率征税和实行零税率。由于优惠税率的弹性比较大，所以对投资规模大、利润丰厚的企业特别有利，尤其适合进行产业结构调整的企业，即对不同的产业采用不同的流转税和所得税税率，从而达到微观经济行为主动向宏观调整目标靠拢的目的。但是，优惠税率不能规定得太低，否则会对其他税收优惠措施产生冲击，也不利于筹集国家财政收入。为了防止企业对优惠税率的过度依赖，优惠税率的范围应随时间适当调整，或规定一个明确的有效期限。

（3）税额型税收优惠。税额型税收优惠是指通过直接减少应纳税额的方式实现减轻或者免除纳税人的税收负担，具体包括优惠退税、税收抵免和减免税等形式。

优惠退税是指政府出于某种特定的政策目的，将纳税人已经缴纳入库的税款，按照规定的程序全部或部分予以退还，进而减轻纳税人的税收负担。出口退税和再投资退税是优惠退税的两种主要形式。出口退税是指政府对出口货物退还其在国内生产和流通环节实际缴纳的税款，最大的目的就是鼓励出口，使出口货物以不含税价格进入国际市场，从而增强国际竞争实力。再投资退税是指国家对特定投资者用已征过税的利润进行再投资，可以退还其用于再投资部分利润已经缴纳的税款，主要目的是鼓励投资活动。再投资退税一般适用于企业所得税条款，是发展中国家为吸引外商增加投资所采取的一种常见税收措施。

税收抵免是指税法规定对纳税人符合规定的特定支出项目，允许从应纳税额中部分或者全部扣除，以减轻其税收负担。税收抵免主要有投资抵免和境外税收抵免两种形式。投资抵免是指对纳税人购置固定资产、研究与开发设备等发生的支出，按照一定的比例从当年已缴纳的所得税额中抵减，从而减轻其税负。投资抵免实际上是政府对纳税人投资的一种补助，其鼓励投资的效果最为直接。境外税收抵免是指行使居民税收管辖权的国家，在对本国居民纳税人的境内外全部所得征税时，允许纳税人就境外已经缴纳的所得税额部分或全部从本国应纳税额中抵扣。虽然境外税收抵免的主要目的是避免对跨国纳税人境外所得的国际重复征税，以消除阻碍国际资本、技术和劳务流动的税收障碍，但其客观上确实起到了减轻跨国纳税人税收负担的作用。为防止境外税收抵免对居住国税收权益的过度侵蚀，各国对境外税收一般采用"限额抵免法"，即规定一个最大抵免额。

减免税是指按照税法规定直接减除纳税人的一部分应纳税款，或者在一定期间内对纳税人的某些应税项目或应税收入应当缴纳的税款直接免予征税优惠待遇。直接减免税的目的是体现国家对某些纳税人的照顾或对某些经济活动的鼓励。在政策制定中，减免税又分为减半征收、核定减征率、全部免税等形式，如我国所得税中对节能、环保项目投资的"三免三减半"优惠，以及个人所得税中对稿酬所得的减征规定。

（4）递延型税收优惠。递延式优惠又称延期纳税，是指税法规定准许纳税人推迟缴纳税款的时间或者分期缴纳税款，从而减轻其当期税收负担。纳税人税款的资金占用减少，相当于获得了一笔金额为递延缴纳税款额度的无息贷款。与前三种税收优惠形式不同，在递延式优惠下，政府损失的是递延税款的利息收入，而纳税人需要缴纳的名义税款总额保持不变，因而不属于绝对税收优惠，属于相对税收优惠。递延式优惠主要包括加速折旧、分期纳税等形式。

加速折旧是指税法规定准许纳税人采取特殊的计提折旧方法，使其在固定资产使用前期多提折旧、后期少提折旧，从而加速资产成本回收的一种税收优惠措施。常见的加速折旧方法包括双倍余额递减法、年数总和法和缩短折旧年限等。

分期纳税是指税法规定准许纳税人将本应当期支付的税款分摊到未来若干年度分期缴纳。分期纳税通常用于政府鼓励的各种非货币性资产投资和企业重组活动，以减轻税收对企业经营行为的不利影响。

在税收理论研究中，人们一般把直接减少应纳税额的税额型税收优惠、税率型税收优惠称为直接税收优惠，把间接减少应纳税额的税基型税收优惠、递延型税收优惠称为间接税收优惠。直接优惠与间接优惠形式对激励对象各有侧重，在税收管理上各有利弊，在制定具体税收政策时，应根据政策目标的不同，选择适当的税收优惠类型。

3. 税收优惠政策现状

2006 年，国务院出台了《实施〈国家中长期科学和技术发展规划纲要（2006 — 2020 年）〉的若干配套政策》，这是我国制定的针对企业自主创新的较为系统的税收优惠政策。

这一系列税收优惠政策主要根据企业不同发展阶段的特点进行设计，分别针对企业创新准备阶段、科技研发阶段、技术成果转化阶段、试验阶段和产业化发展阶段等制定。因此，接下来，本书就从企业的不同发展阶段介绍促进企业自主创新的税收优惠政策现状。

（1）企业创新准备阶段的税收优惠政策。企业在进行自主创新初期都有一个准备过程，而在这个过程中，企业都需要根据消费者的需求来定位新产品的生产目标。国家从税收上对新产品给予支持，对企业进行新产品研发有很重要的影响。同时，国家税收对新产品扶持的方向取决于该产品是否属于高新技术领域产品。

从目前我国相关税收优惠政策可知，对于软件类产品销售收入及其所获得的相关安装、维护及培训收入，所涉及的增值税享受即征即退的优惠政策，对高新技术企业生产过程中进行融资担保也提供了相关的税收优惠政策支持。

2016 年，我国全面实行“营改增”后，税收优惠政策针对企业进行融资担保。符合相关条件的担保机构，其所实现的盈利在前三年可以免征增值税，且这些担保机构在经营期间可以按照一定比例计提担保赔偿准备和到期责任准备，计入企业的资产减值损失，并在计算企业所得税前允许扣除。

从目前我国相关税收优惠政策中可以了解到，针对企业建立研究所进行科学技术研究，政府并没有制定相关政策提供支持，但是，政府对于高校进行科学研究制定了相关税收优惠政策。例如，《财政部 税务总局 科技部 教育部关于科技企业孵化器 大学科技园和众创空间税收政策的通知》第一条规定，“自 2019 年 1 月 1 日至 2021 年 12 月 31 日，对国家级、省级科技企业孵化器、大学科技园和国家备案众创空间自用以及无偿或通过出租等方式提供给在孵对象使用的房产、土地，免征房产税和城镇土地使用税；对其向在孵对象提供孵化服务取得的收入，免征增值税”。

（2）企业研发环节的税收优惠政策。企业进行自主创新进入第二阶段时，即进入研发环节，这一阶段面临的最主要问题是有关 R&D 的经费支出。这项支出作为研发支出是否能在税前扣除有一个最基本的前提，即所发生的支出是否真实合理。在进行会计处理时，R&D 经费支出分两种情况：一是在研发阶段所发生支出不符合资本化条件的计入当期费用，且加计扣除 75%；二是符合资本化条件的支出在发生时计入资产成本，并且在使用过程中按照入账成本的 175% 进行摊销。《财政部 税务总局 科技部关于提高研究开发费用税前加计扣除比例的通知》第一条规定，“企业开展研发活动中实际发生的研发费用，未形成无形资产计入当期损益的，在按规定据实扣除的基础上，在 2018 年 1 月 1 日至 2020 年 12 月 31 日期间，再按照实际发生额的 75% 在税前加计扣除；形成无形资产的，在上述期间按照无形资产成本的 175% 在税前摊销”。

另外，针对技术研发，在企业签订的相关技术类合同中发生的费用不需全部计入征收印花税的范围，仅需要针对合同中所记载的薪酬来计征印花税。在“营改增”之前，经营主体从事技术转让、技术开发业务和与之相关的技术咨询、技术服务业务取得的收入免征营业税，例如，《财政部 国家税务总局关于科技企业孵化器税收政策的通知》规定，科技企业孵化器收入免征营业税，《财政部 税务总局 科技部 教育部关于科技企业孵化器 大学科技园和众创空间税收政策的通知》规定，对国家级、省级科技企业孵化器、大学科技园和国家备案众创空间向在孵对象提供孵化服务取得的收入，免征增值税。

我国现行针对科研机构及企业创新人才的税收优惠政策如表 2－2 所示。

表 2－2　　科研机构和企业创新人才税收优惠政策

优惠政策	享受主体	优惠内容	政策依据
科研机构、高等学校股权奖励延期缴纳个人所得税	获得科研机构、高等学校转化职务科技成果以股份或出资比例等股权形式给予奖励的个人	自 1999 年 7 月 1 日起，科研机构、高等学校转化职务科技成果以股份或出资比例等股权形式给予个人奖励，获奖人在取得股份、出资比例时，暂不缴纳个人所得税；取得按股份、出资比例分红或转让股权、出资比例所得时，应依法缴纳个人所得税	《财政部 国家税务总局关于促进科技成果转化有关税收政策的通知》 《国家税务总局关于促进科技成果转化有关个人所得税问题的通知》
高新技术企业技术人员股权奖励分期缴纳个人所得税	高新技术企业的技术人员	高新技术企业转化科技成果，给予本企业相关技术人员的股权奖励，个人一次缴纳税款有困难的，可根据实际情况自行制定分期缴税计划，在不超过 5 个公历年度内（含）分期缴纳	《财政部 国家税务总局关于将国家自主创新示范区有关税收试点政策推广到全国范围实施的通知》 《国家税务总局关于股权奖励和转增股本个人所得税征管问题的公告》
中小高新技术企业个人股东分期缴纳个人所得税	中小高新技术企业的个人股东	中小高新技术企业以未分配利润、盈余公积、资本公积向个人股东转增股本时，个人股东一次缴纳个人所得税确有困难的，可根据实际情况自行制定分期缴税计划，在不超过 5 个公历年度内（含）分期缴纳	《财政部 国家税务总局关于将国家自主创新示范区有关税收试点政策推广到全国范围实施的通知》 《国家税务总局关于股权奖励和转增股本个人所得税征管问题的公告》
获得非上市公司股票期权、股权期权、限制性股票和股权奖励递延缴纳个人所得税	获得符合条件的非上市公司的股票期权、股权期权、限制性股票和股权奖励的员工	实行递延纳税政策，即员工在取得股权激励时可暂不纳税，递延至转让该股权时纳税；股权转让时，按照股权转让收入减除股权取得成本以及合理税费后的差额，适用“财产转让所得”项目，按照 20% 的税率计算缴纳个人所得税	《财政部 国家税务总局关于完善股权激励和技术入股有关所得税政策的通知》 《国家税务总局关于股权激励和技术入股所得税征管问题的公告》

续表

优惠政策	享受主体	优惠内容	政策依据
获得上市公司股票期权、限制性股票和股权奖励适当延长纳税期限	获得上市公司授予股票期权、限制性股票和股权奖励的个人	可自股票期权行权、限制性股票解禁或取得股权奖励之日起，在不超过12个月的期限内缴纳个人所得税	《财政部 国家税务总局关于完善股权激励和技术入股有关所得税政策的通知》 《国家税务总局关于股权激励和技术入股所得税征管问题的公告》
企业以及个人以技术成果投资入股递延缴纳所得税	以技术成果投资入股的企业或个人	投资入股当期可暂不纳税，允许递延至转让股权时，按股权转让收入减去技术成果原值和合理税费后的差额计算缴纳所得税	《财政部 国家税务总局关于完善股权激励和技术入股有关所得税政策的通知》 《财政部关于个人所得税法修改后有关优惠政策衔接问题的通知》

资料来源：http：//www. gov. cn/fuwu/chaxun/tax_ incentives/scssyhzeex. hm。

（3）鼓励科研成果转化的税收优惠政策。鼓励科研成果转化的税收优惠政策主要有以下方面：一是增值税方面，全面“营改增”以来，对高新技术产业中涉及的相关技术转让收入、服务咨询收入等，我国实行的是免征增值税政策，同时，这一规定也适用于个人在这方面的收入。但是，这一政策并不是对所有类型的技术都适用，我国只对自然科学领域的技术免征增值税。同时，对企业以无形资产作为资本进行投资且与被投资方共担风险，被投资方给予投资方的分红并不作为企业需要缴纳增值税的收入，也就是政策上对于这类分红免征增值税。二是所得税方面，在税法规定的收入区间内，企业所获得的技术转让收入可以享受减免的优惠政策。税法将这一区间界定为500万元，当企业本年内技术转让收入小于或等于500万元，将免交企业所得税；当本年的技术转让收入大于500万元，企业享受所获收入减半征收所得税的优惠政策。同时，对于将科学研究成果转化为产品所获得收入的企业，也可以享受相关的税收优惠政策。具体税收优惠条款如表2－3所示。

表2－3　　鼓励科研成果转化的税收优惠政策

政策名称	优惠条款	减免项目名称
《财政部 国家税务总局关于将铁路运输和邮政业纳入营业税改征增值税试点的通知》	第一条第（四）款	技术转让、技术开发免征增值税
《财政部 国家税务总局关于全面推开营业税改征增值税试点的通知》	附件3第一条第（二十六）款	技术转让、技术开发免征增值税
《中华人民共和国企业所得税法》	第二十七条第四款	符合条件的技术转让所得减免征收企业所得税

续表

政策名称	优惠条款	减免项目名称
《财政部 国家税务总局关于中关村国家自主创新示范区技术转让企业所得税试点政策的通知》	全部条款	中关村国家自主创新示范区内企业符合条件的技术转让所得减免征收企业所得税
《财政部 国家税务总局关于将国家自主创新示范区有关税收试点政策推广到全国范围实施的通知》	第一条	有限合伙制创业投资企业法人合伙人按投资额的一定比例抵扣应纳税所得额
《关于科技人员取得职务科技成果转化现金奖励有关个人所得税政策的通知》	全部条款	从职务科技成果转化收入中给予科技人员的现金奖励，可减按 50% 计入科技人员当月“工资、薪金所得”，依法缴纳个人所得税

（4）产品试验阶段税收优惠政策。企业产品试验阶段是其发展历程中的第四阶段，即进入产品正式投放市场的阶段。通常，新产品在刚投放市场时企业并不会进行大规模生产，一般企业在大量投放市场前都会选择部分市场进行试售，这也是企业将新产品转化为商品的最后一个阶段。在这期间，企业的相关设备会产生较高的闲置成本，甚至有可能会面临较大的市场危机。当技术更新发展较快，且市场需求变化也很迅速时，产品更新速度就需要跟上，则相关设备就需要被更新、替换，这无疑需要企业加快相关固定资产的折旧速度，减少相关资产的使用年限。基于此，我国当前采用两种会计处理方法对固定资产进行加速折旧处理：一是双倍余额递减法；二是年数总和法。企业可以根据自身的实际情况进行选择，在两种会计处理方法下，可以通过加速折旧，使企业前期的生产成本摊销更多，从而减轻企业的税收负担，即对企业进行税收优惠，进而减轻企业产品试验阶段的资金压力。

一是固定资产加速折旧或一次性扣除的相关税收优惠。例如，《财政部 税务总局关于设备、器具扣除有关企业所得税政策的公告》规定，“企业在 2024 年 1 月 1 日至 2027 年 12 月 31 日期间新购进的设备、器具，单位价值不超过 500 万元的，允许一次性计入当期成本费用在计算应纳税所得额时扣除，不再分年度计算折旧；单位价值超过 500 万元的，仍按企业所得税法实施条例、《财政部 国家税务总局关于完善固定资产加速折旧企业所得税政策的通知》（财税〔2014〕75 号）、《财政部 国家税务总局关于进一步完善固定资产加速折旧企业所得税政策的通知》（财税〔2015〕106 号）等相关规定执行。”

二是重点行业固定资产加速折旧的相关税收优惠。例如，《财政部 国家税务总局关于完善固定资产加速折旧企业所得税政策的通知》《国家税务总局关于固定资产加速折旧税收政策有关问题的公告》《财政部 国家税务总局关于进一步完善固定资产加速折旧企业所得税政策的通知》《国家税务总局关于进一步完善固定资产加速折旧企业所得税政策有关问题的公告》等规定，生物药品制造业，专用设备制造业，铁路、船舶、航空航天和其他运输设备制造业，计算机、通信和其他电子设备制造业，仪器仪表制造业，信息传输、软件和信息技术服务业六个行业的企业 2014 年 1 月 1 日后新购进的固定资产，可缩短折旧年限或采取加速折旧的方法。轻工、纺织、机械、汽车四个领域重点行业的企业 2015 年 1 月 1 日后新购进的固定资产，可由企业选择缩短折旧年限或采取加速折旧的方法。缩短折旧年限的，最低折旧年限不得低于企业所得税法实施条例第六十条规定折旧年限的 60%；采取加速折旧方法的，可采取双倍余额递减法或者年数总和法。

《财政部 税务总局关于扩大固定资产加速折旧优惠政策适用范围的公告》规定，“自 2019 年 1 月 1 日起，适用《财政部 国家税务总局关于完善固定资产加速折旧企业所得税政策的通知》（财税〔2014〕75 号）和《财政部 国家税务总局关于进一步完善固定资产加速折旧企业所得税政策的通知》（财税〔2015〕106 号）规定固定资产加速折旧优惠的行业范围，扩大至全部制造业领域”。

三是企业外购的软件缩短折旧或摊销年限的相关税收优惠。例如，《财政部 国家税务总局关于进一步鼓励软件产业和集成电路产业发展企业所得税政策的通知》规定，“企业外购的软件，凡符合固定资产或无形资产确认条件的，可以按照固定资产或无形资产进行核算，其折旧或摊销年限可以适当缩短，最短可为 2 年（含）”。

（5）产业化阶段税收优惠政策。产业化阶段的税收优惠政策即企业成熟期的相关税收优惠政策，我国现行针对企业产业化阶段的税收优惠政策与企业所处的行业高度相关，具有较强的行业特征。

例如，针对高新技术企业产业化阶段，《中华人民共和国企业所得税法》《中华人民共和国企业所得税法实施条例》《财政部 国家税务总局关于高新技术企业境外所得适用税率及税收抵免问题的通知》《科技部 财政部 国家税务总局关于修订印发〈高新技术企业认定管理办法〉的通知》《科技部 财政部 国家税务总局关于修订印发〈高新技术企业认定管理工作指引〉的通知》等文件规定，国家重点扶持的高新技术企业减按 15% 的税率征收企业所得税；《财政部 国家税务总局 商务部 科技部 国家发展改革委关于完善技术先进型服务企业有关企业所得税政策问题的通知》《财政部 国家税务总局 商务部 科学技术部 国家发展和改革委员会关于新增中国服务外包示范城市适用技术先进型服务企业所得税政策的通知》《财政部 国家税务总局 商务部 科技部 国家发展改革委关于在服务贸易创新发展试点地区推广技术先进型服务企业所得税优惠政策的通知》等文件规定，对认定的技术先进型服务企业减按 15% 的税率征收企业所得税。

（三）引导基金类扶持政策

2008 年 10 月，国家发展改革委和财政部联合发布了《关于创业投资引导基金规范设立与运作的指导意见》，鼓励各级政府设立政策性基金，按照市场机制和市场思维来运作，引导社会各部门资金进入创业投资领域，实现产业扶持资金多元化，带动和扩大创业投资资本的供给能力，修复创业投资资本市场配置失灵问题。2015 年以来，各级政府进一步重视产业引导基金的发展，基金数额和规模都有较快的发展，经过长期有效的实践摸索和总结经验，产业引导基金整体发展形势良好，为我国经济社会发展起到不可忽视的重要作用。

1. 引导基金的定义

政府产业引导基金是由各级政府通过预算安排，以单独出资或与社会资本共同出资设立，采用债权或股权投资等市场化方式，引导各类社会资本投资经济社会发展的重点领域或薄弱环节，支持相关产业和企业发展的政策性资金；该基金不以营利为目的，属于政府专项资金范畴，具有市场化和引导性的双重特点。

从基金用途看，政府产业引导基金可分为广义和狭义两种类型：从广义上讲，涵盖了政府出资的所有投资性基金，如创业投资引导基金、产业投资基金等；从狭义上讲，政府投资基金主要指政府创业投资基金。从基金结构看，政府产业引导基金可分为母基金和子基金或混合资金，其中，母基金是专门用于投资其他基金的基金。从设立层级看，政府产业引导基金可分为中央基金、省级基金、市县基金和园区基金等。从政府出资形式看，政府产业引导基金可分为政府独资基金和政府参股基金等。从特点和目的看，政府引导基金通常不以营利为目的，而是通过市场化运作，发挥财政资金的杠杆放大效应，强调扶持创新型企业发展，推动产业转型升级和经济结构调整。这也决定了政府引导基金与传统私募相比，在基金设立目标、资金来源、资金投向、备案及监管机制等方面均有诸多不同。具体区别如表 2－4 所示。

表 2－4　　政府引导基金与传统私募基金的区别

	政府引导基金	传统私募基金
基金设立目标	提高财政效率，发挥政府资金的引导作用和杠杆效应，引导社会资金投资经济社会发展的重点领域和薄弱环节，扶持创新发展，推动产业转型升级	没有政府资金和产业发展方面的目标
基金发起人	政府及其相关机构或者社会资本方	合格市场主体均可发起，由各类市场主体自行出资

续表

	政府引导基金	传统私募基金
资金来源	由政府全部出资、政府与社会资本方共同出资或社会资本方全部出资	股票、股权、债券、期货、期权等均可投资基金业协会备案
资金投向	有明确的投资领域和负面清单管理	由基金业协会及证监会进行监管
备案机制	全国政府出资产业投资基金信用信息登记系统	传统私募基金

2. 政府引导基金资金的来源

政府投资基金可以政府独资，也可以与社会资本合资。由于政府出资受财政预算限制，政府独资的资金有限，通常无法满足基金对资金的需求，且对政府而言面临的风险更大，故大部分政府投资基金是政府部分出资、与社会资本共同出资建立。财政部门可以通过一般公共预算、政府性基金预算、国有资本经营预算等安排资金。相关资金必须由同级财政部门根据出资方案将当年政府出资额纳入年度政府预算。从具体的资金来源方来看，主要为政府机构、金融机构（银行、信托、资管计划等）、企业、PE/VC、FOF、公共养老金、富有家族及个人等。

（1）财政出资模式。政府财政全额出资是政府引导基金较早的一种模式，数量较少，典型的为国家科技成果转化引导基金。国家科技成果转化引导基金由财政部和科技部发起，由中央财政设立，有限合伙制，FOF 基金，通过设立创业投资子基金、贷款风险补偿和绩效奖励等支持方式，引导金融资本、民间资本和地方政府共同加大科技成果转化投入，主要用于支持转化利用财政资金形成的科技成果，包括国家科技计划等。

（2）“财政 + 社会”出资模式。此种模式由政府财政和社会资本共同出资成立基金，其中，政府出资部分纳入财政预算安排，财政出资人包括本级政府财政、下一级政府财政等，而社会资本则包括银行、保险、信托各类金融机构，以及民间资本。采用这种股本结构的基金，政府出资占比一般较小，出资在基金总规模的 20% 以下，可以较好地发挥财政的杠杆作用，此外，如果采取子母基金的形式，子基金可以选择继续加杠杆，进一步放大财政杠杆作用。

3. 政府引导基金组织形式

政府出资设立投资基金，应当由财政部门或财政部门会同有关行业主管部门报本级政府批准；各级财政部门应当控制政府投资基金的设立数量，不得在同一行业或领域重复设立基金。设立政府投资基金，可采用公司制、有限合伙制和契约制等不同组织形式。

（1）公司型基金。公司型基金是依公司法成立，通过发行基金股份将集中起来的资金进行广泛投资。基金公司资产为投资者所有，并设有股东大会、董事会和监事会等机构，股东享受管理权、决策权、收益权等。董事会组建或选聘基金管理公司，基金管理公司负责管理基金业务。大多数公司型投资基金的财产也要委托第三方保管。典型的公司制私募为美国巴菲特的伯克夏·哈撒韦公司。公司制私募管理相对健全，但劣势在于双重收税，即企业所得税和个人所得税。

（2）契约型基金。契约型基金即信托型基金，基于《信托法》《证券投资基金法》，依据信托契约，通过发行受益凭证而组建的投资基金。这类基金通常由基金管理人、基金托管人和基金投资人三方共同订立一个信托投资契约，并不具备法人资格，属于代理投资制度的范畴。投资者作为基金的委托人和受益人，通常不参与基金的运作管理，全权委托给基金管理人。基金管理人是基金的发起人，通过发行受益凭证将资金筹集起来组成信托财产，并根据信托契约进行投资；基金保管人依据信托契约负责保管信托财产；基金投资人即受益凭证的持有人，根据信托契约分享投资成果。

（3）有限合伙型基金。有限合伙制是政府引导基金最常见的组织形式。有限合伙企业由普通合伙人（GP）和有限合伙人（LP）组成。普通合伙人通常是资深的基金管理人，负责日常管理和合伙企业的投资，出资很少（通常为1%），但对合伙企业的债务承担无限责任；有限合伙人（主要是机构投资者）是投资基金的主要提供者，不参与合伙企业的日常管理，故以投入的资金为限对基金的亏损与债务承担有限责任。基金各方参与者通过合伙协议可以规定基金的经营年限、投资承诺的分阶段履行以及实行强制分配政策等。有限合伙人以其认缴的出资额为限对合伙企业债务承担责任，普通合伙人对合伙企业的债务承担无限连带责任。

4. 政府引导基金管理模式

近年来，国内的政府引导基金正在探索逐步向市场化管理方向转型，目前在基金的管理和运作方面主要采用以下五种方式。

一是成立独立的事业法人主体作为基金的管理机构。例如，为了提高政府基金的运作效率，使其更好地融入投资市场，深圳市政府专门成立了深圳市创业投资政府引导基金管理委员会办公室（市创投办），负责政府引导基金的日常管理工作；南京市创业投资政府引导基金的日常管理运作，也是由专门成立的南京市创业投资发展中心负责。

二是委托地方国有资产经营公司进行管理运作。例如，北京石景山区创业投资政府引导基金是以北京石景山区国有资产经营公司作为受托管理机构，负责政府引导基金的运作；河北石家庄市创业投资政府引导基金委托石家庄发展投资有限公司负责具体投资运作。

三是委托地方国有创投企业负责政府引导基金管理运作。例如，苏州工业园区创业投资政府引导基金的管理机构为苏州元禾控股集团；广州市创业投资政府引导基金则委托广州市科技风险投资公司管理。

四是成立专业的管理公司。一种是成立专注于政府引导基金管理的公司，如北京股权投资发展基金管理有限公司和浙江省创业风险投资政府引导基金管理有限公司，它们作为受托机构专门负责基金的管理运作；另一种是投资公司特设部门进行政府引导基金的管理，如上海浦东科投、四川成都银科创业投资有限公司等，其内部团队负责基金的管理运作，并遵循《公司法》进行内部治理。

五是委托外部专业管理机构负责政府引导基金管理。例如，上海杨浦区政府引导基金委托美国硅谷银行，金山区政府引导基金委托盛世投资，闵行区创业投资政府引导基金委托熠美公司；浙江绍兴市创业投资政府引导基金委托凯泰基金等。此外，安徽省创业投资政府引导基金和湖北荆州市创业投资政府引导基金均曾委托上海浦东科投作为管理机构，也可算作委托专业机构管理的典型代表。

在上述五种管理模式中，前面三种方式都是由政府设立的相关部门或者国有企业实行管理，属于政府主导的管理模式；后面两种方式属于市场化主导的管理模式。

5. 政府引导基金投资模式

政府引导基金经过不同国家和地区在经济活动中的运用，已形成一定的运作模式，尽管不同的模式都存在各自的特性，但本质却是一致的。在我国，政府引导基金的运作模式主要有直接参股、跟进投资等，具体包括以下五种方式。

（1）直接参股模式。直接参股是国际上最为流行的政府引导基金运作模式，也是我国政府引导基金运行的主要方式。为了防止政府过度干预，发挥市场的主体地位，政府参股比例一般不超过35%，且政府引导基金不能成为创业企业的第一大股东。具体而言，参股指的是由政府出资设立母基金，即基金的基金，母基金只能投资于证券市场基金，不能直接投向企业或项目。母基金可以利用联合社会资本和私人资本、金融机构和地方财政等主体，共同构建若干个子基金以投向创业企业或目标领域和具体项目。直接参股的运营方式可以起到正面的示范性和导向性作用，为私人投资者的投资提供一定的保障，因而在一定程度上降低了投资风险和投资成本，有利于引导更多的社会资本和私人资本进入，发挥政府引导基金的乘数效应和资本的规模效应，推动高新技术等重点领域的快速发展。

（2）跟进投资模式。跟进投资是指政府引导基金与专门的投资机构合作，共同进行投资。另外，政府引导基金也可以跟进对其他产业引导基金的投资，以一定的比例投向高技术产业和基础设施建设等政府重点扶持的行业领域。跟进投资的投资比例一般不超过机构投资额的30%。政府引导基金所形成的股权与参与投资的机构享有相同权益，引导基金将由专业的投资管理机构进行运营管理。跟进投资是政府引导基金采取的重要模式之一，限制条件也较为严格，要求政府引导基金不得以跟进投资之名直接从事创业投资运作业务，从而规范跟进投资模式的使用，提高政府引导基金运作效率。

（3）风险补助模式。通常发生在创投领域，是指政府引导基金对已投资于初创期科技企业的创业投资机构给予一定的补助，该补助一般是在创投机构已经完成投资交易后自行申请，补助额度一般不超过实际投资额的5%或单家企业最高累计不超过500万元。

（4）投资保障模式。投资保障模式是指创业投资机构将新兴行业中拥有高新技术研发能力和发展前景的中小企业确立为辅导企业后，政府引导基金对这类企业给予一定的奖励，包括投资前保障和投资后保障。

（5）融资担保模式。融资担保的目的在于通过融资担保的方式为创投企业的发展保驾护航，以达到增强其投资能力，并鼓励其对所投资企业提供资金支持的作用，该模式一般应用于信用体系相对完善的区域。融资担保通常通过两种方式进行操作：一是直接操作，即政府引导基金为支持创投企业进行债权融资而直接实施融资担保；二是间接操作，即政府引导基金补贴担保机构，放大担保公司为创投企业担保的贷款资金规模。

6. 政府引导基金退出方式

政府引导基金的退出机制是基金运营中的重要组成部分，也是基金运营情况的重要评价指标。国际上，政府引导基金通常会按照协议方式退出，将基金的运营管理权交还市场，既实现了政府引导基金的引导作用，又能够避免政府过度干预和滋生腐败等问题影响基金运营效率。政府引导基金的参股期限一般为5—10年，政府资金投资设立政府引导基金形成的股权，应根据有关法律法规及章程约定，确定退出方式和退出价格。退出方式可以通过股权转让、企业回购、上市减持等多种途径实现。

目前，政府引导基金从子基金退出的方式主要有解散清算退出、份额转让退出和减资退出等。根据引导基金传统退出方式下对子基金投资项目退出进度要求、退出完成时间和回收资产情况，对三种引导基金退出方式进行对比分析，如表2-5所示。

表2-5　　政府引导基金不同退出方式比较分析

退出方式	项目退出顺序要求	退出完成时间	回收资产
解散清算	投资项目100%退出	短期	现金
	投资非项目100%退出	长期（N年）	现金
	非现金分配 （对投资项目推出无要求）	短期内退出基金， 长期持有项目股权	现金+股权
份额转让	投资项目100%退出	回购，短期	现金
		向第三方转让份额	现金
减资	投资非项目100%退出	短期	现金

政府引导基金退出旨在实现资金回收，提高财政资金的使用效率。在投资项目100%退出的情况下，一般采取解散清算方式退出，退出过程时间较短；在投资项目非100%退

出的情况下，采取减资和份额转让方式退出的，可以在较短时间内实现引导基金退出，采取解散清算方式退出的，项目股权清退时间难以确定，无法掌控清算退出时间；采取非现金分配的，引导基金可以实现在短期内实现退出子基金，但将长期直接持有项目股权，管理成本高，回收时间长。

目前，能够实现现金退出的主要是份额转让、减资退出，以及现金支付的解散清算退出。

（四）金融支持与扶持政策

在金融日益成为现代经济核心的当下，扶持政策的开展与金融支持的关联尤为明显。这些政策不仅为区域经济的蓬勃发展及产业的转型升级奠定了坚实的资金基石，更是成为驱动工业企业扩大生产规模、提升运营效能的核心驱动力。

1. 金融支持的定义

金融支持作为促进区域经济发展与产业升级的关键驱动力，旨在助力工业企业扩大生产规模、提升产出效率，满足其日益增长的资金需求。政府及相关金融机构通过提供专项资金、设置优惠贷款条件、辅助其拓宽融资渠道等多种相关优惠，实施各项扶持举措给予企业资金支持，实现产业平稳快速发展，达到促进经济增长的最终目的。

政府可以通过政策导向作用，以惠利性金融政策激发宏观经济活力和刺激微观实体，政策性金融支持行为的牵引作用可以发挥金融资源的合理配置作用，有利于解决市场失灵和金融机制失灵问题。政策金融支持能够调整和校正金融资源配置偏差，提高宏观经济和微观实体的资源配置效率。

金融支持政策的执行主体包括政策性金融机构和商业性金融机构。我国目前有四家政策性金融机构，即国家开发银行、中国进出口银行、中国农业发展银行、中国出口信用保险公司。前三个属于银行类，主要通过发放贷款或贴息、提供担保等手段提供融资服务，三家政策性银行为我国基础设施建设领域、战略性新兴产业、对外贸易、“三农”领域的发展提供了稳定持续的资金来源，促进了我国经济快速发展。后一个属于非银行类，主要通过信用保险、信用担保和再保险的方式提供金融服务，中国出口信用保险公司为我国重要产业产品的出口贸易，以及我国企业开展海外投资业务、开拓海外市场提供了风险保障。商业性金融机构是按照现代企业制度改造和组建起来的，以营利为目的的银行和非银行金融机构承担了全部商业性金融业务。商业性金融机构根据市场法则，出于商业标准的行为目标，以“安全性、流动性、效益性”为融资准则，恰当合理地安排其资产负债结构，以在流动性和安全性允许的前提下实现盈利的最大化。我国的商业性金融机构有银行金融机构和非银行金融机构两大类。银行金融机构主要包括国有独资商业银行（中国工商银行、中国农业银行、中国银行和中国建设银行）、其他商业银行、农村和城市信用合作社。非银行金融机构主要包括信托投资公司、证券公司、财务公司、金融租赁公司等。

2. 金融支持的主要模式

基于金融支持政策目标，针对不同的主体特点，通过完善制度、资金支持、服务引导等方式扶持企业发展，引导金融机构服务经济主体，促进经济发展，激发经济内生动力。

（1）制度保障。金融扶持政策中最为常用的手段。政府通过法律部门司法权力的执行保证区域经济发展环境的优化和各部门之间内部的协调，保证金融扶持政策得以完整贯彻实施。例如，2003 年国家颁布的《中华人民共和国中小企业促进法》、武汉市财政局发布的《关于进一步做好当前中小企业贷款信用担保工作的通知》等文件，为中小企业健康发展提供了法律层面的保护。

（2）资金支持。通过加大信贷投放力度、调整贷款利率优惠、扩大服务主体范围等方式，向金融市场注入资金活力，直接提高企业可实现的贷款资金额度、降低企业贷款资金成本、拓宽企业融资渠道等。

（3）服务引导。通过政策引导商业银行、保险、信用合作社等金融服务机构，促进其开展服务优化和产品创新等工作，提高对企业的金融服务水平，从而实现金融支持政策的目标。

3. 金融支持的扶持路径

（1）实施差异化货币政策。通过宏观货币政策的积极引导、货币资金的投放以及运用最终作用于微观个体企业。相较于推动传统行业发展的金融支持政策，对不同类型和不同时期的企业运用差别存款准备金、再贷款和再贴现等差异化货币政策工具进行支持。针对创新型中小企业“轻资产、高风险”的特征，应当适度提高为其办理科技信贷业务银行的贷款风险容忍度，降低科技型贷款风险准备金的提取比例，以便扩大可贷资金的使用范围，从而撬动更多的资金流入创新型中小企业，并在一定的风险监管范围内，给予银行更多的灵活性与选择权。在具体的实施过程中，中国人民银行兰州中心支行在甘肃省政府的引导和带动下，积极推出针对企业的差别存款准备金政策、再贷款和再贴现政策，积极鼓励符合条件的企业通过银行间市场发行短期融资券、中期票据、中小企业集合票据等债务融资工具，激励符合条件的创新型企业挂牌融资。

（2）推动金融机构集聚。降低金融机构准入门槛，支持、鼓励各类金融机构竞相进驻各类科技园区或孵化平台，形成金融集聚合力，从而提高企业科技创新效率。通常，产业园区拥有区位优势、技术优势、金融优势与政策优势，同类企业的聚集利于强化企业之间的技术竞争，形成技术规模经济效应，在一定程度上推动了整个地区的技术进步与发展；金融机构的集聚不仅能显著促进企业的技术创新，也能通过产业集聚效应、信息扩散效应、人力资本效应和服务创新效应对企业的技术创新产生积极影响。通过空间集聚吸引商业银行、创业风险投资、政府引导基金、商业性或政策性担保机构、保险公司、信托机构、融资租赁机构等各类金融机构进驻，扩大了“资金储蓄池”与创新产出的规模，降低了创新型中小企业的金融产品搜寻成本与交易费用，有助于打造良好的融资环境，促进区域创新活动的顺利开展，推动区域创新产出的提高。

（3）强化融资担保支持。构建科学、完善的融资担保体系，创新以知识产权质押、股权质押、应收账款质押、期权担保等融资担保形式，支持各高新区成立科技型融资担保公司，有效缓解企业融资难、融资贵的问题。组建政府财政支持的政策性担保公司，以政府财政为主导提供创新型企业融资担保；加大商业性担保公司扶持，通过税收优惠、风险补贴、基金等方式来保证商业性担保公司的正常运营，并以此鼓励商业性担保对创新型中小企业的支持。支持互助担保公司发展，通过行业协会或其他自治性组织而组建的互助担保组织，实现企业之间相互提供的互保联保。

（4）鼓励金融债券发行。债券市场由于融资成本低、资金用途限制少、灵活性强等优势，成为企业拓宽融资渠道的重要途径。我国企业的发展创新过度依赖内源性融资与间接融资，缺乏对直接融资的了解与运用，在很大程度上限制了创新型企业的进一步发展壮大。职能部门应着力推动企业积极运用直接融资提高研发创新活动效率，转变企业主的思想观念、优化发债环境、简化审批流程、保障债权人相关利益，共同为企业发行科技债券营造积极向上的氛围。

（5）拓宽企业融资渠道。金融支持企业发展除对其进行信贷支持外，也可通过各项优惠政策鼓励符合条件的创新型中小企业上市融资，拓宽企业的融资渠道。借助各项优惠政策在创新型企业中遴选有上市意愿、投资潜力好、投资渠道畅通的骨干企业在创业板、中小企业板、新三板和地方股权交易中心挂牌融资，积极引导和鼓励符合条件的高科技企业IPO直接融资或到“新三板”挂牌上市及定向增资，重点对拟上市的创新型企业进行上市辅导和培育。

（五）政府采购类扶持政策

政府采购作为财政管理改革的一项重要内容，在规范财政支出、提高资金使用效益等方面发挥了重要作用。通过完善政府采购相关制度，强化政府采购的政策导向功能，引导产业发展方向，体现了产业政策和管理要求；通过选择购买产品品种和质量，促进企业按照国家的政策目标合理配置资源、调整产品结构，推动企业自主创新发展。

1. 政府采购的定义

政府采购（government procurement）是指各级政府为了开展日常政务活动或为公众提

供服务，在财政的监督下，以法定的方式、方法和程序，通过公开招标、公平竞争，由财政部门以直接向供应商付款的方式，从国内外市场上为政府部门或所属团体购买货物、工程和劳务的行为。其实质是市场竞争机制与财政支出管理的有机结合，主要特点是对政府采购行为进行法治化管理。

2. 政府采购的管理特点

政府采购是经济活动主体之一。政府在市场上购买物资和服务，从本质上讲与私人的购买行为没有区别。但是由于购买主体是负责国家经济的政府，其资金来源于政府预算，因此，除了节约资金、提高资金使用效率外，还经常用于调节经济或实现产业调整优化。

（1）采购主体的特定性。我国政府采购主体是行使有关国家权力或从事某种公共职能的国家机关、事业单位和社会团体。世界贸易组织（以下简称 WTO）的《政府采购协议》规定，政府采购的主体是“直接或基本上受政府控制的实体或其他由政府指定的实体”，不仅包括政府机构本身，还包括其他实体，如政府代理机构；不仅包括中央一级的政府实体，还包括地方政府采购实体。各缔约方在加入《政府采购协议》时应提供一份采购实体清单，列入《政府采购协议》附件。只有被列入清单的采购实体才受《政府采购协议》的约束。因此，无论是中国，还是《政府采购协议》的缔约方，政府采购的主体都是特定的。

（2）资金来源的公共性。政府采购所使用的资金都为财政性资金，资金的来源是纳税人的税收或政府公共服务收费。

（3）采购活动的单向性。政府采购不同于商业性采购，不是为卖而买，而是通过买为政府部门提供消费品或向社会提供公共利益。

（4）采购对象的广泛性。政府采购的对象包罗万象，大到宇宙空间站，小到一张办公用纸，既有有形产品又有无形产品。国际惯例是按其性质分为三大类：货物、工程和服务。

（5）采购过程的规范性。政府采购不是简单的一手交钱、一手交货，而是要按照有关政府采购的法律法规，根据不同的采购规模、采购对象及采购时间要求等，采用法定的采购方式和程序组织采购，每项采购活动都要规范运作，体现公开、竞争的原则，接受社会监督。

（6）采购结果的政策性。政府采购必须遵循国家政策的要求，如节约支出、购买国货、保护中小企业、保护环境等。在很多国家，政府采购金额已占国内生产总值的 10% 以上，成为各国政府经常使用的一种宏观经济调控手段。

3. 政府采购的组织形式

政府采购模式是指政府在采购过程中对各个相关采购机构所采取的管理方式。世界现存的政府采购模式有三种，分别是集中采购模式、分散采购模式和半集中半分散采购模式。

集中采购模式，即由一个专门的政府采购机构负责本级政府的全部采购任务，这一采购模式集中采购相同种类的商品，从而降低采购的成本；分散采购模式，即由各支出采购单位自行采购；半集中半分散采购模式，即由专门的政府采购机构负责部分项目的采购，而其他的则由各单位自行采购。

这三种采购模式各有优缺点：集中采购规模较大，效益好，容易取得主动权和保证进货质量，有利于统筹安排各种物品的采购业务和配套安排，降低采购价格和成本，但是集中采购与需要脱节，容易增加库存成本。分散采购有助于各采购单位按照自己的需求来采购，与供应商之间形成良好的主客体关系，但是由于政府采购人很容易接触到供应商，会造成寻租和腐败行为，另外，分散采购不仅会浪费政府的人力资源，还会使采购的费用上升。半集中半分散采购模式可谓取长补短，避免了前两者的缺点，兼具集中采购和分散采购的优点，是目前最值得采取的采购模式。

《中华人民共和国政府采购法》规定，一般省份都采用集中采购和分散采购相结合的模式，各地政府根据自身的具体情况来设置集中采购的机构。中国的政府采购中，集中采购占有很大的比重，列入集中采购目录和达到一定采购金额以上的项目必须进行集中采购。中国香港特别行政区实行的是集中采购制度，大部分货物和服务都是由政府专门采购物料的机构进行采购的，该机构被称作政府物料供应处，不涉及任何中介机构，由个别部门直接采购的专用物品和小额物品除外。中国澳门特别行政区实行分散采购制度，即政府对集中采购目录以外、限额标准以上的货物、工程、服务，为了满足公共服务和公共利益需求可以直接参与采购，如直接对水电站和公共交通设施进行投资建设，但是，这种政府内的分散采购并不是随意采购，必须严格遵循政府采购程序。

4. 政府采购的管理原则

（1）公开透明原则。政府采购的资金来源于纳税人上缴的收入，只有坚持公开透明，才能为供应商参加政府采购提供公平竞争的环境，为公众对政府采购资金的使用情况进行有效的监督创造条件。公开透明要求政府采购的各类信息必须公开，凡是涉及采购的法规、规章、政策、方式、程序、采购标准、开标活动、中标或成交结果、投诉和司法处理决定等，都要向社会公众或相关供应商公开，绝对不允许搞暗箱操作和幕后交易。

（2）公平竞争原则。在采购方式上，公开招标为政府采购的主要方式，同时，在竞争性谈判采购和询价采购方式中引入竞争机制，规定参加谈判或被询价的供应商不得少于3家，严格禁止阻挠和限制供应商自由进入地区、行业政府采购市场和排斥供应商参与竞争的行为等。

（3）公正原则。《中华人民共和国政府采购法》规定，采购人不得对供应商实行差别待遇和歧视待遇；任何单位和个人不得要求采购人向指定的供应商采购；邀请招标是通过随机方式选择3家以上符合条件的供应商向其发出邀请；严格按照采购标准和采购程序确定中标、成交供应商；对竞争性谈判采购的谈判小组、询价采购的询价小组人员组成、人数等提出了要求；赋予供应商质疑、投诉、行政诉讼的权力，并在总则中规定了政府采购活动中利害关系人的回避制度。

（4）诚信原则。要求政府采购当事人在政府采购活动中，本着诚实、守信的态度履行各自的权利和义务，讲究信誉，兑现承诺，不得散布虚假信息，不得有欺骗、串通、隐瞒等行为，不得伪造、变造、隐匿、销毁需要依法保存的采购文件，不得规避法律法规。

5. 政府采购的社会功能

《中华人民共和国政府采购法》第九条对政府采购政策功能作了界定，即政府采购应当有助于实现国家的经济和社会发展政策目标，包括保护环境、扶持不发达地区和少数民族地区、促进中小企业发展等。政府采购是一国财政政策不可缺少的部分，也是国家进行宏观经济调控的一种手段。通过制定采购需求标准、预留采购份额、价格评审优惠、优先采购等措施，实现节约能源、保护环境、扶持不发达地区和少数民族地区、促进中小企业发展等目标。

（1）扶持中小企业发展。2011年，财政部、工业和信息化部联合印发的《政府采购促进中小企业发展暂行办法》明确规定，采取预留采购份额、降低门槛、价格扣除、鼓励联合体投标和分包等具体措施促进中小企业发展，并通过政府采购计划管理、合同管理、引入信用担保手段、报告和公开制度、信息化建设等措施保证该项政策落实。任何单位和个人不得阻挠和限制中小企业自由进入本地区和本行业的政府采购市场，政府采购活动不得以注册资本金、资产总额、营业收入、从业人员、利润、纳税额等供应商的规模条件对中小企业实行差别待遇或者歧视待遇。

（2）扶持节能环保产业发展。2006年，财政部等部门印发的《环境标志产品政府采购实施的意见》明确规定，各级国家机关、事业单位和团体组织用财政性资金进行采购的，要优先采购环境标志产品，不得采购危害环境及人体健康的产品。2007年，国务院办公厅发布的《关于建立政府强制采购节能产品制度的通知》明确规定，各级政府机构使用财政性资金进行政府采购活动时，在技术、服务等指标满足采购需求的前提下，要优先采购节能产品，对部分节能效果、性能等达到要求的产品，实行强制采购。2019年，财政部等四部委发布《关于调整优化节能产品、环境标志产品政府采购执行机制的通知》，对政府采购节能产品、环境标志产品实施品日清单管理，不再发布节能产品政府采购清单和环境标志产品政府采购清单。对于已列入品目清单的产品类别，采购人可在采购需求中提出更高的节约资源和保护环境要求，对符合条件的获证产品给予优先待遇。对于未列入品目清单的产品类别，鼓励采购人综合考虑节能、节水、环保、循环、低碳、再生、有机等因素，参考相关国家标准、行业标准或团体标准，在采购需求中提出相关绿色采购要求，促进绿色产品推广应用。

（3）规范进口产品采购。2007 年，财政部印发《政府采购进口产品管理办法》，明确政府采购应当采购本国产品，确需采购进口产品的，实行审核管理。采购人需要采购的产品在中国境内无法获取或者无法以合理的商业条件获取，以及法律法规另有规定确需采购进口产品的，应当在获得财政部门核准后，依法开展政府采购活动。

2008 年，财政部办公厅发布《关于政府采购进口产品管理有关问题的通知》，明确财政部门审核同意购买进口产品的，应当在采购文件中明确规定可以采购进口产品，但如果因信息不对称等原因，仍有满足需求的国内产品要求参与采购竞争的，采购人及其委托的采购代理机构不得对其加以限制，应当按照公平竞争原则实施采购。

采购人采购进口产品时，必须在采购活动开始前向财政部门提出申请并获得财政部门审核同意后，才能开展采购活动。在采购活动开始前没有获得财政部门同意而开展采购活动的，视同为拒绝采购进口产品，应当在采购文件中明确作出不允许进口产品参加的规定。未在采购文件中明确规定不允许进口产品参加的，也视为拒绝进口产品参加。采购活动组织开始后才报经财政部门审核同意的采购活动，属于违规行为。

（4）支持监狱企业发展。2014 年，财政部、司法部联合发布《关于政府采购支持监狱企业发展有关问题的通知》，明确在政府采购活动中，监狱企业视同小型、微型企业，享受预留份额、评审中价格扣除等政府采购促进中小企业发展的政府采购政策。向监狱企业采购的金额，计入面向中小企业采购的统计数据。

各地区、各部门要在制服、试卷印刷、免费教科书等政府采购项目中，通过预留采购份额的方式积极支持监狱企业。对监狱企业生产的办公用品、家具用具、车辆维修和提供的保养服务、消防设备等，提出预留份额等政府采购支持措施，加大对监狱企业产品的采购力度。

（5）支持残疾人福利性单位发展。2017 年 8 月，财政部、民政部、中国残疾人联合会印发《关于促进残疾人就业政府采购政策的通知》，明确在政府采购活动中，残疾人福利性单位视同小型、微型企业，享受预留份额、评审中价格扣除等促进中小企业发展的政府采购政策。向残疾人福利性单位采购的金额，计入面向中小企业采购的统计数据。残疾人福利性单位属于小型、微型企业的，不重复享受政策。

采购人采购公开招标数额标准以上的货物或者服务，因落实促进残疾人就业政策的需要，依法履行有关报批程序后，可采用公开招标以外的采购方式。对于满足要求的残疾人福利性单位产品，集中采购机构可直接纳入协议供货或者定点采购范围。各地区建设的政府采购电子卖场、电子商城、网上超市等应当设立残疾人福利性单位产品专栏。鼓励采购人优先选择残疾人福利性单位的产品。

（6）支持脱贫攻坚，优先采购贫困地区农副产品。2019 年，财政部、国务院扶贫办发布《关于运用政府采购政策支持脱贫攻坚的通知》，鼓励采用优先采购、预留采购份额方式采购贫困地区农副产品。各级预算单位采购农副产品的，同等条件下应优先采购贫困地区农副产品。各主管预算单位要做好统筹协调，确定并预留本部门各预算单位食堂采购农副产品总额的一定比例定向采购贫困地区农副产品。

鼓励优先采购聘用建档立卡贫困人员物业公司提供的物业服务，各级预算单位使用财政性资金采购物业服务的，有条件的应当优先采购注册地在 832 个国家级贫困县域内，且聘用建档立卡贫困人员物业公司提供的物业服务。对注册地在 832 个国家级贫困县域内，且聘用建档立卡贫困人员达到公司员工（含服务外包用工）30% 以上的物业公司，各级预算单位可根据符合条件的物业公司数量等具体情况，按规定履行有关变更采购方式报批程序后，采用竞争性谈判、竞争性磋商、单一来源等非公开招标采购方式，采购有关物业公司提供的物业服务。

（7）扶持不发达地区和少数民族地区。《中华人民共和国政府采购法》第九条：政府采购应当有助于实现国家的经济和社会发展政策目标，包括保护环境，扶持不发达地区和少数民族地区，促进中小企业发展等。《中华人民共和国政府采购法实施条例》第六条：国务院财政部门应当根据国家的经济和社会发展政策，会同国务院有关部门制定政府采购政策，通过制定采购需求标准、预留采购份额、价格评审优惠、优先采购等措施，实现节约能源、保护环境、扶持不发达地区和少数民族地区、促进中小企业发展等目标。

（8）优先采购可追溯产品（食品、中药材）。2019 年，商务部等七部门联合印发的《关于协同推进肉菜中药材等重要产品信息化追溯体系建设的意见》中提到，各部门要充分发挥政策协同联动效应，推动政府采购在同等条件下优先采购可追溯产品，引导电商、商超、团体消费单位积极采购、销售可追溯产品。

政府采购政策功能及分类表如表 2－6 所示。

表 2－6　　政府采购政策功能及分类表

功能分类	政府采购政策功能内容
财政功能	提高资金使用效益，促进财政制度完善与改革
宏观政策功能	平衡社会供需矛盾，优化经济结构，促进物价稳定，增加就业
社会功能	扶持中小企业，鼓励技术创新，保护民族产业，节约资源，保护环境，促进社会诚信理念的形成，促进全国统一大市场的形成，弥补市场失灵，提高整体社会福利水平，促进国家法律法规的制定和完善

6. 政府采购的主要方式

根据《中华人民共和国政府采购法》第二十七条至第三十条的规定，公开招标采购方式，邀请招标方式，竞争性谈判方式，单一来源采购方式，询价和国务院政府采购监督管理部门认定的其他采购方式是中国政府采购使用的一般方式。其中，公开招标应该作为中国政府的主要采购方式。

（1）公开招标。公开招标作为政府采购的主要方式，是指采购人根据法律规定的相关程序，首先发布招标公告，其次邀请所有不特定的存在可能性的供应商进行投标，政府采购主体根据事前已经确定好的标准，从所有投标供应商中根据择优原则评选出中标的供应商，最后同其签订政府采购合同的一种采购方式。

中央和地方政府采购的具体数额标准不同，按照分级管理的原则，地方政府预算的采购项目由省（自治区、直辖市）人民政府规定；中央政府预算的采购项目则是由国务院来规定。

（2）邀请招标。邀请招标也被称为选择性招标，是政府根据供应商的发展情况作出选择，至少要三家法人进行招标，政府对这些法人作出邀请，再从中确定采购方式。

（3）竞争性谈判。竞争性谈判采购的存在条件是存在多家供应商，政府采购主体要与这些供应商进行谈判，然后从中确定一种采购方式。采用竞争性谈判采购方式应满足以下某种情形：一是采用招标的方式之后，由于某些原因，招标没有成立的；二是具有特殊性或者技术复杂性的；三是采购情况非常紧急的；四是采购前不能确定价钱的。

（4）单一来源采购。单一来源采购也就是只在一个地方进行采购，不存在竞争性，所有商品和服务都源于一处。这种情况下，政府采购就达到了标准水平，但这种情况的缺点是商品及服务的来源太过单一。

（5）询价采购。询价是指采购人从符合标准的供应商中选择至少三家发出询价通知，由他们进行报价（已报的价格不得改变），采购人通过分析，将所有供应商的报价进行比较，决定最终成交的采购方式。

7. 政府采购的主要政策

政府采购政策是政府部门就采购活动制定的行为准则和执行标准。从法律角度来看，政府采购政策是指政府相关采购部门根据特定采购目标、采购范围、采购调控目标，以及政府采购的程序、原则、方式方法、信息披露等方面制定的规定。从功能角度来看，政府采购政策是指政府利用政府采购的资源优势，在实现采购基本要求的基础上，有效实现资源的合理配置，是政府干预宏观经济表现的方法之一。

中国从 1995 年开始在上海进行政府采购试点。自 2003 年全面推行政府采购开始，其政策体系经历了一个逐渐完善的过程。如今，已经基本形成了层次结构明晰的政府采购政策体系。

首先，于2003年1月1日正式实施的《中华人民共和国政府采购法》是中国政府采购工作走向规范化和法治化道路的标志，该法与2001年1月1日起正式实施的《中华人民共和国招标投标法》结合，共同对其他所有政府采购的相关法律法规起统帅作用，是中国政府采购政策体系的基石，随后通过的《中华人民共和国政府采购法条例实施》《中华人民共和国招标投标法实施条例》等法律法规共同构成中国政府采购政策的基本法律体系。进一步，财政部根据以上基本法律制定了各部门法规，如《政府采购信息公告管理办法》《政府采购货物和服务招标投标管理办法》《政府采购供应商投诉处理办法》《政府采购非招标采购方式管理办法》等一系列具体规范。

其次，地方部门为了方便开展当地的政府采购活动，也会针对供应商、招标机构和人员管理等方面制定特定的政策法规。现行的政府采购政策体系的逐级关系如图2-5所示。

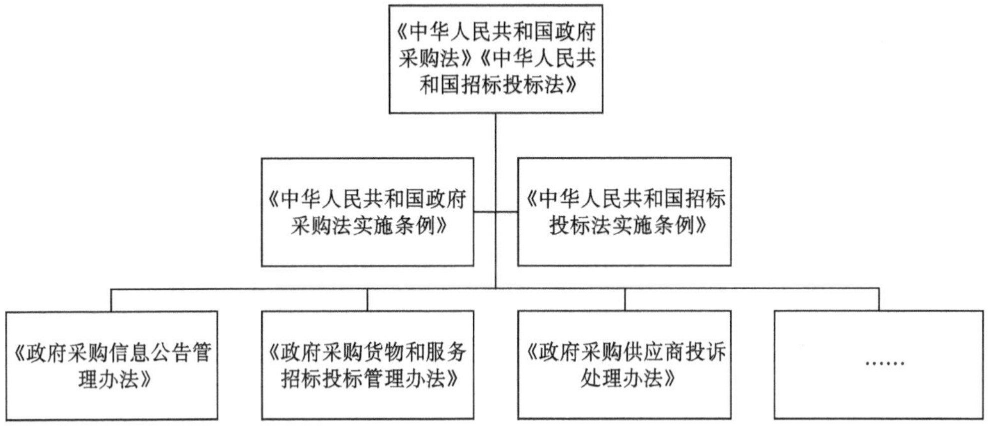

图2-5　中国政府采购政策体系

最后，针对政府采购中一些特定问题，财政部还对政府采购中的一般性事项进行了政策补充，如《环境标志产品政府采购实施意见》《节能产品政府采购实施意见》《政府采购促进中小企业发展暂行办法》《关于促进残疾人就业政府采购政策的通知》等，以实现节能环保、保护中小企业、保护弱势群体等政策支持体系。为推进政府采购制度改革向纵深发展，国家还不断推出相关政策以规范政府采购活动。例如，推进《政府采购货物和服务招标投标管理办法》《政府采购供应商质疑答复与投诉处理办法》等部门规章的修订工作；2016年，制定了《政府采购监督检查"双随机一公开"工作细则》，明确了检查工作的抽查方式、抽查过程、建立名录库、结果公开等要求；制定《财政部政府采购投诉处理专项内控办法》，加强投诉举报案件的处理能力。为适应国际市场的要求，我国对政府采购政策也进行了适时调整和完善。2008 年 2 月，中国政府首次加入 GPA 谈判，为了配合国际市场的规定，中国积极调整引资政策，同时对政府采购的一些排外规定进行修改或废除。例如，为了回应欧美国家对中国实行自主创新的政府采购的质疑，中国于 2007 年废除了相关排外规定，并对《政府采购进口产品管理办法》等条例进行修改。具体采购政策如表 2－7 所示。

表 2－7　　中国采购政策

文件层级	文件名称
法律	《中华人民共和国政府采购法》 《中华人民共和国招标投标法》 《中华人民共和国预算法》 《中华人民共和国民法典》 《中华人民共和国网络安全法》
行政法规	《中华人民共和国政府采购法实施条例》（国务院令第 658 号） 《中华人民共和国招标投标法实施条例》（国务院令第 709 号） 《中华人民共和国预算法实施条例》（国务院令第 186 号） 《保障中小企业款项支付条例》（国务院令第 728 号） 《优化营商环境条例》（国务院令第 722 号） 《中华人民共和国进出口货物原产地条例》（国务院令第 416 号）
部门规章	《行政单位国有资产管理暂行办法》（财政部令第 35 号） 《政府采购非招标采购方式管理办法》（财政部令第 74 号） 《政府采购货物和服务招标投标管理办法》（财政部令第 87 号） 《政府采购质疑和投诉办法》（财政部令第 94 号） 《政府采购信息发布管理办法》（财政部令第 101 号） 《政府购买服务管理办法》（财政部令第 102 号） 《政府采购框架协议采购方式管理暂行办法》（财政部令第 110 号） 《关于建立政府强制采购节能产品制度的通知》（国办发〔2007〕51 号）
规范性文件	《政府采购竞争性磋商采购方式管理暂行办法》（财库〔2014〕214 号） 《关于政府采购竞争性磋商采购方式管理暂行办法有关问题的补充通知》（财库〔2015〕124 号） 《政府采购代理机构管理暂行办法》（财库〔2018〕2 号） 《关于做好政府采购代理机构名录登记有关工作的通知》（财办库〔2018〕28 号） 《关于进一步加大政府采购支持中小企业力度的通知》（财库〔2022〕19 号） 《政府采购评审专家管理办法》（财库〔2016〕198 号） 《关于进一步规范政府采购评审工作有关问题的通知》（财库〔2012〕69 号） 《关于促进政府采购公平竞争优化营商环境的通知》（财库〔2019〕38 号）

续表

文件层级	文件名称
规范性文件	《政府采购进口产品管理办法》（财库〔2007〕119号） 《关于信息安全产品实施政府采购的通知》（财库〔2010〕48号） 《关于政府采购进口产品管理有关问题的通知》（财办库〔2008〕248号） 《政府采购促进中小企业发展管理办法》（财库〔2020〕46号） 《关于进一步加强政府采购需求和履约验收管理的指导意见》（财库〔2016〕205号） 《关于加强政府采购活动内部控制管理的指导意见》（财库〔2016〕99号） 《关于开展政府采购意向公开工作的通知》（财库〔2020〕10号） 《关于做好政府采购信息公开工作的通知》（财库〔2015〕135号） 《关于政府采购支持绿色建材促进建筑品质提升试点工作的通知》（财库〔2020〕31号） 《关于在政府采购活动中查询及使用信用记录有关问题的通知》（财库〔2016〕125号） 《关于促进残疾人就业政府采购政策的通知》（财库〔2017〕141号） 《关于政府采购支持监狱企业发展有关问题的通知》（财库〔2014〕68号） 《关于公共资源交易中心开展政府采购活动有关问题的通知》（财库〔2014〕165号） 《关于调整优化节能产品、环境标志产品政府采购执行机制的通知》（财库〔2019〕9号） 《关于疫情防控采购便利化的通知》（财办库〔2020〕23号） 《关于疫情防控期间开展政府采购活动有关事项的通知》（财办库〔2020〕29号） 《关于印发〈政府采购需求管理办法〉的通知》（财库〔2021〕22号） 《政府采购品目分类目录》（财库〔2013〕189号） 《政府采购公告和公示信息格式规范》（财办库〔2020〕50号） 《商品包装政府采购需求标准（试行）》（财办库〔2020〕123号） 《关于调整优化节能产品环境标志产品政府采购执行机制的通知》（财库〔2019〕9号） 《关于印发节能产品政府采购品目清单的通知》（财库〔2019〕19号） 《关于印发环境标志产品政府采购品目清单的通知》（财库〔2019〕18号） 《政务信息系统政府采购管理暂行办法》（财库〔2017〕210号） 《无线局域网产品政府采购实施意见》（财库〔2005〕366号） 《对政府采购工程项目法律适用及申领施工许可证问题的答复》（财办库〔2015〕352号） 《关于运用政府采购政策支持乡村产业振兴的通知》（财库〔2021〕19号） 《国有金融企业集中采购管理暂行规定》（财金〔2018〕9号） 《中央单位政府集中采购管理实施办法》（财库〔2007〕3号） 《关于完善中央单位政府采购预算管理和中央高校、科研院所科研仪器设备采购管理有关事项的通知》（财库〔2016〕194号） 《关于简化优化中央预算单位变更政府采购方式和采购进口产品审批审核有关事宜的通知》（财办库〔2016〕416号） 《关于加强中央预算单位批量集中采购管理有关事项的通知》（财库〔2014〕120号）

续表

文件层级	文件名称
规范性文件	《中央预算单位批量集中采购管理暂行办法》（财库〔2013〕109 号） 《关于对中央单位申请单一来源采购实行审核前公示相关问题的通知》（财库〔2011〕130 号） 《关于报送政府采购严重违法失信行为信息记录的通知》（财办库〔2014〕526 号） 《财政部办公厅关于做好政府采购网民咨询答复工作的通知》（财办库〔2020〕233 号） 《财政部关于在政府采购活动中落实平等对待内外资企业有关政策的通知》（财库〔2021〕35 号） 《关于在中央预算单位开展政府采购评审专家和采购代理机构履职评价试点工作的通知》（财办库〔2022〕192 号）
废止和失效的文件	《政府采购货物和服务招标投标管理办法》（财政部令第 18 号） 《政府采购供应商投诉处理办法》（财政部令第 20 号） 《政府采购信息公告管理办法》（财政部令第 19 号） 《政府采购货物和服务招标投标管理办法》（财政部令第 18 号） 《政府采购代理机构资格认定办法》（财政部令第 61 号） 《政府采购资金财政直接拨付管理暂行办法》（财库〔2001〕21 号） 《中央单位政府采购管理实施办法》（财库〔2001〕30 号） 《政府采购运行规程暂行规定》（财库〔2000〕11 号） 《关于印发〈政府采购品目分类表〉的通知》（财库〔2000〕10 号） 《关于实施促进自主创新政府采购政策的若干意见》（财库〔2006〕47 号） 《关于印发〈自主创新产品政府采购预算管理办法〉的通知》（财库〔2007〕29 号） 《关于印发〈自主创新产品政府采购评审办法〉的通知》（财库〔2007〕30 号） 《关于印发〈自主创新产品政府采购合同管理办法〉的通知》（财库〔2007〕31 号） 《关于印发〈关于加强国有金融企业集中采购管理的若干规定〉的通知》（财金〔2001〕209 号） 《关于印发〈全国政府采购管理交易系统建设总体规划〉和〈政府采购业务基础数据规范〉的通知》（财库〔2013〕18 号） 《关于印发〈政府采购招标投标管理暂行办法〉和〈政府采购合同监督暂行办法〉的通知》（财预字〔1993〕363 号） 《关于对中央单位申请单一来源采购实行审核前公示相关问题的通知》（财库〔2011〕130 号） 《关于印发〈中央单位变更政府采购方式审批管理暂行办法〉的通知》（财库〔2009〕48 号） 《关于在中国国际招标网上开展外国政府贷款项目采购业务的通知》（财金〔2002〕16 号） 《关于开展政府采购信用担保试点工作的通知》（财库〔2011〕124 号） 《关于中央单位政府采购工作中有关执行问题的通知》（财库〔2003〕56 号） 《关于正版软件采购资金账务处理问题的通知》（财办库〔2002〕40 号） 《关于中央单位政府采购评审专家库管理使用有关问题的通知》（财办库〔2004〕80 号） 《关于〈中央财政国库集中支付代理银行手续费计付管理暂行办法〉的补充通知》（财库〔2012〕178 号） 《关于信息系统建设项目采购有关问题的通知》（财库〔2011〕59 号）

续表

文件层级	文件名称
废止和失效的文件	《关于印发〈自主创新产品政府首购和订购管理办法〉的通知》（财库〔2007〕120 号） 《关于加强政府采购货物和服务项目价格评审管理的通知》（财库〔2007〕2 号） 《关于印发〈中央财政国库集中支付代理银行手续费计付管理暂行办法〉的通知》（财库〔2006〕6 号） 《关于印发〈政府采购评审专家管理办法〉的通知》（财库〔2003〕119 号） 《关于进一步规范招标确定外国政府贷款项目采购公司有关问题的通知》（财金〔2006〕90 号） 《关于做好政府采购代理机构资格认定行政许可取消后相关政策衔接工作的通知》（财库〔2014〕122 号） 《关于贯彻实施〈中华人民共和国政府采购法〉的通知》（财库〔2002〕35 号） 《关于印发〈外国政府贷款项目采购公司招标办法〉的通知》（财金〔2000〕159 号） 《关于加强政府采购信息统计报表编报工作的通知》（财库〔2000〕2 号）

专栏 2－2　浙江省针对民营中小企业的金融支持政策

2020 年 1 月 23 日，浙江省政府在全国范围内率先启动重大公共卫生事件一级响应，迅速出台中小企业金融支持 16 条政策举措，打造了卓有成效的“1＋4”金融惠企政策体系。全力保障针对受疫情影响企业的信贷供给流动性，及时识别发展前景较好，却深受疫情困扰的一系列民营中小企业，对其贷款问题进行温和处置，为其提供延长还款期限、展期便利支持等，提高贷款不良率容忍度，助力企业摆脱疫情困局。据统计，截至 2020 年末，全省各金融机构累计为 41.5 万户民营中小企业提供延期还本付息政策支持，贷款本金达 7584.3 亿元，利息共计 20.4 亿元。省政府大力实施政企银协同“五减”共克时艰行动，推动全省人民银行和各金融机构深化省市县三级联动，通过协调银行业监管机构督促商业银行严格落实为受疫情影响民营中小企业开辟外汇政策绿色通道，并将各金融机构为民营中小企业进行信贷支持情况纳入评价体系，据统计，截至 2020 年 5 月底，累计为全省民营中小企业减免税费 472.8 亿元，贷款利率下降 0.51 个百分点。

创新推出“双保”应急融资机制，强化国家、省级、地市三级担保机构与金融机构间的协同，充分发挥批量担保模式的风险共担作用，针对在疫情背景下资金严重匮乏的民营中小企业，进一步引导银行业金融机构对其加强扶持，据统计，截至 2020 年末，累计发放应急贷款 127.1 亿元，惠及 28.5 万人。

浙江省政府大力发展线上金融服务，完善“金融数字大脑”平台建设。组织金融机构充分利用企业信用信息服务平台、应收账款融资服务平台等主动摸排企业融资需求，狠抓企业码创新推广，上线码上政策、码上直办、码上融资等功能，提高各项金融支持政策传导效率。据统计，截至2020年6月17日，全省共有97002户民营中小企业通过企业码获得信贷支持，累计金额达43.24亿元；截至2021年3月末，金融综合服务平台累计交易量超过1.3万亿元，新增首贷企业11.6万户，帮助企业实现线上一站式融资授信3600亿元。

实践环节

进入“产业扶持政策应用虚拟仿真实训项目”平台，在“基础知识教学”板块完成以下任务：

1. 课程一和课程二的巩固练习。
2. 我国新能源汽车的产业政策管理路径是怎样的？
3. 查找以下产业扶持政策具体内容，并进行扶持政策分类：

- 《新能源汽车产业发展规划（2021—2035年）》；
- 《山西省文化和旅游厅关于印发2022年中央补助地方公共数字文化建设方案的通知》；
- 《许昌市工业和信息化局关于组织申报2022年度河南省小型微型企业创业创新示范基地和中小企业公共服务示范平台的通知》；
- 《四川省生态环境厅关于推荐清洁生产先进技术和先进水污染防治技术的通知》；
- 《关于组织开展2022年河南省技术转移示范机构申报工作的通知》；
- 《科技部 农业部 水利部 国家林业局 中国科学院 中国农业银行关于印发〈国家农业科技园区发展规划（2018—2025年）〉的通知》；
- 《关于“十四五”期间种子种源进口税收政策的通知》；
- 《国务院关于设立3岁以下婴幼儿照护个人所得税专项附加扣除的通知》；
- 《关于下达2022年中央支持地方公共文化服务体系建设补助资金预算的通知》；
- 《财政部 国家税务总局关于生育津贴和生育医疗费有关个人所得税政策的通知》。

第三章　扶持政策信息管理

学习目标

了解扶持政策信息管理的基本概念和重要性，理解扶持政策信息的特征、分类及内在联系，掌握扶持政策信息获取、解读和应用的方法；能有效地搜集和整理各类扶持政策信息，会分析扶持政策的适用对象、区域、发文单位、申报条件等关键要素，具备对扶持政策进行精准解读和实际应用的能力；树立对扶持政策的敏感性和主动获取信息的意识，培养对政策的变化的快速响应和适应的综合素质。

导入案例

政策扶持，科技赋能——东乡县畜牧业助农增收

东乡族自治县隶属甘肃省临夏回族自治州，是全国唯一的以东乡族为主体的少数民族自治县，境内沟壑纵横，植被稀疏，自然条件严酷，素有“陇中苦瘠甲天下，东乡苦瘠甲陇中”之说，是著名的贫困县，但牛羊养殖业很有经验，素有“无牛羊不成家”的传统。

近些年，在政府的大力推动下，东乡县紧抓国家现代农业产业园建设和肉羊产业发展的政策机遇，通过一系列的政策扶持和科技赋能，实现了畜牧业的快速发展，带动了当地农民的增收致富。

具体来说，东乡县以国家现代农业（肉羊）产业园建设为契机，调整优化了牛羊全产业链奖补政策。这些政策突出了品种改良、品质提升和扩群增量，并从肉羊良种扩繁奖补、母牛繁育奖补、圈舍改造提升、防疫保险、链条延伸、品牌打造等多个方面入手，致力于打造规模化、标准化、品牌化的“百亿级产业集群”。

此外，东乡县还积极引进现代化养殖企业，如东羊牧业公司，以“企业＋合作社＋农户”的运营模式，大幅度提升了养殖效益和农民收入。同时，政府还制定了相关实施方案，如《东乡县2024年粮改饲工作实施方案》，通过种植、加工、技术服务等环节奖补，推动了优质饲草产业的发展，为牛羊产业稳步发展提供了饲草保障。

在科技方面，东乡县也进行了大量的投入和创新。例如，通过5G智慧化养殖系统实现了养殖基地的自动化管理和数据化监控，提高了养殖效率和品质。同时，还推广了“种养结合、农牧循环”模式，实现了养殖废弃物的资源化利用，推动了养殖业的绿色循环发展。

如今，东乡县畜牧养殖业已经实现了从传统到现代的华丽转身，不仅为养殖户带来了丰厚的经济收入，也带动了当地经济的蓬勃发展，为乡村振兴注入了新活力。

【思考与讨论】东乡县畜牧业的发展，利用什么样的产业扶持政策？我们到哪里可以获取这些扶持政策？如何知道自己是否可以享受到这样的产业扶持政策？

扶持政策管理工作是企业对国家出台的扶持信息资源进行的收集、解读、应用和执行等一系列管理活动。由于政府对企业的扶持政策种类繁多，补贴范围较为广泛。因此，准确全面了解政府对企业的扶持政策，加强扶持政策信息管理，做好政策信息的收集、解读和应用，对于企业来讲是不可或缺的，也是企业扶持政策管理工作的第一步。

第一节　扶持政策信息特征与分类

扶持政策信息通常具有明确的目标和定位，内容丰富多样，措施具有可操作性和可评估性，特征和分类方式较为广泛。由于经济社会的发展和政策环境的变化，扶持政策的分类和特征也可能会有所变化。

一、扶持政策信息特征

（一）延续性与连续性

信息延续性指信息层级上的延续性，从国家部委到地方省市，无论是制定专项、计划的名称，还是政策管理方式和支持方向，基本上是一脉相承的，有助于政策得到有效执行。例如，国家有重点研发计划，各省级层面有省重点研发计划，部分市有市重点研发计划，国家对于重点研发计划的管理改革在一定程度上也影响并延续到了省、市级同类项目管理改革上。当然，层级的延续性不一定要全部历经三个层级政府，也可能中间有断层。例如，科技部组织申报国家重点研发计划“智能机器人”等重点专项。

信息连续性是政策信息在实施过程中保持方向和力度一致，避免出现断点或急剧变化，从而帮助企业和市场形成稳定的预期。例如，在面对复杂严峻的国际形势和新冠疫情的冲击时，中国通过加大宏观政策调节力度，出台阶段性、有针对性的减税降费政策，以及灵活适度的货币政策，成功地保持了经济的稳定，并成为全球唯一实现经济正增长的主要经济体，体现了政策信息连续性在经济转型期的重要作用。

（二）稳定性与滚动性

信息稳定性是信息的可靠性和持续性，即信息在一定时间内保持不变或变化不大。通常情况下，不同政府主管部门都已形成相对稳定的专项、计划的资金补助方案，无论是专项、计划的名称，还是每年实施的时间，支持的方向基本都已形成一套稳定的流程。由于这类专项、计划通常支持力度较大，因此也是企业最为关注和重视的。例如，广东省各地市对高新技术企业认定均给予持续性的补助奖励，各区在市奖励的基础上再给予叠加奖励。

信息滚动性是信息的动态更新和连续性，即信息能够随着时间推移而不断更新和滚动。近年来，在国家“双创”战略实施、城市间竞争日趋白热化的大环境与互联网技术发展的综合影响下，滚动性政策的特点体现得愈加明显。除了原有的各类计划、专项稳定实施外，各地政府还会因地制宜地考虑到营造创新创业环境、引导新兴产业发展等诸多因素，出台一些滚动性政策。这类政策带有很明显的时效性和后续的不确定性，企业可以随时关注此类政策。

（三）集中性与普惠性

信息集中性是通过聚焦关键领域和薄弱环节，实现资源的优化配置和重点突破。信息普惠性则是通过营造公平竞争的市场环境，对所有企业一视同仁，确保了各类企业能够公平地享受政策红利，从而激发市场活力和创新能力。当前，产业、资本、人才、技术向重点城市集中的趋势越发明显，上述资源向垄断国企、行业龙头企业等大型企业集中的趋势也越发明显。所以，政策上的集中力量办大事也相应地会向这些大型企业集聚资源，因为这些大型企业具备把项目实施好的先决条件和优势，导致小企业增大了承担项目的难度。

现行的科技计划体系改革的方向便是整合零散的科技资金，组织“精兵强将”，更加聚焦部分重点项目，推动实现突破。与此同时，国家在尽全力营造创新创业的良好氛围与环境，让所有企业都能够享受到相应的红利，诸如出台税收减免、人才和房租补贴、各类奖励等普惠性政策。例如，科技型中小企业研发费用加计扣除比例提高到75%的优惠范围扩大至所有企业政策，正是降低企业成本负担，落实企业创新的普惠性政策。普惠性与集中性政策共存，既保障了各类主体的公平发展机会，又通过有针对性的支持，促进了关键领域和薄弱环节的发展，共同推动了经济社会的全面进步。

（四）配套性与协调性

信息配套性是指在中央政策框架下，地方政府或相关部门根据实际情况制定的细化措施和补充政策，以确保政策能够落地生根并发挥预期效果。信息协调性是指不同政策之间、不同层级政府之间以及政策制定与执行各环节之间的相互配合和一致性。一个政策的出台并不等同于一个孤立的文件，需综合考虑地方实际、政策门槛、透明度、跨部门协调等，确保政策能够有效实施并达到预期目标。因政策的实施需要同一层级的不同部门或者不同层级的不同部门间的联动协调，所以一套完整的申报政策通常应包含指导（实施）意见、专项或计划管理办法（含资金管理办法）、专项或计划申报通知以及行动指南等文件。这样一套完整的政策会让我们对政策出台的背景、管理要求、申请难度、支持重点有全方位的认识和了解。

二、扶持政策信息分类

我国扶持政策由来已久，各级政府部门相继出台了一系列扶持产业和企业创新发展的政策文件。从20世纪四五十年代举全国之力发展军工产业，到改革开放之后大力发展纺织、机电等出口导向产业，再到21世纪以来对信息技术、新能源等高新技术产业的大力扶持，可以看到，每个阶段的扶持政策都体现出鲜明的时代特征，以下是一些常见的政策信息分类方式。

（一）按扶持对象分类

（1）企业扶持政策：这类政策主要面向各类企业，特别是中小企业、高新技术企业和创新型企业。政策内容可能包括资金补助、税收优惠、贷款贴息、创新奖励等。旨在降低企业运营成本，激发企业创新活力，促进企业发展壮大。

（2）产业扶持政策：针对特定产业或行业制定的扶持政策。这些政策旨在推动产业升级和转型，提高产业竞争力。政策内容可能包括技术创新支持、市场拓展援助、产业链整合等。

（3）区域扶持政策：针对特定区域（如贫困地区、经济开发区、高新技术园区等）的扶持政策。这些政策旨在促进区域经济发展，缩小地区差距。政策内容可能包括基础设施建设、人才引进和培养、产业引导等。

（4）个人扶持政策：面向个人（如创业者、农民、失业人员等）的扶持政策。这些政策旨在鼓励个人创业就业，提高个人收入水平。政策内容可能包括创业补贴、技能培训、贷款优惠等。

（二）按扶持内容分类

（1）资金扶持政策：直接提供资金支持的政策，如政府补助、贷款贴息、风险投资引导等。这些政策能够直接缓解企业或个人的资金压力，促进项目的实施和发展。

（2）税收优惠政策：通过减免税收或降低税率等方式，减轻企业或个人的税收负担。这些政策能够降低运营成本，提高盈利能力，激发市场活力。

（3）技术扶持政策：提供技术支持、技术培训或技术引进等帮助的政策。这些政策旨在提升企业或个人的技术水平，推动技术创新和产业升级。

（4）市场扶持政策：通过政府采购、市场开拓、品牌宣传等方式，帮助企业或个人扩大市场份额，提高市场竞争力。这些政策能够为企业提供更多的市场机会，促进产品销售和品牌建设。

（5）人才扶持政策：针对人才引进、培养和激励的政策。这些政策旨在吸引和留住优秀人才，提升企业或区域的创新能力和竞争力。政策内容可能包括人才引进补贴、人才培训项目、人才激励措施等。

（三）按实施方式分类

（1）直接扶持：政府直接提供资金、技术或市场等资源支持的政策。这种扶持方式直接、有效，能够迅速缓解企业或个人的困境，促进项目的实施和发展。

（2）间接扶持：通过制定政策、法规或提供信息服务等方式，间接支持企业或个人的发展。这种扶持方式更加灵活多样，能够根据不同情况制定有针对性的政策措施，促进整体经济社会的健康发展。

（四）按政策文种类型分类

企业申报政府扶持政策资金，可以在政策的引导下更直接、准确地了解政府对产业和技术的发展导向，生产出更加符合市场和未来需求的产品，同时，扶持资金涉及招商、税费减免、融资扶持、优化环境、用工引智等方方面面的政策，这间接或直接地促进了企业的健康发展。因此，企业在申报扶持资金前，需要对政府支持企业的政策文件类型、效力以及政策文件之间的内在关联有所了解，扶持政策信息的分类有助于更好地理解和实施相关政策。总体而言，我国扶持企业的政策文种类型主要包括法律法规、条例、决定、办法、规定、规划、意见、通知、公告等，如表 3－1 所示。

表 3－1　　扶持企业的政策文种类型

序号	文种	适用范围
1	法律法规	适用于全国人大及其常委会制定的规范性文件、行政法规、地方性法规、民族自治法规及经济特区法规等
2	条例	适用于由国家机关或行政机关根据政策和法令制定与发布的对政治、经济和文化领域的某些特定事项作出的比较全面系统、具有长期执行效力的法规性公文
3	决定	适用于为重要事项作出决策和安排，奖励和惩罚相关单位和人员，以及更改或撤销下级行政部门不当决定的文件
4	办法	适用于有关机关和部门根据党的政策和有关法律法规，提交有关工作或问题的具体做法和要求的文件
5	规定	适用于在具体范围内制定相应的工作和事务措施，并要求下属部门和下属机关执行的正式文件
6	规划	适用于对未来行动计划的反思和考虑，指全面和长期的发展计划
7	意见	适用于下行文，一般为上级领导机关对下级机关部署工作
8	通知	适用于颁布法规，转发上级、同级和非直属机构的官方文件，批转下级官方文件，要求下属机关处理某些事项
9	公告	适用于重大事件或法定事项的宣布

资料来源：计划、规划、方案、安排、通知、公告、决定、决议、规定、制度、规章、规则、章程、条例的含义［EB/OL］．（2015－07－22）［2021－05－06］．https：//wenku. baidu. com/view/862848edddccda38376baf9c. html.

三、扶持政策的内在联系

扶持政策的内在联系是指不同政策之间相互影响、相互促进的关系。这种关系是一个多层次、多维度的复杂结构，旨在通过一系列相互关联和协调的政策文件，指导和促进特定产业和企业的发展。同时，强调在阐明扶持产业和企业方向、明确扶持标准、告知扶持条件、明确如何申请这四个层面上的政策文件上进行有机结合。可以关注以下四类政策文件，并重点了解政策文件之间的内在联系。

（一）阐明扶持方向的宏观指导意见或规划

国家或地方政府层面制定的一系列宏观指导原则和战略方针，这些政策为支持企业发展提供了基本的框架和方向，又称为总政策、基本政策，作用是阐述政策的缘起、理念和战略方针等内容，主要包括法律、发展战略和改革纲领性文件，以及承载这些战略或改革方针的国家重大发展规划。从扶持企业的政策角度来看，总政策主要指阐明扶持产业和企业方向的宏观指导意见和规划，往往是以各级政府名义发布的《支持××产业的意见》《发展××产业的规划》等宏观的指导意见、规划和方案。这一层面的政策往往是原则性的，也是后续扶持政策制定出台的依据和背景，为相关职能部门制定下一层面的具体措施文件指明方向。总政策通常会提及对××行业、××项目进行重点支持，大多不会明确扶持的具体方式和金额，如提出“大力促进产业集聚”“加强创新能力建设”这样的说法。政策发布之后，由具体负责此项业务的主管部门按照文件中的部署要求，起草相关具体的意见和标准。

例如，2020 年国务院出台了《国务院关于印发新时期促进集成电路产业和软件产业高质量发展若干政策的通知》（国发〔2020〕8 号，以下简称国发〔2020〕8 号文），该文件通篇从财税、投融资、研究开发、进出口、人才、知识产权、市场应用、国际合作等方面提出政策制定方向。国发〔2020〕8 号文在谈到部分政策时，会指定落实政策措施的具体部门，例如，研究开发政策主要由科技部、国家发展改革委、工业和信息化部等部门组织实施；财税政策主要由财政部、海关总署、国家发展改革委、工业和信息化部等部门组织实施。

需要注意的是，扶持政策主要来源于国家政府各级机关下发的文件，但并不局限于政府部门下发的文件，这也取决于扶持产业的性质。例如，矿业企业可以申报自然资源部的资源节约项目，军用产品企业可以申报政府的军品扶持专项资金。因此，企业做好项目申报的基础工作就是要充分熟悉产业领域内的有关宏观指导政策，了解政府支持企业发展的目标和方向。

此外，为方便查找扶持政策信息，企业最好了解国家有关职能部门的工作职责和范围。例如，企业可以登录中华人民共和国中央人民政府网站（https：//www. gov. cn）查找《国务院关于机构设置的通知》（国发〔2023〕5 号）和《国务院关于部委管理的国家局设置的通知》（国发〔2023〕6 号），了解新一届的国务院部委管理的国家局设置，便于查找扶持政策相关信息。

（二）明确扶持标准的支持措施文件或办法

国家在出台顶层设计文件后，政府主管部门要根据意见精神和任务分工安排，结合实际设定清晰的标准，这些标准可能包括技术水平、创新能力、市场竞争力、环保标准等，用以评估企业或产业是否符合扶持条件；再按整个任务量及权重进行财政资金配比，形成政策文件并下发，如《关于发展××产业的若干政策意见》《关于扶持××产业的扶持办法》等政策。如果政策涉及的部门较多，并需要体现在一份文件上，政策也会以本级政府办公室的名义出台。

这些政策出台的目的是为贯彻落实上一级政府或者同级主管部门出台的有关意见而制定的具体可行的支持措施，旨在为企业提供具体的扶持政策和操作指南。这类政策信息一般表现为三个方面：一是无偿补助，即政府部门对符合条件的企业投资项目和下一级地方政府投资项目给予的投资资金补助；二是贷款贴息，即政府部门对符合条件、使用了中长期银行贷款的投资项目给予的贷款贴息；三是奖励，即政府部门对表现突出、业绩优秀，具有重大创新贡献企业的鼓励政策，奖励额度视具体情况而定。

（三）告知扶持条件的资金管理办法或方案

告知企业扶持条件的政策文件通常由制定具体扶持措施的主管部门和同级财政部门共同制定，以《××专项资金管理办法》的形式展现出来。其目的要设立、使用和管理专项资金。有关部门在其中会明确申报专项资金的具体条件、要求和奖励方式。

例如，广州市为推动市标准化战略的实施，制定的资金管理办法是《广州市市场监督管理局关于印发广州市标准化战略专项资金管理办法的通知》（穗市监规字〔2020〕2号），明确提出由广州市市场监督管理部门负责下发年度专项资金申报通知，依托市级财政专项资金管理平台做好专项资金申请受理、审核和信息公开工作等，也明确了标准化战略资金的资助项目和金额。由此可见，企业要想成功通过申请，最关键的就是看懂《××专项资金管理办法》，并掌握与了解关键信息，提前准备有关申报材料。

一般情况下，专项资金有明确的管理分工。财政主管部门是专项资金的监督部门，主要职责如下：一是审计安排年度专项资金预算，确定专项资金年度支出结构，审查年度专项资金预算；二是会同专项资金主管部门下达专项资金使用计划，办理专项资金拨款；三是监督检查资金的管理和使用情况，负责对专项资金进行绩效评价。

有关职能部门是专项资金的管理部门，主要职责如下：一是根据相关发展规划和年度目标，向财政主管部门提出专项资金年度预算，编制年度专项资金决算；二是制定有关专项资金实施细则或操作规程；三是制定专项资金申报指南，受理项目申请、组织项目考察、评审、审计和社会公示等；四是会同财政主管部门下达专项资金计划，负责项目档案管理；五是负责专项资金的日常管理，项目实施情况的检查、验收和开展项目绩效评价。

一旦企业获取专项资金扶持，一般需要做到以下四个方面：一是制定项目预算，负责筹集配套资金和实施项目；二是对项目扶持资金进行财务管理和会计核算；三是接受有关部门的监督检查、验收和绩效评估；四是按要求提供项目执行情况的报告和附属材料，并对材料的真实性负责。

（四）发布申请流程的具体要求公告或通知

最后一个层面是告知企业如何申请扶持资金的通知公告，为企业提供详细的申请流程和指南，包括申请材料、申请渠道、审批流程、时间节点等，以便企业了解如何获取扶持。例如，《关于申报××资金通知》《关于开展××工作的通知》《关于组织申报××项目的通知》，通知中一般会明确规定申报要求、申报期限、截止日期、需要准备的材料、联系方式等信息，企业在实操过程中遇到问题时，要及时与通知公告上的联系人进行咨询解决。

一般来说，企业在掌握以上四个层面的政策文件获取方法，了解扶持政策制定的来龙去脉后，就可以结合具体政府部门的职能，在其官方网站上查找所关注政策的申报通知文件，如未找到，也可以根据往年的申报通知文件中留存的具体联系人和联系方式，来沟通了解当年的申报通知发布的时间和具体情况。

专栏3-1　《我国支持科技创新主要税费优惠政策指引》目录

创新是引领发展的第一动力，是推动高质量发展、建设现代化经济体系的战略支撑。以习近平同志为核心的党中央高度重视科技创新工作，从党和国家发展全局的高度对科技创新进行顶层谋划和系统部署，提出了一系列事关科技改革发展全局的重大论断，为做好新时期科技创新税收工作提供了根本遵循、指明了前进方向。财政部、科技部、海关总署、税务总局坚决贯彻落实习近平总书记重要指示批示精神和党中央决策部署，始终将支持科技创新摆在突出位置，出台实施一系列针对性强的税费政策举措，逐步形成了一套涵盖创新链产业链资金链人才链的多税种、全流程科技创新税收优惠政策体系，较好满足了新时期我国科技创新发展的新形势、新要求，对激发企业创新活力、支持高水平科技自立自强、促进经济高质量发展发挥了重要作用。

为使社会各界更加全面知悉科技创新税费优惠政策、更加便捷查询了解政策，更加准确适用享受政策，推动政策红利精准高效直达各类创新主体，财政部税政司会同关税司、科教和文化司对现行支持科技创新的主要税费政策进行了系统梳理，整理了现行50余条主要科技创新税费优惠政策；会同科技部、海关总署、税务总局等部门进一步搜集整理了40余项税收征管规定和行业管理办法等，在此基础上编写了《我国支持科技创新主要税费优惠政策指引》，按照科技创新活动环节，从创业投资、研究与试验开发、成果转化、重点产业发展、全产业链等方面对政策进行了分类，并详细列明了每项优惠的政策类型、涉及税种、优惠内容、享受主体、申请条件、申报时点、申报方式、办理材料、政策依据等内容。

第一部分　创业投资

一、企业所得税

公司制创业投资企业投资初创科技型企业按投资额70%抵扣应纳税所得额政策

公司制创业投资企业投资中小高新技术企业按投资额70%抵扣应纳税所得额政策

合伙制创业投资企业的法人合伙人投资初创科技型企业按投资额70%抵扣应纳税所得额政策

合伙制创业投资企业的法人合伙人投资中小高新技术企业按投资额70%抵扣应纳税所得额政策

在特定区域内开展公司型创业投资企业有关企业所得税优惠政策试点

二、个人所得税

有限合伙制创业投资企业个人合伙人投资初创科技型企业按投资额70%抵扣应纳税所得额政策

天使投资人投资初创科技型企业按投资额70%抵扣应纳税所得额政策

合伙制创业投资企业个人合伙人可选择按单一投资基金核算税收优惠政策

第二部分　吸引和培育人才优惠

一、企业所得税

将企业职工教育经费税前扣除比例由2.5%提高至8%

二、个人所得税

粤港澳大湾区高端紧缺人才个人所得税优惠政策

横琴粤澳深度合作区高端紧缺人才个人所得税优惠政策

海南自贸港高端紧缺人才个人所得税优惠政策

广州南沙个人所得税优惠政策

横琴粤澳深度合作区澳门居民个人所得税优惠政策

福建平潭个人所得税优惠政策

第三部分　研究与试验开发

一、增值税

研发机构采购设备增值税政策

二、企业所得税

企业投入基础研究企业所得税优惠政策

研发费用加计扣除政策

设备、器具一次性税前扣除政策

企业外购软件缩短折旧或摊销年限政策

三、个人所得税

由国家级、省部级以及国际组织对科技人员颁发的科技奖金免征个人所得税政策

四、进口税收

进口科学研究、科技开发和教学用品免征进口关税和进口环节增值税、消费税政策

五、其他税费

非营利性科研机构自用房产土地免征房产税、城镇土地使用税政策

第四部分　成果转化

一、增值税

技术转让、技术开发和与之相关的技术咨询、技术服务免征增值税政策

二、企业所得税

企业以技术成果投资入股递延纳税优惠政策

企业非货币性资产对外投资企业所得税分期纳税政策

居民企业技术转让所得减免企业所得税优惠政策

在中关村国家自主创新示范区特定区域开展技术转让企业所得税优惠政策试点

三、个人所得税

高新技术企业技术人员股权奖励分期缴纳个人所得税政策

职务科技成果转化现金奖励减征个人所得税政策

职务科技成果转化股权奖励递延纳税政策

个人以技术成果投资入股递延纳税政策

四、其他税费

专利收费减免优惠政策

申请费、发明专利申请实质审查费、年费和复审费减免政策

第五部分　重点产业发展

一、增值税

软件产品增值税即征即退政策

集成电路重大项目企业增值税留抵税额退税政策

制造业、科学技术服务业等行业企业增值税留抵退税政策

二、企业所得税

集成电路和工业母机研发费用120%加计扣除政策

集成电路和软件企业所得税减免优惠政策

集成电路设计企业和软件企业职工培训费税前扣除政策

软件企业即征即退增值税款作为不征税收入政策

集成电路生产企业生产设备缩短折旧年限政策

高新技术企业减按15%税率征收企业所得税政策

制造业和信息技术传输业固定资产加速折旧政策

技术先进型服务企业减按15%税率征收企业所得税政策

动漫企业享受软件产业发展企业所得税优惠政策

延长高新技术企业和科技型中小企业亏损结转年限政策

三、进口税收

集成电路和软件企业免征进口关税、集成电路企业分期缴纳进口环节增值税政策

新型显示企业免征进口关税、分期缴纳进口环节增值税政策

重大技术装备生产企业和核电项目业主免征进口关税和进口环节增值税政策

第六部分　全产业链

中小高新技术企业向个人股东转增股本分期缴纳个人所得税政策

科技企业孵化器、大学科技园、众创空间税收政策

创新企业境内发行存托凭证增值税、企业所得税、个人所得税政策

科普单位门票收入免征增值税政策

第二节　扶持政策信息获取与管理

一、扶持政策信息来源

政策信息一般来源于政府网站，包括国家、省市、区县的相关政府网站。在查找政府部门网站地址时，首先要识别网站的真实性，检查政策是否由政府官方网站发布，对政策信息网站的真实性进行有效验证。在获取政策信息时，确保所依据的政策信息是否准确无误非常重要。

（一）辨别信息来源真伪

1. 确认信息网站真实性

为快速获取最新的政策信息，应准确辨别政策信息真伪，确保信息来源于官方或权威的渠道，较为准确地验证扶持政策文件的真实性。例如，中国政府网、国家法律法规数据库等官方发布的信息通常具有较高的可信度。

因此，企业在查找政府部门网站时，应通过以下的判别方式识别网站的真实性。首先，查看网站域名是否使用“. gov. cn”为后缀，或者检索网站时使用“部门名称 + gov”的方式。《政府网站发展指引》明确指出，政府网站要使用以“. gov. cn”为后缀的英文域名和符合要求的中文域名，不得使用其他后缀性域名。如果网站域名不符合规范，企业需要慎重访问。

其次，查看党政机关和事业单位网站标识。根据《政府网站发展指引》要求，政府网站主办单位应向编制部门提交加挂党政机关网站标识申请。政府网站在网页最下方应有盾牌标志，红色标注党政机关，蓝色标注事业单位，如果网站没有挂标，需要谨慎访问。政府网站的盾牌标志如图 3－1 所示。

图 3－1　政府网站的盾牌标志

再次，查询网站备案信息。《非经营性互联网信息服务备案管理办法》规定，未经国家机关单位许可备案，不得在中华人民共和国境内从事非经营性互联网信息服务。可前往工业和信息化部政务服务平台 ICP/IP 地址/域名信息备案管理系统查询，网址为 http：//beian. miit. gov. cn，界面如图 3－2 所示。

图 3－2　ICP/IP 地址/域名信息备案管理系统界面

最后，通过观察政府网站底部的党政机关网站标识、ICP 备案序号等内容判断真实性。例如，中华人民共和国科学技术部网站备案信息如图 3－3 所示。

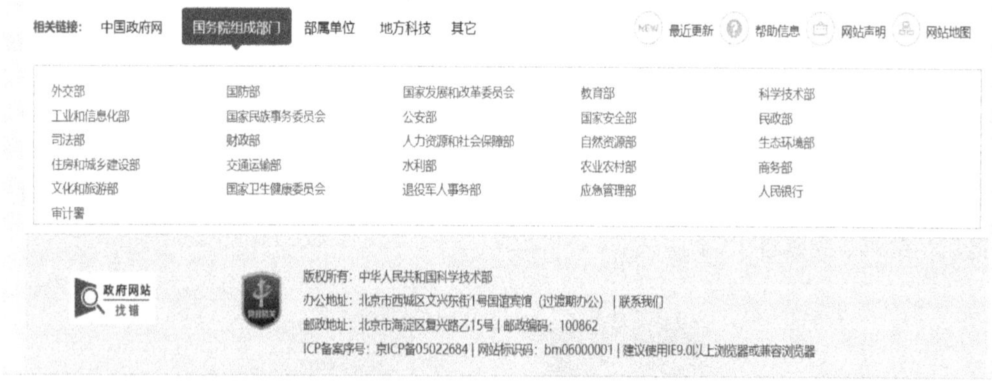

图 3－3　中华人民共和国科学技术部网站备案信息

2. 确保政策文件准确性

除了核实发布渠道，还需要查看官方文件编号和发布日期，注意文件的红头、文号、政府公章、印发日期等是否规范，这些是官方文件的标准特征，有助于验证文件的真实性，确认文件是否由具有相应权力的政府部门或机构发布。首先，检查文件格式和语言，官方文件通常具有规范的格式和专业的语言表述，非官方文件可能在格式和用词上存在不规范之处。其次，注意发布时间，检查信息发布的时间，确保它是最新的，因为政策可能会有更新或修订，避免使用过时的政策文件。再次，将所获得的政策信息与其他可靠来源的信息进行比较，看是否存在差异。最后，持续关注政策的更新或变化，政策可能因环境变化或新法规的出台而调整。

（二）获取信息来源渠道

1. 政府部门官方网站

政府部门官方网站是企业获得扶持信息的重要方式。企业通过检索政府部门名称，定期登录国家（部委）、省级（省厅）、市级（市局）、区县等不同层级的网站，通过公告通告、政策发布等专栏了解政府扶持资金的申报要求和流程。

（1）中央人民政府门户网站。企业可以通过中国政府网的国务院政策文件库进行查询，这里集纳了各项惠济企事业单位的政策，方便查找和了解相关政策的具体内容。进入中华人民共和国中央人民政府网（https：//www. gov. cn），点击“国务院政策文件库”进行查询，具体页面如图 3 -4 所示。

图 3 -4 中华人民共和国中央人民政府网

在“国务院政策文件库”页面上，可以通过筛选功能来查找特定类型的政策，如选择“扶持政策”作为关键词进行搜索。此外，还可以通过“国务院政策文件库”来查询政策文件，这里收录了公开发布的行政法规、规章和行政规范性文件，可以根据发布年份、文件类型等条件进行筛选，并按照时间排序来找到最新的政策文件。具体页面如图 3－5 所示。

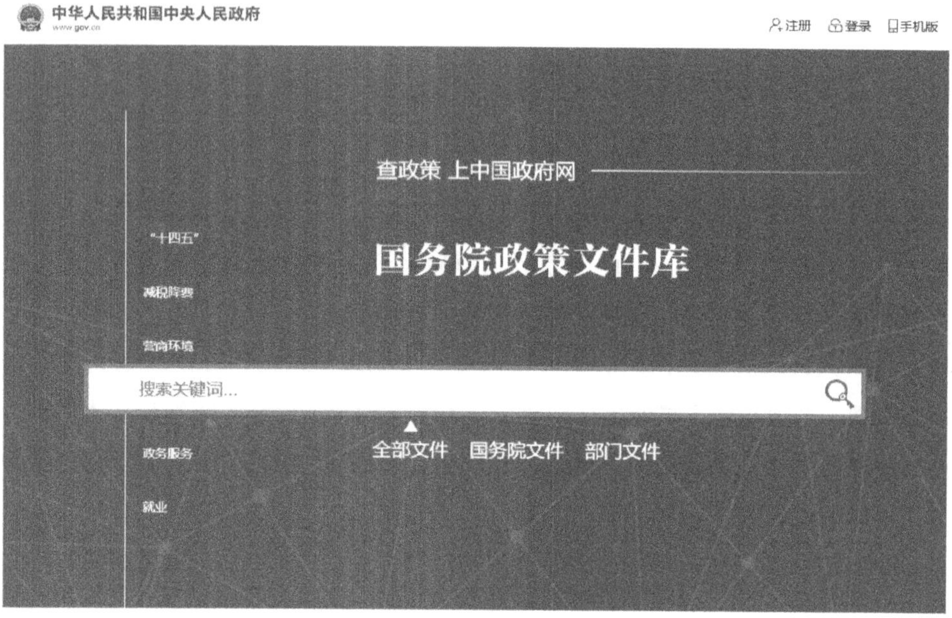

图 3－5 国务院政策文件库

在查找上述政策时，为更精确地定位到所需的信息，可以使用以下关键词：

● 政策类型：如录入“扶持政策”“税收优惠”“补贴政策”“创业支持”等关键词。

● 行业领域：根据企事业单位所在的行业，如“高新技术”“农业”“制造业”“服务业”等。

● 所属地区：如果需要特定地区的政策，可以使用“北京”“上海”“广东”等地区名称。

● 时间范围：通过“2024 年”“最新”“近期”等时间关键词来筛选最新的政策。

● 政策目的：如录入“促进就业”“支持创新”“鼓励投资”等关键词。

● 政策对象：如录入“中小企业”“高校毕业生”“科研机构”等关健词。

● 政策效果：如录入“减税”“免税”“资金支持”“技术指导”等关健词。

● 政策来源：如录入“国务院”“财政部”“教育部”等政府部门名称。

● 政策编号：如果已知政策文件的编号，直接使用编号进行搜索。

● 政策名称：如果知道具体的政策名称或文件名，直接输入名称进行搜索。

（2）国家下设机构部门网站。企业需定期登录国家政府部门网站获取相关扶持政策的信息，国家出台扶持政策较多的政府部门主要包括国家发展改革委、科学技术部、工业和信息化部、财政部、国家税务总局等部门。

查询国家下设机构部门网站政策信息方式有以下四种，以中华人民共和国科学技术部和国家税务总局网站为例。登录中华人民共和国科学技术部网站查询扶持政策信息方法为：一是输入政府部门网址（https：//www. most. gov. cn/index. html），在主页“信息公开”菜单栏下拉框选中“法定公开内容”，找到“法定主动公开内容—机构分类”，可以了解科学技术部下设机构有哪些，点击下设各部门可以找到下设部门有关的规范性文件。二是通过查阅主页“科技政策”栏，了解国家出台的科技法律法规、科技计划、科技奖励、国际科技合作等信息，尤其重点关注“科技政策解读”栏目的内容，该部分有“研发费用加计扣除新政指引”“我国支持科技创新主要税费优惠政策指引”和“国家科技重大专项知识产权政策问题”等信息。三是通过主页“专项工作”栏下的“科技计划与经费”，企业可以了解到现阶段国家科技计划体系、国家项目网络申报、自然基金项目申报等。四是查阅主页“通知通告”栏，企业可以及时掌握科技部政策性资金扶持项目的申报指南和申报实践。对于上述栏目的相关内容，企业可以定时访问并做好记录。具体操作页面如图 3 –6 所示。

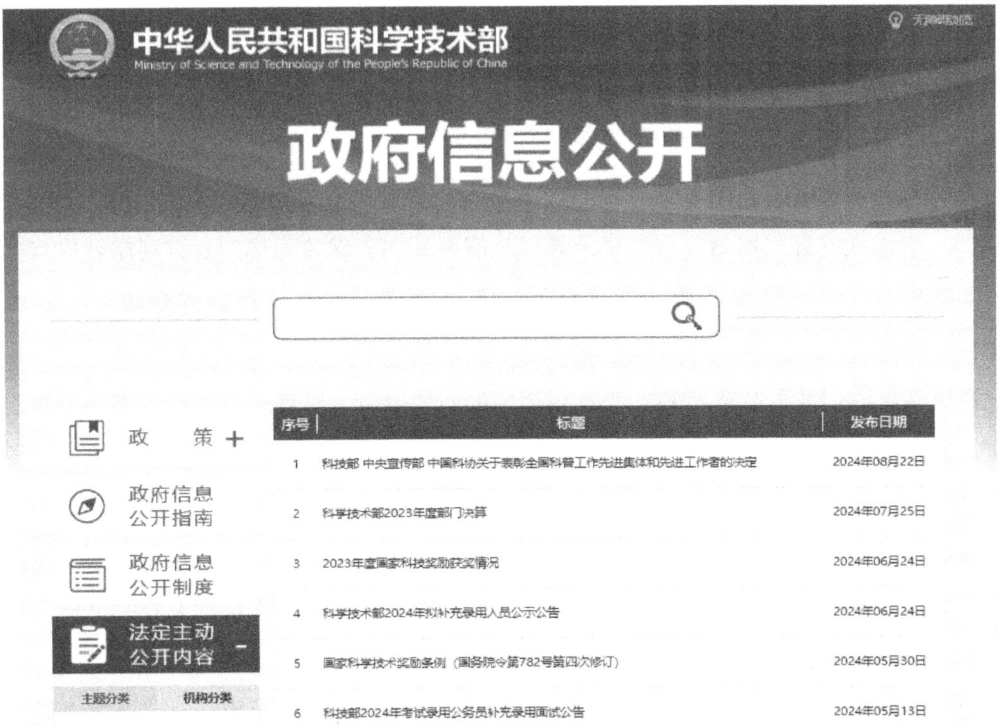

图 3 –6　中华人民共和国科学技术部政府信息公开页面

登录国家税务总局网站（https：//www. chinatax. gov. cn/）时，可以点击“政策法规”栏目，进入“政策法规库”界面；通过点击“文件”功能键，输入关键词搜索需要的信息，可以了解国家最新发布的税收相关政策；通过点击“解读”功能键，了解官方新发布政策的使用说明或解释。企业也可以通过右侧的“政策导航”对国务院文件、财税文件、税务部门规章、税务规范性文件、工作通知等其他文件进行查找。具体页面如图 3 –7 所示。

图 3 –7　国家税务总局政策法规库查询页面

（3）省级政府部门网站。通过登录省级政府网站和省级政府部门官方网站获取有关信息，如省政府、省发展改革委、省工信厅、省科技厅、省商务厅、省财政厅、省税务局等。

通过网站的“政务公开”栏，查找该部门的职责范围，了解所查的政策是否由该部门负责。另外，企业可以查阅具体内设部门和各处室职责，找到联系人和联系方式，以便在申报过程中精准匹配到具体负责人，查询和沟通有关信息。

通过“通知公告”栏，及时掌握扶持政策的申报指南和申报时间，定时访问并做好与该栏有关内容的记录，及时研究企业满足条件可以申报的项目，并与有关处室负责人沟通及联系，了解具体细节问题。

通过“政策解读”栏。企业可以了解有关政策的解读和操作指引，对一些重点政策使用或申报要求作具体说明或解释。

（4）地市、区县政府部门网站。一些地方政府制定了政策文件解读实施方案，明确了解读的范围、主体、程序、内容和形式等，企事业单位可以参考这些方案了解如何获取解读信息。获取信息方式可以定期登录所在地市、区县政府部门网站上有关资助信息，而获取政府资讯的主要方式与获取国家级和省级政府部门网站信息的方式类似。

2. 政策宣讲培训会议

各级政府部门通过组织政策宣讲、政策培训、创业培训，或召开新闻发布会等方式，提高政策宣传的覆盖面、透明度。政策宣讲培训会议的内容通常包括对相关政策的详细解读、申报条件、资助标准、政策要点和注意事项等。这些会议旨在帮助企业更好地理解和利用政策，促进企业的高质量发展。

（1）政府部门宣讲培训会。各级政府部门会经常组织企业参加政策宣讲培训会，集中解读政策内涵，指导政策申报。重大政策法规发布后，政府会有针对性地组织线上或线下政策宣讲培训会，可能在地市统一组织召开，或者针对高校院所、企业等主体单独组织召开，或者针对部门所属职责范围内的工作单独开展或联合开展政策宣讲培训会。企事业单位可以及时关注政府部门网站、微信工作群、微信公众号等平台，匹配适合自己的政策宣讲培训会进行参与。企业在选择培训班的时候，应尽量选择政府部门组织举办的，以保证获取到的信息真实全面。通常政府部门举办的培训班是免费的，培训讲师为政府部门工作人员。一般来说，举办培训班的通知会以政府部门的红头文件下发，也有部分以电话或短信形式告知。举办宣讲会的目的是让企业能够更好地享受科技优惠政策，提升企业创新发展的信心。例如，江门市科学技术局举办的 2023 年科技政策线上宣讲会，就涵盖了高新技术企业申报认定、科技金融扶持政策资助、市重点实验室认定、科技创新平台建设资助、海外优青项目申报及配套政策等内容。

（2）政府部门新闻发布会。政策文件发布后，官方往往会提供解读材料或举行新闻发布会，通过这些渠道可以进一步确认文件内容。企业可以登录省（市）政府网站查询重大政策法规新闻发布会，搜集与本企业相关的最新政策和解读。例如，2018 年，广东省进一步扩大对外开放，积极利用外资出台“外资十条”政策措施；2018 年 11 月 7 日，广东省政府为破解民营企业在生产成本高、融资难融资贵等方面的问题，促进民营经济的健康发展，召开新闻发布会向媒体介绍省政府《关于促进民营经济高质量发展的若干政策措施》（以下简称“民营经济十条”），对“民营经济十条”政策中针对性强、支持力度更大、更加务实管用的新举措进行详细介绍；2019 年，广东省为进一步促进科技创新而出台的“科创十二条”等政策法规都召开了新闻发布会进行宣传。

（3）政府相关部门学习论坛。政府部门、科技服务机构、协会组织等会不定期组织政策学习论坛，提供政策解读、经验分享和问题解答，帮助企业更好地理解和利用扶持政策。参与这些论坛，可以帮助企业把握政策动向，享受政策红利，促进自身发展。例如，广州市南沙区工信局主办、华南技术转移中心协办的“企业科技管理能力提升服务活动”，帮助科技型中小企业培养规范的项目管理能力、项目执行能力和管理体系，梳理企业的科技成果，并引导企业参与科技成果的转移转化；华南技术转移中心主办、广州生产力促进中心协办的“广东省科技创新券政策宣贯与实操培训”，帮助科技型中小企业和创业者提高对广东省科技创新券的知晓度；广东省科技厅、广州市科技创新委、华南理工大学联合举办的华南高校科研人员成果转化实操培训班邀请了省科技厅政策法规处领导、各行业专家，由此可以看出学习论坛内容的含金量较高，一般这种培训会都会现场建立微信工作群，企业可以通过加入此类微信工作群来及时共享和了解相关政策信息。但是，企业在参与科技服务机构和协会等组织的政策学习论坛时，在培训机构的选择与识别上，需要注意是否为官方组织，或者是否与政府部门相关。

（4）创业培训服务活动。定期查看当地政府、创业服务机构、商会和行业协会的官方网站、公告板或社交媒体账号，参加当地政府或创业服务机构等组织的创业培训活动，如创业讲座、创业沙龙等，活动过程中通常会分发相关的宣传册、政策汇编或指导手册，通过仔细阅读以了解政策细节，获取最新的创业培训活动信息。这些活动通常会邀请政策制定者和专家进行政策解读和分享，会提到关键的政策点和程序，帮助获取所需信息，企事业单位可以利用提问环节提出对政策的具体疑问，以获得明确的答案。同时，与活动专家、组织者和其他参与者建立联系，以获取更多信息和资源，了解到最新的创业扶持政策。例如，新泰市人社局等部门主办启迪之星（新泰）助力新泰市青年人才创业分享会，活动包括对就业创业及人才政策的解读，以及创业经验分享和指导，旨在帮助青年人才实现创业目标。

3. 主流媒体新闻报道

企业可以通过中国政府网的“最新政策”专栏，以及央视网、新华社、科学网、新闻联播、广东新闻联播、人民日报、南方日报、科技日报、经济日报、光明日报等主流媒体的新闻报道，搜集和整理与企业有关的政府扶持资金信息政策，再从相关职能部门官方网站上查找最新发布的政策信息，获取相关政策申报要点及填报表格等信息资料。

4. 同行业企业间交流

（1）同行业企业间交流。企业通过借鉴同行业企业申报成功的项目加强与其他企业之间的交流，并结合企业自身发展阶段和发展需求，有针对性地组织申报，可以提高申报成功率。即使企业申请不到扶持政策，了解自己行业内的政策动态、与同行交流经验还是会受益匪浅，长此以往坚持下去或许会有其他意外收获。

（2）行业龙头企业借鉴。通过登录企业所在行业龙头企业的官方网站，在关于企业介绍的栏目内，参考借鉴龙头企业的发展情况和所获资质，例如，它们如何提高数字化、绿色发展能力和品牌发展能力，是否建立了技术中心，取得了哪些政府补贴和扶持等，企业可以根据自身实际情况，有选择地申报。

5. 联系创业服务机构

当地的创业服务中心、孵化器、加速器等创业服务机构通常会有专业的服务人员提供政策咨询和指导，可以向他们询问有关创业扶持政策的详细信息，并获取有针对性的建议。

二、扶持政策信息发布路径

国家政府相关部门从制定最初的综合性政策文件开始，到最终政策措施落地实施，基本分为四个步骤：出台政策文件、制定实施细则、印发操作指南和发布申报通知。

（一）政策通知、公告发布路径

政府网站是信息化条件下密切联系群众的重要桥梁。一般情况下，在政府网站首页会有“信息公开”栏，该栏下会有“政务动态”“通知公告”等子栏目，这些栏目通常会在第一时间发布公开政策性资金的申报指南、宣讲会议等政府信息。企业可以定期登录政府网站查询通知公告。

以科技型中小企业入库为例，有关通知公告一般会涉及如何入库、何时入库、入库符合什么条件、入库有什么用、组织实施单位是谁，有疑问找谁等内容。值得注意的是，企业查阅此类通知公告时要用心，不要漏掉任何一个细节。政府网站公布的通知公告一般都是简明扼要的，部分文字含义需要项目申报人员自己延伸，有时还需要对比新版文件和旧版的不同，如内容的变化以及变化的原因。

以国家高新技术企业认定为例，企业需要找到《高新技术企业认定管理办法》《高新技术企业认定管理工作指引》《高新技术企业认定评分细则》等文件，并注意容易忽视的细节和评分权重高的重点项目。有些项目没有国家高新技术企业这么详细的评分标准，需要企业自行权衡，提炼重点。

（二）实施细则、指引发布路径

为确保政策落地可执行，政府部门在出台重大政策后，会针对部分政策条款制定出台实施细则、指引。实施细则和指引有以下特点：一是“细”，实施细则指引会针对政策中涉及的支持对象、支持条件、支持标准、申请材料、审核及拨付等方面予以详细说明，扩展并完善政策的有关内涵；二是“实”，实施细则、指引一般会忠于原政策条款规定的原则，不会额外增加任何限制条件，强调政策的执行性，明确政策的具体执行路径，确保政策能够实实在在落地。实施指引主要框架通常包括政策内容、政策解读、适用对象、实施要点、组织实施单位、实施时间、参考流程图等。

例如，广东省科技厅、广东省教育厅、广东省公安厅、广东省财政厅、广东省人力资源和社会保障厅、广东省自然资源厅、广东省农业农村厅、国家税务总局广东省税务局联合编制的2019年出台的《关于进一步促进科技创新的若干政策措施实施指引》（以下简称《实施指引》）是《关于进一步促进科技创新的若干政策措施》配套的实施指引。从政府印发《实施指引》的路径上来说，其发布时间一般在正式文件印发之后，发布在牵头政府部门的官方网站上。《实施指引》站在政策受众，即企业、高校、科研机构和科技人员的角度，对《关于进一步促进科技创新的若干政策措施》的多个政策进行了详细解读和路径指引，由此方便企业、高校、科研机构和广大科技人员执行政策、享受政策。

（三）申报指南、手册发布路径

项目申报指南是指政府机关针对企业或其他研究单位作出的一系列优惠政策。企业或相关研究单位先根据政府公布的申报指南编写申报文件，然后根据相关申报要求和流程进行申报。申报指南的发布一般包括三个阶段。

一是征求指南意见。一般针对指南方向提出的目标指标和相关内容合理性、科学性和先进性等方面听取各方意见。

二是通过发布公告将征求的公众意见进行反馈，并研究反馈意见，修改与完善项目申报指南。

三是正式发布指南通知。建议项目申报负责人对每年各部门的项目申报时间进行规律总结，帮助企业科技管理人员提前进行项目规划，做好项目申报工作。国家级申报项目一般一年只有1次申报机会；省、市级申报项目一年有1—2次申报机会。每年的具体申报时限不完全一样，以当年发布的最新项目申报指南或文件为准。

三、扶持政策信息管理

搜集扶持资金资讯需要浏览许多网站和微信公众号，企业需要对这些政策文件和信息进行整理分析，筛选出企业真正需要的信息。

(一) 根据职能部门职责重点关注适合的政策文件

不同政府部门有不同的政策侧重点，企业可以根据扶持资金项目申报类型表来筛选适合自己企业申报的项目。横向可以根据企业所处的行业特性进行选择，每个主管部门会有针对不同行业的补贴，且侧重点和补贴力度都不同。纵向可以根据每个主管部门的政策进行匹配，除了行业类专项，每个部门都有适合多数企业的大众项目，例如，科技部门的研发补贴、人社部门的人才奖励、市场监管部门的品牌奖励等都适合大多数行业。扶持资金项目申报类型如表 3－2 所示。

表 3－2　申报部门和申报政策类型

申报部门	申报政策类型			
科技部门	技术开发类	平台建设类	创新创业类	成果奖补类
工信部门	产业化补贴	信息化专项	技术改造类	市场拓展类
发改部门	战略性项目资助	新兴产业补贴	重大建设补贴	平台类补贴
商务部门	电子商务类	会展类补贴	外贸类补贴	都市消费专项
人社部门	人才奖励	保险补贴	用工奖励	教育培训补贴
市场监管部门	品牌商标类	质量奖励	知识产权补贴	标准化奖励

(二) 根据企业实际主动寻找适合的政策文件

企业根据自身的规模、产业领域等基本信息确定最适合哪些项目，清晰的定位能够为企业节省很多时间。企业想要获得政府财政补助，必须要了解政府财政补助申请的规定，整理项目的类型和方向，快速抓取适合企业的关键字，确认符合相关规定之后才能申请相关补助。例如，技术开发类项目适合高新技术企业，外贸类补贴适合对外贸易企业，而企业计划申报科技攻关项目，须重点关注科技部门出台的政策通知。因此，企业需要结合实际，选择适合自身的申报政策类型。

(三) 对政策文件进行分类归档管理

对政策文件进行分类归档管理是确保企业能够高效利用政策资源的重要环节。应根据政策文件的内容、发布部门、相关领域等进行分类，如税收政策、财政补贴、行业规范等，并将纸质文件扫描成电子版，利用电子文档管理系统进行存档，便于检索和备份。为每个文件编制索引，包括文件名、发布日期、发布机构、文件编号、关键词等内容，便于查找。同时，在归档时，要有意识地提取每个文件的关键信息，便于及时申报。例如，政策的适用范围和对象，政策的优惠措施或扶持内容，申请条件和程序，政策的有效期限，负责政策实施的政府部门或联系方式。

企业在归档政策文件时，确认所收集文件是不是最新版本，确保归档的信息是最新版，避免旧版政策对企业决策造成误导，并带着以下问题提取政策文件重点信息。

- 曾经出现哪些适合本企业申报的项目，但本企业未申报，条件差在哪里？
- 曾经出现哪些与本企业相关或者相似的项目可以申报，本企业的差距在哪里？
- 相似、相关项目的政策变化，每年有哪些不同的内容？
- 政策的变化趋势是什么样的？文件是如何规定的？

最后，确保电子文件的安全性，定期进行数据备份，防止数据丢失或损坏。

专栏3-2　关于加强财税支持政策落实 促进中小企业高质量发展的通知

财预〔2023〕76号

各省、自治区、直辖市、计划单列市财政厅（局），新疆生产建设兵团财政局：

中小企业是国民经济发展的重要有生力量，是现代化经济体系中不可或缺的组成部分。一段时期以来，根据党中央、国务院的决策部署，出台了一系列支持中小企业的财税政策。今年以来，国际经济形势错综复杂，国内经济恢复基础仍不稳固。各地区要加大工作力度，不折不扣落实支持中小企业发展的各项财税政策，为推动中小企业高质量发展提供有力保障。现就有关事项通知如下：

一、落实落细减税降费政策，减轻小微企业税费负担

（一）及时足额兑现减税降费政策。在认真落实普惠性减税降费政策的基础上，全面落实对小微企业的精准税费优惠政策，不得以任何理由削弱政策力度，确保把该减的税费减到位，持续发挥各项税费优惠的政策效能，为小微企业发展添活力、增动能。

（二）坚决防止征收过头税费。各地区要依法依规组织财政收入，及时公布政府性基金和行政事业性收费目录，主动接受社会监督，在目录以外不得擅自增加收费项目、扩大征收范围、提高征收标准。要加强涉企收费管理，规范行业协会和中介机构收费项目，严禁乱收费、乱罚款、乱摊派。密切关注财政收入征收工作开展情况，对违法违规行为保持“零容忍”，严肃查处违法违规行为，坚决做到发现一起、处理一起，问责一起。

二、强化财政金融政策协同，保障中小企业融资需求

（一）落实创业担保贷款贴息政策。对符合条件的小微企业和城镇登记失业人员、就业困难人员、返乡创业农民工等重点就业群体申请的贷款，由创业担保贷款担保基金提供担保，财政部门给予贷款实际利率一定比例的财政贴息。各地区可结合实

际扩大创业担保贷款贴息支持范围，提高贷款额度上限、贷款利率上限。

（二）发挥政府性融资担保机构作用。发挥国家融资担保基金体系引领作用，稳定再担保业务规模，引导各级政府性融资担保机构加大对小微企业等经营主体的融资增信支持。推动政府性融资担保体系建设，优化银担“总对总”批量担保合作模式。推进融资担保业务数据标准化、规范化，强化银担、银企信息共享，引领体系内机构向数字化、智能化转型，提升财政金融服务小微企业质效。

（三）支持地方打造普惠金融发展示范区。中央财政实施普惠金融发展示范区奖补政策，引导地方支持小微企业发展。示范区可将中央财政奖补资金统筹用于支小支农贷款贴息、风险补偿等方面，引导金融机构加大对小微企业的支持力度，发挥财政资金杠杆效应，促进普惠金融服务增量扩面、降本增效。

三、发挥财政资金引导作用，支持中小企业创新发展

（一）支持中小企业专精特新发展。中央财政继续通过中小企业发展专项资金支持国家级专精特新“小巨人”企业发展，并已经下达有关预算。各地财政部门要抓紧向纳入支持范围的国家级专精特新“小巨人”企业拨付资金，引导企业加大创新投入、加强产业链上下游协作配套、促进数字化网络化智能化改造等。

（二）推动中小企业数字化转型。中央财政将选择部分城市开展中小企业数字化转型城市试点工作，并给予定额奖补。有关地方财政部门要统筹利用中央奖补资金，选取重点行业和相关中小企业，遴选数字化服务商开发集成“小快轻准”的数字化服务和产品，供企业自愿选择，解决中小企业“不敢转”“不愿转”“不会转”的问题，推动中小企业加快数字化转型，促进数字经济和实体经济深度融合。

（三）发挥政府投资基金引导作用。国家中小企业发展基金将继续支持种子期、初创期成长型中小企业发展。地方设立的相关政府投资基金，应在规定的投资范围内，按照市场化原则，对符合条件的中小企业项目加大投资支持力度，助力中小企业发展壮大。

四、落实政府采购、稳岗就业等扶持政策，助力中小企业加快发展

（一）强化中小企业政府采购支持政策。严格落实预留份额、价格评审优惠政策措施，进一步扩大中小企业采购份额。超过400万元的工程采购项目中适宜由中小企业提供的，预留份额由30%以上阶段性提高至40%以上的政策延续至2025年底。通过积极推进政府采购电子化，支持中小企业开展采购合同融资，加大信用担保运用，为中小企业参与政府采购活动提供便利。

（二）支持中小企业稳岗扩岗。落实一次性吸纳就业补贴政策，中小微企业招用符合条件的毕业年度或离校2年内未就业高校毕业生、登记失业青年，签订1年以上劳动合同的，可按规定申请一次性吸纳就业补贴。落实失业保险稳岗返还政策，符合条件的中小微企业可按不超过企业及其职工上年度实际缴纳失业保险费的60%申请失业保险稳岗返还。对招用毕业年度和离校2年内未就业高校毕业生的小微企业，按规定落实社会保险补贴政策。

（三）保障中小企业账款及时支付。要按照项目进度和预算安排拨付项目建设资金，保障项目单位及时支付中小企业账款。落实建设工程价款结算办法，将政府机关、事业单位、国有企业建设工程进度款最低支付比例由60%提高至80%，鼓励有条件的项目推行施工过程结算。健全防范新增拖欠账款的长效机制，严格政府投资项目管理，严防歧义合同、“开口合同”，将政府拖欠中小企业账款纳入日常监管，形成有力约束。

五、健全工作机制和管理制度，提高财税政策效能

（一）营造公平公正的发展环境。在分配财政资金的过程中，对各类企业要一视同仁、平等对待。依法保障中小企业平等参与政府采购活动，进一步提升政府采购透明度，督促有关单位依法及时公开各类政府采购信息，方便中小企业获得政府采购信息。对于妨碍公平竞争的规定，要及时清理整顿。

（二）促进支持政策直达快享。各地财政部门要会同相关业务主管部门加大政策宣传辅导力度，帮助中小企业熟悉政策内容、了解申报程序，促进应享尽享。完善业务办理流程，压缩或整合申报环节，精简材料报送要求，不断提高办事效率，积极推进“网上办”“掌上办”，让数据“多跑路”、企业“少走路”。充分运用财政直达资金监控系统，加强对涉企补助资金的跟踪监控，督促加快资金下达速度，确保财政补贴资金快速精准拨付至受益对象。

（三）因地制宜出台进一步支持政策。在保障党中央、国务院部署出台的各项财税政策落实到位的前提下，鼓励有条件的地区结合财力状况，聚焦当地中小企业发展面临的突出问题和薄弱环节，采取精准有效的政策措施，进一步加大财政政策扶持力度，缓解中小企业的经营压力和实际困难，促进中小企业健康高质量发展。

财政部

2023年8月20日

第三节　扶持政策信息解读

一、扶持政策出台背景

我国扶持企业政策的出台背景是复杂而多样的，主要与国家发展阶段、经济转型、社会需求等多方面因素紧密相关，包括经济高质量发展需求、创新驱动发展战略、应对经济下行压力以及政策实施的具体背景等。面对全球经济不确定性增强，国家为了应对经济形势的变化，促进经济结构的优化升级，推动创新创业、促进社会公平与稳定、推动绿色发展以及支持特定行业的发展，制定和实施一系列扶持政策。这些政策的实施对于我国经济社会的持续健康发展具有重要意义，其出台的背景通常有以下若干方面。

（一）经济背景

（1）经济形势下行压力：在全球经济环境复杂多变、国内经济面临下行压力的情况下，政府会出台一系列扶持政策，以稳定经济增长、防范经济风险。

（2）产业结构调整和转型升级：随着经济的快速发展，我国面临传统产业逐渐衰退、新兴产业和创新创业崛起的挑战。为了优化产业结构，提升产业竞争力，推动经济高质量发展，国家需要出台一系列扶持政策鼓励企业进行技术改造、数字化转型等，以提升企业的核心竞争力和市场适应能力，推动产业向高端化、智能化、绿色化方向发展。

（3）促进创新创业：创新创业是推动经济增长和转型升级的重要动力。为了鼓励更多创业者投身创业潮流，国家制定了一系列创业扶持政策，包括减税优惠、创业补贴、创业指导和培训等，旨在降低创业成本，提高创业成功率。

（二）社会背景

（1）促进社会稳定：扶持政策的实施有助于缩小社会差距，促进社会公平。例如，通过教育扶持政策，可以提高贫困地区的教育水平，为弱势群体提供更多发展机会。

（2）缓解社会矛盾：在负债问题日益严峻的背景下，国家出台了帮扶负债人的政策，旨在通过贷款重组、社会保障等措施减轻负债人的经济压力，维护社会稳定。

（3）民生保障：为了保障和改善民生，政府会出台一系列扶持政策，如就业促进政策、社会保障政策等，以提高人民的生活水平和幸福感。

（4）区域协调发展：为了促进区域协调发展，政府会出台针对欠发达地区或特定区域的扶持政策，以缩小地区间的发展差距。

（三）环境背景

（1）推动绿色发展：面对环境污染和资源约束的严峻挑战，国家实施了一系列绿色扶持政策，包括推广清洁能源、减少污染排放、优化资源利用等，以推动经济发展与环境保护的良性循环。例如，中国政府提出了全面绿色转型的目标，印发了《关于加快经济社会发展全面绿色转型的意见》，强调构建绿色低碳的高质量发展格局，推动产业结构和能源结构的绿色转型，以实现碳达峰和碳中和目标。

（2）推动文化复兴：国家出台政策以全面复兴传统文化，加强文化交流合作，推动中华文化走向国际市场，讲好中国故事。例如，中国政府发布《“十四五”文化发展规划》等政策文件，推动文化创新和文化惠民工程，加强公共文化设施建设和服务，促进文化数字化发展，丰富群众文化生活。

（四）行业背景

（1）特定行业困境：当某个行业面临困境时，如市场需求下降、产能过剩、成本上升等，政府会出台扶持政策，帮助行业渡过难关，恢复健康发展。

（2）新兴产业发展：针对某些具有战略意义或发展潜力的行业，如高新技术产业、农业等，国家会出台专门的扶持政策，以促进行业的快速发展和竞争力的提升。例如，政府高度重视“专精特新”中小企业的发展，通过出台一系列扶持政策，如财政资金支持、税费减免、融资支持等，重点支持其高质量发展，鼓励企业走专业化、精细化、特色化、新颖化发展道路，培育更多具有自主知识产权和核心竞争力的创新型企业。

（3）未来产业创新发展：为推动未来产业的技术创新和产业化，国家提出加快技术创新、促进成果转化、突破关键核心技术等措施，以构筑产业竞争新优势。例如，政府通过出台扶持政策，加大对科技创新的投入和支持力度，鼓励企业加大研发投入、加强产学研合作、推动科技成果转化等，以激发企业的创新活力，提升产业的整体技术水平。

（4）中小微企业发展：中小微企业是经济高质量发展的关键支撑，对于促进经济增长、增加就业、推动创新等方面具有重要作用。然而，中小微企业在发展过程中往往面临订单缺、成本高、回款慢、融资贵等问题，需要政府给予更多的支持和帮助。例如，出台《关于加强财税支持政策落实促进中小企业高质量发展的通知》《关于进一步支持中小微企业纾困及高质量发展的若干措施》等，这些政策文件为扶持企业政策的出台提供了明确的指导和依据。

（五）政策背景

（1）国家战略：政府会根据国家战略的需要，出台相应的扶持政策。例如，为实施乡村振兴战略、创新驱动发展战略等，政府会出台一系列配套政策。横琴粤澳深度合作区针对四大核心产业——科技研发和高端制造产业、中医药等澳门品牌工业、文旅会展商贸产业和现代金融产业，出台了一系列扶持政策，对科技研发和高端制造产业的创新型企业给予一次性奖励，对生物医药大健康产业的高质量发展提供补贴措施。

（2）法律法规：政府会根据法律法规的要求，出台扶持政策以落实相关法律规定。例如，为了促进中小企业发展、保护消费者权益等，政府会出台相应的扶持政策。

综上所述，我国扶持企业政策的出台背景可以归结为多个方面，这些背景因素共同促成了政府制定和实施一系列旨在促进企业发展的政策措施。

二、扶持政策适用范围

国家为了支持当地企业的发展，各地方政府都会积极出台各式各样的企业扶持等补贴政策。这些补贴政策覆盖了各个领域的行业，适用于不同类型的企业。总的来说，能获得政府补助的企业都是符合政府经济追求和政治需求的企业，主要分为以下五类。

（一）符合我国战略发展方向的企业

为全面建设小康社会，我国实行创新驱动发展战略、乡村振兴战略、科教兴国战略、人才强国战略、可持续发展战略、区域协调发展战略、军民融合发展战略七大发展战略。七大发展战略为我国指明了经济和政治发展方向、目标与实施路径，围绕着七大发展战略，特别是针对新兴产业和未来产业的企业，我国出台了许多政策和众多后补助项目，涉及这七大方面的企业、机构更容易得到政府的资助。

（二）符合区域产业发展方向的企业

政府会充分发挥财政性资金的引导作用，优先支持符合当地产业发展方向或者今后该地区拟重点发展的高科技产业、战略性新兴产业等重点产业，进而促进这些重点产业的平稳健康发展。企业作为产业发展的主要抓手，自然是这些产业中政府重点资助的对象，同时政府也有很强的意愿给予这类企业扶持，并通过修改完善当地产业发展基金、财政资金借转补、天使投资基金、中小企业还贷应急资金、科技创新扶持专项资金、招商引资专项资金、鼓励银行加大信贷投放资金、促进政策性融资担保机构支持产业发展等具体管理办法来扶持企业发展。例如，2022 年 1 月，杭州市上城区推出的“1 + 4”产业扶持政策，旨在促进区域经济高质量发展，支持辖区企业做大做强，构建高端产业体系，加快总部企业集聚，对新引进的总部企业及其认定人才给予补助，并提供总额最高可达 1 亿元的综合扶持补助。

（三）符合技术研发创新方向的企业

研发创新载体在提高企业自主创新及研发能力，帮助企业占领市场和提高国际竞争力，助力企业转型升级等方面有着重要领导作用，也是国家战略发展目标之一。作为企业研发的一种组织形式，企业通过建立研发创新载体，形成专业化的研发和服务体系，逐渐成为创新驱动发展的新生力量。如今，越来越多的企业深谙研发创新的重要性，不断加大研发投入。不少企业通过独立建设，或与高校、科研院所合作共建研发中心、实验室等创新载体，充分发挥企业在科技创新中的主体作用，实现了传统制造高新技术产业化。政府部门为引导科技型企业持续稳定加大研发投入，促使企业成为技术创新和研发投入的主体，推进区域范围内企业高质量发展，从国家到地方都在通过财政资助的方式鼓励企业加大研发投入。

（四）符合高成长性的科技型中小企业

中小企业在我国整个国民经济发展过程中起着举足轻重的作用，大力支持中小企业发展已成为我国的一项国家经济发展战略。随着经济发展，高端产业和优秀人才价值愈发凸显，而重大创新成果转化和优秀人才创业项目又具有早期风险高、市场融资难的特点，创新要素与金融要素很难在第一时间有效融合。在此背景下，政府部门通过利用财政资金投资扶持高水平团队创业和重大科技成果转化，从而有效解决重大科技成果转化过程中遇到的工艺复杂、难度高、风险大、风投资本很难早期投入的难题，通过建立高成长性科技型中小企业专项投资扶持机制，分担早期风险，培育优质市场主体，“育苗成树”“育树成林”，让更多好企业茁壮成长。但一般来说，此类财政补贴普遍要求企业产品和行业属于国家重点支持领域，财务规范、收入和支出的费用清晰明了，有固定的研发人员和部门，具备持续创新能力，拥有研发成果以及核心知识产权。

（五）解决社会就业等问题的企业

就业是最大的民生，也是经济发展的重中之重。当前，我国就业形势总体保持稳定，但经济运行稳中有变，经济下行压力有所加大，政府对就业的影响高度重视，必须把稳就业放在更加突出的位置，而企业是解决就业的最主要渠道。稳岗补贴是政府对企业进行补贴支持的一个重点方向，主要是政府部门为了进一步支持就业，解决社会就业问题。按照国家关于稳就业工作的决策部署，根据《国务院关于做好当前和今后一个时期促进就业工作的若干意见》（国发〔2018〕39 号）的要求，各级政府部门要坚持实施就业优先战略和更加积极的就业政策，支持企业稳定岗位，促进就业创业，强化培训服务，确保当前和今后一个时期就业目标任务完成和就业形势持续稳定。

三、扶持政策信息解读

（一）扶持政策信息解读的步骤

为确保全面、准确地理解政策内容和意图，并有效利用政策资源，扶持政策信息解读应遵循以下步骤。

1. 准确理解政策内容和意图

（1）仔细阅读政策文件。仔细阅读政策文件的全文，了解政策的背景、目的、主要内容及实施细节。注意政策中的关键词汇、术语和定义，确保准确理解其含义和适用范围。

（2）结合相关资料。查阅相关法律法规、规章制度和政策解读材料，深入理解政策的具体条款和细节要求。对于不明确或有疑义的地方，及时查阅相关资料或咨询专业人士。

2. 分析政策的影响和意义

（1）评估影响范围。分析政策涉及的利益相关者，包括受益者、受损者和政策执行者等。评估政策对市场趋势、竞争格局、企业经营和社会经济等方面的潜在影响。

（2）考虑长期效果。从更广阔的社会、经济和政治背景中考虑政策的意义，关注其长期效果和潜在风险。结合国家战略、法律法规和国际环境，评估政策的整体影响。

3. 制定有效的政策利用策略

（1）明确政策优惠。识别政策中的优惠条款和激励措施，如税费减免、财政补贴、金融支持等。了解政策的申请条件、程序和所需材料，确保企业能够顺利享受政策优惠。

（2）规划实施路径。根据政策要求和企业实际情况，制定具体的实施计划和时间表。分配内部资源，明确责任分工，确保申报的有效落地和执行。

4. 关注政策动态和调整

（1）保持关注。密切关注政策动态，及时了解和掌握最新的政策信息和调整情况。关注政策发布渠道，如政府部门官网、行业协会等，确保信息的时效性。

（2）灵活应对。根据政策调整情况，及时调整企业的战略规划和经营策略。充分利用政策调整带来的机遇，降低政策变化带来的风险。

5. 加强学习和研究

（1）提升解读能力。加强政策解读方面的学习和研究，提高自己在相关领域的知识水平和解读能力。参加相关培训、研讨会等活动，与同行交流经验，拓宽视野。

（2）建立信息渠道。建立和完善政策信息获取渠道，确保能够及时、准确地获取政策信息。与政府部门、行业协会等建立良好关系，以便获取更多的政策支持和指导。

6. 明确如何申请

（1）厘清申报流程。政策体系会提供详细的申请流程和指南，包括申请材料、申请渠道、审批流程、时间节点等，以便于企业了解如何获取扶持。

（2）查找申报指南。清晰的申报指南有助于降低企业的政策获取成本，提高政策的透明度和可操作性。

通过以上步骤和方法，可以更加全面、准确地解读扶持政策信息，并有效利用政策资源促进企业的发展和壮大。

（二）扶持政策信息解读的要点

当前扶持政策项目众多，企业只知道扶持政策出台，但不知道有符合企业自身条件的政策出台，也不知道自己的项目符合哪一项资助政策；或者知道有符合条件的扶持政策，但并不了解政策扶持对象和范围等细节，选择了不合适的项目，导致资金获得率较低。因此，在解读扶持政策信息时，充分吃透解读扶持政策，深入了解政府资助扶持政策是基本要求。应注意以下若干个关键要点：

1. 明确解读范围和主体

（1）确定解读范围。要明确哪些政策文件属于解读范围，通常包括政府发布的各类扶持政策、优惠措施、补贴方案等。特别关注与自身行业、企业或个人密切相关的政策文件。

（2）明确解读主体。按照“谁起草、谁解读”的原则，确定政策文件的解读责任主体。政府部门、行业协会、专业机构等都可能成为解读主体，确保解读的权威性和准确性。

2. 深入理解政策内容和意图

（1）全面阅读政策文件。仔细阅读政策文件的全部内容，包括政策背景、目的、适用范围、具体措施、实施时间等。注意政策文件中的关键词汇、术语和定义，确保准确理解其含义和适用范围。

（2）分析政策细节。深入理解政策的具体条款和细节要求，特别是与自身利益密切相关的部分。注意政策中的限制条件、申请流程、所需材料等关键信息。

3. 关注政策变化和更新

（1）及时获取最新信息。密切关注政策发布渠道，如政府部门官网、行业协会网站等，及时获取最新的政策信息和更新情况。订阅相关政策解读的邮件、短信或微信公众号等，以便第一时间获取政策变动通知。

（2）分析政策变化。对于政策的变化和更新，要进行深入分析和比较，了解政策调整的背景和原因。评估政策变化对自身的影响，及时调整企业战略和经营策略。

4. 确保解读的准确性和权威性

（1）参考权威解读。在解读政策时，可以参考政府部门、行业协会、专业机构等权威解读材料。这些解读材料通常具有较高的权威性和准确性，有助于更好地理解政策内容和意图。

（2）避免片面解读。在解读政策时，要避免片面理解和解读政策内容。要结合政策文件的整体内容和背景进行分析和判断，确保解读的全面性和准确性。

5. 注重申报执行和效果评估

（1）制定申报方案。根据政策要求和企业实际情况，制定具体的申报方案和计划。明确责任分工、时间节点和预期目标等关键要素，确保申报的有效落地和执行。

（2）跟踪申报结果。在申报过程中，要密切关注政策变化和企业实际情况。

定期对政策应用效果进行评估和分析，及时调整申报方案。

6. 加强沟通和协作

（1）加强内部沟通。在企业内部加强政策解读和宣传工作，确保员工对政策内容和要求充分了解。加强部门之间的沟通和协作，共同推进申报的有效落地和执行。

（2）加强外部协作。与政府部门、行业协会、专业机构等建立良好关系，加强沟通和协作。积极参与政策制定和解读过程，为政策优化和完善提供建议和支持。

综上所述，解读扶持政策信息时需要注意明确解读范围和主体、深入理解政策内容和意图、关注政策变化和更新、确保解读的准确性和权威性、注重政策执行和效果评估，以及加强沟通和协作等方面的事项。这些注意事项有助于更好地理解和利用政策资源，促进企业的发展和壮大。

（三）常见扶持政策信息解读

政策申报单位可以通过申报文件或指南了解单位申报条件、政策适用的对象和区域、申请项目的程序和年度重点支持方向，严格对照申报要求的具体内容，根据申报条件一一对比企业是否符合申报的全部要求。除了满足申报条件外，还应将项目技术前沿性、单位的研究积累和团队实力等方面和潜在竞争对手进行对比，分析资金获得的可能性，评估项目申报的成功率。

1. 资质认定类政策解读

本节以郑州市工业和信息局发布的《郑州市工业和信息化局关于组织开展2020年郑州市认定企业技术中心申报工作的通知》为例，附《郑州市认定企业技术中心管理办法》，学习如何解读资质认定类扶持政策。

郑州市工业和信息化局关于组织开展2020年郑州市认定企业技术中心申报工作的通知

郑工信科技〔2020〕3号

各县（市、区）工信部门，航空港实验区、郑东新区经发局，高新区创新发展局，经开区工信局，各有关企业：

为加快我市企业创新体系建设，提升企业自主创新能力，增强企业核心竞争力，按照《郑州市认定企业技术中心管理办法》（郑工信技术〔2014〕2号）规定，现就开展2020年郑州市认定企业技术中心工作有关事项通知如下：

一、支持领域

2020年郑州市认定企业技术中心重点支持我市工业主导产业、郑州市制造业高质量发展重点发展产业领域、制造业转型升级重点领域、“新基建”相关产业领域等符合申报条件的工业企业、软件和信息技术服务企业、为工业企业提供相关技术与咨询服务的生产性服务业企业及科研机构（企业性质）。

二、申报条件

技术中心应符合《郑州市认定企业技术中心管理办法》规定的基本条件，并按照市委市政府关于全面加快科技创新推动经济高质量发展相关政策精神，市级企业技术中心认定优先支持研发投入较高的企业。

三、有关要求

1. 企业申报要求：申报企业按照《郑州市认定企业技术中心管理办法》规定进行申报，申请材料按照管理办法中附件所列顺序胶订成册，书脊上方标明企业名称，下方标明县（市、区）名称，同时附经会计师事务所审验的企业2019年度财务审计报告，审计报告附注中应反映企业研发经费投入等相关财务数据。

2. 推荐要求：各县（市、区）工信部门要对申请资格严格把关，认真审核企业申报材料所涉及的内容、数据和附件材料，确定所推荐的企业技术中心后，按要求行文上报。

以上材料均一式二份并附电子版，于2020年5月28日前报送市工信局科技处。本通知电子版请登录郑州市工业和信息化局网站“通知公告”栏目内下载。

联 系 人：袁辉　周涛　联系电话：67172095

报送地址：郑州市互助路73号市委北院3号楼526房间

电子邮箱：zzjwjzc@163. com

2020年4月21日

郑州市认定企业技术中心管理办法

第一章　总则

第一条　为加快全市新型工业化进程，提升工业整体竞争力，促进和规范企业技术中心的建设与发展，依据国家、省、市有关政策精神，参照《河南省认定企业技术中心管理办法》，制定本办法。

第二条　大力推进企业技术中心建设，确立企业技术创新和科技投入的主体地位，对技术创新能力强、创新业绩显著、具有重要示范和导向作用的企业技术中心予以认定。

第三条　郑州市工业和信息化委员会、郑州市财政局负责市级企业技术中心的认定工作。市工信委牵头对市级企业技术中心建设进行指导，并牵头负责市级企业技术中心认定的具体组织和评价工作。

第二章　认定

第四条　市级企业技术中心的认定每年组织一次。

第五条　申请市认定企业技术中心的企业应具备以下基本条件：

1. 企业年销售收入在2000万元以上，并已纳入我市规模以上企业统计数据库。

2. 有较强的经济技术实力和较好的经济效益，在郑州市经济各主要行业中具有显著的规模优势和竞争优势。

3. 企业领导层重视技术中心工作，具有较强的技术创新意识，能为技术中心建设创造良好的条件。

4. 具有较完善的研究、开发、试验条件，有较强的技术创新能力和较高的研究开发投入，研究开发与创新水平在我市同行业中处于领先地位。

5. 有技术水平高、实践经验丰富的技术带头人，科技人员队伍结构合理，在同行业中具有较强的创新人才优势。

6. 技术中心组织体系完善，发展规划和目标明确，具有稳定的产学研合作机制，技术创新绩效显著。

7. 企业两年内（指申请认定企业技术中心之日起向前推算两年）有下列情形之一的，不得申请市认定企业技术中心：(1) 有偷税、骗取出口退税等税收违法行为的；(2) 涉嫌涉税违法正在接受审查的；(3) 由于技术原因发生重大质量、安全等事故的。

8. 企业科技活动经费支出额、企业专职研究与试验发展人员数、企业技术开发仪器设备原值等三项指标不低于最低标准（见附件5）。

第六条　市认定企业技术中心认定程序：

1. 企业向各县（市、区）工业和信息化主管部门（以下简称“工信主管部门”）提出申请并按要求上报申请材料，申请材料包括：《郑州市企业技术中心申报表》（见附件1）、《企业技术中心评价材料》（见附件2）和《市认定企业技术中心申请报告》（见附件3）及其他相关证明材料。

2. 各县（市、区）工信主管部门、财政局对企业上报的申请材料进行审查，按照有关要求，确定推荐企业名单，并将推荐企业的申请材料、推荐意见和汇总表（见附件4）（一式三份）在规定的时间内联合上报市工信委、市财政局。

3. 市工信委会同市财政局组织专家按照《郑州市企业技术中心评价指标体系》（见附件5）对企业申请材料进行初评。

4. 市工信委会同市财政局依据国家产业政策、初评结果等进行综合审查后，择优确定市认定企业技术中心名单。

第七条　市工信委、市财政局确定市认定企业技术中心名单后，在市工信委、市财政局门户网站进行公示，公示无异议后联合行文对认定结果予以公布。

第三章　管理与政策

第八条　市工信委、市财政局在产业技术创新方面，对市认定企业技术中心予以指导和支持。

第九条　确定为市认定企业技术中心的，每年4月10日前将上一年度技术中心工作总结（见附件6），通过其所在县（市、区）工信主管部门报市工信委。

第十条　市工信委对市认定企业技术中心实行动态管理。依据本方案，市工信委联合市财政局每三年进行一次评价，对合格的市认定企业技术中心予以确认，对不合格的撤销称号、发布有关公告并摘牌。

第十一条　对已认定的市认定企业技术中心，如发现弄虚作假，除撤销批复文件、称号外，暂停其所在县（市、区）下一年度的申报工作。

第四章 附则

第十二条 各县（市、区）工信主管部门可结合本地区（部门）实际，制定相应政策，做好企业技术中心的认定和评价工作，并对企业技术中心建设给予相应支持。

第十三条 本办法自下发之日起施行，原《郑州市认定企业技术中心管理办法》同时废止。

第十四条 本办法由郑州市工业和信息化委员会、郑州市财政局负责解释。

解读以上政策应关注以下方面：

（1）扶持政策适用的对象：各县（市、区）工信部门，航空港实验区、郑东新区经发局，高新区创新发展局，经开区工信局，各有关企业。

（2）扶持政策适用的区域：郑州市。

（3）扶持政策发文的单位：郑州市工业和信息化部门。

（4）扶持政策的截止日期：2020 年 5 月 28 日。

（5）扶持政策的发文日期：2020 年 4 月 21 日。

（6）企业准备的申报材料：应按照《郑州市认定企业技术中心管理办法》规定进行申报，申请材料按照管理办法中附件所列顺序胶订成册，书脊上方标明企业名称，下方标明县（市、区）名称，同时附经会计师事务所审验的企业 2019 年度财务审计报告，审计报告附注中应反映企业研发经费投入等相关财务数据。

（7）企业具备的申报条件：

①企业年销售收入在 2000 万元以上，并已纳入我市规模以上企业统计数据库。

②有较强的经济技术实力和较好的经济效益，在郑州市经济各主要行业中具有显著的规模优势和竞争优势。

③企业领导层重视技术中心工作，具有较强的技术创新意识，能为技术中心建设创造良好的条件。

④具有较完善的研究、开发、试验条件，有较强的技术创新能力和较高的研究开发投入，研究开发与创新水平在我市同行业中处于领先地位。

⑤有技术水平高、实践经验丰富的技术带头人，科技人员队伍结构合理，在同行业中具有较强的创新人才优势。

⑥技术中心组织体系完善，发展规划和目标明确，具有稳定的产学研合作机制，技术创新绩效显著。

⑦企业两年内（指申请认定企业技术中心之日起向前推算两年）有下列情形之一的，

不得申请市认定企业技术中心：

- 有偷税、骗取出口退税等税收违法行为的；
- 涉嫌涉税违法正在接受审查的；
- 由于技术原因发生重大质量、安全等事故的。

⑧企业科技活动经费支出额、企业专职研究与试验发展人员数、企业技术开发仪器设备原值等三项指标不低于最低标准。

2. 扶持资金类政策解读

本小节以郑州市科学技术局发布的《关于组织申报2020年度科技成果转移转化补助的通知》为例，学习如何解读扶持资金类扶持政策。

关于组织申报2020年度科技成果转移转化补助的通知

各县（市、区）、开发区科技行政主管部门，各技术合同登记处，驻郑高等学校、科研院所，各有关单位：

为促进科技成果转移转化，加快我市技术市场体系建设，根据《郑州市科技成果转移转化实施细则》（郑科规〔2019〕2号）和科技工作安排，我局决定开展技术交易及技术转移补助申报工作，现将有关事项通知如下：

一、申报对象

本市行政区域内的技术转移及科技成果转化活动中的技术输出方（卖方）、技术吸纳方（买方）、各级技术转移服务机构、郑州市技术合同登记处、2019年新认定省级技术转移示范机构五类单位。

二、申报条件及类别

补助分类进行申报，具体条件如下：

（一）技术输出方（卖方）补助申请：对驻郑高等学校、科研院所以及工商税务关系在我市的企事业单位，按照郑科规〔2019〕2号文件第四条给予补助。

（二）技术吸纳方（买方）补助申请：对工商税务关系在我市的企业，引进先进技术成果在我市转移转化，依据上年度技术转让合同（技术秘密、未涉知识产权除外）实际付款额，按照郑科规〔2019〕2号文件第五条给予补助。

（三）技术转移服务机构补助申请：经科技部、省科技厅和郑州市科技局认定的技术转移示范（服务）机构，对促成技术交易且在郑实施转化的，依据促成的技术合同交易额，按照郑科规〔2019〕2号文件第七条给予补助。

（四）技术合同登记处补助申请：对郑州市现有技术合同登记处，完成2019年目标任务的，依据郑科规〔2019〕2号文件第九条给予其依托单位补助。

（五）新认定省级技术转移示范机构补助申请：对2019年被河南省科学技术厅认定的省级技术转移示范机构，依据郑科规〔2019〕2号文件第七条给予补助。

存在下列情况之一的，暂不予补助：

（六）技术合同涉及单位之间存在相互隶属或关联关系的。

（七）输出方技术来源不清晰，存在知识产权权属纠纷的。

（八）2019—2020年列入郑州市信用中心经营异常名录和严重违法失信企业名单，发生科研严重失信行为。

（九）属于郑州市规上企业，但2019年未纳入研发费用统计或纳入研发费用但统计为0的；高校及事业类驻郑科研院所未按照要求完成科技研发统计的。

（十）为减轻科研人员和申报单位负担，提高行政效率，同一单位本通知申报补助金额累计低于5000元的。

三、申报程序及要求

（一）系统登录

登录郑州市科技局网站（http：//zzkj. zhengzhou. gov. cn），点击“郑州市科技业务管理系统”，跳转“河南政务服务网统一身份认证平台”登录（操作手册见附件1）。

（二）项目填报

1. 技术输出方（卖方）补助申报。

申报单位在线填报《郑州市科技成果转移转化补助申请表（技术输出方）》并上传相关附件，上传附件要求PDF格式。

申报单位需上传以下附件：

（1）统一社会信用代码的营业执照复印件（加盖公章）；

（2）2019年度经认定的技术开发、技术转让合同清单（加盖所属技术合同登记处及依托单位公章）；

（3）在2019年实际发生（执行）的技术服务、技术咨询合同清单（加盖所属技术合同登记处及依托单位公章），附对应的2019年度实际发生技术交易的发票或银行进账单扫描件（在票据上标明对应合同编号及项目名称，加盖财务章）。针对技术服务、技术咨询合同数量较大、整理资料困难的单位，实施承诺制申报。由申报单位提出书面申请，经郑州市科技局同意，上传在2019年实际发生（执行）的技术服务、技术咨询合同清单（加盖所属技术合同登记处及依托单位公章），标明实际到款情况，并对清单和实际到款情况进行承诺，由郑州市科技局组织专家进行实地核查。

2. 技术吸纳方（买方）补助申报。

申报单位在线填报《郑州市科技成果转移转化补助申请表（技术吸纳方）》并上传相

关附件，上传附件要求 PDF 格式。

申报单位需上传以下附件：

（1）统一社会信用代码的营业执照复印件（加盖公章）；

（2）经认定的技术转让合同（技术秘密、未涉知识产权除外）复印件，每个技术转让合同应包含以下材料：

①2019 年度实际发生（执行）的，且发票、银行进（到）款单在此期间发生的技术合同；

②对应的 2019 年度实际发生技术交易额的发票或银行进账单（加盖财务章）；

③对应的全国技术合同网上登记系统导出的技术合同登记表或技术合同认定登记证明；

④对应的知识产权证书、国家知识产权局最新年费收据及权属转让证明材料。

3. 技术转移服务机构补助申报。

申报单位在线填报《郑州市科技成果转移转化补助申请表（技术转移服务机构）》并上传相关附件，上传附件要求 PDF 格式。

申报单位需上传以下附件：

（1）统一社会信用代码的营业执照复印件（加盖公章）；

（2）2019 年度促成的技术交易资料复印件，每项促成的技术交易应包含以下材料：

①技术转移服务机构与供需双方所共同签订的三方合同；或者技术转移服务机构与供、需方签订的委托合同及所促成相关的技术合同（吸纳方在郑州）；

②所促成技术合同实际发生技术交易额的发票或银行进账单；

③所促成技术合同的技术合同登记表或技术合同认定登记证明。

4. 技术合同登记处补助申报材料。

申报单位在线填报《郑州市科技成果转移转化补助申请表（技术合同登记处）》。

5. 新认定省级技术转移示范机构补助申报材料。

申报单位在线填报《郑州市科技成果转移转化补助申报书（新认定河南省技术转移示范机构）》并上传相关附件，上传附件要求 PDF 格式。

申报单位需上传以下附件：

（1）统一社会信用代码的营业执照复印件（加盖公章）；

（2）2019 年度机构财务报告或审计报告复印件；

（3）《关于公布 2019 年河南省技术转移示范机构的通知》扫描件。（该通知电子版可向市县两级科技部门索要）

（三）网上审核

市县两级科技主管部门对申报材料进行网上形式审查。

（四）材料报送

因网上申报系统首次试运行，为组织好本次申报受理工作，申报单位需书面报送申报材料。

本通知“二、申报条件”第（一）、（二）、（三）、（五）类申报单位，在线打印申报书（带条形码，含全部附件）2份，加盖单位公章，报送至所在县（市）区、开发区科技主管部门。

各县（市、区）、开发区科技主管部门对申报材料进行审核把关，在线分类打印申报单位汇总表各1份，在申报书及汇总表上加盖科技主管部门公章后报至郑州市科技局。

本通知“二、申报条件”第（四）类申报单位，在线打印申报表1份，加盖各技术合同登记处依托单位公章后直接报至郑州市科技局。

郑州市科技局根据需要对申报材料相关原件进行抽查，对有关县（市、区）、开发区科技主管部门、技术合同登记处审核把关不严的予以通报。

四、申报相关事项

（一）申报时间

网络服务器开放时间：2020年7月11日8：30—8月3日17：00；

纸质材料及汇总表报送截止时间：2020年8月6日17：00。过期不予受理。

（二）书面材料报送地址

郑州市技术市场服务中心（郑州市工人路13号郑州市科学技术局4楼）联系人：俞永达 67170589。

（三）咨询服务联系方式

1. 业务咨询

郑州市科技局成果处郑冠彬 67180459、郑州市技术市场服务中心俞永达 67170589。

2. 申报单位账号注册、审核、密码找回与管理

郑州市科技开发中心　联系人：XX

电话：XXXXXXX；QQ群：XXXXXXX。

涉及申报账号统一身份认证问题的，请查看郑州市科技业务管理系统用户统一身份认证操作手册。建议使用360安全浏览器－极速模式。

郑州市科学技术局

2020年7月10日

附件：

1. 2019年郑州市科技成果转移转化补助申报单位汇总表（可在科技业务管理系统生成打印）. doc

2. 郑州市科技业务管理系统用户统一身份认证操作手册. pdf

解读以上政策技能应关注以下方面：

（1）政策的有效期：2020 年 8 月 3 日。

（2）政策发文单位：郑州市科学技术局。

（3）政策的适用区域：郑州市。

（4）政策发文日期：2020 年 7 月 10 日。

（5）技术输出方（卖方）申报该项政策需要提交资料：

①《郑州市科技成果转移转化补助申请表（技术输出方）》；

②统一社会信用代码的营业执照复印件（加盖公章）；

③2019 年度经认定的技术开发、技术转让合同清单（加盖所属技术合同登记处及依托单位公章）；

④在 2019 年实际发生（执行）的技术服务、技术咨询合同清单（加盖所属技术合同登记处及依托单位公章），附对应的 2019 年度实际发生技术交易的发票或银行进账单扫描件（在票据上标明对应合同编号及项目名称，加盖财务章）。针对技术服务、技术咨询合同数量较大、整理资料困难的单位，实施承诺制申报。由申报单位提出书面申请，经郑州市科技局同意，上传在 2019 年实际发生（执行）的技术服务、技术咨询合同清单（加盖所属技术合同登记处及依托单位公章），标明实际到款情况，并对清单和实际到款情况进行承诺，由郑州市科技局组织专家进行实地核查。

（6）政策的申报条件：

①符合郑科规〔2019〕2 号文件第四条的企事业单位。

②符合郑科规〔2019〕2 号文件第五条的企业。

③符合郑科规〔2019〕2 号文件第七条的机构。

④符合郑科规〔2019〕2 号文件第九条的合同登记处。

（7）政策的适用对象：

①技术转移及科技成果转化活动中的技术输出方。

②技术吸纳方。

③各级技术转移服务机构。

④技术合同登记处。

⑤2019 年新认定省级技术转移示范机构。

3. 减税降费类政策解读

本小节以深圳市财政局发布的《深圳市非营利组织免税资格申请指引》为例，学习如何解读减税降费类扶持政策。

深圳市非营利组织免税资格申请指引

为做好非营利组织免税资格的认定工作，深圳市财政委员会联合国家税务总局深圳市税务局根据《财政部 国家税务总局关于非营利组织免税资格认定管理有关问题的通知》（财税〔2018〕13号）的规定，结合深圳实际，制定了非营利组织免税资格申请指引，深圳市2018年度及以后年度非营利组织免税资格的申请依照本指引执行。

一、办理事项

注册地在深圳市（含深汕合作区）的非营利组织免税资格认定，含经深圳市登记管理机关和经省级（含省级）以上登记管理机关批准设立或登记的非营利组织。

二、受理方式及时间

注册地在深圳市（含深汕合作区）的非营利组织，应向其企业所得税主管税务机关递交申请。

非营利组织免税资格认定每年一次，每年受理时间为1月1日至2月28日。国家税务总局深圳市税务局各区局办税服务厅在上述期间受理当年2月28日（含）之前成立的非营利组织的免税资格认定申请资料。

三、政策依据

1.《财政部 国家税务总局关于非营利组织企业所得税免税收入问题的通知》（财税〔2009〕122号）

2.《财政部 国家税务总局关于非营利组织免税资格认定管理有关问题的通知》（财税〔2018〕13号）

四、经认定的非营利组织免税规定

符合条件的非营利组织经认定后，其取得的下列收入免征企业所得税：

1. 接受其他单位或个人捐赠的收入；

2. 除《中华人民共和国企业所得税法》第七条规定的财政拨款以外的其他政府补助收入，但不包括因政府购买服务的收入；

3. 按照省级以上民政、财政部门规定收取的会费；

4. 不征税收入和免税收入孳生的银行存款利息收入；

5. 财政部、国家税务总局规定的其他收入。

五、申请条件

递交申请的非营利组织须同时满足以下条件：

（一）依照国家有关法律法规设立或登记的事业单位、社会团体、基金会、社会服务机构、宗教活动场所、宗教院校以及财政部、税务总局认定的其他非营利组织；

（二）从事公益性或者非营利性活动；

（三）取得的收入除用于与该组织有关的、合理的支出外，全部用于登记核定或者章程规定的公益性或者非营利性事业；

（四）财产及其孳息不用于分配，但不包括合理的工资薪金支出；

（五）按照登记核定或者章程规定，该组织注销后的剩余财产用于公益性或者非营利性目的，或者由登记管理机关采取转赠给与该组织性质、宗旨相同的组织等处置方式，并向社会公告；

（六）投入人对投入该组织的财产不保留或者享有任何财产权利，本款所称投入人是指除各级人民政府及其部门外的法人、自然人和其他组织；

（七）工作人员工资福利开支控制在规定的比例内，不变相分配该组织的财产，其中：工作人员平均工资薪金水平不得超过税务登记所在地的地市级（含地市级）以上地区的同行业同类组织平均工资水平的两倍，工作人员福利按照国家有关规定执行；

（八）对取得的应纳税收入及其有关的成本、费用、损失应与免税收入及其有关的成本、费用、损失分别核算。

六、报送材料

申请享受免税资格的非营利组织，需报送以下材料：

（一）申请报告（一式两份，见附件）。

（二）经登记管理部门核准的事业单位、社会团体、基金会、社会服务机构的组织章程或宗教活动场所、宗教院校的管理制度（经登记核准的章程规定中必须有申请条件的第五项的相关内容，且组织章程或管理制度骑缝盖有登记管理部门的章程核准章）复印件。

（三）非营利组织注册登记证件的复印件（正反面）。

（四）上一年度（指申请起始年度的上一年度，例如：申请2018—2022年度免税资格的提供2017年的情况，下同）的资金来源及使用情况、公益活动和非营利活动的明细情况；

明细情况应包括非营利性收入的取得方式及营利性收入的来源，公益性和非营利性活动的项目名称、活动时间和地点、支出金额（含货币性和非货币性），其他合理支出的支出（处置）项目以及支出金额（含货币性和非货币性）等。

其中，非营利性活动是指本组织章程规定的非营利性活动，公益性活动是指《慈善法》第三条规定的下列活动：扶贫、济困；扶老、救孤、恤病、助残、优抚；救助自然灾害、事故灾难和公共卫生事件等突发事件造成的损害；促进教育、科学、文化、卫生、体育等事业的发展；防治污染和其他公害，保护和改善生态环境等。

（五）上一年度的工资薪金情况专项报告，包括薪酬制度、工作人员整体平均工资薪金水平、工资福利占总支出比例、重要人员工资薪金信息（至少包括工资薪金水平排名前10的人员）；

（六）具有资质的中介机构鉴证的上一年度财务报表和审计报告；

（七）登记管理机关出具的事业单位、社会团体、基金会、社会服务机构、宗教活动场所、宗教院校上一年度符合相关法律法规和国家政策的事业发展情况或非营利活动的材料；

（八）财政、税务部门要求提供的其他材料。

当年新设立或登记的非营利组织需提供本条第（一）项至第（三）项规定的材料及本条第（四）项、第（五）项规定的申请当年的材料，不需提供本条第（六）项、第（七）项规定的材料。所有申请材料均需加盖单位公章（法人登记证书、章程需交验原件）。

七、非营利组织免税资格的复审

非营利组织免税资格的有效期为五年。非营利组织免税资格期满申请复审的，应在期满后次年的1月1日至2月28日提出申请，逾期需到下一年度再进行申请。非营利组织免税资格复审，按照初次申请免税资格的规定办理。

八、非营利组织免税资格的复核

对于已取得免税资格的非营利组织，有关部门在执行税收优惠政策过程中，发现非营利组织不再具备财税〔2018〕13号文件规定的免税资格条件的，应及时报告核准该非营利组织免税资格的财政、税务部门，由其进行复核。复核具体程序如下：

有关部门应及时向市级财政部门、税务部门提请复核。经复核予以撤销免税资格的，由市财政、税务部门联合以正式文件的形式公布取消免税资格的非营利组织名单，并于正式文件印发后及时在各自部门的官方网站上公布，同时按相关规定，对未依法纳税的，主管税务机关自其存在取消免税优惠资格情形的当年起予以追缴。经复核继续享受免税资格的，市级财政、税务部门分别签署意见并注明原因后，反馈给提出复核申请的有关部门。

九、非营利组织的报告义务

取得免税资格的非营利组织，在免税资格有效期内，免税条件发生变化，且不再符合免税条件的，应当自发生变化之日起十五日内向主管税务机关递交书面报告。主管税务机关应及时将书面报告报至认定机构税务机关，再由认定机构税务机关将书面报告转交同级财政部门。经认定不再符合免税条件的，财政、税务部门应及时以正式文件的形式公布取消免税资格的非营利组织名单，并于正式文件印发后及时在各自部门的官方网站上公布。

十、其他事项

（一）查询方式：

非营利组织免税资格认定结果和复审结果在每年5月份前，由财政、税务部门以正式文件的形式发布，并于正式文件印发后在各自的官方网站上公布。

（二）联系方式：

深圳市财政委员会政策法规处0755－83933115；国家税务总局深圳市税务局企业所得税处0755－83876835。

附件：深圳市非营利组织　年度免税资格申请报告

深圳市财政局

2018年9月30日

解读以上政策技能应关注以下方面：

（1）申报条件。

①依照国家有关法律法规设立或登记的事业单位、社会团体、基金会、社会服务机构、宗教活动场所、宗教院校以及财政部、税务总局认定的其他非营利组织。

②从事公益性或者非营利性活动。

③取得的收入除用于与该组织有关的、合理的支出外，全部用于登记核定或者章程规定的公益性或者非营利性事业。

④财产及其孳息不用于分配，但不包括合理的工资薪金支出。

⑤按照登记核定或者章程规定，该组织注销后的剩余财产用于公益性或者非营利性目的，或者由登记管理机关采取转赠给与该组织性质、宗旨相同的组织等处置方式，并向社会公告。

⑥投入人对投入该组织的财产不保留或者享有任何财产权利，本款所称投入人是指除各级人民政府及其部门外的法人、自然人和其他组织。

⑦工作人员工资福利开支控制在规定的比例内，不变相分配该组织的财产，其中：工作人员平均工资薪金水平不得超过税务登记所在地的地市级（含地市级）以上地区的同行业同类组织平均工资水平的两倍，工作人员福利按照国家有关规定执行。

⑧对取得的应纳税收入及其有关的成本、费用、损失应与免税收入及其有关的成本、费用、损失分别核算。

（2）申报材料。

①申请报告（一式两份，见附件）。

②经登记管理部门核准的事业单位、社会团体、基金会、社会服务机构的组织章程或宗教活动场所、宗教院校的管理制度（经登记核准的章程规定中必须有申请条件的第五项的相关内容，且组织章程或管理制度骑缝盖有登记管理部门的章程核准章）复印件。

③非营利组织注册登记证件的复印件（正反面）。

④上一年度（指申请起始年度的上一年度，例如：申请2018—2022年度免税资格的提供2017年的情况，下同）的资金来源及使用情况、公益活动和非营利活动的明细情况；明细情况应包括非营利性收入的取得方式及营利性收入的来源，公益性和非营利性活动的项目名称、活动时间和地点、支出金额（含货币性和非货币性），其他合理支出的支出（处置）项目以及支出金额（含货币性和非货币性）等。其中，非营利性活动是指本组织章程规定的非营利性活动，公益性活动是指《慈善法》第三条规定的下列活动：扶贫、济困；扶老、救孤、恤病、助残、优抚；救助自然灾害、事故灾难和公共卫生事件等突发事件造成的损害；促进教育、科学、文化、卫生、体育等事业的发展；防治污染和其他公害，保护和改善生态环境等。

⑤上一年度的工资薪金情况专项报告，包括薪酬制度、工作人员整体平均工资薪金水平、工资福利占总支出比例、重要人员工资薪金信息（至少包括工资薪金水平排名前10的人员）。

⑥具有资质的中介机构鉴证的上一年度财务报表和审计报告。

⑦登记管理机关出具的事业单位、社会团体、基金会、社会服务机构、宗教活动场所、宗教院校上一年度符合相关法律法规和国家政策的事业发展情况或非营利活动的材料。

⑧财政、税务部门要求提供的其他材料。当年新设立或登记的非营利组织需提供本条第（一）项至第（三）项规定的材料及本条第（四）项、第（五）项规定的申请当年的材料，不需提供本条第（六）项、第（七）项规定的材料。所有申请材料均需加盖单位公章（法人登记证书、章程需交验原件）。

（3）适用对象：非营利组织。

（4）适用区域：深圳市。

（5）发文单位：深圳市财政局。

（6）发文日期：2018年9月30日。

实践环节

进入“产业扶持政策应用虚拟仿真实训项目”平台，在“应用技能教学”板块进入“课程三 政策信息解读”界面，完成以下解读技能练习任务：

1. 完成资质认定类政策解读。
2. 完成扶持资金类政策解读。
3. 完成减税降费类政策解读。

第四章　企业申报信息管理

学习目标

了解要素禀赋理论、企业动态能力理论等企业发展基本理论，并能运用上述理论解释现实问题或现象；理解不同扶持项目对企业信息描述要求的差异，能梳理企业资源，提炼企业核心信息，并将其转化为项目申报所用的结构化信息；能正确分析企业资源和扶持项目申报条件的契合度，具备完成企业现有资源与扶持项目的匹配判定的能力；养成细致入微、逻辑清晰的资料整理和表达能力，具备良好的沟通协调能力和团队合作精神。

导入案例

全球最具价值的互联网企业之一——腾讯

腾讯，全称“深圳市腾讯计算机系统有限公司”，1998 年 11 月由马化腾、张志东、许晨晔、陈一丹、曾李青共同创立；2004 年，腾讯公司在香港联交所主板公开上市（股票代号 00700）。

腾讯公司的发展历程可以分为三个关键阶段：初创探索阶段（1998—2004 年）：主要聚焦于即时通信软件 QQ 的开发和推广，通过模仿创新、风险投资等方式逐步扩大市场份额；拓展扩张阶段（2004—2011 年）：业务向游戏、门户网站、在线音乐等多个领域拓展，实现了多元化发展，同时，通过投资并购等方式进一步巩固市场地位；转型发展阶段（2011 年至今）：随着移动互联网时代的到来，腾讯公司成功推出了微信等新产品，实现了从 PC 互联网向移动互联网的转型，同时，公司继续加大在云计算、人工智能等领域的投入，推动技术创新和产业升级。

2018年12月，世界品牌实验室编制的《2018世界品牌500强》揭晓，腾讯排名第39位。2019年7月，美国《财富》杂志发布2019年世界500强排行榜，腾讯位列237位。2019年8月，腾讯入选2019年“中国最佳董事会50强”。2019年9月1日，2019年中国服务业企业500强榜单在济南发布，腾讯排名第32位。2019年10月，2019福布斯全球数字经济100强榜发布，腾讯位列14位。2019年10月23日，2019《财富》未来50强榜单公布，腾讯排名第12位。同年，腾讯在“一带一路”中国企业100强榜单中排名第14位。2019年12月，腾讯入选2019中国品牌强国盛典榜样100品牌。2019年12月18日，《人民日报》发布中国品牌发展指数100榜单，腾讯排名第4位。2021年9月，腾讯入选“2021年中国民营企业500强”榜单，排名第6位 。2023年，腾讯总收入6090.15亿元。

腾讯是一家世界领先的互联网科技公司，一直秉承科技向善的宗旨，用创新的产品和服务提升全球各地人们的生活品质。腾讯的通信和社交服务连接全球逾10亿人，帮助用户与亲友联系，畅享便捷的出行、支付和娱乐生活。腾讯发行多款风靡全球的电子游戏及其他优质数字内容，为全球用户带来丰富的互动娱乐体验。具体服务包括：社交和通信服务QQ及微信（WeChat）、社交网络平台QQ空间、腾讯游戏旗下QQ游戏平台、门户网站腾讯网、腾讯新闻客户端和网络视频服务腾讯视频等。

【思考与讨论】腾讯作为大家熟知的互联网企业有什么样的企业能力？企业如何分析自身的资源与能力？

第一节　企业发展基本理论概述

一、要素禀赋理论

要素禀赋理论，也被称为“赫克歇尔—俄林理论”或“H—O理论”，是国际贸易理论中的重要组成部分。该理论由瑞典经济学家俄林在瑞典经济学家赫克歇尔的研究基础上形成，并在1933年出版的《地区间贸易与国际贸易》一书中提出。

（一）要素禀赋理论的基本概念

要素禀赋是指一国所拥有的并能用于生产的各种生产要素的数量，这些生产要素包括但不限于土地、劳动力、资本和技术知识等。一国要素禀赋的丰裕程度会直接影响其生产和贸易的结构。

要素密集度是指产品生产中某种要素投入比例的大小。如果某种要素投入比例大，称该要素密集程度高。根据产品生产所投入的生产要素中所占比例最大的生产要素种类的不同，可把产品划分为不同种类的要素密集型产品。

（二）要素禀赋理论的基本内容

该理论认为，一个国家应该出口那些密集使用本国丰裕资源的商品，进口那些密集使用本国稀缺资源的商品。也就是说，各个国家应该在自己所拥有的丰裕要素方面发挥优势。例如，如果一个国家的劳动要素相对丰裕，则该国就应该集中生产和出口劳动密集型产品；反之，如果一个国家的资本要素存量相对丰裕，则该国就应该集中生产和出口资本密集型产品。要素禀赋理论的核心观点是，不同国家生产要素的禀赋不同，从而导致要素价格不同，所以要素质的禀赋差异是国际贸易发展的根本原因。

（三）要素禀赋理论在企业中的应用

在企业层面，要素禀赋理论同样具有广泛的应用价值，主要体现在以下若干方面。

1. 指导企业选择生产方向

（1）根据要素禀赋优势定位。企业应根据自身所在地区的要素禀赋优势，如劳动力丰富、资本充足或技术先进等，来选择生产方向。例如，劳动力丰富的地区的企业可以更多地生产劳动密集型产品，而资本充足的企业则可以发展资本密集型产业。

（2）优化资源配置。通过要素禀赋理论，企业可以更好地理解各种生产要素在生产过程中的作用和价值，从而优化资源配置，提高生产效率。

2. 制定进出口策略

（1）出口优势产品。企业应根据自身的要素禀赋优势，选择生产并出口那些能够充分利用本国充裕生产要素的产品。这样不仅能降低成本，还能在国际市场上获得竞争优势。

（2）进口稀缺要素产品。对于生产中需要的稀缺生产要素，企业可以通过进口来弥补。这有助于降低生产成本，提高产品质量，同时有助于国际贸易的平衡发展。

3. 推动技术创新和产业升级

（1）促进技术创新。要素禀赋理论强调技术知识也是重要的生产要素之一。因此，企业应注重技术创新，通过研发新技术、新工艺来提高生产效率，降低生产成本，从而在市场上获得更大的竞争优势。

（2）推动产业升级。随着技术进步和市场需求的变化，企业应不断调整和优化产业结构，推动产业升级。通过产业升级，企业可以更好地适应市场变化，提高产品质量和附加值，实现可持续发展。

4. 应对国际贸易环境变化

（1）灵活调整策略。随着国际贸易环境的变化，如贸易保护主义的抬头、国际贸易规则的变化等，企业应根据自身情况和市场变化灵活调整进出口策略和生产方向。

（2）加强国际合作。在全球化背景下，企业应积极参与国际合作，利用国际资源和市场来扩大生产和销售规模。通过国际合作，企业可以更好地应对国际贸易环境的变化和挑战。

要素禀赋理论为企业提供了一种分析框架，帮助企业根据自身资源条件和国际市场的需求，作出更合理的生产和经营决策。同时，它强调了企业在全球化背景下，需要不断适应和利用变化中的要素禀赋，以维持和提升自身的竞争力。

（四）要素禀赋理论的实践应用

要素禀赋理论的真实案例应用广泛，这里分别从国家和企业两个视角来分析。就国家要素禀赋来说，一个典型的案例是沙特阿拉伯的石油经济；就企业要素禀赋来说，比亚迪和宁德时代是中国企业中应用广泛而深入的典型案例。

1. 沙特阿拉伯

沙特阿拉伯是一个石油资源极为丰富的国家，其领土范围内已探明的石油储量为2615亿桶，占全球总储量的相当大比例。这一丰富的自然资源为沙特阿拉伯的经济发展提供了得天独厚的条件。

（1）资源禀赋：沙特阿拉伯的石油资源是其最主要的要素禀赋。这种资源禀赋决定了其经济结构和产业发展方向。

（2）经济结构：由于石油资源丰富，沙特阿拉伯的经济结构相对单一，石油产业成为其经济发展的命脉。石油收入占国家财政收入的60%—80%，石油和石化产品出口占出口总额的90%左右。

（3）对外贸易：对外贸易在沙特阿拉伯的国民经济中举足轻重。其出口商品主要是石油和石化产品，而进口商品中，机电设备、食品和交通工具所占比重最大。

自20世纪70年代起，沙特阿拉伯利用其丰厚的石油资源大力发展经济和改善人民生活，进行了多期五年发展规划。经过20年的努力，沙特阿拉伯从一个贫穷落后的国家变成一个举世闻名的现代化石油大国。尽管石油产业是沙特阿拉伯的支柱产业，但该国也意识到单一经济结构的脆弱性。因此，近年来沙特阿拉伯开始寻求经济多元化发展，减少对石油的过度依赖。

沙特阿拉伯的案例充分展示了要素禀赋理论在现实经济中的应用。一个国家或地区的经济发展往往受到其要素禀赋的深刻影响。在全球化背景下，合理利用自身要素禀赋、优化经济结构、实现经济多元化发展是提升国家竞争力的关键。同时，需要注意到单一经济结构的脆弱性，并采取相应的措施来降低风险。

除了沙特阿拉伯外，还有许多其他国家和地区也通过要素禀赋理论来指导经济发展。例如，尼日利亚、印度尼西亚、墨西哥等国家都是世界石油的主要供给国；赞比亚、扎伊尔、智利等国家是著名的铜出口国；哥伦比亚、坦桑尼亚、埃塞俄比亚等国家是咖啡等农产品的重要供应地。这些案例都进一步证明了要素禀赋理论在指导经济发展中的重要作用。

2. 比亚迪股份有限公司

比亚迪股份有限公司（以下简称比亚迪）是一家总部位于中国广东省深圳市的跨国企业，业务横跨汽车、轨道交通、新能源和电子四大产业。比亚迪在新能源汽车领域尤为突出，是全球领先的新能源汽车制造商之一。

（1）劳动力要素禀赋。中国作为一个人口大国，拥有庞大的劳动力资源，且劳动力成本相对较低。这是中国在国际贸易中的一大要素禀赋优势。比亚迪充分利用中国丰富的劳动力资源，发展劳动密集型产业，特别是在新能源汽车的组装和零部件生产方面。通过规模化生产和精细化管理，比亚迪有效控制了成本，提高了产品的竞争力。

（2）技术要素禀赋。随着科技的进步和创新能力的提升，中国企业在技术领域的要素禀赋也在不断增强。比亚迪在新能源汽车领域投入大量研发资源，积累了丰富的技术专利和知识产权。比亚迪利用自身的技术要素禀赋，不断推出具有自主知识产权的新能源汽车产品。通过技术创新和产业升级，比亚迪在新能源汽车市场上占据了领先地位，形成了强大的品牌影响力和市场竞争力。

（3）资本要素禀赋。随着中国经济的快速发展和金融市场的不断完善，中国企业拥有了更加充裕的资本要素禀赋。这为企业的扩张和国际化战略提供了有力支持。比亚迪在发展过程中积极利用资本市场进行融资，为企业的研发、生产和市场拓展提供了充足的资金支持。同时，比亚迪还通过国际合作和并购等方式，引入外部资本和技术资源，进一步提升了企业的综合竞争力。

（4）市场要素禀赋。中国作为全球最大的汽车市场之一，拥有庞大的消费群体和多元化的市场需求。这为新能源汽车企业提供了广阔的发展空间。比亚迪充分利用中国市场的要素禀赋优势，深耕本土市场，同时积极拓展海外市场。通过精准的市场定位和差异化的产品策略，比亚迪满足了不同消费者的需求，赢得了市场的广泛认可。

比亚迪的案例充分展示了要素禀赋理论在企业战略制定和竞争优势构建中的应用。通过充分利用劳动力、技术、资本和市场等要素禀赋优势，比亚迪在新能源汽车领域取得了显著成就。这一案例不仅为其他企业提供了有益的借鉴和启示，也进一步验证了要素禀赋理论在指导企业实践中的重要作用。

3. 宁德时代新能源科技股份有限公司

宁德时代新能源科技股份有限公司（以下简称宁德时代）的要素禀赋理论应用主要体现在其充分利用自身在动力电池领域的资源禀赋优势，以及通过技术创新、市场布局和产业链整合等方面来构建竞争优势。具体来说，宁德时代的要素禀赋理论可以归纳为以下四个方面。

（1）资源禀赋优势。宁德时代位于中国福建省宁德市，该地区可能具备有利于电池制造的自然资源或政策环境。宁德时代的全球布局也充分考虑了各地的资源禀赋，如在欧洲等地建立生产基地，以更好地利用当地资源和服务市场。

动力电池的制造需要大量的关键原材料，如锂、钴、镍等。宁德时代通过前瞻性的产业布局和供应链管理，确保了原材料的稳定供应，并降低了采购成本。

（2）技术创新优势。宁德时代高度重视科技创新，每年投入大量资金用于研发，以不断提升产品性能和质量。这种持续的技术创新为宁德时代在动力电池领域保持领先地位提供了有力支撑。宁德时代在电池材料、电池结构、电池管理系统等方面积累了丰富的技术经验，并形成了完善的专利布局。这些技术积累为宁德时代在市场竞争中构建了坚固的技术壁垒。

（3）市场布局与品牌影响力。宁德时代是全球最大的动力电池制造商之一，其产品在国内外市场上均享有较高的知名度和美誉度。这种市场地位为宁德时代在竞争中提供了有力支持。

宁德时代与多家国内外知名汽车制造商建立了长期稳定的合作关系，为其产品提供了广阔的市场空间。同时，宁德时代积极参与行业标准的制定和推广，进一步提升了其在行业内的影响力。

（4）产业链整合能力。宁德时代通过整合上下游产业链资源，实现了从原材料采购到产品销售的全链条管理。这种产业链整合能力有助于降低生产成本、提高生产效率，并增强企业的抗风险能力。

宁德时代还致力于构建动力电池生态系统，通过投资、合作等方式推动产业链上下游企业的协同发展。这种生态系统建设有助于提升整个行业的竞争力和可持续发展能力。

综上所述，宁德时代的要素禀赋理论主要体现在其充分利用自身在动力电池领域的资源禀赋优势、技术创新优势、市场布局与品牌影响力以及产业链整合能力等方面来构建竞争优势。这些优势共同推动了宁德时代的快速发展和壮大。

二、企业动态能力理论

企业动态能力理论是一个重要的经济学和管理学理论，它主要关注企业在快速变化的市场环境中如何整合、建立和再配置内外部资源，以维持和创造竞争优势。

（一）企业动态能力理论基本内容

企业动态能力理论是指企业为使产品快速上市、有效地掌握变化万千的商机，以及能否持续地建立、调适、重组其内外部的各项资源与智能来达到竞争优势的一种弹性能力。这种能力强调企业必须具备不断更新自身能力的能力，以适应不断变化的市场环境。

（二）企业动态能力理论的核心要素

企业动态能力主要包括以下四个核心要素：

（1）感知机会和威胁的能力。企业需要具备敏锐的市场洞察力，能够及时发现市场中的机会和潜在威胁。

（2）捕捉机会的能力。在感知到市场机会后，企业需要迅速行动，通过整合资源、调整策略等方式捕捉这些机会。

（3）整合、配置和保护资源的能力：企业需要对内外部资源进行有效的整合和配置，以支持其战略目标的实现，并保护这些资源不被竞争对手轻易获取。

（4）重构和创新能力：在环境变化时，企业需要具备重构其资源和能力的能力，以及持续创新的能力，以应对新的挑战和机遇。

（三）企业动态能力的特点和优势

企业动态能力具有以下四个显著的特点和优势：

（1）动态性：企业动态能力强调“动态”二字，即企业必须具备不断更新自身能力的能力，以适应快速变化的市场环境。

（2）整合性：企业动态能力强调对内外部资源的整合和配置，以实现资源的最大化利用。

（3）创新性：企业动态能力鼓励企业进行持续的创新，以应对市场的不断变化和竞争对手的挑战。

（4）竞争优势：通过动态能力的运用，企业能够更有效地捕捉市场机会、应对市场威胁，从而创造和维持竞争优势。

企业动态能力理论为企业如何在快速变化的市场环境中保持竞争优势提供了有力的理论支持。通过不断更新自身能力、整合内外部资源、持续创新等方式，企业能够更好地适应市场变化、捕捉市场机会、应对市场威胁，从而实现可持续发展。

（四）企业动态能力理论的实践应用

企业动态能力理论在实践中具有广泛的应用价值。例如，在电商行业中，企业可以通过不断监测市场需求和竞争对手的动向，及时调整产品组合和定价策略，以保持市场竞争力。在制造业中，企业可以建立高效的供应链管理系统，通过及时了解供应商的生产计划和物流情况，快速调整生产计划，确保及时交付客户订单。此外，在技术创新、客户关系管理、风险管理等方面，企业动态能力也发挥着重要作用。

动态能力理论在企业实践中的应用可以通过多个真实案例来展示。以下是一些具体的案例分析，这些案例展示了不同行业中的企业如何运用动态能力来应对市场变化、提升竞争力和实现可持续发展。

1. 华为技术有限公司

华为技术有限公司（以下简称华为）作为全球领先的信息和通信技术（ICT）解决方案供应商，其成功在很大程度上源于持续不断的动态能力演化。华为应用动态能力的方式如下：

（1）知识获取与整合。华为始终坚持以客户为中心，通过深入了解客户需求，不断获取新知识，并将其转化为产品和服务。同时，华为还通过与全球顶尖高校、研究机构等合作，引入外部知识资源，丰富自身的知识体系。

（2）技术创新。华为建立了完善的研发体系和创新机制，将不同领域的知识进行有效整合，形成具有竞争力的技术和产品。这种技术创新不仅体现在硬件设备上，还涵盖了软件、云服务等各个方面。

（3）市场适应与响应。面对快速变化的市场环境，华为能够迅速调整战略方向，推出符合市场需求的新产品和服务。例如，在5G技术的研发和应用上，华为始终走在行业前列。

华为的动态能力使其在全球市场上保持了领先地位，不仅在国内市场占据重要地位，还在国际市场上赢得了广泛认可。其技术创新能力和市场响应速度成为其他企业学习的榜样。

2. 马鞍山钢铁股份有限公司

马鞍山钢铁股份有限公司（以下简称马钢股份）通过能源精细化动态分析与优化项目，实现了数字化转型和能源管理的提升。马钢股份应用动态能力的方式主要有：

（1）数据采集与分析：马钢股份通过采集设备、传感器等多种硬件设备的全厂覆盖性建设，借助智能传感与数据采集、大数据等新一代信息技术，实现了对能源生产和使用情况的动态跟踪和分析。

（2）系统优化：基于数据分析结果，马钢股份能够及时调整生产计划、优化能源配置和结构，有效降低能源成本，并提高生产效率。

（3）智能管控：通过应用智能体验设计、能源管控优化等管理模块内容，马钢股份实现了对能源生产及系统平衡的精准指导和控制。

马钢股份的数字化转型和能源管理提升项目不仅降低了生产成本、提高了生产效率，还增强了企业的市场竞争力。其成功经验为其他钢铁企业提供了有益的借鉴和启示。

3. 上海步科自动化股份有限公司

上海步科自动化股份有限公司（以下简称步科公司）作为一家专注于涂覆技术研究和制造的高新技术企业，通过数字化转型实现了生产效率、产品质量和市场竞争力的全面提升。步科公司应用动态能力的方式主要有：

（1）市场需求分析：步科公司在数字化转型前深入分析市场需求，独辟蹊径推出了适合不同用户的数控切削系统。

（2）内部变革：步科公司建立了 aMES 生产信息管理系统，实现了销售、生产、仓储、财务等多个业务的集成管理。同时，依托技术团队不断推进工艺和管理变革。

（3）组织协同：步科公司在数字化转型过程中注重内部各部门的协同推进，确保整个企业能够共同推动数字化转型的成功。

步科公司的数字化转型不仅提高了生产效率、降低了生产成本，还显著提升了产品质量和市场竞争力。其成功经验为其他制造企业提供了有益的借鉴和参考。

综上所述，这些真实案例展示了动态能力理论在不同行业和企业中的成功应用。通过不断感知市场变化、整合内外部资源、进行技术创新和内部变革等方式，企业能够保持竞争优势并实现可持续发展。

三、企业竞争力模型理论

企业竞争力模型理论是企业管理与战略分析中的重要工具，用于评估企业在市场中的竞争地位和发展潜力。

（一）企业竞争力的概念

企业竞争力是指企业在市场竞争中，依据内外部环境变化，有效地利用和配置资源，构建竞争优势，进行市场扩张和获得利润，实现企业持续发展的能力。这一概念强调了企业内部资源与外部环境相结合的重要性，以及企业在竞争中保持优势地位的能力。

（二）企业竞争力分析模型

企业竞争力分析模型有：微笑曲线分析模型、波特五力分析模型、PEST 分析（总体环境分析）、SWOT 分析法、BCG 矩阵和价值链分析、基准分析、竞争者档案研究等，其中最为经典的方法是波特五力分析方法与 SWOT 分析法。这些分析模型在管理学中多有提及，本教材不再赘述。

第二节　企业经营基本信息管理

企业是为满足社会需要并获取盈利，实行自主经营、自负盈亏、独立核算，具有法人资格、从事商品生产和经营的基本经济单位。企业通过各种生产经营活动创造物质财富，提供满足社会公众物质和文化生活需要的产品服务，在市场经济中占有非常重要的地位。

企业的基本职能是从事生产、流通和服务等经济活动，向社会提供产品与服务，以满足社会需要。其中，工业企业通过工业性生产活动，即利用科学技术与设备，改变原材料的形状与性能，为社会生产所需要的产品；商业企业通过商品实体转移或价值交换，为社会提供所需产品或服务。

一、企业类型

企业作为一个生态有机体，有着多种属性与复杂形态。因此，可以按照不同的标准，将企业划分为多种类型。

（一）按财产组织形式

根据财产组织形式，企业可分为：个人独资企业、合伙企业、合作制企业和公司制企业。

1. 个人独资企业

个人独资企业是指个人出资经营、归个人所有和控制、由个人承担经营风险和享有全部经营收益的企业，属于自然人企业，是最古老、简单的一种企业组织形式，主要盛行于零售业、手工业、农业、林业、渔业、服务业和家庭作坊等。

个人独资企业的特点：

（1）个人独资企业的建立与解散程序简单，经营管理灵活自由。企业主可以完全根据个人的意志确定经营策略，进行管理决策。

（2）所有者对企业的债务负无限责任，当企业的资产不足以清偿其债务时，所有者以其个人财产偿付企业债务。

（3）个人独资企业的规模有限。独资企业有限的经营所得、企业主有限的个人财产、企业主一人有限的工作精力和管理水平等都制约着企业经营规模的扩大。

（4）企业的存在缺乏可靠性。独资企业的存续完全取决于企业主个人的得失安危，企业的寿命有限。在现代经济社会中，独资企业发挥着重要作用。

2. 合伙企业

合伙企业是指由各合伙人订立合伙协议，共同出资、共同经营、共享收益、共担风险，并对企业债务承担无限连带责任的营利性组织；也是指自然人、法人和其他组织依照《中华人民共和国合伙企业法》在中国境内设立的，由两个或两个以上的自然人通过订立合伙协议，共同出资经营、共负盈亏、共担风险的企业组织形式。

合伙企业的特点：

（1）生命有限。合伙企业比较容易设立和解散。合伙人签订了合伙协议，就宣告合伙企业成立。新合伙人的加入，旧合伙人的退休、死亡、自愿清算、破产清算等均可造成原合伙企业的解散和新合伙企业的成立。

（2）责任无限。合伙组织作为一个整体对债权人承担无限责任。按照合伙人对合伙企业的责任，合伙企业可分为普通合伙企业和有限责任合伙企业。普通合伙企业的合伙人均为普通合伙人，对合伙企业的债务承担无限连带责任；有限责任合伙企业由一个或几个普通合伙人和一个或几个责任有限的合伙人组成，即合伙人中至少有一个人要对企业的经营活动负无限责任，而其他合伙人只能以其出资额为限对债务承担偿债责任，因而这类合伙人一般不直接参与企业经营管理活动。

（3）相互代理。合伙企业的经营活动由合伙人共同决定，合伙人有执行和监督的权利。合伙人可以推举负责人。合伙负责人和其他人员的经营活动，由全体合伙人承担民事责任。换言之，每个合伙人代表合伙企业所发生的经济行为对所有合伙人均有约束力。因此，合伙人之间较易发生纠纷。

（4）财产共有。合伙人投入的财产由合伙人统一管理和使用，不经其他合伙人同意，任何一位合伙人不得将合伙财产移为他用。只提供劳务，不提供资本的合伙人仅有权分享一部分利润，而无权分享合伙财产。

（5）利益共享。合伙企业在生产经营活动中所取得、积累的财产归合伙人共有。如有亏损亦由合伙人共同承担。损益分配的比例应在合伙协议中明确规定；未经规定的可按合伙人出资比例分摊，或平均分摊。以劳务抵作资本的合伙人，除另有规定者外，一般不分摊损失。

3. 公司制企业

公司是指全部资本由股东出资构成，以营利为目的而依法设立的一种企业组织形式；公司是具有民事权利能力和行为能力，股东以其出资额或所持股份为限对公司承担责任，公司以其全部资产对公司的债务承担责任，依照公司法成立的企业法人。

公司制企业又分为有限责任公司和股份有限公司，有限责任公司包括独资公司，股份有限公司分为上市公司和非上市公司。

公司制企业的特点：

（1）公司是独立于其成员的法律实体。公司具有独立的法律人格，从而能够成为一个法律上的实体，并与其成员的人格相互独立。这是公司最重要的特征，也正是这一特征决定了公司具有独立于其成员的权利能力和行为能力，具有独立于其成员（股东）的财产，具有相应的民事责任能力；也正是由于法人具有独立于其成员的法律人格，才使作为公司成员的股东得以享受有限责任制度的优惠。公司的独立人格外在化的结果表现为：①公司具有独立的名称。公司的名称独立于其成员的名称，而且公司的名称一旦合法拥有，其名称权即受法律保护，即使股东也不得非法侵犯。②公司具有独立的财产。公司能够同自然人一样，合法拥有物权、债权和知识产权等权利，任何人包括股东不得非法侵犯。③公司能够独立开展民事活动。公司虽然没有大脑和四肢，但是可通过其机关，如董事长、执行董事或总经理，对外进行意思表示，从而能够独立地进行民事活动。④公司不因其股东的退出、死亡、解散或破产而受影响。

（2）公司具有独立于其成员的权利能力和行为能力。民事权利能力是民事主体依法享有权利、承担义务的资格；民事行为能力是民事主体得以通过自己的行为依法为自己设定权利和义务的资格。既然公司具有独立的法律人格，当然也具有相应的民事权利能力和民事行为能力。需要注意的是，公司的民事权利能力与自然人的民事权利能力相比，具有一定的特殊性，具体表现为：①公司不能享有自然人特有的权利，如婚姻权等。②公司的权利能力与公司存在的目的高度相关。

（3）公司财产与其成员财产严格分离。股东依法缴纳出资、认购股份后，该项财产的所有权不再归股东所有，而是成为公司的财产，即使是国家投入公司的财产也不例外。作为对价，股东取得了公司的股东权。股东权有广义和狭义之分，广义的股东权，泛指股东得以向公司主张的各种权利，故股东依据合同之债、侵权行为之债、不当得利之债和无因管理之债对公司享有的债权也包括在内；狭义的股东权，仅指股东基于其股东资格而享有的、从公司获取经济利益并参与公司经营管理的权利。公司股东出资所形成的最初的财产，以及公司开展业务经营活动所获得的财产，共同构成了公司的现实财产。公司的现实财产属于公司所有，任何人，包括国家和公司其他股东在内，均不得非法侵害。

（4）公司以其财产独立承担责任。由于公司具有独立的法律人格，具有与其设立目的相关的民事责任能力和独立的财产，因此，公司能够以其财产独立承担相应的民事责任。独立责任是相对于连带责任而言的，并不等同于有限责任；有限责任是针对无限责任之责任形态而言的。事实上，任何公司所承担的责任均为无限责任。如果公司无力承担责任，一般情况下，会导致公司破产，公司法律人格随之消亡。但在公司破产时，各类股东对于公司债务所承担的责任，因公司类型的不同而不同。

（二）按注册类型

根据《关于划分企业登记注册类型的规定》，以工商行政管理部门对企业登记注册的类型为依据，将企业分为以下三种。

1. 内资企业

内资企业是指依据我国有关法律规定，在我国境内设立的、由我国投资者投资举办的企业。按投资主体不同，分为国有企业、集体企业、私营企业和这三种企业之间的各种联营企业等。

（1）国有企业是指企业全部资产归国家所有，并按《中华人民共和国企业法人登记管理条例》规定登记注册的非公司制的经济组织，不包括有限责任公司中的国有独资公司。

（2）集体企业是指企业资产归集体所有，并按《中华人民共和国企业法人登记管理条例》规定登记注册的经济组织。

（3）股份合作企业是指以合作制为基础，由企业职工共同出资入股，吸收一定比例的社会资产投资组建，实行自主经营、自负盈亏、共同劳动、民主管理、按劳分配与按股分红相结合的一种集体经济组织。

（4）联营企业是指两个及两个以上相同或不同所有制性质的企业法人或事业单位法人，按自愿、平等、互利的原则，共同投资组成的经济组织。

（5）有限责任公司是指根据《中华人民共和国公司登记管理条例》规定登记注册，由两个以上、50个以下的股东共同出资，每个股东以其所认缴的出资额对公司承担有限责任，公司以其全部资产对其债务承担责任的经济组织。

有限责任公司包括国有独资公司和其他有限责任公司。国有独资公司是指国家授权的投资机构或者国家授权的部门单独投资设立的有限责任公司。其他有限责任公司是指国有独资公司以外的其他有限责任公司。

（6）股份有限公司是指根据《中华人民共和国公司登记管理条例》规定登记注册，其全部注册资本由等额股份构成并通过发行股票筹集资本，股东以其认购的股份对公司承担有限责任，公司以其全部资产对其债务承担责任的经济组织。

（7）私营企业是指由自然人投资设立或由自然人控股，以雇佣劳动为基础的营利性经济组织，包括按照《公司法》《合伙企业法》《私营企业暂行条例》规定登记注册的私营有限责任公司、私营股份有限公司、私营合伙企业和私营独资企业。

私营独资企业是指按《私营企业暂行条例》的规定，由一名自然人投资经营，以雇佣劳动为基础，投资者对企业债务承担无限责任的企业。

私营合伙企业是指按《合伙企业法》或《私营企业暂行条例》的规定，由两个以上自然人按照协议共同投资、共同经营、共负盈亏，以雇佣劳动为基础，对债务承担无限责任的企业。

私营有限责任公司是指按《公司法》《私营企业暂行条例》的规定，由两个以上自然人投资或由单个自然人控股的有限责任公司。

私营股份有限公司是指按《公司法》的规定，由5个以上自然人投资，或由单个自然人控股的股份有限公司。

（8）其他企业是指上述（1）—（7）之外的其他内资经济组织。

2. 港、澳、台商投资企业

港、澳、台商投资者依照中华人民共和国有关涉外经济法律、法规的规定，以合资、合作或独资形式在内地创办的企业。在法律适用上，均以中华人民共和国涉外经济法律、法规为依据。

（1）合资经营企业（港或澳、台资）是指港、澳、台地区投资者与内地企业依照《中华人民共和国中外合资经营企业法》及有关法律的规定，按合同规定的比例投资设立、分享利润和分担风险的企业。

（2）合作经营企业（港或澳、台资）是指港、澳、台地区投资者与内地企业依照《中华人民共和国中外合作经营企业法》及有关法律的规定，依照合作合同的约定进行投资或提供条件设立、分配利润和分担风险的企业。

（3）港、澳、台商独资经营企业是指依照《中华人民共和国外资企业法》及有关法律的规定，在内地由港、澳、台地区投资者全额投资设立的企业。

（4）港、澳、台商投资股份有限公司是指根据国家有关规定，经外经贸部依法批准设立，其中港、澳、台商的股本占公司注册资本的比例达25%以上的股份有限公司。凡其中港、澳、台商的股本占公司注册资本的比例小于25%的，属于内资企业中的股份有限公司。

（5）其他港、澳、台商投资企业是指在中国境内参照《外国企业或个人在中国境内设立合伙企业管理办法》和《外商投资合伙企业登记管理规定》，依法设立的港、澳、台商投资合伙企业等。

3. 外商投资企业

外商投资企业是指依照中华人民共和国法律的规定，在中国境内设立的，由中国投资者和外国投资者共同投资或者仅由外国投资者投资的企业。其所称的中国投资者包括中国的公司、企业或者其他经济组织，外国投资者包括外国的公司、企业和其他经济组织或者个人。

（1）中外合资经营企业是指外国企业或外国人与中国内地企业依照《中华人民共和国中外合资经营企业法》及有关法律的规定，按合同规定的比例投资设立、分享利润和分担风险的企业。

（2）中外合作经营企业是指外国企业或外国人与中国内地企业依照《中华人民共和国中外合作经营企业法》及有关法律的规定，依照合作合同的约定进行投资或提供条件设立、分配利润和分担风险的企业。

（3）外资企业是指依照《中华人民共和国外资企业法》及有关法律的规定，在中国由外国投资者全额投资设立的企业。

（4）外商投资股份有限公司是指根据国家有关规定，经外经贸部依法批准设立，其中外资的股本占公司注册资本的比例达25%以上的股份有限公司。凡其中外资股本占公司注册资本的比例小于25%的，属于内资企业中的股份有限公司。

（5）其他外商投资企业是指在中国境内依照《外国企业或个人在中国境内设立合伙企业管理办法》和《外商投资合伙企业登记管理规定》，依法设立的外商投资合伙企业等。

（三）其他分类

（1）根据企业组合方式可分为：单一企业、多元企业、经济联合体、企业集团、连锁企业。

（2）根据所有制形式可分为：全民所有制企业、集体企业、私营企业、混合所有制企业、外商投资企业（包括中外合资经营企业、中外合作经营企业和外商独资企业）。

（3）根据企业的行业性质可分为：工业生产企业、商品经营企业、服务企业。

（4）根据企业生产经营领域可分为：工业企业、商业企业、生产型企业、流通型企业、服务型企业和金融型企业。

（5）根据企业规模可分为：大型企业、中型企业、小型企业。例如，对工业企业来说，大型企业需满足从业人员在2000人及以上，销售额在30000万元及以上，资产总额在40000万元及以上；中型企业从业人员在300—2000人，销售额在3000万—30000万元，资产总额在4000万—40000万元；小型企业从业人员在300人以下，销售额在3000万元以下，资产总额在4000万元以下。

二、企业规模

根据工业和信息化部、国家统计局、国家发展改革委、财政部《关于印发中小企业划型标准规定的通知》（工信部联企业〔2011〕300号），以《国民经济行业分类》（GB/T4754－2017）为基础，国家统计局发布的《统计上大中小微型企业划分办法（2017）》按照行业门类、大类、中类和组合类别，依据从业人员、营业收入、资产总额等指标或替代指标，将我国的企业划分为大型、中型、小型、微型等四种类型。具体标准如表4－1所示。

表4－1　　统计上大中小微型企业划分标准

行业名称	指标名称	计量单位	大型	中型	小型	微型
农、林、牧、渔业	营业收入（Y）	万元	Y≥20000	500≤Y＜20000	50≤Y＜500	Y＜50
工业*	从业人员（X）	人	X≥1000	300≤X＜1000	20≤X＜300	X＜20
	营业收入（Y）	万元	Y≥40000	2000≤Y＜40000	300≤Y＜2000	Y＜300
建筑业	营业收入（Y）	万元	Y≥80000	6000≤Y＜80000	300≤Y＜6000	Y＜300
	资产总额（Z）	万元	Z≥80000	5000≤Z＜80000	300≤Z＜5000	Z＜300
批发业	从业人员（X）	人	X≥200	20≤X＜200	5≤X＜20	X＜5
	营业收入（Y）	万元	Y≥40000	5000≤Y＜40000	1000≤Y＜5000	Y＜1000
零售业	从业人员（X）	人	X≥300	50≤X＜300	10≤X＜50	X＜10
	营业收入（Y）	万元	Y≥20000	500≤Y＜20000	100≤Y＜500	Y＜100
交通运输业*	从业人员（X）	人	X≥1000	300≤X＜1000	20≤X＜300	X＜20
	营业收入（Y）	万元	Y≥30000	3000≤Y＜30000	200≤Y＜3000	Y＜200
仓储业*	从业人员（X）	人	X≥200	100≤X＜200	20≤X＜100	X＜20
	营业收入（Y）	万元	Y≥30000	1000≤Y＜30000	100≤Y＜1000	Y＜100

续表

行业名称	指标名称	计量单位	大型	中型	小型	微型
邮政业	从业人员（X）	人	X≥1000	300≤X＜1000	20≤X＜300	X＜20
	营业收入（Y）	万元	Y≥30000	2000≤Y＜30000	100≤Y＜2000	Y＜100
住宿业	从业人员（X）	人	X≥300	100≤X＜300	10≤X＜100	X＜10
	营业收入（Y）	万元	Y≥10000	2000≤Y＜10000	100≤Y＜2000	Y＜100
餐饮业	从业人员（X）	人	X≥300	100≤X＜300	10≤X＜100	X＜10
	营业收入（Y）	万元	Y≥10000	2000≤Y＜10000	100≤Y＜2000	Y＜100
信息传输业*	从业人员（X）	人	X≥2000	100≤X＜2000	10≤X＜100	X＜10
	营业收入（Y）	万元	Y≥100000	1000≤Y＜100000	100≤Y＜1000	Y＜100
软件和信息技术服务业	从业人员（X）	人	X≥300	100≤X＜300	10≤X＜100	X＜10
	营业收入（Y）	万元	Y≥10000	1000≤Y＜10000	50≤Y＜1000	Y＜50
房地产开发经营	营业收入（Y）	万元	Y≥200000	1000≤Y＜200000	100≤Y＜1000	Y＜100
	资产总额（Z）	万元	Z≥10000	5000≤Z＜10000	2000≤Z＜5000	Z＜2000
物业管理	从业人员（X）	人	X≥1000	300≤X＜1000	100≤X＜300	X＜100
	营业收入（Y）	万元	Y≥5000	1000≤Y＜5000	500≤Y＜1000	Y＜500
租赁和商务服务业	从业人员（X）	人	X≥300	100≤X＜300	10≤X＜100	X＜10
	资产总额（Z）	万元	Z≥120000	8000≤Z＜120000	100≤Z＜8000	Z＜100
其他未列明行业*	从业人员（X）	人	X≥300	100≤X＜300	10≤X＜100	X＜10

注：（1）大型、中型和小型企业须同时满足所列指标的下限，否则下划一档；微型企业只需满足所列指标中的一项即可。

（2）表中各行业的范围以《国民经济行业分类》（GB/T4754－2017）为准。带＊的项为行业组合类别，其中，工业包括采矿业，制造业，电力、热力、燃气及水生产和供应业；交通运输业包括道路运输业，水上运输业，航空运输业，管道运输业，多式联运和运输代理业、装卸搬运，不包括铁路运输业；仓储业包括通用仓储，低温仓储，危险品仓储，谷物、棉花等农产品仓储，中药材仓储和其他仓储业；信息传输业包括电信、广播电视和卫星传输服务，互联网和相关服务；其他未列明行业包括科学研究和技术服务业，水利、环境和公共设施管理业，居民服务、修理和其他服务业，社会工作，文化、体育和娱乐业，以及房地产中介服务，其他房地产业等，不包括自有房地产经营活动。

（3）企业划分指标以现行统计制度为准。①从业人员，是指期末从业人员数，没有期末从业人员数的，采用全年平均人员数代替。②营业收入，工业、建筑业、限额以上批发和零售业、限额以上住宿和餐饮业以及其他设置主营业务收入指标的行业，采用主营业务收入；限额以下批发与零售业企业采用商品销售额代替；限额以下住宿与餐饮业企业采用营业额代替；农、林、牧、渔业企业采用营业总收入代替；其他未设置主营业务收入的行业，采用营业收入指标。③资产总额，采用资产总计代替。

三、经营信息

经营信息可以用财务信息和非财务信息来表达。财务信息是指以货币形式的数据资料为主，结合其他资料，用来表明企业资金运动的状况及其特征的经济信息，也就是企业所拥有经济资源的流量和存量。相对于财务信息，非财务信息是指以非财务资料形式出现与企业的生产经营活动有着直接或间接联系的各种信息资料。常见的表现经营信息的指标有：年营业额、毛利率、年度利润、税负率、存货周转率、应收账款周转率、应付账款周转率、坏账率、产品技术与研发能力等。

（一）年营业额

年营业额指纳税人在一年内从事生产、经营活动取得的收入（营业）额扣除销售折扣、销售折让、销售退回等各项支出后的收入（营业）额。

（二）毛利率

毛利率是毛利与销售收入（或营业收入）的百分比。其中，毛利是收入和与收入相对应的营业成本之间的差额，用公式表示为：

$$毛利率=\frac{毛利}{营业收入}\times 100\%=\frac{主营业务收入-主营业务成本}{主营业务收入}\times 100\%$$

（三）年度利润

年度利润是指企业在一个会计年度的经营成果，包括收入减去费用后的净额、直接计入当期利润的利得和损失等。

年度利润 = 年度收入 − 年度费用 ± 直接计入当年度利润的利得和损失

年度收入减去年度费用后的净额反映的是企业年度日常活动的业绩，直接计入当期利润的利得和损失反映的是企业非日常活动的业绩。利润金额取决于收入和费用、直接计入当期利润的利得和损失金额的计量。利润金额分为营业利润、利润总额和净利润三个层次。年度营业利润是指企业一个会计年度的日常活动取得的利润；年度利润总额是指企业一个会计年度的营业利润加上营业外收入，减去营业外支出后的所得税前利润总额；年度净利润是指企业一个会计年度的利润总额减去所得税费用后的净额。具体公式如下：

年度营业利润 = 年度营业收入 − 年度营业成本 − 年度税金及附加 − 年度销售费用 − 年度管理费用 − 年度研发费用 − 年度财务费用 + 年度其他收益 ± 年度投资净损益 ± 年度公允价值变动净损益 − 年度信用减值损失 − 年度资产减值损失 ± 年度资产处置净损益

年度利润总额 = 年度营业利润 + 年度营业外收入 − 年度营业外支出

年度净利润 = 年度利润总额 − 年度所得税费用

（四）税负率

税负率指增值税纳税义务人当期应缴纳增值税占当期应税销售收入的比例。对于小规模纳税人来说，税负率就是征收率3%，而对一般纳税人来说，由于可以抵扣进项税额，税负率就不是13%或9%，而是远远低于该比例。通常情况下，

当期应纳增值税＝应纳增值税明细账“转出未交增值税”累计数＋“出口抵减内销产品应纳税额”累计数

（五）存货周转率

存货周转率又称库存周转率，是企业一定时期营业成本（销货成本）与平均存货余额的比率。用于反映存货的周转速度，即存货的流动性及存货资金占用量是否合理，促使企业在保证生产经营连续性的同时，提高资金的使用效率，增强企业的短期偿债能力。存货周转率是对流动资产周转率的补充说明，是衡量企业投入生产、存货管理水平、销售收回能力的综合性指标。具体公式如下：

$$\text{存货周转率（次）}=\frac{\text{销售（营业）成本}}{\text{平均存货余额}}$$

$$\text{平均存货余额}=\frac{\text{年初存货余额}+\text{年末存货余额}}{2}$$

$$\text{存货周转率（天）}=\frac{360}{\text{存货周转率（次）}}$$

（六）应收账款周转率

应收账款周转率又称收账比率，是指在一定时期内（通常为一年）应收账款转化为现金的平均次数，是用于衡量企业应收账款流动程度的指标。

应收账款周转率公式有理论和运用之分：

1. 理论公式：

$$\text{应收账款周转率}=\frac{\text{赊销收入净额}}{\text{应收账款平均余额}}$$

$$=\frac{\text{当期销售净收入}-\text{当期现销收入}}{\text{（期初应收账款余额}+\text{期末应收账款余额）}/2}$$

$$\text{应收账款周转天数}=\frac{360}{\text{应收账款周转率}}$$

2. 运用公式：

$$\text{应收账款周转率}=\frac{\text{当期销售净收入}}{\text{（期初应收账款余额}+\text{期末应收账款余额）}/2}$$

$$应收账款周转天数=\frac{360}{应收账款周转率}$$

两者的区别仅在于销售收入是否包括现销收入。我们可以把现销业务理解为赊销的同时收回货款，这样，销售收入包括现销收入的运用公式，同样符合应收账款周转率指标的含义。

销售净收入 = 销售收入 - 销售退回

赊销收入净额 = 销售收入 - 销售退回 - 现销收入

一般情况下，应收账款周转率越高越好，表明收账迅速、账龄较短，资产流动性强，短期偿债能力强，可以减少坏账损失等。

（七）应付账款周转天数

应付账款周转天数又称平均付现期，用来衡量公司需要多长时间付清供应商的欠款，属于公司经营能力分析范畴。应付账款周转天数的计算公式为：

$$应付账款周转率=\frac{采购额}{平均应付账款余额}\times 100\%$$

$$应付账款周转率=\frac{主营业务成本净额}{平均应付账款余额}\times 100\%$$

$$=\frac{主营业务成本净额}{（应付账款期初余额+应付账款期末余额）/2}\times 100\%$$

$$应付账款周转天数=\frac{360}{应付账款周转率}$$

（八）坏账

坏账是指由于债务人破产、解散以及其他各种原因而使应收账款无法收回所造成的损失。坏账率就是坏账额占总赊销总额的比率，计算公式为：

$$坏账率=\frac{年坏账额}{年赊销总额}$$

（九）产品技术与研发能力指标

产品技术与研发能力是企业竞争力的核心，其水平高低直接反映企业利用现有的资源与科学技术知识去解决现有产品功能状不满足市场消费需求差异的能力。研发投入占年度营收的比重、从事产品研发的人员占所有员工数的比例、科研成果转化率等，都是衡量企业的产品技术与研发能力水平的指标。

四、税收信息

税收是国家公共财政最主要的收入形式和来源，是国家取得财政收入和调控经济运行的措施之一，是国家通过法律强制地、无偿地参与国民收入分配的一种措施。通过税款的征缴所形成的国家同纳税人之间的经济关系就是税收的分配关系。税收的本质是国家为满足社会公共需要，凭借公共权力，按照法律所规定的标准和程序，参与国民收入分配，强制取得财政收入所形成的一种特殊分配关系。它体现了一定社会制度下国家与纳税人在征收、纳税的利益分配上的一种特定分配关系。

（一）税种要素

在任何一个国家里，不论采用什么样的税收制度，构成税种的要素都不外乎以下各项：纳税人、征税对象、税目、税率、计税方法、纳税环节、纳税期限、纳税地点、减税、免税和法律责任。

1. 纳税人

纳税人是纳税义务人的简称，是税法规定的直接负有纳税义务的法人和自然人，即课税主体。

纳税人包括法人和自然人两种。法人是指依法成立并能以自己的名义行使权利和负担义务的组织。作为纳税人的法人，通常指经工商行政管理机关审查批准和登记，具备必要的生产手段和经营条件，实行独立经济核算并能承担经济责任，能够依法行使权利和义务的单位、团体。作为纳税人的自然人，是指负有纳税义务的个人，如从事工商营利经营的个人、有应税收入或有应税财产的个人等。

2. 征税对象

征税对象又叫课税对象、征税客体，是指税法规定的对什么征税，是征纳税双方权利义务共同指向的客体或标的物，是区别一种税与另一种税的重要标志。例如，消费税的征税对象是消费税条例所列举的应税消费品，房产税的征税对象是房屋等。征税对象是税法最基本的要素，体现着征税的最基本界限，决定着某一种税的基本征税范围。征税对象按其性质的不同，通常可划分为流转额、所得额、财产特定行为等四大类，也因此将税收分为相应的四大类即流转税或称商品和劳务税、所得税、财产税和行为税。

3. 税目

税目是指在税法中对征税对象分类规定的具体物品、行业或项目，是征税对象的具体化，反映具体的征税范围，是对课税对象质的界定。

税目具有两方面的作用：一是明确的范围，体现征税的广度，凡属于列举税目之内的产品或收入即为课税对象，反之则为非应税对象；二是对具体征税项目进行归类和界定，以使针对不同的税目确定差别税率。规定税目是为了明确具体的征税范围，规定征税的广度。列入税目的就是应税产品或项目，没有列入税目的就不是应税的产品或项目，这样征税的界限就十分明确。通过规定各种税目，可以对不同的产品或项目制定不同的税率，体现国家税收政策。

4. 税率

税率是应纳税额与课税对象之间的比例，是计算应纳税额的尺度，它体现征税的深度。税率的设计直接反映着国家的有关经济政策，直接关系着国家的财政收入和纳税人的税收负担，是税收制度的中心环节。

我国现行税率大致可分为三种：

（1）比例税率。实行比例税率，对同一征税对象不论数额大小，都按同一比例征税。比例税率的优点表现在：同一课税对象的不同纳税人税收负担相同，能够鼓励先进，鞭策落后，有利于公平竞争；计算简便，有利于税收的征收管理。但是，比例税率不能体现能力大者多征、能力小者少征的原则。

比例税率在具体运用上可分为以下四种：

①行业比例税率。即按不同行业规定不同的税率，同一行业采用同一税率。

②产品比例税率。即对不同产品规定不同税率，同一产品采用同一税率。

③地区差别比例税率。即对不同地区实行不同税率。

④幅度比例税率。即中央只规定一个幅度税率，各地可在此幅度内，根据本地区实际情况，选择、确定一个比例作为本地适用税率。

（2）定额税率。定额税率是税率的一种特殊形式。它不是按照课税对象规定征收比例，而是按照征税对象的计量单位规定固定税额，所以又称为固定税额，一般适用于从量计征的税种。定额税率的优点是：从量计征，不是从价计征，有利于鼓励纳税人提高产品质量和改进包装，计算简便。但是，由于税额的规定同价格的变化情况脱离，在价格提高时，不能使国家财政收入随国民收入的增长而同步增长，在价格下降时，则会限制纳税人的生产经营积极性。

在具体运用上分为以下三种：

①地区差别税额。即为了照顾不同地区的自然资源、生产水平和盈利水平的差别，根据各地区经济发展的不同情况分别制定的不同税额。

②幅度税额。即中央只规定一个税额幅度，由各地根据本地区实际情况，在中央规定的幅度内，确定一个执行数额。

③分类分级税额。把课税对象划分为若干个类别和等级，对各类各级由低到高规定相应的税额，等级高的税额高，等级低的税额低，具有累进税的性质。

（3）累进税率。累进税率指按征税对象数额的大小，划分若干等级，每个等级由低到高规定相应的税率，征税对象数额越大税率越高，数额越小税率越低。累进税率因计算方法和依据的不同，又分为以下四种：

①全额累进税率。即征税金额按照与征税对象相适应等级的税率计算税额。当征税对象提高到一个级距时，对征税对象金额都按高一级的税率征税。

②全率累进税率。与全额累进税率的原理相同，只是税率累进的依据不同。全额累进税率的依据是征税对象的数额，而全率累进税率的依据是征税对象的某种比率，如销售利润率、资金利润率等。

③超额累进税率。即将征税对象按数额大小划分为若干等级，每个等级由低到高规定相应的税率，每个等级分别按该级的税率计税。

④超率累进税率。与超额累进税率的原理相同，只是税率累进的依据不是征税对象的数额，而是征税对象的某种比率。

在以上四种不同形式的税率中，全额累进税率和全率累进税率的优点是计算简便，但在两个级距的临界点税负不合理；超额累进税率和超率累进税率的计算比较复杂，但累进程度缓和，税收负担较为合理。

5. 纳税环节

纳税环节是商品在流转过程中缴纳税款的环节。任何税种都要确定纳税环节，有的比较明确、固定，有的则需要在许多流转环节中选择确定。如对一种产品，在生产、批发、零售诸环节中，可以选择只在生产环节征税，称为一次课征制，也可以选择在两个环节征税，称为两次课征制，还可以实行在所有流转环节都征税，称为多次课征制。

确定纳税环节是流转课税的一个重要问题。它关系到税制结构和税种的布局、税款能否及时足额入库、地区间税收收入的分配，以及企业的经济核算和是否便利纳税人缴纳税款等问题。所以，选择确定纳税环节，必须和价格制度、企业财务核算制度相适应，同纯收入在各个环节的分布情况相适应，以利于经济发展和控制税源。

6. 纳税期限

纳税期限是负有纳税义务的纳税人向国家缴纳税款的最后时间限制。它是税收强制性、固定性在时间上的体现。

确定纳税期限，要根据课税对象和国民经济各部门生产经营的不同特点来决定。例如，流转课税，当纳税人取得货款后就应将税款缴入国库，但为了简化手续，便于纳税人经营管理和缴纳税款（降低税收征收成本和纳税成本），可以根据情况将纳税期限确定为

1 天、3 天、5 天、10 天、15 天或 1 个月。

（二）税收种类

目前，中国共有 18 个税种，按照税种性质大致可分为以下三个类别（见表 4－2）。

（1）货物和劳务税，包括增值税、消费税、车辆购置税和关税 4 个税种。

（2）所得税，包括企业所得税、个人所得税 2 个税种。

（3）财产和行为税，包括土地增值税、房产税、城镇土地使用税、耕地占用税、契税、资源税、车船税、印花税、城市维护建设税、烟叶税、船舶吨税和环境保护税 12 个税种。

表 4－2　　我国现行税种（2021 年）

序号	种类	纳税人	征收对象（计税依据）	税率
		货物和劳务税		
1	增值税	在中国境内销售货物或者提供加工、修理修配劳务、销售服务、无形资产、不动产以及进口货物的单位和个人	销售、进口货物，提供加工、修理修配劳务，销售服务、无形资产、不动产	税率为 13%、9%、6%；征收率为 3%、5%
2	消费税	在中国境内生产、委托加工和进口应税消费品的单位和个人，以及国务院确定的销售应税消费品的其他单位和个人	烟、酒、小汽车、成品油等 15 类消费品	从价定率，从量定额，或者复合计税
3	车辆购置税	在中国境内购置应税车辆的单位和个人	购置汽车、排气量超过 150 毫升的摩托车、有轨电车、挂车	10%
4	关税①	进口货物的收货人、出口货物的发货人、进境物品的所有人	中国准许进出口的货物、进境物品	从价定率，从量定额，或者复合计税
		所得税		
5	企业所得税	在中国境内的企业，包括居民企业和非居民企业	居民企业和非居民企业取得的按照税法规定计征的应纳税所得额	居民企业为 25%，非居民企业为 20%、25%

续表

序号	种类	纳税人	征收对象（计税依据）	税率
6	个人所得税	居民纳税人：在中国境内有住所，或者无住所而一个纳税年度内在中国境内居住累计满183天的个人	从中国境内和境外取得的所得	综合所得，适用3%—45%的超额累进税率；经营所得，适用5%—35%的超额累进税率；利息、股息、红利所得，财产租赁所得，财产转让所得和偶然所得，适用比例税率，税率为20%
		非居民纳税人：在中国境内无住所又不居住，或者无住所而一个纳税年度内在中国境内居住累计不满183天的个人	从中国境内取得的所得	
财产和行为税				
7	土地增值税	在中国境内转让国有土地使用权、地上的建筑物及其附着物，并取得收入的单位和个人	转让房地产所取得的增值额	四级超率累进税率（30%、40%、50%、60%）
8	房产税	在中国境内城市、县城、建制镇和工矿区范围内房屋的产权所有人	城市、县城、建制镇和工矿区范围内房屋	自用的，按照房产原值减除10%—30%后余值征税，税率为1.2%；出租的，按照租金征税，税率为12%（个人住宅出租的，按照租金征税，税率为4%；对企事业单位、社会团体以及其他组织按市场价格向个人出租用于居住的住房，减按4%征收）
9	城镇土地使用税	在中国境内城市、县城、建制镇、工矿区范围内使用土地的单位和个人	纳税人实际占用的土地面积	城镇土地使用税每平方米年税额：大城市为1.5—30元；中等城市为1.2—24元；小城市为0.9—18元；县城、建制镇、工矿区为0.6—12元
10	耕地占用税	在中国境内占用耕地（包括其他农用地）建筑物、构筑物或者从事非农业建设的单位或者个人	纳税人实际占用的耕地（包括其他农用地）面积	不同地区实行有差别的幅度税额
11	契税	在中国境内转移土地、房屋权属，承受的单位和个人	成交价格或交换价格差额	3%—5%。对个人购买家庭唯一住房，面积为140平方米及以下的，减按1%税率征收契税；面积为140平方米以上的，减按1.5%税率征收契税。对个人购买家庭第二套改善性住房，面积为140平方米及以下的，减按1%的税率征收契税；面积为140平方米以上的，减按2%的税率征收契税

续表

序号	种类	纳税人	征收对象（计税依据）	税率
12	资源税	在中国领域及管辖的其他海域开发应税资源的单位和个人	能源矿产、金属矿产、非金属矿产、水气矿产、盐和水资源	按照《中华人民共和国资源税法》所附《资源税税目税率录》执行
13	车船税	在中国境内应税车辆、船舶的所有人或者管理人	车辆和船舶	不同幅度的定额税率
14	印花税	在中国境内书立、领受应税凭证的单位和个人	书立、领受的应税凭证	比例税率或定额税率
15	城市维护建设税	缴纳增值税、消费税、营业税的单位和个人	纳税人实际缴纳的增值税、消费税和营业税税额	纳税人所在地在市区的，税率为7%；在县城或镇的，税率为5%；不在市区、县城或镇的，税率为1%
16	烟叶税	在中国境内，依照《中华人民共和国烟草专卖法》的规定收购烟叶的单位	纳税人收购烟叶实际支付的价款总额	20%
17	船舶吨税②	自中国境外港口进入境内港口的船舶	船舶	实行定额税率，包括优惠税率和普通税率
18	环境保护税	在中国领域及管辖的其他海域，直接向环境排放应税污染物的企业事业单位和其他生产经营者	《中华人民共和国环境保护税法》规定的应税污染物，包括大气污染物、水污染物、固体废物和噪声	依照《中华人民共和国环境保护税法》所附《环境保护税税目税额表》执行

注：①②关税、船舶吨税，以及进口环节增值税、消费税由海关代征。

（三）减税免税

减税是对应纳税额少征一部分税款；免税是对应纳税额全部免征。减税免税是对某些纳税人和征税对象给予鼓励和照顾的一种措施。减税免税的类型有：一次性减税免税、一定期限的减税免税、困难照顾型减税免税、扶持发展型减税免税等。

把减税免税作为税制构成要素之一，是因为国家的税收制度是根据一般情况制定的，具有普遍性，不能照顾不同地区、部门、单位的特殊情况。设置减税免税，可以把税收的严肃性和必要的灵活性结合起来，体现因地制宜和因事制宜的原则，更好地贯彻税收政策。

与减税免税有直接关系的还有起征点和免征额两个要素。其中，起征点是指开始计征税款的界限。课税对象数额没达到起征点的不征税，达到起征点的就全部数额征税。免征额是指在课税对象全部数额中免予征税的数额。它是按照一定标准从课税对象全部数额中预先扣除的数额，免征额部分不征税，只对超过免征额部分征税。起征点和免征额具有不同的作用。起征点的设置前提主要是纳税人的纳税能力，是对纳税能力小的纳税人给予的照顾。免征额的设置虽然也有照顾纳税能力弱者的意思，但其他因素却是考虑的关键因素，如个人所得税的赡养老人税前扣除免征额、子女教育费用税前扣除免征额等，考虑的一是社会效应，二是公平原则。

五、资质信息

为更好促进企业科技转型，引导企业树立品牌形象，提高政策引导力，政府会对符合一定政策条件的企业进行资质认证或资格认定。通常，政府会对同类创新力或科技型等企业群体提供一定的政策扶持。现将常见企业资格列示如下：

（一）国家高新技术企业

国家高新技术企业又称国家级高新技术企业，根据《高新技术企业认定管理办法》规定，国家高新技术企业是指在《国家重点支持的高新技术领域》内，持续进行研究开发与技术成果转化，形成企业核心自主知识产权，并以此为基础开展经营活动，在中国境内（不包括港、澳、台地区）注册一年以上的居民企业。

高新技术企业是发展高新技术产业的重要基础，是调整产业结构、提高国家竞争力的生力军，在我国经济发展中占有十分重要的战略地位。十几年来，高新技术企业一直受到各级政府的高度重视，国家和地方主要采取税收减免、股权激励、科技计划、项目用地、金融保险、出口信贷等多种政策措施，鼓励和支持高新技术企业发展。我国已初步形成了培育高新技术企业发展的良好环境和综合政策体系。

具体认证条件如下：

（1）企业申请认定时须注册成立一年以上。

（2）企业通过自主研发、受让、受赠、并购等方式，获得对其主要产品（服务）在技术上发挥核心支持作用的知识产权的所有权。

（3）对企业主要产品（服务）发挥核心支持作用的技术属于《国家重点支持的高新技术领域》规定的范围。

（4）企业从事研发和相关技术创新活动的科技人员占企业当年职工总数的比例不低于10%。

（5）企业近三个会计年度（实际经营期不满三年的按实际经营时间计算，下同）的研究开发费用总额占同期销售收入总额的比例符合如下要求：

①最近一年销售收入小于5000万元（含）的企业，比例不低于5%；

②最近一年销售收入在5000万—2亿元（含）的企业，比例不低于4%；

③最近一年销售收入在2亿元以上的企业，比例不低于3%。

其中，企业在中国境内发生的研究开发费用总额占全部研究开发费用总额的比例不低于60%。

（6）近一年高新技术产品（服务）收入占企业同期总收入的比例不低于60%。

（7）企业创新能力评价应达到相应要求。

（8）企业申请认定前一年内未发生重大安全、重大质量事故或严重环境违法行为。

（二）国家技术创新示范企业

为深入实施创新驱动发展战略，强化企业技术创新主体地位，提升企业技术创新能力，根据《技术创新示范企业认定管理办法（试行）》（工信部联科〔2010〕540号）要求，技术创新示范企业考核从创新投入、人才激励、创新合作、创新队伍建设、创新条件建设、技术积累储备、技术创新产出、技术创新效益等方面，对企业进行全面系统的评价。

具体申报条件如下：

（1）具有独立法人资格，财务管理制度健全，会计信用、纳税信用和银行信用良好。

（2）在国内建有科研、生产基地且中方拥有控制权。

（3）已认定为省级以上企业技术中心的企业。

（4）技术创新成果通过实施技术改造，取得了较显著的成效。

（5）具有一定的生产经营规模，从业人员300人以上，年销售收入3000万元以上，资产总额4000万元以上。

（三）科技型中小企业

科技型中小企业是指依托一定数量的科技人员从事科学技术研究开发活动，取得自主知识产权并将其转化为高新技术产品或服务，从而实现可持续发展的中小企业。

具体申报条件如下：

（1）在中国境内（不包括港、澳、台地区）注册的居民企业。

（2）职工总数不超过500人、年销售收入不超过2亿元、资产总额不超过2亿元。

（3）企业提供的产品和服务不属于国家规定的禁止、限制和淘汰类。

（4）企业在填报上一年及当年内未发生重大安全、重大质量事故和严重环境违法、科研严重失信行为，且企业未列入经营异常名录和严重违法失信企业名单。

（5）企业根据科技型中小企业评价指标进行综合评价所得分值不低于60分，且科技人员指标得分不得为0分。

（6）符合第（1）—（4）项条件的企业，若同时符合下列条件中的一项，则可直接确认符合科技型中小企业条件：

①企业拥有有效期内高新技术企业资格证书；

②企业近五年内获得过国家级科技奖励；

③企业拥有经认定的省部级以上研发机构；

④企业近五年内主导制定过国际标准、国家标准或行业标准。

（四）科技“小巨人”企业

科技“小巨人”企业是指科技创新能力强、市场占有率高、质量效益优的“小而强”“小而优”和“隐形冠军”企业。

省级（以江苏省为例）科技“小巨人”企业应具备以下条件：

（1）企业年主营业务收入8亿元以上（含8亿元），利税总额8000万元以上（含8000万元）；或在细分行业中，企业年主营业务收入国内排名第一。

（2）企业应为高新技术企业或具备高新技术企业条件。拥有省级以上研发机构，主导产品具有自主知识产权、自主品牌，产品技术水平国内领先或填补国内空白。

（3）建立现代企业制度，法人治理结构完善。企业文化、激励机制等软实力建设成效明显。制定并实施了知识产权、技术标准和质量保证等管理体系。

（4）企业在研发设计、生产制造、经营管理和市场开拓等全业务流程应用信息技术，在数字企业创建中具有示范性。

市、县（市）级科技“小巨人”企业应具备的条件由各地结合实际自行制定。

（五）瞪羚企业

瞪羚企业是指创业后跨过“死亡谷”，以科技创新或商业模式创新为支撑，进入高成长期的中小企业。认定范围主要是产业领域符合国家和省战略性新兴产业发展方向，涵盖新兴工业、新一代信息技术（含大数据、物联网与云计算、高端软件、互联网）、生物健康、人工智能、金融科技、节能环保、消费升级等领域。

瞪羚企业就是高成长型企业，它们具有与瞪羚共同的特征——个头不大、跑得快、跳得高，往往通过核心技术突破取得跨越式发展，推出新产品、提供新服务，凭借创建新模式或构建新业态等方式取得高速成长，通过抓住细节市场实现高速成长、取得成功。一个地区的瞪羚企业数量越多，表明这一地区的创新活力越强，发展速度越快。

瞪羚企业具备以下特征：

（1）成长速度快：凭借长板优势实现井喷式、裂变式增长。

（2）创新能力强：研发原创性技术，采用全新的商业模式。

（3）专业领域新：聚焦高新技术领域，推动产业业态创新。

（4）发展潜力大：掌握战略制高点的小巨人或者隐形冠军。

为了实现产业梯队发展，需要有更大规模的高速成长的瞪羚企业集群作为后备。早在 2003 年，不同地区就提出了关于支持瞪羚企业发展的相关政策。通过对瞪羚企业的扶持和培养，一方面可以进一步深化“双创”，另一方面可以使其中产生更多的独角兽企业。表 4－3 为郑州市潜在瞪羚企业和瞪羚企业申报条件。

表 4－3　　潜在瞪羚企业和瞪羚企业需满足以下条件（以郑州市为例）

指标类型	潜在瞪羚企业	瞪羚企业
定性指标	（1）工商、税务、统计关系在郑州高新区内，具有法人资格并实行独立核算，无违法记录且未列入政策兑现负面清单； （2）成立时间不超过 15 年； （3）非烟草、铁路、矿产资源、公共服务等垄断性行业企业，以及房地产、基础建设、银行等企业； （4）非大型央企、外企生产基地、分公司、销售公司、贸易公司	
定量指标	（1）上年度收入在 1000 万—5000 万元的企业，收入增长率达到 20% 或利润增长率达到 10%；上年度收入在 5000 万—1 亿元的企业，收入增长率达到 15% 或利润增长率达到 10%；上年度收入在 1 亿—5 亿元的企业，收入增长率达到 10% 或利润增长率达到 10%； （2）企业累计获得创业投资超过 500 万元（或等值外币）	（1）成立时间不超过 15 年，近四年每年收入不少于 1000 万元且复合增长率不低于 20%，且上一年度正增长； （2）成立时间不超过 15 年，近四年每年雇员总数不少于 100 人且复合增长率不低于 30%，且上一年度正增长； （3）成立时间不超过 5 年，且上一年度收入不低于 5 亿元，且近三年收入无大幅度下降（下降比例不超过 10%）； （4）成立时间不超过 10 年，且上一年度收入不低于 10 亿元，且近三年收入无大幅度下降（下降比例不超过 10%）
创新门槛指标	至少拥有一项 I 类知识产权［包括：发明专利（含国防专利）、植物新品种、国家级农作物品种、国家新药、国家一级中药保护品种、集成电路布图设计专有权等］或六项 II 知识产权（包括：实用新型专利、外观设计专利、软件著作权等，不含商标）	近四年平均科技活动投入强度（即研发费用占营业收入的比例）大于 2.5%

（六）质量标杆企业

质量标杆是指有关组织在系统提升产品和服务质量的实践过程中，形成的具有示范效应、可借鉴、可推广的质量管理方法。

质量标杆活动的目的是发挥优秀企业的榜样带头作用，营造“树标杆、学标杆、超标杆”的质量改进氛围，持续提高质量管理能力，提升产品和服务质量水平，加快企业转型升级。

质量标杆学习实践活动是以加快企业转型升级为导向，以企业为主体，2012 年由工业和信息化部会同地方工业和信息化主管部门、中国质量协会及有关行业协会联合开展的一项全国性质量活动。

省、直辖市级申报国家质量标杆企业要求如下（以北京市为例）：

1. 申报条件

申报企业需具有独立法人资格，近三年连续保持盈利，在质量、诚信、安全、环保等方面无违法行为和不良记录，所运用的主要管理方法（技术）和经验已在本单位成熟应用，对质量和绩效提升有明显促进作用，在我市和行业内表现突出。

2. 重点领域

（1）关键基础材料、核心基础零部件（元器件）、先进基础工艺、产业技术基础以及工业基础软件等领域企业运用先进质量管理理念、方法，促进企业高质量发展的典型经验。

（2）创新能力强、在细分市场占有率较高、掌握关键核心技术的“专精特新”中小企业，在质量管理创新和质量提升方面的典型经验。

（七）全国技术先进型服务企业

技术先进型服务企业是指国家为了扶持高端技术性服务业的发展，对从事技术外包、业务外包和知识外包服务的企业进行税收等多项政策支持的企业。

具体申报条件如下：

在中国境内（不包括港、澳、台地区）注册的法人企业；

（1）从事《技术先进型服务业务认定范围（试行）》中的一种或多种技术先进型服务业务，采用先进技术或具备较强的研发能力；

（2）具有大专以上学历的员工占企业职工总数的 50% 以上；

（3）从事《技术先进型服务业务认定范围（试行）》中的技术先进型服务业务取得的收入占企业当年总收入的 50% 以上；

（4）从事离岸服务外包业务取得的收入不低于企业当年总收入的35%。

注：从事离岸服务外包业务取得的收入，是指企业根据境外单位与其签订的委托合同，由本企业或其直接转包的企业为境外单位提供《技术先进型服务业务认定范围（试行）》中所规定的信息技术外包服务（ITO）、技术性业务流程外包服务（BPO）和技术性知识流程外包服务（KPO），而从上述境外单位取得的收入。

（八）“专精特新”中小企业

“专精特新”是指企业具有专业化、精细化、特色化、新颖化的发展特征。通过引导中小企业专精特新发展，进一步激发中小企业活力和发展动力，推动中小企业转型升级。

具体申报条件如下（以广东省为例）：

（1）应在广东省工商注册登记、具有独立法人资格；

（2）符合《中小企业划型标准规定》；

（3）企业未被列入经营异常名录或严重失信主体名单，提供的产品（服务）不属于国家禁止、限制或淘汰类，同时近三年未发生重大安全（含网络安全、数据安全）、质量、环境污染等事故以及偷漏税等违法违规行为（以上统称合规经营）。

（九）软件企业

软件企业指以计算机软件开发生产、系统集成、应用服务和其他相应技术服务为其经营业务和主要经营收入，具有一种以上由本企业开发或由本企业拥有知识产权的软件产品，或者提供通过资质等级认定的计算机信息系统集成等技术服务的企业。

具体申报条件如下：

（1）在我国境内依法设立的企业法人；

（2）以计算机软件开发生产、系统集成、应用服务和其他相应技术服务为其经营业务和主要经营收入；

（3）具有一种以上由本企业开发或由本企业拥有知识产权的软件产品，或者提供通过资质等级认定的计算机信息系统集成等技术服务；

（4）从事软件产品开发和技术服务的技术人员占企业职工总数的比例不低于50%；

（5）具有从事软件开发和相应技术服务等业务所需的技术装备和经营场所；

（6）具有软件产品质量和技术服务质量保证的手段与能力；

（7）软件技术及产品的研究开发经费占企业年软件收入8%以上；

（8）年软件销售收入占企业年总收入的35%以上，其中，自产软件收入占软件销售收入的50%以上；

(9) 企业产权明晰，管理规范，遵纪守法。

(十) 智能工厂

智能工厂指以业务协同、资源共享和数据共用为核心，围绕信息感知、生产决策和制造执行，将智能设备与信息通信技术有机融合，并广泛应用于工厂（车间）制造全流程，主要解决工厂（车间）产品研发设计、生产制造、经营管理等全业务流程的智能化工厂。

智能工厂认定条件（以青海省为例）如下：

(1) 基本条件。申请智能工厂认定的企业须具有独立法人资格，并在青海省内依法注册 2 年以上。遵纪守法、管理规范、产权明晰，并具有良好的社会信用和经营业绩。智能工厂固定资产投资达 2000 万元以上，建设周期不超过 2 年。

(2) 工作机制。企业信息化组织机构健全，信息化工作制度和发展规划完善，积极推行首席信息官（CIO）制度。

(3) 两化融合。企业两化融合水平在省内同行业处于领先地位。企业依据《青海省工业企业两化融合发展水平评估办法》（青经信信〔2015〕23 号），已纳入全省两化融合发展水平统计评估范畴，年度制造业与互联网融合发展水平平均得分在 60 分以上，两化融合发展水平处于集成提升及以上阶段。

(4) 研用水平。企业数字化研发设计工具普及率在 60% 以上；产品研发设计实现无纸化；研发工艺数据和设计流程通过统一的产品数据管理平台（PDM）进行管理，实现产品工艺数据和设计流程的可控、可追溯。

(5) 制造水平。企业数控装备占生产装备总数的比重（生产装备数控化率）在 65% 以上，关键生产工序中数控装备占生产装备总数的比重（关键工序数控化率）在 60% 以上，数字化车间不少于 1 个。

(6) 管理能力。建立制造执行系统（MES），通过智能化的软硬件技术、控制系统和信息系统在制造过程的集成应用，实现物料需求、计划排产、生产监控、产品销售、仓储物流、售后服务等产品全生命周期管理的智能化。

六、企业信息管理

(一) 全面详细了解企业情况

全面了解本企业情况是企业进行政府项目申报的基础。最了解和熟悉企业发展及技术优劣势的是企业自己，建议企业主要掌握以下三个方面：

一是企业基本情况，包括企业性质、人员、资产；二是企业研究开发情况，包括研究开发人员、设备和资金投入情况、主要成果和自有知识产权状况；三是企业财务、经济情况，包括总资产、总负债、销售收入、利税等财务数据。同时，企业项目申报人员可以根据申报项目需要，形成工作任务分配图，对政府资金支持计划、政策与配套的申请办法、申请时间、材料撰写、申报流程及申报要领等内容预先做到宏观性了解。若能够提前获知政府科技项目上年度支持领域、申报条件、所需企业资质和大概申报时间，企业可预先做准备，项目申报的成功率会大大提升。

（二）注重公司无形资产和相关资质的累积

企业平时一定要注意多积累和申报完善各类资质证书，这是企业综合实力和技术先进水平的集中体现，是项目申报成功的有力保障。企业注重积累的相关资质主要分为以下两种。

一是企业资质，包括管理体系认证、环境体系认证、职业健康体系认证、高新技术企业的认定、企业技术中心的认定、各项强制性认证（CCC 认证、QS 认证、HACCP 认证、GAP 认证、GMP 认证等）。

二是项目资质，包括项目技术先进性的证明文件，如专利证书、商标、软件著作权登记证的申请、科技成果的鉴定（专家评审）、企业项目技术查新报告等；项目技术成熟性证明文件，如权威部门出具的产品检测报告（测试报告）、试验报告、用户意见等；项目产业化可行性证明文件，如由资质单位编制的项目可行性报告、土地批复意见、环评批复、立项备案登记证明、资金申报报告等。这些报告或证书都可以作为申报项目的旁证材料，有的甚至是项目要求不可缺少的附件。

第三节 企业资源与扶持政策的匹配

一、案例企业基本信息

郑州融信科技有限公司是一家主营软件开发业务、知识产权代理的高新技术企业，成立于 2016 年 7 月 30 日，公司现有员工数 83 人。创始人王安，获法国马赛大学博士学位，2016 年归国创业，持有公司 51% 的股份，44 岁。

该公司2021年实现销售收入2000余万元，净利润120.98万元，纳税175.23万元。公司信用良好，2017—2020年累计贷款1100万元。

公司重视技术研发工作，已采购800万的研发设备，并聘请专业技术人才，2017年研发投入122.13万元，2018年研发投入178.43万元，2019年研发投入161.71万元。自主研发项目3项，涉及电子商务、大数据服务、软件测试等领域，与中国科学院等院校合作研发项目2项。2019年，公司启动手机整机试制项目，从郑州市集成电路企业购买芯片，共计400余万元。公司通过自主研发，取得授权发明专利6项、实用新型专利27项、软件著作权14项。

该公司目前获得的资质有：国家高新技术企业、郑州市知识产权试点单位、河南省科技型中小企业等。2019年，公司服务客户117家，其中，知识产权代理、技术转移等咨询服务客户96家，软件开发、性能测试等技术服务客户21家。2020年，回访客户39家，客户满意度超过90%。

该企业详细信息见“产业扶持政策应用虚拟仿真实训项目”平台“课程五 信息匹配分析”。

二、产业扶持政策信息

考虑到案例企业为郑州市一家科技型初创企业，适用的产业扶持政策可能有：

（1）《关于做好2019年下半年河南省大众创业扶持项目申报工作的通知》；

（2）《关于申报2020年度高层次人才国际化培养资助对象的通知》；

（3）《关于组织开展2020年郑州市认定企业技术中心申报工作的通知》。

以上产业扶持政策内容详见实训平台或在政府官网中查阅。

三、企业资源与扶持政策的匹配判定

企业资源与扶持政策匹配判定的步骤为：

第一步：梳理扶持政策的申报条件。主要是解读扶持政策文件，理解扶持政策的申报条件，这是企业资源与扶持政策的判定前提。

第二步：查找企业资源信息。根据扶持政策需要的申报条件，逐条查找企业的资源。

第三步：匹配判定。结合扶持政策的申报条件，根据企业现有资源，作出企业资源与扶持政策是否匹配的判断，为后续开展申报做好准备。

例如，案例企业郑州融信与“河南省大众创业扶持”项目、“高层次人才国际化培养资助”项目、“郑州市认定企业技术中心”项目的匹配判定过程，具体如表4－4、表4－5和表4－6所示。

表4－4　　郑州融信科技有限公司与扶持政策的匹配判定过程

扶持政策名称	申报条件	企业资源	是否匹配
《关于做好2019年下半年河南省大众创业扶持项目申报工作的通知》	（一）依法取得营业执照，在申报开始时注册成立并正常运营一年以上、五年以内的项目，包括有限责任公司、股份有限公司、农民专业合作社等	郑州融信科技有限公司成立于2016年7月30日	匹配
	（二）创业团队优秀，项目法定代表人为自主创业人员，包括：大中专学生（含普通高校、职业学校、技工院校毕业五年内的毕业生及在校生，毕业五年内的留学回国人员）、退役军人、失业人员、返乡创业农民工、离岗创业人员等。创业项目变更法定代表人后，以其身份申报，不予评定。以上人员身份认定是以其创业进行工商注册时为准	郑州融信科技有限公司现有员工数83人。创始人王安，获法国马赛大学博士学位，2016年归国创业，持有公司51%的股份	匹配
	（三）项目在吸纳就业、科技含量、潜在经济社会效益、发展前景、创新性等某一方面或多方面具有明显优势	郑州融信科技有限公司现有员工数83人，2021年公司实现销售收入2000余万元，净利润120.98万元，纳税175.23万元。公司重视技术研发工作，已采购800万的研发设备，聘请专业技术人才，2017年研发投入122.13万元，2018年研发投入178.43万元，2019年研发投入161.71万元。自主研发项目3项，涉及电子商务、大数据服务、软件测试等领域，与中国科学院等院校合作研发项目2项。2019年，公司启动手机整机试制项目，从郑州市集成电路企业购买芯片，共计400余万元。公司通过自主研发，取得授权发明专利6项、实用新型专利27项、软件著作权14项	匹配
	（四）项目符合国家和河南省产业导向，具有较好的开发价值，“互联网＋”、战略性新兴产业、先进制造业和现代服务业、现代农业等行业创业项目优先	郑州融信科技有限公司是一家主营软件开发业务、知识产权代理的高新技术企业，注册地为郑州市高新技术产业开发区，注册资本500万元	匹配

续表

扶持政策名称	申报条件	企业资源	是否匹配
《关于做好2019年下半年河南省大众创业扶持项目申报工作的通知》	（五）已按规定办理社会保险登记手续，吸纳就业3人或以上	郑州融信科技有限公司现有员工数83人，已全部办理社会保险登记手续	匹配
	（六）有固定的经营场所和较为健全的财务规章制度，有独立的对公账户	郑州融信科技有限公司注册地为郑州市高新技术产业开发区，公司固定办公场所为郑州市高新技术开发区56号。公司按照《公司法》对有限责任公司的基本要求，建立了规范的管理和财务制度，严格遵循《会计法》《企业会计准则》等会计法律法规，配备合适的管理人员和财务人员开展公司日常经营管理和财务管理	匹配
	（七）项目和法定代表人均不得被列入失信被执行人。 申报15万元及以上项目除符合本条第一款条件外，还须具备以下条件： （一）吸纳就业人数5人及以上； （二）企业年营业收入基本达到小型企业标准； （三）依法与员工签订劳动合同，按规定缴纳社会保险，无拖欠员工工资报酬等不良行为	项目和法定代表人均没有被列入失信被执行人。郑州融信科技有限公司现有员工数83人，2021年公司实现销售收入2000余万元，依法与员工签订劳动合同，按规定缴纳社会保险，无拖欠员工工资报酬等不良行为	匹配

表4-5　　郑州融信科技有限公司与扶持政策的匹配判定过程

扶持政策名称	申报条件	企业资源	是否匹配
《申报2020年度高层次人才国际化培养资助对象》	1. 政治素质高，业务能力强，爱岗敬业，遵纪守法，有良好的职业道德	郑州融信科技有限公司创始人王安博士，政治素质高，业务能力强，爱岗敬业，遵纪守法，有良好的职业道德	匹配
	2. 身体健康，年龄45岁以下	郑州融信科技有限公司创始人王安博士，身体健康，年龄44岁	匹配
	3. 外语能力应满足下述条件之一：BFT考试高级水平或具备同等外语水平；曾在国外连续独立工作或学习一年以上	郑州融信科技有限公司创始人王安博士，留学法国，获法国马赛大学博士学位，曾在法国国立计算机研究所INRIA作博士后工作；留学期间，在INRIA支持下创办ENGINEST	匹配

续表

扶持政策名称	申报条件	企业资源	是否匹配
《申报 2020 年度高层次人才国际化培养资助对象》	4. 具有博士学位或副高以上职称人员，急需紧缺专业可适当放宽条件	郑州融信科技有限公司创始人王安博士，留学法国，学习专业为计算机专业获法国马赛大学博士学位	匹配
	5. 国（境）外培训研修机构应为国际知名且专业对口的高等院校、企业或研究机构	郑州融信科技有限公司创始人王安博士，留学法国，获法国马赛大学博士学位，曾在法国国立计算机研究所 INRIA 作博士后工作；留学期间，在 INRIA 支持下创办 ENGINEST	匹配

表 4－6　　郑州融信科技有限公司与扶持政策的匹配判定过程

扶持政策名称	申报条件	企业资源	是否匹配
《2020 年郑州市认定企业技术中心申报》	1. 企业年销售收入在 2000 万元以上，并已纳入郑州市规模以上企业统计数据库	2019 年，公司实现销售收入 18941086.91 元，净利润 2347676.12 元	不匹配
	2. 有较强的经济技术实力和较好的经济效益，在郑州市经济各主要行业中具有显著的规模优势和竞争优势	融信科技是郑州市科技型企业，且有效期内高新技术企业主营业务收入增速、研发费用总额增速均高于全市经济发展增速。2017 年被认定为国家高新技术企业、郑州市知识产权试点单位；2019 年被纳入郑州市科技服务平台（知识产权、检测认证类）支持体系；2020 年被认定为郑州市知识产权示范平台，成为软件协会会员单位	匹配
	3. 企业领导层重视技术中心工作，具有较强的技术创新意识，能为技术中心建设创造良好的条件	企业领导层重视技术中心工作，具有较强的技术创新意识，能为技术中心建设创造良好的条件	匹配
	4. 具有较完善的研究、开发、试验条件，有较强的技术创新能力和较高的研究开发投入，研究开发与创新水平在郑州市同行业中处于领先地位	自主研发项目 3 项，涉及电子商务、大数据服务、软件测试等领域，与中国科学院等院校合作研发项目 2 项。2019 年，公司启动手机整机试制项目，从郑州市集成电路企业购买芯片，共计 400 余万元。公司通过自主研发，取得授权发明专利 6 项、实用新型专利 27 项、软件著作权 14 项	匹配

续表

扶持政策名称	申报条件	企业资源	是否匹配
《2020年郑州市认定企业技术中心申报》	5. 有技术水平高、实践经验丰富的技术带头人，科技人员队伍结构合理，在同行业中具有较强的创新人才优势	公司重视技术研发工作，已采购800万元的研发设备，聘请专业技术人才，2017年研发投入122.13万元，2018年研发投入178.43万元，2019年研发投入161.71万元	匹配
	6. 技术中心组织体系完善，发展规划和目标明确，具有稳定的产学研合作机制，技术创新绩效显著	技术中心组织体系完善，发展规划和目标明确，具有稳定的产学研合作机制，技术创新绩效显著	匹配
	7. 企业两年内（指申请认定企业技术中心之日起向前推算两年）有下列情形之一的，不得申请市认定企业技术中心：（1）有偷税、骗取出口退税等税收违法行为的；（2）涉嫌涉税违法正在接受审查的；（3）由于技术原因发生重大质量、安全等事故的	企业两年内（指申请认定企业技术中心之日起向前推算两年）不存在下列情形：（1）有偷税、骗取出口退税等税收违法行为的；（2）涉嫌涉税违法正在接受审查的；（3）由于技术原因发生重大质量、安全等事故的	匹配
	8. 企业科技活动经费支出额、企业专职研究与试验发展人员数、企业技术开发仪器设备原值三项指标不低于最低标准	企业科技活动经费支出额、企业专职研究与试验发展人员数、企业技术开发仪器设备原值三项指标不低于最低标准	匹配

实践环节

进入“产业扶持政策应用虚拟仿真实训项目”平台，在“应用技能教学”板块进入“课程五 信息匹配分析”界面，完成挂靠政策和企业信息的匹配练习。

第五章　扶持项目申报技能

学习目标

了解产业扶持政策对企业成长的促进作用，理解常规扶持政策的特点、申报条件和申报流程，掌握项目申报材料的准备方法和材料撰写的专业技巧；能独立搜集和辨识适合企业申报的项目，能根据申报要求准备和组织项目申报材料，具备对项目申报材料进行质量控制和审核的能力；树立遵守申报规则和程序的意识，具备细致入微、逻辑清晰的资料整理和表达能力，养成对政策变化敏感和快速响应的能力。

导入案例

小艾草擎起亿元大产业

河南省桐柏县依托丰富的艾草资源，大力发展艾草种植和加工产业，形成了集艾草种植、收购、生产、加工、销售、研发于一体的全产业链，使得艾草行业成为当地的特色产业之一，拥有了较高的市场竞争力和良好的发展前景。

2017 年，桐柏县人民政府发布《关于大力发展艾产业 实施产业扶贫的意见》，该文件鼓励、引导贫困户利用到户增收项目资金种植艾草，按每亩 1000 元的标准进行扶持；对产业基础好的乡镇统筹规划，连片推进，重点打造艾产业扶贫带；对带动脱贫效果好的艾草加工、销售等龙头企业实行“一企一策”重点扶持。对符合金融扶贫政策和招商引资政策条件的龙头企业落实对口金融扶持和招商引资优惠政策，增强其带动脱贫的能力。

县政府引导农户通过“村党支部 + 合作社 + 基地 + 农户”的模式发展艾草产业，整合流转闲置土地，探索推行林下种植等方式，不仅提高了土地利用效率，还带动了群众就业和增收。同时，通过与合作社、农户的利益联结，实现了从农户到企业、市场的有机衔接。在政策的推动下，该县涌现出一批如桐柏艾神艾草制品有限公司这样的“专精特新”企业，它们专注于艾草产品的研发和生产，不断推出新产品，满足市场需求。这些企业不仅带动了当地经济发展，也为贫困户提供了就业机会，助力脱贫攻坚和乡村振兴。

截至2024年6月，全县艾草种植面积4万余亩，野生艾草面积达10万亩。桐柏发展艾产业的村集体有20余个，艾草种植合作社10家，艾制品生产企业11家，艾灸养生馆、中医堂、理疗馆等40余家，中药材收购站150余家，涵盖了艾草种植、生产加工、电商运营、门店连锁等艾产业全领域，年总产值达4.7亿元。

【思考与讨论】为促进艾草产业的快速发展，桐柏县政府做了哪些重点工作？作为种植艾草的农户或农业龙头企业，怎样申报相关的扶持补贴？

第一节　扶持项目申报通用技能

扶持政策资助范围几乎涵盖了企业全流程的成长过程。企业只要满足相对应的条件、就能申请政府资金扶持。因此，政府财政资助是企业资金外部来源的重要选择方式之一，但目前仍有很多企业未能获得政府财政资助，主要有以下原因：

其一，企业不知道或者不了解财政补贴政策。当前扶持政策项目众多，企业只知道扶持政策出台，但不知道有符合企业自身条件的补贴政策出台，也不知道企业自己的项目符合哪一项资助政策；或者知道有符合条件的扶持政策，但并不了解政策扶持对象和范围等细节，选择不合适的项目申请，导致资金获得率较低。

其二，企业未按财政补贴要求准备申报材料。扶持资金申请材料要求各有不同的，准备材料的过程也比较复杂，特别是项目申报材料的撰写工作，对有关申报人员的专业水平和文字表达能力等方面的要求比较高，企业在申报项目的过程中，由于准备不够充分或者不够专业，导致好的项目没有被识别而落选，或者申报需要经过的流程太多，而企业没有过多精力进行申报。

一、项目申报材料准备

各项扶持政策的申报各有不同，通常包括项目申报表和附件证明材料。企业根据申报要求逐一准备即可。

（一）项目申报表

项目申报表通常概述申请项目基本情况的书面材料，特点有三个：一是要求明确，对具体填写的内容基本都有明确的要求；二是信息齐全，涵盖所有信息，包括基本信息、申报内容等；三是篇幅有限，各个模块基本都有字数要求，不能超出规定的字数限制。

项目申报表是审评专家评判企业申报项目是否符合要求的重要资料，因此申报表的质量成为项目申请过程中至关重要的环节。项目申报表要体现信息准确、表达精练、具备闪光点的特点。通常以“创新”和“效益”为核心，围绕创新点阐述研究内容，申请依据要合理，人、财、物要有保障，要以事实为依据，用佐证材料和数据说话。

1. 项目概况描述

对于项目类资金申请，应阐述清楚项目立项的背景和意义、研发内容和关键技术，论述清楚国内外相关研究情况概述及结论，说明具体的组织实施方式和保障措施，评估好项目风向，并且对项目前期工作基础、项目实施绩效、项目计划进度等进行具体的论述。项目内容应具体做到“利于发展、凝练重点、精准对标、综述条件、严控风险、基础可靠、指标量化、进度合理”。

项目背景和意义一般由技术背景、市场背景、项目必要性等内容构成，其中，申报项目技术的国内外发展现状是项目背景的重要组成部分，企业需要进行重点描述，突出现有技术存在的不足以及未来发展趋势，对项目产品和国内外竞争产品进行对比分析，突出国内外市场存在的差距，阐明产业链上下游发展对项目产品的需求情况，强调项目立项的必要性和重要性。企业在该部分还应该突出项目对科技、经济和社会发展的作用，尤其要写明项目对本地区发展的作用与意义。

研究内容和关键技术部分包括主要研究内容、拟解决的关键问题及技术路线、创新点三个方面。该部分内容可以说是项目申报书的重中之重，也是篇幅最大的部分。由于涵盖的内容相对较多，所以申报者在填写该部分内容的时候，最好能够列出提纲，分自然段进行编写。如果申报者直接在系统中填写，不易分段、分节，建议申报者可以先行下载 Word 版本的申报书模板，进行试填写之后再填写项目申报系统。

主要研究内容应详细论述项目各个组成部分的内容或功能以及技术实现的方法，要逐条列出研究开发内容，但不是工作流水账，应注意提炼要重点攻关解决的共性技术、关键性技术。

拟解决的关键问题及技术路线，对于项目关键技术，尤其要重视项目关键技术的提炼和阐释，写出技术的高精尖和创新之处，如提供知识产权等支撑材料则更能体现项目技术的先进性。

创新点，要突出独创性，明确提出项目创新点，突出具有自主知识产权的独创性技术。主要创新点与研究开发内容要相互呼应。有条件的企业可以在附件清单中附上科技创新报告。

2. 企业概况描述

部分申报标准要求企业阐述具备的项目实施的人员、设备、场地、技术积累等方面的成熟度情况。企业可以从团队条件、设备设施条件、技术条件、市场条件等多个方面进行组织实施方式和保障措施的论述。

团队条件部分，企业可着重写出企业研发人员的比例、专业领域和技术背景，详细介绍项目负责人和技术骨干的技术实力。

设备设施部分，企业可列明企业已经购置和即将采购的与所申报项目直接相关的研发设备、生产设备、测试仪器的名称、型号、数量和性能等，阐明研发和生产基础坚实。

技术条件部分，企业可从企业承担的项目、内部立项情况来说明单位的技术积累情况和行业水平，再结合已获得的知识产权、荣誉证书、认证证书等情况，说明企业在技术方面的雄厚实力。

市场条件部分，企业可从企业市场开拓情况、销售渠道、市场业绩等方面阐明项目产品的市场渠道的畅通水平，确保项目成果转化的可行性。

研发基础部分，企业要写明已有的、前期的科研基础和承担项目任务已具备的人、财、物支撑条件，包括技术负责人的业务资历、技术经验与背景、科研团队的组成与素质、单位的财务状况、试验场所、设备、仪器等，最好能提供佐证材料，如阶段成果鉴定证书、样品检测报告以及用户试用报告等。

3. 经费信息表

部分申报政策会要求列示经费支出预算。企业要严格遵循科技经费列支范围。项目经费包括直接费用和间接费用两个部分，参照国家和省的有关规定，研究制定符合本单位科研活动实际的各类费用支出标准。其中直接费用是指在项目研究过程中发生的与之直接相关的费用，具体包括如下若干项费用。

（1）设备费。在项目研究过程中购置或试制专用仪器设备、对现有仪器设备进行升级改造以及租赁外单位仪器设备而发生的费用。

（2）材料费。在项目研究过程中消耗的各种原材料、辅助材料、低值易耗品的采购、运输、装卸、整理以及回收处理费用。

（3）测试化验加工费。在项目研究过程中支付给外单位或依托单位内部检测机构的检验、测试、化验及加工费用，非独立核算的内部检测机构应按规定明确检测费用标准。

（4）燃料动力费。在项目研究过程中相关大型仪器设备、专用科学装置运行发生的可以单独计量的水、电、气、燃料消耗费用。

（5）差旅费、会议费、国际合作交流费。在项目研究过程中开展科学实验、科学考察、业务调研、学术交流、业务培训所发生的外埠差旅费、市内交通费用；组织开展学术研讨、咨询以及协调项目研究工作而发生的会议费用；项目研究人员出国、外国专家来华；项目研究人员赴港澳台地区、港澳台地区专家来内地工作以及开展学术交流的费用。本科目预算不超过直接费用10%的，不需要提供预算测算依据，可统筹使用。

（6）出版、文献、信息传播、知识产权事务费。在项目研究过程中，需要支付的出版费、资料费、专用软件购买费、文献检索费、专业通信费、专利申请及其他知识产权事务费用。

（7）劳务费。在项目研究过程中支付给参与项目研究的承担单位编制外研究生、博士后、访问学者、项目聘用的研究人员和科研辅助人员的劳务费用。项目聘用人员的劳务费开支标准，参照当地科学研究和技术服务业从业人员平均工资水平，根据其在项目研究中承担的工作任务确定，其社会保险补助纳入劳务费科目列支。劳务费预算不单设比例限制，由项目承担单位和科研人员据实编制。项目聘用的研究人员和科研辅助人员依法与项目承担单位签订合同（协议）。参与项目研究并与项目承担单位签订劳动合同的编制外人员的工资性支出在劳务费中列支，不具备签订合同或协议条件的人员可按规定提供相关佐证材料。

（8）人员费。项目承担单位属科研事业单位的，可从直接费用中开支参与项目研究的在编人员工资性支出，用于补足财政补助标准与本单位实际发放水平之间的差额，并纳入单位工资总额限额管理。对全职承担省重点领域研发计划的团队负责人（领衔科学家、首席科学家、技术总师、型号总师、总指挥、总负责人）以及引进的高端人才，可实行年薪制管理。年薪所需经费在项目经费中单独核定，在本单位绩效工资总量中单列，并相应地增加单位当年绩效工资总量。

（9）专家咨询费。在项目研究过程中支付给临时聘请的咨询专家的费用。专家咨询费不得支付给参与项目管理的相关工作人员。

（10）直接费用中的其他支出。项目研究过程中发生的除上述费用之外的其他支出以及不可预见支出，项目承担单位在申请预算时应单独列示、单独核定。间接费用是指项目承担单位在组织实施项目过程中发生的无法直接列支的相关费用，主要用于补偿项目承担单位为了项目研究而提供的现有仪器设备及房屋，水、电、气、暖消耗，有关提高科研管理、服务能力等费用以及绩效支出。项目承担单位在统筹安排间接费用时，应合理分摊间接成本以及对科研及相关人员的绩效支出。绩效支出安排应与科研人员在项目工作中的实际贡献挂钩，适当向一线科研人员倾斜。绩效支出不单设比例限制，纳入单位奖励性绩效单列管理，不计入单位绩效工资总量调控基数。项目承担单位从省重点领域研发计划项目间接费用中提取的绩效支出，应向承担任务的中青年科研骨干倾斜。

（二）项目可行性报告

可行性报告，一般包括项目研究内容与技术方案、项目前期工作基础、项目组织实施方案、项目实施绩效等。编制可行性报告是一项政策性、技术性都很强的综合性咨询服务，因此，企业分析并提炼撰写编制技巧和要点，提高可行性报告的质量，是提高科研项目申报通过率的关键。

1. 编制准备工作

（1）全面搜集资料。全面、准确了解和掌握可行性报告的资料数据是基本要求，主要资料数据有国家和地方的经济和社会发展规划、行业部门的发展规划、相关规范、标准、定额、市场信息资料、技术资料等。部分资料可通过中国知网、政府网站、行业协会网站、研究机构网站、国家统计局网站等渠道获得，技术资料、市场资料、财务资料则必须和技术、市场、财务等部门充分沟通。

（2）善于利用政策语言和行业用语。企业在可行性报告的编写过程中要善于利用科技创新政策语言和行业用语阐述项目内容，仔细研究项目申报指南，领会指南精神，确定所申报的项目符合当年申报指南，根据指南精神和要求来撰写项目内容。

（3）善于利用数字。对于项目的经济指标、技术性能指标、市场状况、市场容量、竞争对比、财务分析的数据分析，企业一定要善用量化的数字，尽量避免使用“一定的”“较多”“可能”等模糊的字眼，以免引起评审专家反感和对报告专业性的质疑。

（4）善于利用图表。相对于大篇幅的文字材料来说，图表在一定程度上能够更加直观地看到项目申报者的数据，能够比文字更简洁地描述出项目申报者想要表达的内容。通过图表很好地将一些事物中隐藏的关系进行关联，图表的使用还能够让可行性报告的内容更加严谨，使得数据可信度更高。可行性报告中可能会涉及技术路线图、工艺路线图、投资规划表、设备方案表、成本分析表、损益分析表、现金流量分析表等图表。

（5）分工撰写整体把握。可行性报告是一份综合性报告，技术、市场、财务等人员各自负责板块的一部分。科研管理人员要把控报告编制的总体进度并进行报告的整合、优化和排版，这样可以发挥各业务部门的专业特长，最大化地提升可行性报告的专业度。相对于专人编制的可行性报告，采取分工合作方式形成的报告整体质量会更高，但整合优化的难度相对来说也会更大，企业要避免形成每个部分单拎出来都很完整，组合在一起却不合适的情况。

（6）邀请专业人士把关。项目评审流程的核心是同行评议，同行评议是“由科学系统中的同行专家组成的群体根据一定的标准，对提交的申请项目进行评议”。在可行性报告提交申报系统之前，企业可以邀请行业专家、之前参加过评审的专家等资深专业人士帮忙把关指导，尽管他们可能不是本次专项的评审专家，但他们可以站在专家的角度对可行性报告的立意高度、可行性、技术热点、先进性与创新性等方面进行专业指导。这么做可以避免出现一些申报领域不符合、框架不完整、预算不符合申报指南等原则性问题。

2. 各模块编写技巧

（1）项目研究内容与技术方案。该部分是可行性报告的首要部分，主要是阐明项目立项背景意义、主要研究内容、国内外相关研究情况概述及结论、项目拟解决的关键问题与技术路线、项目研究内容的创新性等五个部分。在撰写时，申报单位的立项依据需要符合国家、省、市发展纲要或产业政策的要求。

①项目立项背景意义。从现实需要方面去论述，指出现实当中存在这个问题，需要去研究解决，阐述研究的实际价值，然后撰写课题的理论和学术价值。

②主要研究内容。该部分则需要项目申报者回答项目主要是做什么的。根据企业的实际情况，界定所需要做的事情范围，并结合前期工作，总结、归纳、提炼出主要研究内容。

③国内外相关研究情况概述及结论。重点是介绍“国内外研究现状和发展趋势”，特别是要分析出技术差距和企业申报立项的意义。

④项目拟解决的关键问题与技术路线。建造合理的体系架构，展现清晰明确的实施思路，突出课题中的关键技术和课题间的关联目标。

⑤项目研究内容的创新性。项目研究内容和创新之处是项目申报书的重点，采用最简洁的语言凝练出研究包括哪些具体内容，每部分研究要达到什么效果。各部分内容一般紧密联系，相互构成完整的统一整体。需要注意的是，创新点应具有必要性和可行性，不可为创新而创新。同时，创新点一般为2—4点。

（2）项目前期工作基础。

该部分属于可行性报告的重要内容，也是彰显项目申报者实力的环节，需尽可能进行详细分析，可以从申报单位研究积累、技术实力。实力、项目负责人创新水平及科研能力、研究团队组成、已取得的阶段性成果，技术研发活动必备的设备等方面进行阐述，如获得国家和省科技计划等支持情况，取得的阶段性研究成果及以往科技成果转化情况，与项目相关的知识产权情况，已发表的与项目相关的主要论文、专著情况等。

①申报单位及参与单位现有基础条件与设施。基础条件是证明申报单位具备承担项目的能力，保障措施是提供延续的可能。所以，该部分要重点说明项目申报单位及合作单位

完成该项目已经具备哪些基础条件。

②申报单位及参与单位已有的前期研究基础和成果。这里是指项目承担单位在相关研究方面的工作基础和取得的代表性研究成果。成果可以是专利、论文以及获得政府部门立项的相应科技计划项目。该部分需要列举具体知识产权和研究成果清单。由于已经在国内外现状和趋势分析的表中做了铺垫，所以该部分要前后呼应出团队的行业地位、工作基础和研究成果，要淋漓尽致地展示团队的技术优势。

③项目负责人的创新水平及科研能力。项目负责人是项目能否顺利推进的灵魂，其创新水平及科研能力直接决定了项目的完成程度。因此，项目申报者需要将项目负责人近三年主要研究成果，尤其是与所申报项目相关的研究成果按照相关度进行综述。

④研究团队构成。研发人员是研发过程中最重要的因素，高层次、高素质、高学历的研究团队更加能够保证完成高技术、高质量、高规格的项目。主要包括：项目主要骨干成员简历及代表性成果，包括论文、政府部门已立项的科技项目和知识产权。

⑤近三年直接获得国家、省、市科技部门资助的相关项目情况。企业要罗列出获得国家、省、市科技部门资助的项目情况，特别是要写出项目和课题承担单位的“973 计划”“863 计划”、国家科技支撑计划、国际科技合作与交流专项、产业技术研究与开发基金和公益性行业科研专项项目、课题承担情况和成果转化情况。

（3）项目组织实施方案。项目组织实施方案可以从项目计划进度安排与任务分工、项目组织实施方式、经费预算合理性评估、项目风险分析及应对措施等方面阐述。

①项目计划进度安排与任务分工。计划进度安排要避免项目实施周期太长或太短，按照计划生命年度研究目标计划的实施时，企业要注意操作、实施的可行性，同时要说明阶段目标。涉及合作单位的，一定要明确各方任务分工，避免在后续项目立项后产生责任纠纷。

②项目组织实施方式。项目组织实施方式是一个项目能否完成的基石，采用怎样的研究方法、组织方式在一定程度上决定了项目的研究质量。为了更好地落实项目承担单位的管理职责，企业需要在项目申报阶段建立项目和课题的内部组织管理方式及协调机制。同时，企业要充分利用信息化技术所带来的组织和管理模式创新，明确项目、课题和子任务间的权、责、利，按照有关政策法规加强管理，保护各方权益，加强知识产权保护和应用转化，建立高效沟通渠道，评估项目研发过程中可能存在的风险，并给出防范措施，做到防患于未然。

③经费预算合理性评估。该部分主要说明经费使用情况，含采购设备清单、人员费用预算评估、调研计划支出预算等。填报经费结构时应符合申报指南有关要求，严格按照相关管理规定填写，合理规划经费数额，注重经费结构合理性。

④项目风险分析及应对措施。该部分要对项目实施过程中遇到的各类风险进行评估，包括对技术方案、组织实施方案、知识产权归属等可能遇到的各类风险，突出本项目的风险可控性。申报单位可通过风险防控等手段保障项目顺利完成。

（4）项目预期成果及实施绩效。研究结果是研究目标的结论性论述，一方面，可以以成果形式表达，如理论成果、专利申请、成果和获奖情况、论文发表、人才培养。另一方面，研究结果也可以以其他可考核的指标进行衡量，如结合申报单位的规模、产能、销售收入等实际状况，把握项目实施后带来的经济效益和社会效益。

（三）附件材料

附件材料是重要的支撑材料，并不是可有可无的，附件有佐证创新性、说明前期研究进展、证明准入资质等作用，也是专家和管理者评审的重要依据。因此，项目负责人应该将本项目所需要的附件与自己准备好的材料一一核对，填写每一类附件数量，方便评审专家核对和查阅。切勿出现佐证材料不能相互印证甚至相互矛盾的情况。特别值得提醒的是：

1. 附件准备充足

附件类型主要包括组织机构代码证或统一社会信用代码证，合作协议，企业营业执照，上年度资产负债表，高新技术企业证书，科学技术成果鉴定证书，专利证书，各类获奖证书，列入国家计划文件或证书，环保证明，用户意见，单位法人证书，上年度利润表，检测报告，查新证明，新药证书，通信电力入网证，生物新品种、农产品、农药登记证，特殊产品生产许可证，企业各出资方意见，实验动物使用需求情况表，申报材料真实性承诺函，项目关键技术进展表，项目技术指标表，合作协议，自筹经费承诺函，项目负责人职称证明。

2. 提供附件的逻辑清晰

项目申报者需要按照申报指南要求上传附件，在编写附件名称的时候最好要清晰明确。例如，上传各类获奖证书时，项目申报者不要将其直接命名为各类获奖证书，而是要在标题中直接列明是什么奖项，这样便于评审专家在最短的时间内获取最多的信息。

（四）常见问题

申报单位在撰写申报书和可行性报告时，通常会出现以下问题：

（1）申报书的内容填写过于简单，研究内容、技术路线不明确。

（2）经费结构安排不合理。

（3）项目实施周期太长或太短。

（4）项目验收指标不明确，缺少量化标准，指标设定得过高或过低。

（5）佐证材料说服力不强，不能相互印证，甚至互相矛盾。

（五）注意事项

申报单位在撰写申报书和可行性报告时，有以下事项需要注意：

（1）申报负责人撰写申报书和可行性报告时需紧扣申报指南。

（2）申报负责人要确保申报项目结构和内容的完整性，提交的材料包括申报书、可行性报告和附件材料。

（3）申报单位要严格按照申报时间节点要求完成申报，务必在截止时间前提交申报指南规定的全部材料。

二、申报资料管理规范

企业获得政府扶持资金后，应对申报资料进行规范管理，尤其是项目类申报资料，往往资金管理部门会对项目执行情况采用资料备案或者定期检查等方式及进行了解。因此，企业应对申报资料进行规范管理。

（一）规范管理的必要性

政府扶持资金相关资料管理对申报企业有着十分必要的作用。随着我国科学技术以及经济水平的不断提升，目前我国扶持政策资助的企业涉及范围广泛、应用效率较高，扶持政策模式发挥着越来越多且越来越深入的必要作用。企业自身的企业领域也在不断突破。随着政府部门的监管手段多样化和服务理念的落实，对于企扶持政策资金涉及事项，更多通过申报材料和资料备案进行风险评估和控制；对于企业一旦缺少资料管理的工作，就会缺少一定的可靠的信息数据。为了合理利用扶持政策，有效数据的运用是能帮助企业在发展中改正思路、提升效率的重要手段，因此资料规范的管理必不可少。

（二）管理中存在的问题

资料体系的建立是其企业发展的一个相对边缘化的发展目标，小微型企业资料更容易发生管理方式内容落后，管理体系不健全等问题。这也使得小微型企业资料会成为企业发展的一个短板。

1. 资料管理工作不重视

企业不重视资料工作的状况非常普遍。在一些企业内，对于进行具体的资料工作的相关部门总是没有引起足够的重视，其往往被管理者视为一种可以用于随时被兼并或者能够不断进行精简的组织，同时从事这方面工作的相关人员相对而言较为动态，没有建立起相对平等的职位的认识，这就使得这项工作的具体开展会出现一定的问题，同时由于社会不断发展，使得企业的档案资料逐渐改变了形式，主要以电子化的形式进行存储。但是，这并没有使得企业及时转变对这些资料的认识，这也会导致企业无法提高对这项工作的认识。为了解决这一问题，需要通过加大宣传，增强企业的认识，通过采取相应的宣传活动来加深对相关的法规的认识和遵守，推进档案电子化建设，确定领导负责制。同时，抓典型树标杆，动员全员参与。资料工作是一项需要长期坚持且较为复杂的工作，但是可以为企业在进行档案资料的具体管理工作方面起到重要的支撑作用。同时，由于我国在相关方面的起步较晚，在对档案工作未能有足够多的重视的情况下，领导者尤其是小微型企业领导者应该认真学习《中华人民共和国档案法》，增强档案意识，要认识科学管理的重要性，档案的作用只有在经过一个需要沉淀的长时间累积的、隐形增值的过程后才能显现。

2. 管理方式内容较落后

在对档案资料进行管理时，其具体的管理的内容相对简单，对资料的存储方式相对单一，同时，许多企业没能及时采用先进的方式进行资料的收集和整理，这会使其在进行相关工作中无法实现资料完整收集。同时，管理方式不够先进，应积极借助信息化等相关的技术手段，通过将其技术与管理工作进行有效结合，同时对目前的问题进行深入的分析，对认识和相关的设备等都要进行及时的更新和调整，从而有效推动这项工作的顺利实施。这就要求企业领导者需要提高认识，培养人员意识，增加设备投入，以企业的需求情况决定资料规模的大小。此外，目前阶段，在管理手段方面较为落后，在具体的制度的编制的过程中，需要结合具体的现实情况进行分析，同时要依据现有的相关的制度和相应的体系等进行有效的管理和协调，同时根据企业的独特的性质对其具体的适用范围进行严格的控制，并基于客观的情况进行具体的分析，从中探寻出适合企业的具体的管理形式。比如说，体量较小的小微型企业应选取社会化的资料模式，既能节约企业成本，又能使档案得到完善的保管和利用效果。

3. 管理制度体系不健全

很多企业在对其资料管理工作进行具体的管理过程中，总是出现一些由于现有制度存在缺陷，导致其没有形成较强的管理能力，同时企业对其具体的文化没有形成有效的管理。对于资料管理这项工作，在我国已经经历了 50 年的发展历程。在这个过程中，其在具体的管理工作等各个方面都进行了相应的调整和补充，同时，通过不断完善和推广，这也使得相应的工作已经获得了一定程度的发展。但是由于技术的限制，使得目前阶段，部门之间还不能形成较为流畅的信息交流和共享，因此，数据重复申报、编制或者存在数据空白等，无法为企业的实际发展提供坚实的基础和帮助，这就需要企业不断提升自身在资料等方面的具体工作，通过对其进行科学的安排和处理，使其建立起规范化的运营的流程和机制。同时，对于一些常见的问题等，要及时进行处理，通过设置相应的改善措施和方案，实现科学的管理，通过对机制和体系进行有效的调整，从而实现不断的优化，通过不断强化相应的工作，构建起企业的发展所需要的体系，并将资料的相关的工作与目前企业的管理工作进行有效的结合，将其放在适合的位置，通过各个工作之间的协调，实现企业的发展。

（三）资料管理原则

（1）真实性原则——是整理资料的最根本要求。保证资料的真实性是资料整理以及分析的根本。

（2）准确性原则——描述事实要准确，特别是数据。数据的准确性直接影响后续分析的正确性。

（3）完整性原则——尽可能全面、如实地反映全貌。尽量避免以偏概全，使资料分析的结果产生假象从而对研究的结论产生错误影响。

（4）统一性原则——对调查指标有统一的解释，对各项数值，计算方法、计算单位要统一，以免造成计算的失误。

（5）简明性原则——资料尽可能简单、明确。该用文字说明的用文字说明，该用表格的用表格，该用图表的用图表，做到类别分明。

三、资料分类说明

企业文件材料的通常包括以下方面：

（1）产品生产方面。有产品设计、工艺、工装的图样和技术文件，原材料检验、产品生产过程和生产调度工作中形成的各种文件材料等。

（2）经营销售方面。有企业经营决策和经销管理的各种记录、文件、合同、协议等文件材料，市场经济信息，广告宣传和用户服务工作中形成的文件材料等。

（3）设备仪器方面。有设备仪器的图样和技术文件，设备仪器安装、调试和验收过程中的技术性、凭证性文件材料，设备仪器的运行、维修记录，设备改进、改装和报废的文件材料等。

（4）技术管理方面。有质量管理、技术引进、技术改造和标准、计量、能源、环保、科技情报、科技档案等管理中形成的各种文件材料。

（5）计划统计方面。有各种计划、统计报表和计划管理、统计分析活动中形成的各种文件材料。

（6）物资供应方面。有物资、原材料采购、库存保管、供应和工具管理中形成的各种文件材料。

（7）劳动工资方面。有定额、定员和劳动调配以及劳动工资、劳动保护等工作中形成的各种文件材料。

（8）财务管理方面。有财务管理中的各种账册、报表、凭证和文件等。

（9）教育培训方面。有干部、职工教育和技术培训的文件、教材等。

（10）党、政、工、团工作方面。有企业党务工作以及组织、宣传、人事、保卫工作中的各种文件材料，企业行政工作、共青团工作和工会工作中的各种文件材料等。

（11）科学技术研究方面和工程建设方面：按有关规定执行。

（12）其他方面。

四、档案管理方式

在保证各项归档资料准确完整的情况下，按档案类别进行分类管理，具体方式如下：

（1）行政类。根据其相互联系分类整理，按年分装。证照单独保存。文件类应按其发生时间先后有序排列。填制文件编号，确保文件编号连续且唯一，设置《文件目录索引》，方便快速查找。合同类按合同类别分别保存。

（2）人事类。对人事档案应按部门、入职时间分类编号归档，一个员工一个编号，防止重名重姓员工档案交叉，制电子目录，以便查阅。按在职人员、离职人员进行整理。在职员工的基本资料有变动时，对其相关资料复印件及时收集进行归档，原件当场查验，确保材料的真实性。工资表按月打印，按年分装，保存电子档表格。

（3）企划类。依照企划方向进行分类，按照发生时间有序保存。

（4）仓管类。同种单据单独保存，保证单据号连续不间断，按年度装订成册。

（5）工程类。填制工程编号，区分合作企业，同一工程项目档案单独文件盒保存。

（6）财务类。每年形成的财务档案，应当由财务人员负责整理立卷，装订成册，编制会计档案保管清册。当年形成的会计档案，在会计年度终了后，可暂由财务部门保管一年，期满之后，应当由财务部门编制移交清册。移交统一保管的财务档案，原则上应当保持原卷册的封装。个别需要拆封重新整理的，档案管理员应当同财务人员和经办人员共同拆封整理。

（7）营销类。细化客户分类、名称，按年度整理，按月排序。

五、（专项）资金管理

（一）管理制度

企业内部专项资金的管理制度设计是确保资金有效利用、规范资金使用行为、防范资金风险的重要环节。构建完善的专项资金管理制度，确保资金精准投放、合规使用与有效监控，是企业财务健康与长期发展的关键。这一制度需覆盖资金规划、申请、审批、执行、监控、审计和绩效评估的全过程，同时重视合规培训与文化建设，以增强企业合规意识，营造合规文化，从源头预防违规行为。

1. 资金管理制度的目标与原则

（1）制度目标。企业设计专项资金管理制度的首要任务是明确其管理目标，这些目标旨在确保专项资金的有效利用与合规管理，以支持企业的长远发展。具体而言，制度目标可细化为以下五个方面：

①保障项目顺利实施。确保专项资金能够精准、及时地投入既定的项目中，支持项目的顺利进行，避免因资金问题导致的项目延期或中断。

②提高资金使用效率。通过科学合理的资金分配与管理机制，优化资源配置，减少资金闲置和浪费，提高专项资金的使用效率和经济效益。

③防范资金风险。建立健全的风险防控体系，对专项资金的使用过程进行全程监控，及时发现并纠正潜在的违规行为，确保资金安全。

④促进财务透明与合规。增强专项资金管理的透明度，确保资金使用的合规性，提升企业的财务管理水平和市场信誉。

⑤支持企业战略目标。专项资金管理制度应与企业整体战略目标相契合，通过专项资金的精准投入，推动企业战略目标的实现和可持续发展。

（2）基本原则。为实现上述制度目标，专项资金管理制度应遵循以下基本原则：

①专款专用原则。专项资金必须严格按照批准的用途和范围使用，不得擅自改变资金用途或挪用至其他项目，确保资金的专项性和针对性。

②预算管理原则。专项资金在项目申请时已经费用分类，资金拨付后按照预算将专项资金纳入企业年度预算管理体系，实行严格的预算控制，确保资金使用的计划性和预见性，避免超预算支出。

③公开透明原则。建立健全的信息披露制度，定期公布专项资金的使用情况、项目进展和绩效评价结果，接受内外部监督，确保资金使用的公开透明。

④绩效导向原则。以绩效为核心，建立专项资金使用绩效评价体系，将绩效评价结果与资金分配、奖惩机制挂钩，激励相关部门和个人提高资金使用效益。

⑤合规性原则。严格遵守国家法律法规、财务规章制度和企业内部管理制度，确保专项资金的使用合法合规，防范法律风险。

⑥灵活性与适应性原则。在保持制度稳定性的同时，注重制度的灵活性和适应性，根据企业实际情况和外部环境的变化，和专项资金的调整原则，调整和完善制度内容，确保制度的有效性和可操作性。

2. 管理架构与职责

（1）管理架构。

①设立专项资金管理机构。企业应设立专门的机构或委员会来负责专项资金的管理，如“专项资金管理委员会”或“专项资金管理中心”。这个机构应由项目负责人把控，成员包括财务、审计、业务等相关部门的负责人，以确保资金管理的权威性和跨部门协作的顺畅性。同时，设立项目决策委员会，负责专项扶持政策资金分配等重大事项的决策。另外，企业也可建立跨部门协作机制，确保财政、税务、审计、市场监管等部门在专项资金管理中能够信息共享、协同作战，形成管理合力。

②明确层级关系。在专项资金管理机构内部，应明确各层级的职责和权限。例如，可以设立决策层、执行层和监督层。决策层负责专项资金的重大决策和审批；执行层负责具体的资金使用和管理；监督层则负责对资金的使用情况进行监督和审计。

图 5－1 是可供参考的管理架构图。其中，资金管理中心或资金部作为核心部门，负责制定资金管理政策、审批资金计划、监控资金流动、评估资金风险等。会计核算组需要负责处理与资金流动相关的会计核算工作，确保资金流动的准确记录。资金运营组负责资金的具体运营操作，如资金调度、投资、融资等。风险管理组用于专门负责识别、评估和管理企业面临的各类资金风险。猜中此种集中式组织架构方式有利于实现资金的集中管理和统一调度，提高资金使用效率，也有助于降低资金风险，增强企业的财务稳健性

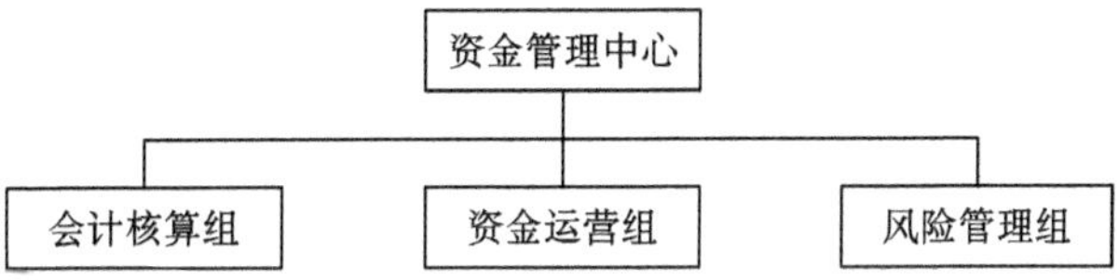

图 5－1　专项资金管理框架图

（2）职责分工。

①财务部门。

其一，会计核算。负责专项资金的会计核算工作，确保资金的收支记录准确无误。

其二，资金拨付。根据审批结果，及时将专项资金拨付到指定账户。

其三，财务监督。对专项资金的使用情况进行财务监督，确保资金使用的合规性和效益性。

②审计部门。

其一，内部审计。定期对专项资金的使用情况进行内部审计，检查资金使用的合规性和效益性。

其二，风险评估。对专项资金使用过程中可能存在的风险进行评估，并提出相应的防范措施。

③业务部门。

其一，项目申报。负责专项资金的项目申报工作，确保项目符合专项资金的支持方向和条件。

其二，项目实施。按照项目计划和预算，负责专项资金的具体使用和管理，确保项目顺利实施。

其三，绩效自评。对专项资金的使用绩效进行自评，形成自评报告，为后续的绩效评价提供依据。

④专项资金管理委员会或中心。

其一，决策审批。负责专项资金的重大决策和审批工作，确保资金使用的科学性和合理性。

其二，协调沟通。协调各相关部门之间的工作，确保专项资金管理的顺畅进行。

其三，制度制定。负责制定和完善专项资金管理制度，为资金管理提供制度保障。

3. 信息化和数字化建设

企业在建设内部资金管理制度的过程中，将信息化和数字化应用其中，是提升管理效率、增强风险控制能力、促进决策科学化的关键。

首先，企业应当进行资金需求分析与规划以明确目标。企业需要明确项目资金管理制度建设的目标，包括提高资金流动性、降低资金成本、加强风险控制、优化资源配置等。还需要对现状进行评估，即对现有资金管理流程、信息系统、数据质量等进行全面评估，识别存在的问题和瓶颈。最后规划蓝图，基于目标和现状评估，制定信息化和数字化建设的整体规划，明确实施路径、时间表和关键里程碑。

其次，企业在信息系统构建过程中需要根据项目需求，实现数据共享和业务协同。在数据采集的过程中，企业应利用资金管理系统自动采集项目资金数据，包括资金流入流出、账户余额、投资收益等。同时，对采集到的数据进行清洗和整合，确保数据的准确性和一致性。最重要的是，企业应运用数据分析工具和技术，对项目资金数据进行深度挖掘和分析，发现潜在的风险和机会，为项目完成提供有力支持。

最后，企业也应建立一系列制度持续优化及改进项目资金使用。在企业可以建立反馈机制，收集员工对资金管理信息系统和数字化建设的意见和建议，并定期对项目资金管理的运行效果进行评估，包括流程效率、风险控制能力、决策支持能力等。根据评估结果和反馈意见，对资金管理信息系统和数字化建设进行持续优化和改进，以保证项目开展和完成。

（二）专项资金执行管理

1. 专项资金在企业财务报表中的体现

（1）资产负债表。在资产负债表中，专项扶持资金的使用情况可能会通过资产和负债的变动来体现。

资产项目中，如果扶持专项资金用于购置固定资产、无形资产等长期资产，这些资产的增加会在资产负债表的相应项目中得到体现。例如，购置的固定资产会在“固定资产”项目中增加，购置的无形资产会在“无形资产”项目中增加，同时可能会影响以下科目：

①预收款项或递延收益。当企业收到扶持专项资金，但资金使用条件或时间尚未满足时，这部分资金应被记录为预收款项或递延收益。预收款项通常在资产负债表的流动负债部分体现，而如果资金使用期限较长，可能会被分类为非流动负债下的递延收益。随着资金使用条件的达成，预收款项或递延收益将逐步转化为收入，从负债转为收入的会计处理体现了资金的使用和企业对资金的消耗。

②无形资产或固定资产。若扶持资金用于购置或开发无形资产（如专利权、软件著作权）或固定资产（如设备、建筑物），企业应将这部分支出资本化，计入资产负债表中的相应资产项下。资本化后的资产将按照企业所采用的折旧或摊销政策，在未来若干年内逐步转化为费用，影响企业的损益表。

③资本公积或盈余公积。在某些情况下，扶持专项资金可能会作为政府对企业的一种资本性投入，这时可能会增加企业的“资本公积”或“盈余公积”。这取决于资金的性质、用途以及企业的会计政策。

负债项目中，在某些情况下，如果企业需要将扶持专项资金作为负债处理（如专项应付款），这部分资金会在资产负债表的“负债”部分得到体现。然而，需要注意的是，并非所有扶持专项资金都需要作为负债处理，这取决于资金的性质、用途以及企业的会计政策。

（2）现金流量表。在现金流量表中，扶持专项资金可能会根据资金的性质被归类为不同的活动产生的现金流量。

经营活动产生的现金流量中，收到的扶持专项资金通常会在现金流量表的经营活动产生的现金流量部分体现，表明企业从非经营性活动获得的现金流入。这部分现金流入反映了扶持资金对企业现金流量的正向影响，有助于分析企业现金流量的健康状况。如果扶持专项资金用于补偿企业已经发生或未来将要发生的与经营活动相关的费用或损失，这部分资金可能会被归类为"收到的其他与经营活动有关的现金"。这包括但不限于用于技术改造、研发活动、市场开拓等经营活动的专项资金。

筹资活动产生的现金流量中，如果扶持专项资金明确要求计入资本公积或作为国家投入，且实际中也经常形成固定资产或无形资产等长期资产，这部分资金可能会被归类为"收到的其他与筹资活动有关的现金"。这通常发生在政府以资本性投入的方式支持企业特定项目或发展时。

（3）利润表。在利润表中，扶持专项资金的影响可能会通过以下项目来体现：

①其他收益。根据《企业会计准则》的规定，与企业日常经营活动无关的政府补助，在利润表的营业外收支项目中列报。然而，对于与收益相关的政府补助（即用于补偿企业已发生或未来将要发生的相关费用或损失的补助），企业通常会选择将其计入"其他收益"项目，以反映这部分收入对当期利润的影响。需要注意的是，"其他收益"项目是企业在利润表中"营业利润"项目之上单独列报的一个项目，用于反映与企业日常经营活动不直接相关但影响当期损益的政府补助等收入。

②营业外收入。如果扶持资金直接用于补贴企业运营成本、研发支出或特定项目，并且在收到时满足收入确认条件，企业应将这部分资金确认为营业外收入，体现在损益表中。营业外收入的确认将直接影响企业的净利润，提升企业的盈利能力表现。

③研发费用或管理费用。扶持资金用于资助企业研发活动或日常管理时，这部分支出可能会在损益表的研发费用或管理费用项下体现。如果扶持资金是对这部分费用的补贴，那么企业实际的费用支出将相应减少，进而影响损益表中的利润水平。通过将扶持资金与相关费用相抵减，企业能够更准确地反映资金的实际使用效果。

（4）附注。在财务报表的附注部分，企业必须详细披露扶持专项资金的性质、来源、使用目的、金额、确认和计量方法等信息。附注披露是财务报表的重要组成部分，它提供了报表主体之外的详细信息，有助于报表使用者全面理解企业财务状况、经营成果和现金流量的全貌，以及扶持资金对企业的影响。

2. 专项资金在企业税务中的体现

（1）收入确认与应税所得。

①收入确认。扶持专项资金在税务处理上，首先需要明确其是否构成企业的应税收入。根据《中华人民共和国企业所得税法》及其实施条例，企业从政府获得的财政性资

金，如符合特定条件，可作为不征税收入处理，在计算应纳税所得额时从收入总额中减除。这些条件通常包括：资金有专项用途、政府部门有专门的管理办法或要求、企业对该资金及支出单独核算等。如果扶持专项资金不满足不征税收入的条件，则应计入企业的应税收入总额，依法缴纳企业所得税。

②应税所得调整。对于作为不征税收入处理的扶持专项资金，如果企业将其用于支出所形成的费用或资产，在计算应纳税所得额时不得扣除或计算对应的折旧、摊销扣除。这是为了防止企业通过不征税收入来规避税收。如果企业在规定期限内未使用完毕的专项资金，或者将资金挪作他用，税务部门可能会要求企业将其调整为应税收入，并补缴相应的企业所得税。

（2）税收优惠与减免。在某些情况下，政府为了鼓励特定行业或领域的发展，可能会对符合条件的扶持专项资金提供税收优惠或减免政策。例如，对于高新技术企业、小微企业等获得的专项扶持资金，可能享受税收减免或加计扣除等优惠政策。

企业需要密切关注相关税收政策的变化，确保在享受税收优惠的同时，也符合税法规定的条件和要求。

（三）专项资金使用合规性审查和风险规避

1. 合规性审查

合规性审查是确保专项资金使用符合法律、法规及内部政策的关键步骤。在审查前，细致的准备与规划至关重要，以确保审查工作的全面性、针对性与高效性。企业内部审计部门应该针对资金使用情况进行合规性审查。

（1）审查前的准备与规划：构建审查框架。首先，企业在对专项资金管理进行审查时，审查团队应明确审查的总体目标，即评估整体合规性还是聚焦于特定项目、流程或风险点。审查范围应基于企业政策、行业标准、法律法规以及专项资金的特定要求，确保审查内容覆盖所有关键领域，如资金申请、审批流程、使用监控、报告与审计等。

其次，企业应制定详细的审查计划。包括审查时间表、审查方法（如文件审查、现场检查、员工访谈等）、审查团队的分工与职责、预期成果及报告模板等。计划的制定需考虑审查资源的有效分配，确保审查过程既全面又高效，同时预留足够时间进行深入分析与评估。

再次，在预审与资料收集方面，审查前应收集与专项资金使用相关的所有文件资料，包括财务报表、预算文件、审批记录、合同协议、项目报告等。初步分析这些资料，识别审查重点与潜在风险点，为审查工作的具体实施提供指导方向。

最后，在审查团队进行资金审查过程中，对审查团队进行必要的培训，涵盖专项资金管理的法律法规、企业政策、审查方法与技巧等，确保团队成员具备识别和评估合规风险的能力，能够准确执行审查任务。

（2）审查过程中的执行与记录：确保审查质量。审查过程中的执行与记录是合规性审查的核心，直接关系审查结果的准确性和可靠性。

首先，内审部门的审查团队进行现场检查与文档审查时，审查团队应进行深入的现场检查，验证专项资金使用流程的合规性，包括资金申请、审批、使用、监控等环节。同时，细致审查相关文档，确保每一环节都遵循了规定程序与标准。

其次，通过与关键人员的访谈，包括项目负责人、财务人员等，收集第一手信息，了解专项资金使用的实际操作情况，识别潜在的合规问题与风险点。同时，审查团队运用数据分析工具，对专项资金使用数据进行深度分析，如对比预算与实际支出、分析审批流程的效率等，以评估资金使用的合规性与效率。

最后，审计团队应记录审查发现。在审查过程中，应详细记录审查活动、发现的问题、合规性评估结果等，包括发现的不合规行为、潜在风险点、需要改进的领域等。记录需客观、准确、完整，为后续报告撰写提供坚实依据。

（3）审查后的报告与后续行动：推动改进与合规。首先，在审查部门针对专项资金进行审查后应撰写审查报告。基于审查记录与分析，撰写详尽的审查报告，内容应包括审查目标、范围、方法、发现的问题、合规性评估结果及建议等。报告需结构清晰、逻辑严密、语言精准，便于管理层理解与决策。同时提出改进建议。针对审查中发现的合规问题，提出具体的改进建议，包括优化流程、加强员工培训、完善内部制度等，以提升专项资金使用的合规性与效率。

其次，审查团队应与企业高层进行深入沟通，汇报审查结果，解释合规问题的严重性与改进建议的必要性，争取管理层的全力支持与承诺。同时，制定与执行行动计划，在管理层的支持下，制定详细的行动计划，明确整改责任、时间表与预期成果，确保审查建议得到有效实施。同时，审查团队应参与监督，确保行动计划的执行与合规目标的实现。

最后，企业内部资金管理应定期复审与持续改进。审查不应是一次性的活动，企业应建立定期复审机制，持续监控专项资金使用的合规性，及时发现并解决新出现的问题，确保专项资金管理的长期合规与优化。

2. 风险规避

企业专项扶持资金使用过程中的风险类型包括：

（1）政策风险。

①政策变化风险。政府政策可能因经济形势、财政状况等因素发生调整，导致扶持资金的标准、使用范围、审批流程等发生变化，影响企业的资金申请和使用。

②政策解读风险。企业对政策的理解可能存在偏差，导致资金使用不符合政策要求，进而面临资金被收回或处罚的风险。

（2）管理风险。

①内部控制风险。企业内部管理不善，可能导致专项资金被挪用、截留或虚报冒领等违规行为的发生。

②资金分配风险。资金分配不合理或审批流程不严格，可能导致资金无法有效支持项目发展，甚至造成资源浪费。

（3）运营风险。

①项目实施风险。项目实施过程中可能遇到技术难题、市场变化等不确定因素，导致项目无法按期完成或达到预期效果。

②经营状况风险。企业自身经营状况不佳，如销售额下降、利润减少等，可能影响其对专项扶持资金的利用效率和效果。

（4）税务风险。企业在处理扶持专项资金时，如果未能正确区分应税收入与不征税收入，或者未能按照税法规定进行税务处理，可能会面临税务风险。这些风险包括被税务部门追缴税款、加收滞纳金、处以罚款等。

因此，企业需要加强税务风险管理，建立健全的内部控制机制，确保税务处理的合规性和准确性。

那么，如何进行风险规避呢？

（1）加强政策研究与解读。密切关注政府政策动态，及时了解和掌握相关政策的最新要求和变化；聘请专业机构或法律顾问对政策进行深度解读，确保企业对政策的理解准确无误。

（2）完善内部控制制度。建立健全专项资金管理制度，明确专项资金的申请、审批、使用、监督和评估等各个环节的职责和流程；加强内部审计和监督检查，确保专项资金的使用符合政策要求和公司规定。

（3）优化资金分配与使用。根据项目实际需求和公司财务状况，合理确定专项资金的分配比例和使用计划；加强对项目实施过程的跟踪和管理，确保资金按时、按量、按质投入项目建设中。

（4）加强项目管理与风险控制。建立健全项目管理制度，明确项目目标、进度、成本和质量等方面的管理要求；加强与项目相关方的沟通协调，及时发现并解决项目实施过程中遇到的问题和困难；建立风险预警机制，对可能出现的风险进行提前预警和应对。

（5）提升企业经营能力。加强企业管理团队建设，提升企业管理水平和经营能力；加大市场开拓和产品研发力度，增强企业核心竞争力和盈利能力；加强财务管理和成本控制，确保企业财务状况稳健可控。

六、项目资料归集

完整项目内容应该包括从申报管理到验收，再到后期转化应用的各个阶段。通过借鉴国家某些专项对档案管理的一些要求，建议企业在整理单独一个政策文件时，将其分为项目基本材料、项目申报阶段、过程管理阶段、验收和审计阶段、成果转化阶段，并将每个阶段里面的具体文档以“日期（完成时间）——××项目（项目名称）——××（编制人员姓名）V1.0（版本号）”的形式统一命名，这样虽然前期命名会比较麻烦，但是后期则会更容易整理和保存。各个阶段涉及的具体内容如表5-1所示。

表5-1　企业汇编项目基础材料一览表

序号	所处阶段	具体内容
1	项目基本材料	企业基本介绍、项目负责人及相关人员基本情况、企业统一社会信用代码证、企业当年的年度审计报告、企业获奖证明、企业资质证明、专利证书等
2	项目申报阶段	项目申报通知和指南，各类策划会议记录文件产业和行业相关政策搜集，查新报告、产学研合作协议、项目申报材料、评审和答辩关通知文件、答辩PPT等
3	过程管理阶段	批复立项文件，开题报告、调研报告，方案论证和协议书，项目合伙目标责任书，项目实施计划表、年度经费使用计划表，各类专项（计划）项目和经费管理办法、各类策划协调会议记录、各类中期检查相关的报告和报表，重大事项变更，项目阶段总结报告，设计文件、图样及关键工艺文件，各类与项目有关的产品照片、测试报告、分析报告等
4	验收和审计阶段	项目工作总结报告、项目技术总结报告、经费决算报告、经费审计报告，分专题报告、验收申请表、审计底稿，项目结题验收书、专家验收意见表等
5	成果转化阶段	项目的最终成果形式和内容，具体包括专利、标准、软件著作权、论文等各类知识产权申请文件及证书，专利许可或转让协议、产品或装备样机照片及相关测试报告、用户反馈意见等

不同项目类型所涉及的项目阶段也有所不同，上面的划分只能作为一个参考，供企业在项目申报材料管理时选用。

七、资料管理要点

资料整理汇总是一项工作量大，时间长，高准确的工作。为了保证归档管理的资料正确性，在整理汇总之前，必须对资料进行全面细致的审查，这是必不可少的环节。一方面要检查资料的完整性。就是搜集的资料有无遗漏，图表是否齐全；另一方面要检查资料的准确性，报送的时间，以保证汇总结果的正确性。对资料的审核，应从以下三个方面来进行：

（一）资料完整性审核

（1）资料完整度的审核，即审核各资料有无遗漏。

（2）上报资料的审核，即审核应填列的图表有无遗漏，应填列的各项指标是否齐全。

（二）资料正确性审核

（1）对照检查。从各个有关方面对资料进行查对核实，看资料是否符合客观事实。统计图表资料核对。应将报告期与基期的统计报表资料相对照。

（2）逻辑检查，也就是检查资料有无不合理的地方。有联系的资料指标对比是否合理，或者有无互相矛盾的地方。在检查中，还需要根据自己所掌握的经验。知识和对有关情况的了解。对有关数字的比例关系检查是否合理。图表数字与自己了解的实际情况是否符合等。

（3）计算检查。涉及数据的相关资料，应检查总计、合计、小计关系，累计关系，平衡关系，乘除关系等计算有无错误。如单项相加是否等于小计，小计相加是否等于合计。上下左右各有关栏目的合计相加是否等于总计等。特别是有些报表没有明显写出各项的合计、小计关系，检查审核时要按照规定范围，检查各小项之和是否等于大项。

（三）资料及时性审核

检查所有填报单位有没有严格遵守报送时限进行上报。上报时间是以寄出日期，长途上报以邮政日戳期为准。资料迟报的原因。往往是人员变动或移交手续不全的原因造成，加上新的统计人员对统计资料及时报送的重要性认识不足。因此，统计人员变动工作时要办好相关的移交手续，一定要明确上报资料的时限。

专栏5－1 扶持项目申报材料准备

根据《关于进一步完善研发费用税前加计扣除政策的公告》（财政部 税务总局公告2021年第13号）第二条的规定：企业预缴申报当年第三季度（按季预缴）或9月份（按月预缴）企业所得税时，可以自行选择就当年上半年研发费用享受加计扣除优惠政策，采取“自行判别、申报享受、相关资料留存备查”办理方式。

符合条件的企业可以自行计算加计扣除金额，填报《中华人民共和国企业所得税月（季）度预缴纳税申报表（A 类）》享受税收优惠，并根据享受加计扣除优惠的研发费用情况（上半年）填写《研发费用加计扣除优惠明细表》（A107012）。《研发费用加计扣除优惠明细表》（A107012）与相关政策规定的其他资料一并留存备查。

企业应当不迟于年度汇算清缴纳税申报时，向税务机关报送《企业所得税优惠事项备案表》和研发项目文件完成备案，并将下列资料留存备查：

1. 自主、委托、合作研究开发项目计划书和企业有权部门关于自主、委托、合作研究开发项目立项的决议文件；

2. 自主、委托、合作研究开发专门机构或项目组的编制情况和研发人员名单；

3. 经科技行政主管部门登记的委托、合作研究开发项目的合同；

4. 从事研发活动的人员和用于研发活动的仪器、设备、无形资产的费用分配说明（包括工作使用情况记录）；

5. 集中研发项目研发费决算表、集中研发项目费用分摊明细情况表和实际分享收益比例等资料；

6. “研发支出”辅助账；

7. 企业如果已取得地市级（含）以上科技行政主管部门出具的鉴定意见，应作为资料留存备查；

8. 省税务机关规定的其他资料。

第二节 扶持项目申报应用

一、高新技术企业认定政策的申报

（一）政策颁布背景

高新技术是经济增长和社会进步的重要力量，我国正处于经济转型升级的关键时期，传统产业面临着资源环境约束、产能过剩等问题，迫切需要通过科技创新实现产业升级和结构调整。

1. 国家经济发展需求

高新技术企业作为科技创新的主体，具有技术含量高、附加值高、创新能力强等特点，能够带动相关产业的发展，促进经济增长方式的转变。因此，认定高新技术企业，鼓励和支持其发展，对于推动我国经济高质量发展具有重要意义。

2. 提升企业自身竞争力

对于企业来说，获得高新技术企业认定不仅可以享受政策优惠，还可以提升企业的品牌形象和市场价值。认定过程要求企业具备较强的技术创新能力、研发投入和知识产权保护意识，这有助于企业不断提升自身的核心竞争力，在市场竞争中占据优势地位。

3. 政策引导与支持

为了促进高新技术企业的发展，我国政府出台了一系列政策措施，包括税收优惠、财政补贴、金融支持等。高新技术企业认定是落实这些政策的重要手段，通过认定的企业可以享受相应的优惠政策，从而激发企业的创新活力，提高企业的创新能力和市场竞争力。

（二）政策获取渠道

高新技术企业认定政策获取渠道，主要有以下两种：

1. 政府部门官方网站

（1）国家层面。科学技术部火炬高技术产业开发中心官网（https：//www. innocom. gov. cn）有发布的高新技术企业认定管理相关政策文件、通知公告等，如《高新技术企业认定管理办法》《高新技术企业认定管理工作指引》等。

在国家税务总局官网（https：//www. chinatax. gov. cn/）上能查询到与高新技术企业相关的税收优惠政策及解读。

（2）地方层面。各省市的科技厅（局）、税务局、财政局等政府部门网站，如广东省科学技术厅（http：//gdstc. gd. gov. cn/）公布本省的高新技术企业认定工作通知、申报指南、政策解读等内容；上海市科学技术委员会官网（https：//stcsm. sh. gov. cn/），也有关于上海市高新技术企业的各类政策信息。

2. 专业政策查询平台

（1）国家政务服务平台。上线了高新技术企业认定服务专区，可查看部门政策，能按地区切换查看各地方政策，有申报通知、申报流程介绍，还提供国家科学技术奖励查询、高新技术企业备案查询等相关服务。可通过微信小程序、支付宝小程序等端口进入。

（2）行业协会和商会网站。相关行业的协会、商会网站会发布行业相关的高新技术企业政策信息以及对政策的解读和分析，帮助企业理解政策导向和申请要点。

（3）查策网（http：//www. chacewang. com）。整合了国内众多城市的科技政策，可从区域对比、受理部门、产业类别及项目类别等多个维度查询高新技术企业政策，还提供产业政策查询、扶持政策匹配、高新模拟申报等服务系统。

（4）企业服务机构平台。一些专业的企业服务机构，如知识产权代理机构、科技咨询公司等，它们的网站会整理和发布高新技术企业政策，同时提供政策咨询和申报辅导等服务。

（三）高新技术企业认定条件

认定为高新技术企业须同时满足以下条件：

（1）企业申请认定时须注册成立一年以上；

（2）企业通过自主研发、受让、受赠、并购等方式，获得对其主要产品（服务）在技术上发挥核心支持作用的知识产权的所有权；

（3）对企业主要产品（服务）发挥核心支持作用的技术属于《国家重点支持的高新技术领域》规定的范围；

（4）企业从事研发和相关技术创新活动的科技人员占企业当年职工总数的比例不低于10%；

（5）企业近三个会计年度（实际经营期不满三年的按实际经营时间计算，下同）的研究开发费用总额占同期销售收入总额的比例符合如下要求：

①最近一年销售收入小于5000万元（含）的企业，比例不低于5%。

②最近一年销售收入在5000万元至2亿元（含）的企业，比例不低于4%。

③最近一年销售收入在2亿元以上的企业，比例不低于3%。

④其中，企业在中国境内发生的研究开发费用总额占全部研究开发费用总额的比例不低于60%。

（6）一年高新技术产品（服务）收入占企业同期总收入的比例不低于60%。

（7）企业创新能力评价应达到相应要求。

（8）企业申请认定前一年内未发生重大安全、重大质量事故或严重环境违法行为。

（四）高新技术企业认定程序

高新技术企业认定程序如下：

1. 企业申请

企业对照本办法进行自我评价。认为符合认定条件的在“高新技术企业认定管理工作网”注册登记，向认定机构提出认定申请。申请时提交下列材料：

（1）高新技术企业认定申请书；

（2）证明企业依法成立的相关注册登记证件；

（3）知识产权相关材料、科研项目立项证明、科技成果转化、研究开发的组织管理等相关材料；

（4）企业高新技术产品（服务）的关键技术和技术指标、生产批文、认证认可和相关资质证书、产品质量检验报告等相关材料；

（5）企业职工和科技人员情况说明材料；

（6）经具有资质的中介机构出具的企业近三个会计年度研究开发费用和近一个会计年度高新技术产品（服务）收入专项审计或鉴证报告，并附研究开发活动说明材料；

（7）经具有资质的中介机构鉴证的企业近三个会计年度的财务会计报告（包括会计报表、会计报表附注和财务情况说明书）；

（8）近三个会计年度企业所得税年度纳税申报表。

2. 专家评审

认定机构应在符合评审要求的专家中，随机抽取组成专家组。专家组对企业申报材料进行评审，提出评审意见。

3. 审查认定

认定机构结合专家组评审意见，对申请企业进行综合审查，提出认定意见并报领导小组办公室。认定企业由领导小组办公室在“高新技术企业认定管理工作网”公示10个工作日，无异议的，予以备案，并在“高新技术企业认定管理工作网”公告，由认定机构向企业颁发统一印制的“高新技术企业证书”；有异议的，由认定机构进行核实处理。

4. 后续管理

企业获得高新技术企业资格后，应每年5月底前在“高新技术企业认定管理工作网”填报上一年度知识产权、科技人员、研发费用、经营收入等年度发展情况报表。

对于涉密企业，按照国家有关保密工作规定，在确保涉密信息安全的前提下，按认定工作程序组织认定。

（五）高新技术企业认定申报资料清单

高新技术企业认定申报资料通常包括以下内容：

1. 高新技术企业认定申请书

可从“高新技术企业认定管理工作网”下载获得，在线打印并签名、加盖企业公章。

2. 企业依法成立证明材料

选择适用告知承诺制的企业提供证明事项告知承诺书；选择不适用告知承诺制的企业提供营业执照等相关注册登记证件的复印件。

3. 知识产权相关材料

知识产权相关材料如知识产权证书及反映技术水平的证明材料。一般要求企业在申报前获得“高新技术企业认定”未曾使用过的授权发明证书专利 1 件，或是实用新型专利证书 5 件（含软件著作权证书）。需注意知识产权名称及权利要求书内容要与科研项目（RD）表中项目、高新技术产品（服务）（PS）表中产品相关，且权利人只能是企业自己，共同拥有的会影响得分。

4. 科研项目立项证明相关材料

科研项目立项证明相关材料包括已验收或结题项目需附验收或结题报告。立项书研发内容要具体，有技术指标，并且指标与研发内容对应；验收报告要规范，体现立项书中研发内容、技术指标等的完成情况。

5. 科技成果转化证明材料

科技成果转化证明材料如科技成果转化总体情况与转化形式、应用成效的逐项说明等相关材料。在高新技术企业认定过程中，要求近 3 年转化成果或开发新产品 15 个，即每年 5 个，因此必须要有 5 个以上科技成果。证明科技成果转化的最好证明材料可以是新产品销售发票 + 实物图片；其次是新产品的生产批文、新产品检测报告、新产品查新报告、新产品（服务）销售合同等，且要与 PS 表相衔接。同一科技成果在国内外转化的，或转化为多个产品、服务、工艺等的只计为一项，并且上述证明材料必须是近三年的。

6. 研究开发组织管理等相关材料

研究开发组织管理等相关材料包括企业研究开发组织管理水平的总体情况与四项指标符合情况的具体说明相关材料。例如，制定了企业研究开发的组织管理制度，建立了研发投入核算体系，编制了研发费用辅助账；设立了内部科学技术研究开发机构并具备相应的科研条件，与国内外研究开发机构开展多种形式的产学研合作；建立了科技成果转化的组织实施与激励奖励制度，建立开放式的创新创业平台；建立了科技人员的培养进修、职工技能培训、优秀人才引进以及人才绩效评价奖励制度。这些制度都要求有文字范本和企业近三年使用了这些制度的证明。

7. 高新技术产品（服务）相关材料

高新技术产品（服务）相关材料包括企业高新技术产品（服务）的关键技术和技术指标的具体说明，相关的生产批文、认证认可和资质证书、产品质量检验报告等材料。

8. 企业职工和科技人员情况说明材料

企业职工和科技人员情况说明材料包括在职、兼职和临时聘用人员人数、人员学历结构、科技人员名单及其工作岗位等。

9. 专项审计或鉴证报告

专项审计或鉴证报告包括经具有资质并符合相关条件的中介机构出具的企业近三个会计年度（实际年限不足三年的按实际经营年限）研究开发费用专项审计或鉴证报告（附研究开发活动说明材料）；经具有资质并符合相关条件的中介机构出具的企业近一个会计年度高新技术产品（服务）收入专项审计或鉴证报告。

10. 财务会计报告

经具有资质的中介机构鉴证的企业近三个会计年度的财务会计报告，包括会计报表、会计报表附注和财务情况说明书。企业财务报表主要用于评价企业的成长性，必须通过审计。已经通过年审的企业，可直接提供企业近三个会计年度的财务报表。

11. 企业所得税年度纳税申报表

近三个会计年度企业所得税年度纳税申报表，包括主表及附表。

需要注意的是，不同地区可能会根据实际情况对申报资料的要求有所差异，具体要求应以当地相关部门发布的通知和指南为准。此外，申报材料应真实、准确、完整，并按规定的顺序装订成册。如果对申报过程有任何疑问，建议及时咨询当地的科技部门或专业的咨询机构。

（六）高新技术企业认定企业需准备工作

1. 明确认定条件

（1）企业注册成立年限。企业须注册成立一年以上。

（2）知识产权。企业应拥有自主知识产权，包括发明专利、实用新型专利、软件著作权等。知识产权数量和质量在认定中起着关键作用，一般来说，发明专利的权重较高，实用新型专利和软件著作权也有一定的分值。

确保知识产权与企业的核心技术和主营产品紧密相关，避免出现无关知识产权被质疑的情况。

（3）技术领域。企业的主要产品（服务）应属于《国家重点支持的高新技术领域》规定的范围，包括电子信息、生物与新医药、航空航天、新材料、高技术服务、新能源与节能、资源与环境、先进制造与自动化等八大领域。

（4）科技人员占比。企业从事研发和相关技术创新活动的科技人员占企业当年职工总数的比例不低于10%。

（5）研发费用投入。企业近三个会计年度（实际经营期不满三年的按实际经营时间计算）的研究开发费用总额占同期销售收入总额的比例符合如下要求：

①最近一年销售收入小于5000万元（含）的企业，比例不低于5%；

②最近一年销售收入在5000万元至2亿元（含）的企业，比例不低于4%；

③最近一年销售收入在2亿元以上的企业，比例不低于3%。

其中，企业在中国境内发生的研究开发费用总额占全部研究开发费用总额的比例不低于60%。

（6）高新技术产品（服务）收入占比。高新技术产品（服务）收入占企业同期总收入的比例不低于60%。

2. 前期准备工作

（1）知识产权规划。提前进行知识产权布局，根据企业的技术研发方向和产品特点，有针对性地申请专利、软件著作权等知识产权。可以委托专业的知识产权代理机构，提高知识产权的申请质量和授权率。

（2）人员管理。对企业员工进行分类统计，明确科技人员的名单和岗位，确保科技人员占比符合要求。建立完善的人员绩效考核制度，激励科技人员积极参与研发创新活动。

（3）财务规范。设立专门的研发费用科目，对企业的研发费用进行单独核算。确保研发费用的归集准确、合理，包括人员人工费用、直接投入费用、折旧费用与长期待摊费用、无形资产摊销费用、设计费用、装备调试费用与试验费用、委托外部研究开发费用等。规范企业的财务管理，确保财务报表真实、准确、完整。

（4）技术创新管理。建立健全的研发组织管理体系，包括研发项目管理制度、研发投入核算制度、科技成果转化的组织实施与激励奖励制度等。加强产学研合作，与高校、科研机构等开展技术合作，提高企业的技术创新能力。

（5）产品（服务）管理。明确高新技术产品（服务）的范围和特点，对产品（服务）进行分类管理。建立完善的产品（服务）质量控制体系，提高产品（服务）的质量和市场竞争力。

3. 申报材料准备

（1）高新技术企业认定申请书。按照认定管理工作网的要求，如实填写申请书的各项内容，包括企业基本信息、知识产权情况、科技人员情况、研发费用情况、高新技术产品（服务）情况等。

（2）企业营业执照副本、税务登记证（复印件）。提供企业的营业执照副本和税务登记证复印件，确保企业的合法经营。

（3）知识产权证书。提供企业拥有的知识产权证书，包括专利证书、软件著作权登记证书等。

（4）科技人员情况说明。提供企业科技人员的名单、学历、职称、岗位等情况说明，以及科技人员占企业职工总数的比例说明。

（5）研发费用专项审计报告。委托具有资质的会计师事务所对企业近三个会计年度的研发费用进行专项审计，出具审计报告。

（6）高新技术产品（服务）收入专项审计报告。委托具有资质的会计师事务所对企业近一个会计年度的高新技术产品（服务）收入进行专项审计，出具审计报告。

（7）企业近三个会计年度的财务审计报告。提供企业近三个会计年度的财务审计报告，包括资产负债表、利润表、现金流量表等。

（8）企业创新能力评价材料。提供企业的创新能力评价材料，包括技术创新活动证明材料、科技成果转化证明材料、研究开发组织管理水平证明材料等。

4. 注意事项

（1）认真阅读认定政策和申报指南，确保申报材料的完整性和准确性。

（2）提前规划，合理安排时间，避免因时间紧张而影响申报进度。

（3）加强与相关部门的沟通与协调，及时解决申报过程中遇到的问题。

（4）注重申报材料的质量，突出企业的技术创新能力和核心竞争力。

（5）申报材料要真实、可靠，不得弄虚作假，否则将承担相应的法律责任。

总之，高新技术企业认定是一项系统工程，企业需要认真准备，全面规划，确保申报工作的顺利进行。

（七）高新技术企业认定技术专家评审标准和要求

高新技术企业认定须同时满足以下八个方面的条件：

（1）企业申请认定时须注册成立 1 年以上。具体就是指企业在申请认定时须注册成立 365 个日历天数以上，如企业 2023 年 8 月申请认定高企，则其于 2022 年 8 月前注册成立即可。

（2）企业通过自主研发、受让、受赠、并购等方式，获得对其主要产品（服务）在技术上发挥核心支持作用的知识产权的所有权。

这是高企认定中的一个核心条件，需要重点理解以下八个方面的概念：

①知识产权类别。新办法中对企业知识产权情况采用分类评价方式，分为Ⅰ类知识产权和Ⅱ类知识产权。其中：发明专利（含国防专利）、植物新品种、国家级农作物品种、国家新药、国家一级中药保护品种、集成电路布图设计专有权等按Ⅰ类评价；实用新型专利、外观设计专利、软件著作权等（不含商标）按Ⅱ类评价。其他例如技术秘密、技术诀窍、成果鉴定、查新报告、省级以上科技计划项目等均不属于高企认定中知识产权的范围。

需要注意的是，按Ⅱ类评价的知识产权在申请高新技术企业时，仅限使用一次。特别是对于本次重新认定的高企，之前认定时已经使用过的Ⅱ类知识产权本次不能再使用。

②知识产权获得方式。取消了5年以上独占许可的方式，仅为自主研发、受让、受赠、并购三种方式。

③获得知识产权的时间限制。取消了近三年内获得知识产权的限制。

④高新技术企业认定所指的知识产权须在中国境内授权或审批审定，并在中国法律的有效保护期内。知识产权权属人应为申请企业。

⑤不具备知识产权的企业不能认定为高新技术企业。

⑥在申请高新技术企业及高新技术企业资格存续期内，知识产权有多个权属人时，只能由一个权属人在申请时使用。

⑦申请认定时专利的有效性以企业申请认定前获得授权证书或授权通知书并能提供缴费收据为准。

⑧知识产权与企业产品（服务）的关系。本项条件中提到的主要产品（服务）是指在高新技术产品（服务）中，拥有在技术上发挥核心支持作用的知识产权的所有权，且收入之和在企业同期高新技术产品（服务）收入中超过50%的产品（服务）。

也就是说，企业并不需要获得对其所有产品（服务）在技术上发挥核心支持作用的知识产权，而只需要对高新技术产品（服务）收入中超过50%的产品（服务）拥有知识产权。评审中专家应着重对《高新技术企业认定申请书》中“六、上年度高新技术产品（服务）情况表”的“是否主要产品（服务）”一栏进行核查，对经判断有知识产权支撑的主要产品（服务）但企业未选择“是”的，应及时向我们提出。

（3）对企业主要产品（服务）发挥核心支持作用的技术属于《国家重点支持的高新技术领域》规定的范围。

新办法对《国家重点支持的高新技术领域》进行了调整，请技术专家评审时注意核对，对于不属于这个范围的企业不能认定为高新技术企业。

（4）企业从事研发和相关技术创新活动的科技人员占企业当年职工总数的比例不低于10%。

①科技人员定义。科技人员是指直接从事研发和相关技术创新活动以及专门从事上述活动的管理和提供直接技术服务的，累计实际工作时间在183天以上的人员，包括在职、兼职和临时聘用人员。

②职工总数。包括企业在职、兼职和临时聘用人员。在职人员可以通过企业是否签订了劳动合同或缴纳社会保险费来鉴别；兼职、临时聘用人员全年须在企业累计工作183天以上。

③统计方法。企业当年职工总数、科技人员数均按照全年月平均数计算。

月平均数 =（月初数 + 月末数）÷2

全年月平均数 = 全年各月平均数之和 ÷12

年度中间开业或者终止经营活动的，以其实际经营期作为一个纳税年度确定上述相关指标。

④本项条件中，“当年”是指申报前一年。

（5）企业近三个会计年度（实际经营期不满三年的按实际经营时间计算）的研究开发费用总额占同期销售收入总额的比例符合如下要求：

最近一年销售收入小于 5000 万元（含）的企业，比例不低于 5%；最近一年销售收入在 5000 万元至 2 亿元（含）的企业，比例不低于 4%；最近一年销售收入在 2 亿元以上的企业，比例不低于 3%。其中，企业在中国境内发生的研究开发费用总额占全部研究开发费用总额的比例不低于 60%。

此项条件也是高企认定中的一个核心条件，关于研发费用的归集范围在《工作指引》中有明确的体现，在财务评审要求中还要作重点介绍，这里主要介绍以下四个方面要点：

①企业对研究开发费用要保持一定的强度，3%、4%、5% 的比例均指的是三年研发费用总额所占的比例，并不要求每年都达到这个目标。

②研究开发活动定义。它是指为获得科学与技术（不包括社会科学、艺术或人文学）新知识，创造性运用科学技术新知识，或实质性改进技术、产品（服务）、工艺而持续进行的具有明确目标的活动。不包括企业对产品（服务）的常规性升级或对某项科研成果直接应用等活动（如直接采用新的材料、装置、产品、服务、工艺或知识等）。

③研究开发活动判断。技术专家应按照《工作指引》中提出的行业标准判断法、专家判断法、目标或结果判定法进行分析判断。

④本条件中指的最近一年是指 2022 年，近三个会计年度是指企业申报前的连续 3 个会计年度（不含申报年，即 2020 年、2021 年、2022 年）。销售收入是指主营业务收入与其他业务收入之和。主营业务收入与其他业务收入按照企业所得税年度纳税申报表的口径计算。

（6）近一年高新技术产品（服务）收入占企业同期总收入的比例不低于 60%。

重点注意以下五个方面：

①高新技术产品（服务）定义。高新技术产品（服务）是指对其发挥核心支持作用的技术属于《国家重点支持的高新技术领域》规定范围的产品（服务）。

②与第二项条件中主要产品（服务）的关系。主要产品（服务）是高新技术产品（服务）的一部分。对主要产品（服务），企业应获得对其在技术上发挥核心支持作用的知识产权的所有权。对其他高新技术产品（服务），不要求企业获得知识产权。

③高新技术产品（服务）收入。它是指企业通过研发和相关技术创新活动，取得的产品（服务）收入与技术性收入的总和。对企业取得上述收入发挥核心支持作用的技术应属于《技术领域》规定的范围。其中技术性收入包括技术转让收入、技术服务收入、接受委托研究开发收入三个部分。

④总收入。总收入是指收入总额减去不征税收入。收入总额与不征税收入按照《中华人民共和国企业所得税法》及《实施条例》的规定计算。

⑤近一年是指企业申报前1个会计年度。

（7）企业创新能力评价应达到相应要求。

企业创新能力主要从知识产权（30分）、科技成果转化能力（30分）、研究开发组织管理水平（20分）、企业成长性（20分）等四项指标进行评价。各级指标均按整数打分，满分为100分，综合得分达到70分以上（不含70分）为符合认定要求。各项打分指标在《工作指引》中有明确要求，在此重点强调以下两个方面：

①关于知识产权判断依据。以专利为例，专利授权证书，或同时附有专利授权通知书和缴费收据均能判别获得专利。对于受让、受赠、并购等方式获得的专利，须将专利权人变更为申请企业。专利权人的变更须由国家知识产权局备案、出具专利“转移”手续合格通知书等备案证明。其他形式的知识产权参照专利判断。

②关于科技成果转化能力。依照《中华人民共和国促进科技成果转化法》（以下简称《促进科技成果转化法》），科技成果是指通过科学研究与技术开发所产生的具有实用价值的成果（专利、版权、集成电路布图设计等）。科技成果体现形式包括知识产权、标准、检测方法、技术规范、成果鉴定以及有关文件规定的应纳入的其他科技成果类型。与老办法相比，不再包含技术诀窍。

需要注意的是，对于经第三方备案的企业标准，可作为科技成果。对于已经申请但尚未拿到授权证书的知识产权，如果在企业申报书——研究开发活动情况表“取得的阶段性成果”一栏内体现，并确实已经完成成果转化的，也可作为科技成果。

依照《促进科技成果转化法》，科技成果转化是指为提高生产力水平而对科技成果进行的后续试验、开发、应用、推广直至形成新产品、新工艺、新材料，发展新产业等活动。同一科技成果分别在国内外转化的，或转化为多个产品、服务、工艺、样品、样机等的，只计为一项。如果一项科技成果是在三年前取得，但在近三年内完成了转化，则也可认定为转化。

（8）企业申请认定前一年内未发生重大安全、重大质量事故或严重环境违法行为。

此项条件主要根据企业申报书、地市初审情况表和专家对企业掌握的情况，依据相关法律法规的处理意见进行判定。申请认定前一年内是指申请前的365天之内（含申报年）。

（八）高新技术企业认定财务专家评审要求

1. 审计报告审查方面

（1）审计报告的有效性审查。要审查审计报告出具单位是否符合相关规定条件，是否具备出具报告资格。

（2）年度审计报告和专项审计报告（税务师事务所鉴证报告）符合防伪管理规定及要求。不符合要求的审计报告，责成予以整改。

（3）年度审计报告符合审计准则要求。会计报表附注符合财务会计报告条例相关规定，应当披露与高新企业认定相关的指标，不符合要求的年度审计报告，应当提请修正或提供指标计算所需可靠数据（根据谨慎性原则，应当采用对被评审单位不利的数据）。

（4）数据采用应持谨慎性原则。对于年度审计报告与专项审计报告、纳税申报表之间，相同指标出现多个数据的，在不影响数据真实性的基础上，应当采用对被评估单位最不利的数据。

（5）专项审计报告与年度审计报告数字逻辑关系审查重点。专项审计报告的研发费用总额不应当大于年度审计报告会计报表附注的管理费用的费用化支出与计入无形资产的资本化支出合计。

专项审计报告的高新产品（服务）收入总额不应当大于年度审计报告会计报表附注的产品分部报告数据之和，不应当大于纳税申报表 A101010 表营业收入的合计。

专项审计报告研发费用的固定资产折旧额、无形资产摊销额应当小于年度审计报告会计报表附注现金流量注释中提取的折旧额、摊销额。

申报企业重新出具审计报告的，注意与纳税申报表相关项目核对，关注产品毛利率是否异常，毛利率大于 50% 的应当重点予以关注，必要时向领导小组汇报。

关注净资产连续增加的年度审计报告，确认是否存在非货币性资产出资行为、股东捐赠行为，存在上述情况的，结合纳税申报表关注被评审企业是否进行纳税申报（如 A101010 表营业外收入；A105100 表），必要时提请领导小组查阅被评审企业的个人所得税的申报情况。

2. 纳税申报表审查方面

（1）年度纳税申报表。除第一次新申报企业外，均应当为 A 类申报表，并且必须包括 A107041 表。关注每一户申报企业的纳税申报表，杜绝出现实际为 B 类而提供 A 类申报表的现象发生，一经发现，必须向领导小组报告，若评审时未发现该类现象，事后检查时发现的，相应的财务专家必须承担过失责任。

由于没有规定核定征收的企业不能申报高新技术企业，在评审中若发现有核定征收的企业，汇报时要说明，并详细汇报其核定征收政策适用情况。

（2）关于纳税申报表数据修改相关问题。企业所得税纳税申报表是在会计核算的基础上通过一系列的纳税调整形成的申报数据。纳税人应当对自行申报的数据的真实性、可靠性、完整性负责，当纳税人发现其会计处理不能真实反映经济业务出现会计差错，或者适用会计政策有误等需要调整利润表项目时，也需要对纳税申报表项目进行相应调整。出现会计业务处理与税收政策规定不一致，存在应当调整而未调整事项，需要调整纳税申报时原则上不得改变纳税申报表利润总额计算相应行次数据。要修改的，应当在年度审计报告的会计报表附注中会计政策变更、差错方面予以披露，若未披露而修改纳税申报表利润总额计算相应行次数据的，财务专家应当持谨慎态度，查证出现差异的原因，无法查证的，应当在评审结果中注明。

如果通过申报企业的其他材料（如研发投入核算制度、辅助账，专项审计报告）能够佐证企业存在真实研发活动，确因会计人员执行会计政策错误形成的会计差错而修改纳税申报表的，应当予以认可。

3. 重点要关注的以下逻辑关系

（1）立项报告的技术路线时间与研发费用的发生时间，年度出现差异的。

（2）证明成果转化的销售年度与研发项目的研发时间的差异，避免出现产品销售时间早于研发立项时间。

（3）纳税申报表 A104000 表的研发费用数据与 A107041 表的数据是否存在逻辑问题（三年均应核对）。

（4）纳税申报表的基础信息表 A000000 表职工人数、A107041 表职工人数与申报企业的申报资料之间是否存在差异，有无合理的解释。

（5）发生委托外部研发的项目，立项报告中是否存在其他合作单位的研发内容等相应的情况，若无，应重点关注委外研发的真实性。

（6）关注已经结项的研发项目相应的结项报告、类似的总结性资料，是否存在逻辑问题，如重点领域的描述、结项时间等。

（九）高新技术企业认定专家评审重点

在近年开展的全国高企认定自查工作中，科技部再次强调要严格认定标准和程序，对企业提交材料中知识产权、技术领域、研发活动、高新产品（服务）收入、研发费用归集、人员等申请材料的真实性、准确性、完整性按相关规定进行确认核查，尤其要把知识产权、研发费用、科技人员、高新产品收入这四个方面的归集作为评审筛查的重点。各位专家评审过程中，还要重点关注以下三个方面：

一是重点关注10人以下的小微企业和知识产权全部为软著的企业。对上述两类专家审核通过的企业，领导小组后续还将全部开展现场核查，比对与申报材料是否一致。

二是重点关注审计鉴证中介机构是否存在为企业出具专项审计报告或鉴证报告过程中严重失误或弄虚作假等行为。如存在，请及时向高新技术企业领导小组报告。

三是重点关注申报当年获得的知识产权，可以参与此次创新能力知识产权评价，也可以作为科技成果参与科技成果转化，但不能支撑2022年度主要产品（服务）。专家们在评审中对二类知识产权特别是软件著作权是否支撑主要产品（服务）、高新技术产品收入归集予以重点审核。对知识产权全部为Ⅱ类知识产权的首次申报企业也应予以特别关注。

专栏5-2　郑州市高新技术企业培育三年倍增计划实施方案（2024—2026年）

为贯彻落实市委、市政府关于率先构建一流创新生态、建设国家创新高地有关精神，大力实施创新驱动发展战略，培育一流创新主体，持续发展壮大高新技术企业队伍，加快推进高新技术企业提质增量，积极建设国家创新高地，争创国家区域科技创新中心，特制定本实施方案。

一、总体思路

以习近平新时代中国特色社会主义思想为指导，聚焦我市企业创新发展，以分层分类、梯次培育为着力点，坚持“突出引导、市县区联动、量质齐升”原则，建立完善“微成长、小升高、高变强”的创新型企业梯次培育机制，加快形成“孵化一批、培育一批、认定一批、树标一批”的高新技术企业培育工作格局，为我市经济社会高质量发展提供科技支撑。

二、发展目标

逐步建立完善以科技型企业为基础、科技小巨人企业为支撑、瞪羚企业及创新龙头企业为引领的高新技术企业培育发展体系，打造形成大中小企业融通创新、蓬勃发展的良好格局，持续提升企业自主创新能力，产业集聚不断加强。

力争全市高新技术企业每年新增1500家以上，到2025年，国家科技型中小企业达到8000家、国家高新技术企业达到10000家。到2026年，力争国家科技型中小企业达到9000家、国家高新技术企业达到11000家。

三、重点任务

（一）实施科技型中小企业培育专项计划，夯实高新技术企业发展基础

1. 完善科技型中小企业孵化体系。加强科技企业孵化器、众创空间、大学科技

园、双创示范基地、小微企业园等载体建设，依托高等院校的特色学科优势建设专业性大学科技园，鼓励龙头骨干企业发挥创新资源、市场渠道、供应链等优势，高标准建设专业化众创空间、孵化器等。引导各类孵化载体打造市场化、专业化、全链条服务平台，完善服务功能、提高孵化效率。发挥孵化行业协会作用，建立多层次培育体系，完善孵化载体绩效评价机制，支撑科技型中小企业孵化培育。每年新增各类孵化载体、专业众创空间等10家以上。（责任单位：市科技局、市发展改革委、市工信局，各开发区管委会，各区县〔市〕人民政府）

2. 强化科技型中小企业培育服务。加大科技型中小企业培育力度，针对不同阶段的成长需求，开展梯度培育和差异扶持。完善科技型中小企业技术创新服务体系，为科技型中小企业提供管理指导、技能培训、市场开拓、标准咨询、检验检测等服务。每年组织开展不低于20场次政策宣讲、重点辅导、咨询答疑等。（责任单位：市科技局、市工信局，各开发区管委会，各区县〔市〕人民政府）

3. 开展科技型中小企业评价工作。按照国家、省科技型中小企业评价工作要求，组织全市各开发区管委会，各区县（市）人民政府做好国家科技型中小企业评价推荐工作，推动更多符合条件的科技型中小企业“应评尽评”，不断提高科技型中小企业覆盖面，扩大科技型中小企业规模，为科技型中小企业享受相关政策提供服务保障。力争2025年国家科技型中小企业达到8000家。（责任单位：市科技局，各开发区管委会，各区县〔市〕人民政府）

（二）实施高新技术企业倍增专项计划，壮大高新技术企业发展核心骨干力量

1. 构建高新技术企业培育机制。围绕创新基础好、发展潜力大的科技型中小企业，按照主要产品（服务）属于国家重点支持的高新技术领域、拥有自主知识产权、研发费用占营业收入达到一定比例等条件，培育高新技术企业后备企业。各开发区管委会、各区县（市）人民政府科技主管部门建立培育台账，梳理企业存在的短板弱项，明确企业成长路线图和时间表，建立挂钩帮扶机制，进行跟踪对接，主动服务，帮助企业尽快成长为高新技术企业，形成“发现一批、服务一批、推荐一批、认定一批”的高新技术企业培育机制。（责任单位：市科技局，各开发区管委会，各区县〔市〕人民政府）

2. 提升高新技术企业申报认定管理服务水平。认真落实“放管服”要求，各级科技、财政、税务部门应进一步优化高新技术企业申报评审工作机制，简化工作程序，畅通申报渠道，提高工作效率，推进高新技术企业申报工作便利化。鼓励科技咨

询、知识产权代理、会计师事务所等中介机构为企业申报高新技术企业提供专业化服务。引导中介机构规范参与服务，提升服务水平。加强高新技术企业认定事后监管和惩戒力度，对提供企业申报数据与事实明显不符、经核实存在弄虚作假等行为的企业，按规定取消其高新技术企业资格，并依法追缴奖补资金，对参与高新技术企业认定服务的中介机构和有关人员按照相关规定追究责任。（责任单位：市科技局、市财政局，市税务局、郑州航空港实验区税务局、河南省税务局第三税务分局）

3. 实施高新技术企业认定奖补政策。激励企业积极申报高新技术企业，对首次认定的高新技术企业、重新认定的高新技术企业分别给予最高20万元、5万元奖补，以鼓励企业加大研发投入，开展重大产品创新、新产品研发、技术创新示范等研发活动，不断提升企业核心竞争力，增强我市自主创新能力。市财政局、市科技局按照当年度市财政科技专项预算确定实际财政补助拨付额度。市属开发区、市辖区高新技术企业认定奖补资金由市级财政保障，县（市）高新技术企业认定奖补资金由市财政和所在县（市）财政按照3:7比例分担。（责任单位：市科技局、市财政局，各开发区管委会，各区县〔市〕人民政府）

4. 加大高新技术企业引进力度。加大高新技术企业整体招商引进力度，压实工作责任，将高新技术企业投资项目作为招商引资重点，不断提升招商落地项目中的高新技术企业占比。（责任单位：市科技局、市财政局、市商务局，各开发区管委会，各区县〔市〕人民政府）

（三）实施企业创新能力提升行动，增强高新技术企业核心竞争力

1. 鼓励企业加大研发投入。全面落实研发费用加计扣除、高新技术企业税收优惠、认定奖补、技术交易税收优惠等科技创新政策，持续激励企业加大研发投入，推动传统企业转型升级，战略性新兴产业发展壮大。（责任单位：市科技局、市工信局、市财政局）

2. 加强企业研发平台建设。支持企业组建工程（技术）研究中心、重点实验室、企业技术中心、产业创新中心、技术创新中心、制造业创新中心等高水平技术研发平台。支持企业与高校院所开展产学研合作，引导全市规上企业达到“有研发费用、有研发机构、有研发人员、有产学研合作”的“四有”要求，推动全市规模以上工业企业研发活动全覆盖，提升企业科技创新能力。每年新增省级（含）以上研发平台不少于100家。（责任单位：市科技局、市发展改革委、市工信局、市财政局）

3. 实施重大关键核心技术攻关。加强全市科技创新战略谋划和系统布局，瞄准

事关我市产业、经济发展重点领域及重大任务，明确主攻方向和核心技术，重点研发具有先发优势的关键技术和引领未来发展的基础前沿技术。鼓励、支持科技创新龙头企业牵头，联合高校院所、上下游企业成立创新联合体，承担国家、省、市重大科技项目，强化跨领域跨学科协同攻关，形成关键核心技术攻关强大合力，营造良好创新生态，激发创新主体活力，提升我市产业发展核心竞争力。（责任单位：市科技局、市财政局）

4. 加强科技成果转移转化。依托高等院校、科研院所、一流大学研究院、新型研发机构和龙头企业等，探索建设一批概念验证中心、中试平台（基地），打通科技成果转化的“最初一公里”和“最后一公里”。支持企业与高校、新型研发机构等联合开展成果应用推广、标准制定以及中试熟化、产业化开发等活动，校企共同推进科技成果转化。引导技术转移机构市场化、规范化发展，提升服务能力和水平。促进大型科学仪器设施共享，推动区域内大型科学仪器设施面向科技型企业提供服务。探索多元科技成果转化模式，推动更多科技成果转化为现实生产力。（责任单位：市科技局、市工信局、市财政局）

5. 培养引进创新人才。加大政策扶持力度，优先支持高新技术企业培养和引进科技创新人才及团队，鼓励企业根据自身需求引进领军型创新创业团队，特别是产业发展前沿、科技创新核心的关键技术和管理人才，为企业发展提供人才支撑。每年引进高层次创新创业人才团队50名以上。（责任单位：市科技局、市人社局）

6. 推动科技与金融深度融合。鼓励合作金融机构开展“郑科贷”业务，鼓励各类天使投资、风险投资基金支持企业创新创业，引导创投企业投早、投小、投硬科技，发挥各类金融机构的作用。优化科技贷款风险补偿机制，降低科技企业贷款融资成本，改善科技创新融资环境。支持企业对接多层次资本市场，鼓励科技型企业通过发行债券或上市挂牌融资。（责任单位：市科技局，市委金融办）

四、保障措施

（一）加强组织协调

构建科技、财政、税务等部门协同，各开发区管委会、各区县（市）人民政府联动的工作体系，统筹解决高新技术企业发展有关问题，推动工作落实，形成工作合力。各开发区管委会、区县（市）人民政府要将高新技术企业培育工作纳入重要议事日程，加大协调力度，采取有力措施，建立工作机制，强化经费保障，积极推动本辖区高新技术企业高质量发展。（责任单位：市科技局、市财政局，市税务局、郑州

航空港实验区税务局、河南省税务局第三税务分局，各开发区管委会，各区县〔市〕人民政府）

（二）加强责任落实

加强高新技术企业统计分析，对全市高新技术企业发展状况及时跟踪、研究。各开发区管委会、各区县（市）人民政府及相关部门要结合实际，明确目标任务，制定细化措施，分解落实责任，全力推动高新技术企业培育工作有效开展。（责任单位：市科技局、市财政局，市税务局、郑州航空港实验区税务局、河南省税务局第三税务分局，各开发区管委会，各区县〔市〕人民政府）

（三）加强资源保障

发挥财政资金激励和引导作用，进一步优化科技投入结构，各类科技计划优先支持高新技术企业的创新活动，鼓励、支持各类创新平台在企业布局。充分发挥各类资金的作用，撬动更多社会资金支持企业技术创新。各开发区管委会、各区县（市）人民政府要为辖区内企业技术创新提供政策引导和服务保障，支持高新技术企业健康发展。（责任单位：市科技局、市财政局，各开发区管委会，各区县〔市〕人民政府）

（四）加强政策落实

推动惠企创新政策扎实落地，推动研发费用加计扣除、高新技术企业税收优惠、科技创业孵化载体税收优惠、技术交易税收优惠等普惠性政策“应享尽享”，健全企业创新政策落实的跟踪问效机制，并将政策落实情况作为督查激励考核的重要参考。（责任单位：市科技局、市财政局，市税务局、郑州航空港实验区税务局、河南省税务局第三税务分局，各开发区管委会，各区县〔市〕人民政府）

（五）加强宣传引导

加大政策宣传力度，丰富政策培训形式，利用线上线下平台组织开展政策宣讲、业务辅导、咨询答疑等，着力提升政策的知晓度和落地率。支持各类新闻媒体开设宣传企业技术创新的专栏和专题节目，总结推广企业技术创新能力提升典型经验和案例。加大正面宣传和舆论引导力度，提振企业发展信心，为企业创新创业营造良好社会氛围。（责任单位：市科技局，各开发区管委会，各区县〔市〕人民政府）

本方案自公布之日起施行，有效期至2026年12月31日。我市已出台的关于高新技术企业相关政策与本方案不一致的，按照本方案执行。原《郑州市人民政府办公厅关于印发郑州市高新技术企业倍增计划实施方案（2019—2021年）的通知》（郑政办〔2019〕30号）同时废止。

二、创新创业扶持项目申报管理

（一）创业扶持政策出台背景

1. 经济发展需求

（1）推动创新驱动。传统经济增长模式面临挑战，需要激发创新活力来推动产业升级与经济可持续发展。创业是创新的重要源泉，扶持创业能促进新技术、新商业模式涌现，如在互联网、人工智能等领域，众多创业企业推动了行业技术进步与创新发展模式的变革，提升了经济发展的质量与效益。

（2）促进就业增长。随着人口增长与产业结构调整，就业压力增大。创业不仅能为创业者自身创造就业岗位，还能通过业务拓展带动上下游产业发展，进而创造更多就业机会。例如一些新兴的电商创业企业，在发展过程中带动了物流、包装、客服等多个行业的就业。

（3）培育新的经济增长点。鼓励创业有助于发现和培育新的市场需求与产业领域，如共享经济、绿色产业等新兴领域，都是在创业创新的推动下逐渐发展壮大，成为经济新的增长点，为经济发展注入新动力。

2. 社会环境因素

（1）人才资源优化配置。当前人才竞争激烈，许多有才华、有创意的人渴望通过创业实现自身价值。出台创业扶持政策，能为这些人才提供良好的创业环境与条件，引导人才向创业领域流动，实现人才资源的优化配置与高效利用，充分发挥人才的创新创造潜能。

（2）区域协调发展。不同地区经济发展水平存在差异，一些地区发展相对滞后。通过制定有针对性的创业扶持政策，可以吸引人才、资金、技术等要素向这些地区聚集，激发当地的创业活力，促进区域经济协调发展，缩小地区间的经济差距。

3. 政策导向推动

（1）国家战略引导。国家为实现经济发展目标、提升国际竞争力，会制定相关战略规划，如“大众创业、万众创新”战略。创业扶持政策是落实这些战略的重要举措，旨在营造良好的创业生态，推动全社会形成创业创新的浓厚氛围。

（2）国际经验借鉴。国外一些国家在创业扶持方面有较为成熟的经验与做法，如提供创业培训、税收优惠、资金支持等政策措施。我国通过借鉴国际经验，结合自身国情制定相应的创业扶持政策，以提高政策的科学性与有效性。

（二）创业扶持政策的重要性

1. 对创业者个人的重要性

（1）降低创业风险。创业初期，创业者面临诸多不确定性和风险，如市场风险、技术风险、资金风险等。创业扶持政策可以在一定程度上缓解这些风险。例如，提供创业担保贷款，能帮助创业者解决资金短缺问题，避免因资金链断裂而导致创业失败；给予税收优惠，可以降低企业运营成本，提高企业的生存能力。

创业孵化基地为创业者提供办公场地、设备设施等资源，减少了创业者在硬件方面的投入风险，同时还提供创业指导和咨询服务，帮助创业者制定合理的商业计划，降低市场风险。

（2）增强创业信心。对于初次创业者来说，往往会对创业过程中的困难感到担忧和恐惧。创业扶持政策的出台，向创业者传递了政府支持创业的积极信号，让创业者感受到自己不是在孤军奋战。这种支持可以极大地增强创业者的信心，激发他们的创业热情和勇气。

当创业者看到政府为他们提供了各种优惠政策和服务保障时，会更加坚定自己的创业决心，敢于大胆尝试和创新，为实现自己的创业梦想而努力拼搏。

（3）提升创业成功率。创业扶持政策通过提供全方位的支持，能够帮助创业者提高创业的成功率。例如，创业培训可以提升创业者的经营管理能力和市场应变能力；技术创新支持可以帮助企业提高产品或服务的竞争力；市场推广支持可以帮助企业打开市场，提高产品或服务的知名度和美誉度。

政府还可以通过搭建创业交流平台，促进创业者之间的经验分享和资源共享，让创业者从他人的成功和失败中吸取教训，不断完善自己的创业项目，从而提高创业的成功率。

2. 对经济社会发展的重要性

（1）促进经济增长。创业是推动经济增长的重要动力。新创企业的不断涌现，可以为经济发展带来新的活力和增长点。创业扶持政策鼓励更多的人投身创业，促进了企业数量的增加和规模的扩大，进而带动了投资、消费和就业的增长，推动了经济的持续发展。

创业企业通常具有较高的创新能力和市场适应性，能够开发出新产品、新服务和新商业模式，满足市场不断变化的需求，促进产业结构的优化升级，提高经济发展的质量和效益。

（2）推动创新发展。创业与创新紧密相连。创业者往往是创新的推动者和实践者，他们敢于尝试新的技术、新的商业模式和新的管理方法。创业扶持政策鼓励创业者进行创新，为他们提供了良好的创新环境和条件。

例如，政府对科技创新型企业的扶持，可以促进科技成果的转化和应用，推动技术进步和产业升级。同时，创业企业之间的竞争会促使企业不断创新，提高自身的核心竞争力，从而推动整个社会的创新发展。

（3）增加就业机会。就业是民生之本。创业扶持政策可以通过促进创业来带动就业。一方面，新创企业的成立会直接创造大量的就业岗位，吸纳劳动力就业；另一方面，创业企业的发展还会带动相关产业的发展，间接创造更多的就业机会。

特别是在当前就业形势严峻的情况下，创业扶持政策对于缓解就业压力、稳定就业局势具有重要意义。此外，创业还可以培养人们的创业精神和就业能力，提高劳动者的素质和竞争力，为经济社会的可持续发展提供人力资源保障。

（4）促进社会公平。创业扶持政策可以为不同群体提供平等的创业机会，促进社会公平。例如，针对大学生、农民工、残疾人等特殊群体的创业扶持政策，可以帮助他们克服创业过程中的困难，实现自我价值，提高生活水平。

创业还可以促进地区间的均衡发展，通过扶持落后地区的创业项目，可以吸引人才、资金和技术等资源向这些地区流动，缩小地区间的发展差距，实现共同富裕的目标。

（三）创业扶持政策获取渠道

以下是一些常见的创业扶持政策获取渠道：

1. 政府部门官方网站

（1）国家层面。国家发展改革委、工业和信息化部、人力资源和社会保障部、科技部等相关部委的官方网站，会发布全国性的创业扶持政策，如国家发展改革委的“双创”政策信息、工业和信息化部对中小企业创业的支持政策等。

（2）地方层面。省、市、县（区）各级政府的相关部门网站。比如，北京市人力资源和社会保障局网站会公布北京市的创业补贴、创业贷款等政策；上海市科学技术委员会网站会有针对科技型创业企业的扶持政策内容；深圳市地方金融监督管理局网站会发布关于创业企业融资方面的扶持举措等。

2. 政务服务平台

（1）国家级平台。全国一体化在线政务服务平台（国家政务服务平台），整合了各地区、各部门的政务服务资源，提供了政策搜索功能，您可以输入关键词，如“创业扶持政策”，查找相关政策文件和办事指南。

（2）地方政务平台。各省、市也有自己的政务服务网，如浙江省政务服务网、广东省政务服务网等。在这些平台上，可以找到当地的创业扶持政策信息以及具体的申请流程和要求。

3. 创业服务机构

（1）创业园区和孵化器。各类创业园区、科技企业孵化器、大学科技园等，它们通常会为入驻的创业企业提供政策咨询和解读服务，帮助创业者了解并申请适用的扶持政策。比如，中关村创业大街的创业服务机构，会定期组织政策宣讲活动，向创业者介绍最新的政策动态和申请要点。

（2）行业协会和商会。不同行业的协会、商会也会关注并收集相关行业的创业扶持政策，并通过会员服务、培训讲座等形式传达给会员企业。例如，中国电子商务协会会为电商行业的创业者提供行业相关政策信息和指导。

4. 社交媒体和专业论坛

（1）社交媒体平台。在微博、微信公众号等社交媒体上，有许多政府部门、创业服务机构、专业媒体等开设的官方账号，会发布创业扶持政策的相关内容和解读。您可以关注一些权威的账号，如"人力资源和社会保障部"官方微博、"创业邦"微信公众号等，及时获取政策信息。

（2）专业创业论坛。像"创业黑马"论坛、"A5 创业网"论坛等，创业者们会在上面交流创业经验和政策信息，有时也会有专业人士分享对政策的解读和申请攻略。

5. 线下咨询

（1）当地政府部门窗口。可以直接前往当地的人力资源和社会保障局、科技局、市场监督管理等相关部门的办事窗口，咨询工作人员，了解创业扶持政策的具体内容和申请流程。比如，想了解创业贷款政策，可以到当地人社局的小额贷款担保中心咨询。

（2）创业指导中心。许多地方都设有专门的创业指导中心，为创业者提供一站式服务，包括政策咨询、项目评估、培训指导等。可以前往当地的创业指导中心，获取个性化的政策指导和建议。

（四）创业扶持政策适用条件

创业扶持政策的适用条件因政策类型而异，以下是一些常见的适用条件：

1. 创业担保贷款政策

（1）身份条件。

①城镇登记失业人员。持有有效的就业失业登记证，且处于失业状态的人员。

②就业困难人员。包括残疾人、低保家庭人员、零就业家庭人员等，具体认定标准由各地根据实际情况确定。

③复员转业退役军人。持有退役证件，且自主创业的退役军人。

④刑满释放人员。已刑满释放，有创业意愿和能力的人员。

⑤高校毕业生。毕业年度内的普通高等学校毕业生，包括专科生、本科生、研究生等。部分地区可能将毕业一定年限内的高校毕业生也纳入扶持范围。

⑥化解过剩产能企业职工和失业人员。因化解过剩产能而失业的企业职工，以及相关失业人员。

⑦返乡创业农民工。具有农村户籍，在外务工后返回原籍地创业的人员。

⑧网络商户。经工商登记注册，从事电子商务经营的创业者。

⑨建档立卡贫困人口。已纳入当地扶贫部门建档立卡系统的贫困人口。

（2）创业项目条件。

①有明确的创业项目和经营计划，具备一定的市场前景和可行性。

②创业项目符合国家产业政策和环保要求，不属于国家限制或淘汰类产业。

③创业项目应在当地市场监督管理部门登记注册，取得合法的营业执照。

（3）信用条件。

①申请人及配偶在金融机构无不良信用记录，无未结清的不良贷款。

②申请人及创业项目在税务、工商等部门无不良记录，无违法违规行为。

2. 创业补贴政策

（1）首次创业条件。

①申请人必须是首次创办企业或从事个体经营，之前未享受过同类创业补贴政策。

②首次创业的时间一般要求在一定期限内，如自工商登记注册之日起一年内或两年内等，具体期限由各地政策规定。

（2）创业主体条件。

①创业企业或个体工商户应在当地市场监督管理部门登记注册，取得合法的营业执照，并正常经营。

②创业企业应具有独立法人资格，有固定的经营场所和一定数量的从业人员。

③个体工商户应具备相应的经营条件和经营能力。

（3）带动就业条件。

①创业企业或个体工商户应吸纳一定数量的就业人员，并与其签订劳动合同，按时足额支付工资。

②带动就业的人数要求因地区而异，一般在几人以上，具体人数由各地政策规定。

3. 创业培训政策

（1）创业意愿条件。

①申请人应具有强烈的创业意愿和创业动机，对创业有明确的目标和计划。

②可以通过填写创业意愿调查表、面试等方式进行筛选，确保参加培训的人员真正有

创业需求。

（2）身份条件。

①一般面向各类创业者，包括失业人员、高校毕业生、农民工、退役军人等。部分地区可能对特定群体有重点扶持。

②有些地区可能要求申请人具有当地户籍或在当地居住一定时间以上。

（3）学历和年龄条件。

①通常对学历没有严格要求，但可能会根据不同的培训项目和内容，对学员的学历背景有一定的参考。

②年龄一般在法定劳动年龄范围内，即 16 周岁至退休年龄之间。部分地区可能对青年创业者或老年创业者有特殊的培训政策。

4. 创业孵化基地政策

（1）创业项目条件。

①创业项目应符合孵化基地的产业定位和发展方向，一般为科技型、创新型、文化创意型、电子商务型等新兴产业项目。

②创业项目应具有一定的技术含量和市场前景，具备良好的发展潜力。

（2）创业团队条件。

①创业团队应具有一定的专业素质和创业能力，团队成员之间分工明确、合作默契。

②团队负责人应具有较强的领导能力和创新精神，能够带领团队实现创业目标。

（3）入驻申请条件。

①提交详细的入驻申请材料，包括创业项目计划书、团队成员简历、营业执照等相关证件。

②经过孵化基地的审核评估，符合入驻条件的方可入驻。审核内容一般包括项目的可行性、创新性、市场前景、团队实力等方面。

5. 税收优惠政策

（1）企业类型条件。

①符合国家规定的小型微利企业标准，即从事国家非限制和禁止行业，且同时符合年度应纳税所得额不超过一定金额、从业人数不超过一定数量、资产总额不超过一定规模等条件。

②高新技术企业，需经过国家相关部门认定，拥有核心自主知识产权，从事高新技术产品的研发、生产和销售等业务。

（2）创业时间条件。新创办的企业，一般要求自工商登记注册之日起一定期限内，如三年内或五年内等，可以享受税收优惠政策。具体期限由各地政策规定。

（3）纳税申报条件。

①企业应按照国家税收法律法规的规定，按时足额申报纳税，无偷逃税等违法违规行为。

②企业应建立健全的财务管理制度，规范会计核算，确保财务数据的真实性和准确性。

（五）创业扶持政策申报程序

以下是一般情况下创业扶持政策的申报程序，但不同地区和具体政策可能会有所差异：

1. 注册立户和身份核实

有的地区要求申请补贴之前需进行注册立户和身份核实，如在相关平台或机构注册账号，并提交相应的身份信息材料进行核实确认，以确定申请人是否符合扶持政策的对象范围。

2. 了解政策和准备材料

（1）明确扶持政策类型及条件：仔细研究当地政府或相关部门发布的创业扶持政策，确定自己符合哪种扶持政策的申请条件，如一次性创业补贴、创业带动就业补贴、场所租赁补贴、创业担保贷款等。

（2）按要求准备材料，通常需要提供的材料包括但不限于：

①个人身份证明（身份证、户口簿等）及相关证明材料（如高校毕业生需提供毕业证或学生证；就业困难人员需提供相应的认定证明；退役军人需提供退役证件等）。

②创业实体登记注册证书（如营业执照等）。

③经营场所相关证明（租赁合同、租金发票、房屋租赁登记备案证明等，申请场所租赁补贴时需要）。

④银行开户许可证或基本存款账户信息。

⑤吸纳就业人员的相关证明（劳动合同、社保缴纳记录、人员花名册等，申请创业带动就业补贴时需要）。

⑥其他可能要求的材料，如项目发展计划书、财务报表、纳税凭证、水电费缴纳凭证、实景照片、相关资质证书、承诺书等。

（3）提交申请。

①确定受理部门。了解政策规定的受理申请的部门，一般是当地的公共就业服务机构、人力资源和社会保障部门、创业服务中心或相关政府部门指定的机构。

②选择申请方式。可前往受理部门的办公窗口现场提交申请材料；有的地区也支持网

上申请，通过指定的网站或平台上传申请材料。

（4）初审。受理部门收到申请材料后，会对材料进行初步审查，检查材料是否齐全、是否符合要求等。可能会通过电话、短信或系统反馈等方式告知申请人初审结果。如有材料不齐全或不符合要求的情况，会要求申请人补充或修改材料。

（5）实地考察（部分政策需要）。对于一些创业扶持政策，受理部门可能会安排工作人员到申请人的创业场所进行实地考察，核实创业项目的真实性、经营状况、带动就业情况等。

（6）复审。初审通过后，申请材料会被提交到上级部门或相关评审机构进行复审。复审会对申请项目的各项条件、材料的真实性以及是否符合政策规定等进行更深入的审核。

（7）公示。经复审通过的申请项目，通常会在相关政府部门网站、公告栏等进行公示，公示期一般为3—7个工作日，接受社会监督。公示期间如无异议或经核实异议不成立的，方可进入下一步流程；如有异议且经核实不符合条件的，申请将被驳回。

（8）审批。公示无异议后，由相关部门进行最终审批，确定是否给予扶持以及扶持的具体金额、期限等。

（9）资金拨付。审批通过后，按照政策规定的方式和时间，将扶持资金拨付给申请人。资金拨付方式可能是直接发放到申请人指定的银行账户，或通过其他指定途径发放。

（六）创业扶持政策申报资料清单

创业扶持政策申报资料清单一般包括：

1. 基本资料

（1）企业营业执照副本复印件。证明企业的合法经营身份。

（2）法定代表人身份证复印件。用于确认企业负责人的身份信息。

2. 创业项目相关资料

（1）创业项目计划书。包括项目概述、市场分析、产品或服务介绍、商业模式、营销策略、财务预测等内容，全面展示创业项目的可行性和发展前景。

（2）项目可行性研究报告（如有）。对项目的技术可行性、经济可行性、社会可行性等进行深入分析。

3. 企业财务资料

（1）上一年度财务审计报告。提供企业的财务状况和经营成果，包括资产负债表、利润表、现金流量表等。

（2）最近一期财务报表。反映企业当前的财务状况。

（3）纳税证明。证明企业的纳税情况，体现企业的经营业绩和社会贡献。

4. 人员情况资料

（1）企业员工花名册。包括员工姓名、岗位、入职时间等信息。

（2）企业为员工缴纳社保的证明。证明企业对员工的社会保障责任。

5. 知识产权资料（如有）

专利证书、软件著作权证书等知识产权证明文件。展示企业的创新能力和核心竞争力。

6. 其他资料

（1）企业获得的荣誉证书、资质证书等。体现企业的综合实力和社会认可度。

（2）创业场地租赁合同或产权证明：证明企业的经营场所。

（3）与创业扶持政策相关的其他证明材料，如带动就业证明、创新成果证明等。

需要注意的是，不同的创业扶持政策可能对申报资料有不同的要求，申请者在申报前应仔细阅读政策文件，按照要求准备申报资料，确保资料的真实性、完整性和准确性。

（七）创业扶持政策企业需准备工作

不同地区和不同类型的创业扶持政策要求会有所不同，以下是一些企业通常需要做的准备工作：

1. 明确自身符合的政策类型

认真研究当地政府发布的创业扶持政策，确定企业符合哪些扶持项目的申请条件，如创业补贴、税收优惠、贷款贴息、场地支持等。

2. 注册立户与身份核实

部分地区要求申请补贴之前需进行注册立户和身份核实。例如，注册相关平台或系统的企业账户，并按要求提交法定代表人的身份信息等进行核实。

3. 准备基础资料

（1）营业执照副本。证明企业的合法经营身份。

（2）法定代表人身份证。用于确认企业负责人的身份信息。

（3）企业员工花名册。包括员工姓名、岗位、入职时间等信息。

（4）企业为员工缴纳社保的证明。体现企业对员工的社会保障责任，也是一些扶持政策的要求条件，如申请社会保险补贴等。

4. 财务相关准备

（1）上一年度财务审计报告。提供企业的财务状况和经营成果，包括资产负债表、利润表、现金流量表等，部分政策可能要求提供。

（2）最近一期财务报表。反映企业当前的财务状况。

（3）纳税证明。证明企业的纳税情况，体现企业的经营业绩和社会贡献，一些政策可能以此为依据判断企业是否符合条件或确定补贴金额等。

5. 创业项目资料

（1）创业项目计划书。详细阐述项目概述、市场分析、产品或服务介绍、商业模式、营销策略、财务预测等内容，全面展示创业项目的可行性和发展前景，这对于申请一些创业补贴、投资支持等政策可能非常重要。

（2）项目可行性研究报告（如有）。对项目的技术可行性、经济可行性、社会可行性等进行深入分析，为政策申请提供更有力的论证。

6. 其他特定资料

（1）知识产权证明（如有）。如果企业拥有专利证书、软件著作权证书等知识产权，应准备好相关证明文件，这可以体现企业的创新能力和核心竞争力，在一些注重创新的扶持政策申请中会增加优势。

（2）带动就业证明。例如劳动合同、员工工资支付凭证等，用于证明企业在带动就业方面的成效，申请创业带动就业补贴时通常需要提供。

（3）场地相关证明。如果申请场租补贴或涉及场地支持的政策，要准备好创业场地租赁合同或产权证明以及租金支付凭证等。

（4）特殊身份证明。若企业法定代表人或创业团队成员属于特定人群，如高校毕业生、退役军人、失业人员、残疾人员等，需准备相应的证明材料，如毕业证书、退役证件、失业证明等。不同地区对于各类人群的认定标准和所需证明材料可能会有所差异，如宜兴市对于不同类型的创业者申请创业租金补贴，要求提供相应的证明材料，如在校生提供学校出具的在校生证明，大学生村官提供组织部门出具的证明，普通高等学校毕业生提供毕业证书，科研人员提供副高以上职称证书，留学回国人员提供教育部出具的学历学位认证书，复员转业退役军人提供退役证件或相关证明等。

7. 整理和归档

将所有准备好的资料进行整理和归档，确保资料的完整性和准确性，同时便于后续查阅和提交。

8. 关注政策动态和申请时间

密切关注政府部门发布的创业扶持政策动态，了解政策的具体内容、申请时间、申请流程等信息，避免错过申请机会。有些政策可能有特定的申请时间段，或者是按批次进行受理，企业需要提前做好准备，在规定时间内提交申请。

9. 内部管理规范

建立健全企业内部管理制度，包括财务管理制度、人事管理制度等，确保企业的运营规范有序，这在一些政策申请中可能会作为评估企业资质和可持续发展能力的因素之一。

（八）创业扶持政策专家评审标准和要求

创业扶持政策评审通常有以下要求：

1. 项目创新性

（1）技术创新。

①考察创业项目是否运用了新的技术、工艺或方法，在同行业中具有技术领先优势。例如，是否采用了人工智能、大数据、区块链等前沿技术，提升产品或服务的质量和效率。

②评估技术创新的程度，包括技术的先进性、独特性和实用性。例如，新技术是否能够解决行业中的痛点问题，是否具有广泛的应用前景。

（2）商业模式创新。

①分析创业项目的商业模式是否新颖、独特，与传统模式相比有何优势。例如，是否采用了共享经济、平台经济、订阅模式等新型商业模式，实现资源的优化配置和价值创造。

②考量商业模式的可持续性，包括盈利模式、市场竞争力和发展潜力。例如，商业模式是否能够实现长期稳定的盈利，是否能够应对市场变化和竞争挑战。

（3）产品或服务创新。

①审查创业项目的产品或服务是否具有创新性，是否满足市场需求和用户痛点。例如，产品是否具有独特的功能、设计或性能，服务是否具有个性化、专业化和高效化的特点。

②评估产品或服务的市场竞争力，包括市场占有率、品牌知名度和用户满意度。例如，产品或服务是否能够在市场中脱颖而出，赢得用户的青睐和信任。

2. 市场前景

（1）市场需求分析。

①研究创业项目所针对的市场需求是否真实、强烈，市场规模和增长趋势如何。例如，通过市场调研、数据分析等方法，了解目标市场的容量、增长率、竞争格局等情况，评估市场需求的可持续性和发展潜力。

②分析创业项目的产品或服务是否能够满足市场需求，是否具有差异化竞争优势。例如，产品或服务是否能够解决用户的实际问题，是否具有独特的价值主张，与竞争对手相比有何优势。

（2）市场竞争力分析。

①评估创业项目在市场中的竞争力，包括产品或服务的质量、价格、品牌、渠道等方面。例如，产品或服务是否具有高质量、高性能、高性价比的特点，品牌是否具有知名度和美誉度，渠道是否畅通、高效。

②分析创业项目的竞争对手情况，包括竞争对手的数量、实力、市场份额、竞争策略等。例如，了解竞争对手的优势和劣势，制定相应的竞争策略，提高项目的市场竞争力。

（3）市场拓展计划。

①审查创业项目的市场拓展计划是否合理、可行，包括市场定位、目标客户、营销策略、销售渠道等方面。例如，市场定位是否准确，目标客户是否明确，营销策略是否具有针对性和创新性，销售渠道是否多元化、高效化。

②评估市场拓展计划的实施进度和效果，包括市场推广的力度、销售业绩的增长、客户满意度的提升等。例如，通过制定明确的市场拓展目标和计划，加强市场推广和销售管理，提高项目的市场占有率和盈利能力。

3. 团队能力

（1）团队成员素质。

①考察创业团队成员的教育背景、工作经验、专业技能等方面。例如，团队成员是否具有相关领域的专业知识和技能，是否有丰富的行业经验和创业经验，是否具备创新精神和团队合作精神。

②评估团队成员的综合素质，包括领导力、执行力、沟通能力、学习能力等。例如，团队负责人是否具有领导能力和决策能力，团队成员是否能够高效执行任务，团队内部是否能够良好沟通和协作，团队是否具有不断学习和进步的能力。

（2）团队结构合理性。

①分析创业团队的结构是否合理，包括团队成员的专业背景、技能组合、年龄结构等方面。例如，团队成员是否涵盖了技术、管理、营销、财务等各个方面的专业人才，团队成员的技能组合是否互补，年龄结构是否合理，是否能够满足项目发展的需要。

②考量团队的稳定性和凝聚力，包括团队成员的合作时间、合作关系、团队文化等方面。例如，团队成员是否长期合作，合作关系是否融洽，团队文化是否积极向上，是否能够吸引和留住优秀人才。

（3）团队发展潜力。

①评估创业团队的发展潜力，包括团队的学习能力、创新能力、适应能力等方面。例如，团队是否能够不断学习和掌握新的知识和技能，是否能够持续创新和改进产品或服务，是否能够适应市场变化和竞争挑战。

②审查团队的发展规划和目标，包括团队的成长路径、发展战略、业绩目标等方面。

例如，团队是否有明确的发展规划和目标，是否能够制定合理的发展战略和行动计划，是否能够实现业绩目标和可持续发展。

4. 财务状况

（1）财务可行性分析。

①审查创业项目的财务预算是否合理、可行，包括资金需求、资金来源、成本费用、收入预测等方面。例如，资金需求是否与项目规模和发展阶段相匹配，资金来源是否多元化、稳定可靠，成本费用是否控制在合理范围内，收入预测是否具有现实依据。

②评估财务预算的风险和不确定性，包括市场风险、技术风险、管理风险等方面。例如，分析市场变化、技术进步、管理不善等因素对项目财务状况的影响，制定相应的风险应对措施。

（2）财务状况真实性。

①要求创业企业提供真实、准确的财务报表和财务数据，包括资产负债表、利润表、现金流量表等。例如，通过审计、核查等方式，确保财务报表和数据的真实性和可靠性。

②分析财务报表和数据，了解企业的财务状况和经营成果，包括资产规模、负债水平、盈利能力、现金流状况等方面。例如，评估企业的资产质量、偿债能力、盈利能力和现金流状况，判断企业的财务健康程度和可持续发展能力。

（3）财务管理规范性。

①考察创业企业的财务管理是否规范、健全，包括财务制度、会计核算、财务风险管理等方面。例如，企业是否建立了完善的财务管理制度，会计核算是否规范、准确，是否有有效的财务风险管理机制。

②评估财务管理对企业发展的支持作用，包括财务决策、资金管理、成本控制等方面。例如，企业的财务管理是否能够为企业的战略决策提供有力支持，是否能够有效地管理资金、控制成本，提高企业的经济效益和竞争力。

5. 社会效益

（1）就业带动作用。

①分析创业项目对就业的带动作用，包括直接就业和间接就业。例如，评估项目能够创造多少个就业岗位，就业岗位的质量和稳定性如何，是否能够为当地居民提供就业机会和职业发展空间。

②考量创业项目对就业结构的优化作用，包括就业岗位的技能要求、薪酬水平、职业发展前景等方面。例如，项目是否能够提供高技能、高薪酬的就业岗位，是否能够促进就业结构的升级和优化。

（2）产业促进作用。

①审查创业项目对当地产业的促进作用，包括产业升级、产业链延伸、产业集聚等方面。例如，项目是否能够推动当地产业的技术进步和创新发展，是否能够延伸产业链条，提高产业附加值，是否能够促进产业集聚和协同发展。

②评估创业项目对区域经济发展的贡献，包括税收贡献、经济增长、产业竞争力提升等方面。例如，项目是否能够为当地政府带来税收收入，是否能够促进当地经济的增长和发展，是否能够提升当地产业的竞争力和影响力。

（3）社会影响。

①考察创业项目的社会影响，包括对社会问题的解决、社会文化的促进、社会责任的履行等方面。例如，项目是否能够解决社会问题，如环保、教育、医疗等领域的问题，是否能够促进社会文化的发展和传承，是否能够积极履行社会责任，如公益慈善、环境保护等。

②评估创业项目的社会认可度和美誉度，包括社会公众的评价、媒体的报道、政府的表彰等方面。例如，项目是否得到社会公众的认可和好评，是否受到媒体的广泛关注和报道，是否获得政府的表彰和奖励。

6. 其他要求

（1）项目可行性。评审人员会对创业项目的可行性进行评估，包括技术可行性、经济可行性、市场可行性等方面。例如，项目是否具有技术上的可行性，是否能够在经济上实现盈利，是否有足够的市场需求和发展空间。

（2）项目可持续性。考虑创业项目的可持续性，包括商业模式的可持续性、财务的可持续性、环境的可持续性等方面。例如，项目的商业模式是否能够长期持续发展，财务状况是否稳定健康，是否对环境友好。

（3）项目合规性。确保创业项目符合法律法规和政策要求，包括工商注册、税务登记、知识产权保护等方面。例如，项目是否依法进行了工商注册和税务登记，是否拥有合法的知识产权，是否遵守相关法律法规和政策规定。

（4）项目创新性。鼓励创业项目具有创新性，包括技术创新、产品创新、服务创新、商业模式创新等方面。例如，项目是否采用了新的技术、工艺或方法，是否推出了具有创新性的产品或服务，是否采用了新的商业模式。

（5）项目团队能力。考察创业项目团队的能力和素质，包括团队成员的专业背景、工作经验、创新能力、团队协作能力等方面。例如，团队成员是否具备相关领域的专业知识和技能，是否有丰富的工作经验和创业经验，是否具有创新能力和团队协作能力。

（6）项目发展前景。评估创业项目的发展前景，包括市场前景、技术前景、财务前景等方面。例如，项目所针对的市场是否具有广阔的发展前景，技术是否具有先进性和前瞻性，财务状况是否良好，是否有足够的资金支持项目的发展。

（7）项目社会效益。考虑创业项目的社会效益，包括对就业的促进作用、对经济发展的贡献、对社会问题的解决等方面。例如，项目是否能够创造就业机会，是否能够促进当地经济的发展，是否能够解决社会问题。

（8）项目申报材料的真实性和完整性。要求创业项目申报材料真实、完整、准确，不得有虚假信息和隐瞒重要事实的情况。例如，申报材料中的数据和信息是否真实可靠，是否有相关证明材料支持，申报材料是否完整，是否符合申报要求。

实践环节

进入“产业扶持政策应用虚拟仿真实训项目”平台，在“应用技能教学”板块进入“课程六　实景模拟申报”界面，完成以下实景申报练习任务：

1. 完成创业扶持项目申报。
2. 完成高新企业认定申报。

第六章　扶持政策应用规划

学习目标

了解企业生命周期理论，理解企业不同发展时期对扶持政策的不同需求，掌握扶持政策规划的流程和关键步骤；能独立进行企业在不同生命周期阶段的扶持政策需求分析，会制定符合企业实际情况的扶持政策应用策略，具备识别和评估政策应用效果的能力；树立政策应用合规意识，具备前瞻性思维和团队协作精神，能够预测政策变化趋势及时调整企业策略，能够在政策规划和实施过程中与不同部门有效沟通和合作。

导入案例

政策补贴下的新能源汽车产业

我国新能源汽车产业起步于21世纪初，经历了技术研发、示范推广到产业化发展的不同阶段。2001年，科技部启动了新能源汽车重大科技专项，标志着新能源汽车技术研发的开始。2009年，中国政府实施了“十城千辆”示范工程，通过在10个城市推广新能源汽车，推动了新能源汽车的示范应用。2012年，国务院发布《节能与新能源汽车产业发展规划（2012—2020年）》，明确了新能源汽车产业的发展方向和目标。

在政策扶持下，我国新能源汽车产业快速发展，产销量连续多年位居世界首位。根据中国汽车工业协会的数据，2021年，中国新能源汽车产销量分别达到354.5万辆和352.1万辆，同比分别增长159.5%和157.5%。我国对新能源汽车产业的扶持主要包括财政补贴、税收优惠、研发支持等，比如在研发阶段，国家设立新能源汽车重点研发专项，支持关键技术研发和产业化；在产业化发展阶段，给财政补贴和税收优惠，并推动充电基础设施建设；在推广应用阶段，实施公共领域车辆电动化、公务用车电动化等推广应用工程。

通过这些政策措施，我国新能源汽车产业得以快速发展和普及应用。值得注意的是，政策也在不断调整优化，以适应市场和技术发展的变化。

【思考与讨论】作为新能源汽车产业，在不同的发展阶段应该关注哪些产业扶持政策？如何提前规划，用好国家产业扶持政策？

第一节 扶持政策应用规划概述

一、企业生命周期和扶持政策

（一）企业生命周期理论

企业的生命周期是指企业从诞生到破产或者消亡的全过程。从生命周期视角来看，企业发展与成长的动态轨迹，会经历诞生、生长、稳定、衰退、消亡等多个阶段。与生物不同，企业的生命周期具有自身的特点：第一，企业生命周期的不确定性。企业的经营活动会受到多种因素的影响和局限，这也是使得企业存续时间长短的不确定性。如在宏观经济下行的大环境下，新生的小型企业多数只能营业几年便会消亡，而对于存续时间久的大型企业来讲，则可以渡过经营困难的时段，存续很长一段时间。第二，企业的发展具有不确定性。在整个生命周期的过程中，企业既有可能平稳发展，也有可能在某个阶段高速发展，快速过渡到下一阶段。同时，企业发展状况会受政策、市场等多种因素的影响。在大环境下，即使处于衰退期的企业，依靠技术组织或经营模式的变革重新获取活力，进入高速进步与发展的阶段。第三，企业生命周期结束的无征兆性。蓬勃发展的企业可能由于市场剧烈震荡，在短时间内便快速衰退直至破产；或是企业利用兼并重组寻求发展出路，重新开始周期发展。

企业生命周期理论是指企业的发展与成长的动态轨迹，包括发展、成长、成熟、衰退几个阶段。经历四个阶段后，企业通常会面临消亡、稳定以及转向三种结局。在企业发展的不同阶段，企业经营特点、政府资源的需求存在显著差异。

1. 初创期

初创期指的是企业或产品从研制开发到初步投放市场的时期。在这个阶段，企业或产品处于刚刚起步的阶段，尚未形成稳定的市场地位和竞争优势。这是产品或企业生命周期中最具挑战性和机遇的时期，需要经历从无到有、从小到大的发展过程。企业注册登记获得营业执照后，正式进入初创阶段。此时，生产要素缺乏，组织结构简单，产品种类较少，盈利水平较低，受外部环境影响较大。该阶段企业目标就是生产客户需要的产品，具有较强的创新精神，经营战略灵活，能够以新制胜。

初创期企业的生存和发展更多依赖于企业家的才能和领导力。创始人往往是公司最大的资产，同时也是最大的风险点。他们需要具备敏锐的市场洞察力、创新精神和卓越的管理能力，以引领企业度过初创期的各种困难。初创期企业由于规模小、员工少，通常面临着资源有限的问题，这包括资金、技术、人才等方面的资源短缺。因此，企业需要精打细算，合理配置资源，以确保企业的正常运营和持续发展。初创期企业通常能够迅速响应市场变化，灵活调整经营策略。这种灵活性有助于企业抓住市场机遇，快速占领市场份额。然而，由于资源有限，企业在调整经营策略时需要谨慎考虑，避免过度扩张或盲目投资。初创期企业面临的最大挑战之一是筹资困难。由于企业尚未形成稳定的盈利模式和现金流，很难吸引外部投资者的关注。因此，企业需要通过内部融资、天使投资、风险投资等多种渠道筹集资金，以支持企业的研发和市场拓展。尽管初创期企业面临诸多挑战，但其成长性也非常强。一旦企业成功渡过初创期，形成稳定的市场地位和竞争优势，就有可能实现快速增长和盈利。

初创期的企业需要灵活适应市场变化，同时创始人需要具有远见和决策能力，引导企业顺利渡过这一高风险阶段。通过有效的资源配置和市场策略，许多初创企业能够实现从零到一的突破，为后续的成长打下坚实基础。

2. 成长期

成长期，又称为发展期或快速增长期，是企业生命周期中继初创期之后的阶段。在这个阶段，企业已经在市场上确立了自己的地位，产品或服务获得了消费者的认可，销售收入和市场份额迅速增长。成长期是企业从初创走向成熟的过渡阶段，此时企业已经完成了产品市场适配，开始扩大生产规模，增加投资以满足市场需求的快速增长。企业在进入成长期后，基本已渡过危险期，管理方面也更加规范，员工数量大幅度增加，技术水平也较初创期有了大幅度提高。在这个阶段，产品或企业开始逐渐被市场接受，销量和用户数量迅速增长，市场地位逐渐稳固，产品在市场上得到认可，资金来源渠道也有所增多，企业实力大大增强。这一时期企业最大的特点是发展迅速，其成长性在所有阶段里是最好的。

企业进入成长期后，产品或服务的市场需求迅速增加，企业销售量显著提升。随着市场的认可，竞争者数量增多，市场竞争变得更加激烈。企业需要不断创新和改进产品，以维持竞争优势。随着规模的扩大，企业可能需要调整组织结构，以提高管理效率。为了支持快速增长，企业可能需要更多的资金来扩大生产能力、研发新产品或进入新市场。企业开始注重品牌建设，提高品牌知名度和影响力。虽然增长迅速，但企业也需注意风险管理，避免因过快扩张导致的问题。

3. 成熟期

成熟期是指产品或企业在经历了初创期和成长期后，进入的一个相对稳定和成熟的阶段。在这个阶段，产品或企业已经在市场上占据了稳定的地位，销量和用户数量趋于平稳，市场份额也相对稳定。成熟期是产品或企业在生命周期中的一个关键阶段，标志着产品或企业已经度过了快速增长的阶段，进入了相对稳定的发展时期。在这个阶段，市场需求趋于饱和，销量和用户数量的增长速度放缓，但整体规模仍然较大。同时，市场竞争也趋于激烈，企业需要不断提升产品性能和服务质量，以保持市场地位和盈利能力。成熟期企业逐渐向集约经营、内涵式发展转变，企业规模已经很大，这个阶段的企业发展速度放缓，销售收入增长率也不如成长期，但是整体效益却非常高。成熟期企业借助自己良好的品牌优势和资源优势，丰富现有产品种类，使产品更加多样化。这一阶段企业由于在市场上具有一定的垄断地位，市场份额较高，资金雄厚，外在压力比较小，导致企业整体缺乏创新精神。

在成熟期，企业需要通过持续的创新和市场策略调整来应对市场饱和和竞争加剧的挑战，以保持其市场地位和盈利能力。

4. 衰退期（转型期）

衰退期是指产品或企业在经历了开发期、成长期和成熟期后，进入的一个市场逐渐萎缩、销量下滑、盈利能力减弱的阶段。在这个阶段，产品或企业面临着市场需求减少、竞争加剧、技术替代等多重挑战，需要采取相应的策略来应对。

衰退期的企业由于不能有效应对技术变革，产品不再为消费者所喜爱，所以在市场上的优势逐渐消失殆尽，经营状况不稳定，财务风险大。企业如果想要实现可持续发展，在衰退期到来之前就要未雨绸缪，通过其他途径为企业注入新的生命力，通过不断地注入新鲜血液让企业重新焕发生机，企业则会由原本的衰退期转至转型期，开启下一阶段的成长发展之路。在衰退期，企业需要密切关注市场变化和技术发展趋势，及时调整战略和业务模式以应对挑战。同时，企业还需要加强成本控制和风险管理能力以确保在激烈的市场竞争中保持竞争力。

企业生命周期理论认为，企业在不同的生命周期阶段都有其各自的发展特征，其资源基础、经营状况、发展目标等均表现出明显的不同，不同阶段企业进行研发的动力和开展研发的能力也会不同，这也会影响政府资助所带来的效果。不同生命周期阶段的企业可能会对政府部门的资助产生不同的反应并在研发投入决策、政府资助获取上作出不同的选择。因此，企业要定位能够申报哪些政府扶持项目。首先企业要对所处的发展阶段进行定位。对于一个特定的企业来说，它所拥有的技术也并非一种，产品也有很多种，因此企业可以根据其不同的产品、技术阶段来定位企业在生命周期中所处的阶段，揭示企业在各个发展阶段中存在的问题，并有针对性地提出企业可获取的政府资助，实现企业发展的平稳过渡。

（二）企业资源要素评估

企业的精准清晰定位是申报资金扶持项目的主要因素，选择切合企业产业和技术发展实际的项目，获得成功的可能性就比较大。

1. 了解企业产品市场前景

分析行业发展历史与背景，推测市场前景，判断应用前景；了解国家产业、技术政策，是鼓励还是限制。通过科技查新检索、查阅文献资料、向同行专家咨询等方式，摸清国内外同类技术或产品的研究现状，技术是否处于国内先进水平或以上，是否有竞争优势，从中比较出创新性。

2. 评估企业自身要素资源

包括人才、技术、资金、设备、仪器、场所等可整合的内部资源和可争取到的外部条件。部分科技扶持计划，需要企业具备一定的能力。全面详细了解本企业拥有的核心技术、产品、市场等方面的优劣势和发展潜力；分析企业如何把财务发展状况和内在价值展示出来；注重企业无形资产的累积，譬如专利证书、高新技术企业认定、软件著作权、著名商标等，这些报告或证书都可以作为申报项目的旁证材料，有的甚至是项目要求不可缺少的附件。

（三）匹配扶持政策

从企业及拟申报项目所处生命周期阶段出发，将企业的技术、产品等众多因素进行组合，会有很多种组合方案，每一个组合方案也都具备自己的特点和特性。对于某一个具体的政府扶持政策来说，企业要从这些具有不同特性的技术、产品以及定位方案中作出选择，拿出一个最具优势的方案来申报政府某一扶持政策。这样企业就可以做到有的放矢，提高申报扶持政策的成功率。如果企业选择的方案不能有效地挖掘出公司申报扶持政策的最大优势，就会出现好项目连初审都没有通过的现象。因此，建议企业在成长的过程中，注意资质和第三方证明材料的积累，以保障在申请资金扶持类项目的过程中起到辅助加分的作用，从而提高项目的通过率。资质和第三方证明材料包括高新技术企业证书、高新技术新产品证书、质量体系认证、信用等级证书。企业生命周期阶段与重点关注的政府资助项目匹配表如表6－1所示。

表6－1　　企业生命周期阶段与重点关注的政府资助项目匹配

序号	生命周期阶段	重点关注的政府资助项目
1	初创期	1. 创新基金、专利成果转化、信息化发展项目、中小企业发展专项资金等资金补助类或贷款贴息补助类政策 2. 科技型中小企业入库、技术合同登记、研发费用加计扣除等税收减免类政策
2	成长期	1. 成果转化奖励类政策、研发环境提升或研发投入补贴类政策、"新三板"上市扶持政策 2. 高新技术企业认定、技术合同登记、研发费用加计扣除等税收减免类政策
3	成熟期	1. 申报国家级科技计划课题或选择申报国家级专项资金或科学技术奖 2. 申请各级企业技术中心、工程技术研究中心或重点实验室、企业研发机构等资质以及企业上市补贴等 3. 参与行业标准、国家标准的制定，著名、驰名商标的申请等 4. 成果转化奖励类政策、研发环境提升或研发投入补贴类政策 5. 技术合同登记、研发费用加计扣除等税收减免类政策
4	衰退期	1. 成果转化奖励类政策、技术改造提升类或研发投入补贴类政策 2. 技术合同登记、研发费用加计扣除等税收减免类普惠政策

1. 初创期阶段企业

该阶段企业没有足够资金以及资源，可以根据自身的行业领域、资产规模、成本投入情况、知识产权情况及销售情况等选择支持企业技术研发、技术服务、成果产业化、信息化建设、固定资产投资建设等资金补助类或贷款贴息补助类政策。企业一般可选择创新基金、专利成果转化、信息化发展项目、知识产权奖励、中小企业发展专项资金等，如部分省市的"专精特新"中小企业认定奖励等。另外，企业还可以关注税收减免类政策，如科技型中小企业入库、技术合同登记、研发费用加计扣除等。

2. 成长期阶段企业

该阶段企业出于市场占有率上升、市场竞争力逐步增强、企业规模逐渐增加、企业资质渐渐提升等原因，开始在行业及各大竞争对手中崭露头角。如果企业在这一阶段重视完善自身各方面体系建设和持续技术创新，那么将会为其今后发展和更好地享受政策资金支持打下坚实基础。这一阶段的企业可以多关注成果转化奖励类政策、研发环境提升或研发投入补贴类政策、"新三板"上市扶持政策和税收减免类政策。除了国家级和省市级政策之外，企业还可以多关注区县内的扶持政策，如"新认定及重新认定的高新技术企业奖励"、新增"小升规"企业奖励和"新三板"挂牌奖励等申报项目。

3. 成熟期阶段企业

该阶段企业的规模、产品的销量、利润和市场占有率都达到了最佳状态，企业的营销能力、生产能力以及研发能力也处于鼎盛时期，企业及其产品的社会知名度很高。企业到达这一阶段标志着企业形象上升到了一定高度，这一时期企业可以根据自身技术积累、团队优势等承担一些国家级科技计划课题或选择申报国家级专项资金或科学技术奖。另外，在资质方面可以选择申请各级企业技术中心、各级工程技术研究中心或重点实验室、企业研发机构等资质以及企业上市补贴等，同时可以积极参与行业标准、国家标准的制定，著名、驰名商标的申请等。

4. 衰退期（转型期）阶段企业

企业在经历了发展、成长、成熟三个阶段以后，可能都将面临衰退，这是市场的必然规律。要想改变这一状况，就需要通过技术改造、产品升级、经营模式重塑等多种方式引导企业转型升级。政府也通常采用多种方式支持企业转变生产经营模式、商业模式、盈利模式以及产品形态，鼓励高能耗产业退出或进行技术改造，并设立专项资金给予支持。转型期的企业可以多关注此类政策信息。

二、扶持政策规划和管理

（一）前期准备与需求分析

在前期准备阶段，首先需要对企业自身进行全面的审视和梳理，包括细致收集企业的各类基础信息，如企业规模、所处行业领域、主营产品或服务、经营状况以及财务健康度等。通过这些信息，能够深入分析企业的核心竞争力、市场定位、长远发展目标以及在发展过程中可能遇到的挑战。

同时，对政策信息的搜集与整理同样至关重要。企业需要密切关注来自各级政府部门及行业主管机构发布的扶持政策，这些政策可能涵盖财政补贴、税收减免、融资便利、技术创新奖励以及市场拓展补助等多个方面。对这些政策进行细致的分类和整理，明确它们的适用范围、申报条件、支持标准、申报流程以及截止时间等关键要素。

为此，企业应成立专项小组或指定专人负责此项工作，深入研究和分析相关的产业扶持政策。小组成员需要充分利用政府官网、行业协会、专业咨询机构等资源，确保所获得的政策信息准确无误，并全面理解政策背后的目标、支持的具体范围、申请所需的条件以及政策带来的优惠措施。

在完成政策信息的搜集与整理后，接下来的步骤是进行需求分析匹配。这一过程中，企业将根据实际情况和发展需求，细致筛选出真正适合企业情况的扶持政策。同时，分析企业当前的条件与政策申报条件之间的差距，为企业指明需要努力和改进的方向，确保企业在未来的发展中能够精准对接政策要求，充分利用政策带来的优势，推动企业的持续成长和行业竞争力的提升。

（二）政策解读与内部准备

深入了解和解读产业扶持政策是企业申报成功的前提。为此，企业应组织内部关键部门（如财务、技术、市场等部门）的团队成员，共同细致研读政策文件，确保对政策内容有一个全面且准确的把握。在这一过程中，我们不仅要理解政策的字面意义，更要洞察其背后的政策导向和支持重点，甚至预测政策的未来走向和可能的调整方向，以便企业能够及时适应。

在确保对政策有深刻理解的基础上，企业需要对内部条件进行全面的评估和准备。这包括与政策要求相对照，诚实评估企业当前的符合度，识别出企业在申报政策方面的优势和存在的不足，明确企业与政策之间的契合点。在某些情况下，引入第三方评估机构或行业专家的客观意见，将为企业的自我评估提供重要的参考和补充。

针对评估过程中发现的不足之处，企业应制定具体的改进计划和明确的时间表。这可能包括提升技术水平、优化财务管理、扩大市场份额等关键领域。同时，加强企业内部管理，确保企业的经营活动在各个环节都能满足政策的要求，为企业申报政策扶持工作打下坚实的基础。通过这一系列的内部准备和调整，企业将能够更加顺畅地响应政策号召，充分利用政策带来的机遇，推动企业的持续发展和行业内的竞争力提升。

（三）申报材料准备与审核

根据政策的具体要求，制定详尽的申报材料清单，其中涵盖企业基本信息表、经过审计的财务报表、详尽的项目计划书、技术成果证明文件以及市场分析报告等关键文件。这些文件不仅要真实、完整，还要规范，以符合政策申报的基本要求。在材料准备阶段，企业应动员各个部门协同合作，根据清单要求收集和整理相应的材料，并对材料进行初步审核，确保符合政策申报的基本要求。

此外，基于对政策的深入解读和对企业自身的准确评估，制定详细的申请策略，明确申请的项目范围、预期达成的目标以及所需资源的合理调配。为了进一步提升申报材料的质量，企业应当邀请外部专家或第三方机构对材料进行专业的审核，并根据审核意见对申报材料进行完善和优化，以确保材料的高质量以及具有高度的针对性和说服力。

（四）申报提交与跟踪

一是申报提交。按照政策规定的申报渠道和方式，将准备好的申报材料提交至相关部门。确保申报材料的及时性和准确性，避免因延误或错误导致的申报失败。按照政策要求，准备齐全、准确的申请材料，包括但不限于企业资质证明、财务报表、项目计划书等。建立材料清单，逐一核对，必要时可请专业机构协助整理。通过指定渠道（如政府网站、线下窗口等）按时提交申请材料。

二是进度跟踪与反馈。定期查询审批状态，与审批部门保持沟通，及时了解审批进展和可能的问题。建立审批跟踪机制，利用信息化手段提高效率。根据审批部门要求，及时准备并提交补充材料。建立申报进度跟踪机制，定期查询申报状态，及时获取反馈信息。针对审核过程中提出的问题或要求补充的材料，迅速响应并妥善处理。

（五）后续管理与持续跟进

一是政策资金落实。一旦申报成功，积极与相关部门沟通，确保政策资金及时到位并合理使用。建立健全的资金管理制度，确保政策资金的有效利用和监管。根据政策支持和项目需求，制定详细的实施计划，包括时间表、预算、人员分工等。按照实施计划执行项目，同时建立监控机制，确保项目进展符合预期。

二是政策效果评估。对政策扶持效果进行定期评估，分析政策对企业发展的实际贡献和存在的问题。根据评估结果，及时调整企业内部管理和经营策略，以更好地适应政策导向和市场变化。

三是持续跟进与再申报。持续关注政府发布的新政策，结合企业发展情况，进行新的政策匹配与申报规划。建项目完成后，进行总结评估，分析政策对企业发展的实际贡献，总结经验教训。采用量化指标和第三方评估，确保评估结果客观公正。根据评估结果，调整企业战略和政策应用策略，持续优化政策利用效率。定期更新政策信息，确保企业及时掌握最新政策动态。提升员工对政策的理解和应用能力，形成全员参与政策应用的良好氛围。与政府部门、行业协会、咨询机构等建立良好合作关系，获取更多政策支持和资源。确保企业在政策申请和实施过程中严格遵守法律法规和政策要求，避免违规风险。确立政策申报的长效机制，确保企业能够持续享受政策红利，实现稳健发展。

（六）风险评估与应对

1. 风险评估

（1）政策变化风险。政策可能因经济、社会、政治等因素发生调整或变化，导致企业已享受的优惠措施被取消或调整，进而影响企业的运营和发展。密切关注政府发布的政策动态，定期分析政策趋势，评估政策变化的可能性及其对企业的影响。

（2）政策执行风险。政策执行过程中可能存在的信息不对称、执行不力、监管不到位等问题，导致企业无法充分享受政策优惠或面临额外的合规风险。与政府部门保持密切沟通，了解政策执行的具体要求和流程；同时，加强企业内部管理，确保政策执行的合规性和有效性。

（3）财务风险。扶持政策往往涉及资金补贴、税收优惠等财务支持，但企业可能因财务管理不善、资金使用不当等原因，导致无法有效利用政策资源或产生新的财务风险。建立健全的财务管理制度，加强对政策资金的监管和审计，确保资金使用的合规性和效益性。

（4）市场竞争风险。扶持政策可能吸引大量企业进入同一领域或行业，加剧市场竞争，导致企业面临市场份额下降、利润压缩等风险。分析行业发展趋势和竞争格局，评估企业在市场中的竞争力和潜在风险；同时，加强技术创新和品牌建设，提高企业的核心竞争力。

2. 风险应对

（1）建立风险预警机制。建立政策变化预警系统，及时收集和分析政策信息；加强企业内部风险监测和评估，及时发现和应对潜在风险。企业应根据自身经营特点、行业特性及市场环境，明确风险预警的目标与定位，确定风险预警机制的主要目标和作用，如侧重于财务风险或市场风险预警。建立科学、合理的风险预警指标体系，全面反映企业风险状况，如财务指标、市场指标、运营指标等，并确保指标的全面性、代表性、可操作性和可量化性。为每个预警指标设定合理的阈值，并根据阈值的突破情况划分不同的风险等级，以便更好地指导企业应对风险。企业应建立专门的监测团队或委托专业机构，定期收集和分析数据，评估风险状况，并编制风险预警报告。根据不同风险等级和实际情况，制定相应的应急预案和处置措施，明确责任部门和责任人，确保在风险事件发生时能够迅速、有效地进行应对和处置。随着企业内外部环境的变化，预警机制也需要不断优化和完善，更新预警指标、调整阈值、优化监测与报告流程等，确保风险预警机制始终保持科学、有效。加强对风险预警机制的宣传和培训，提高全员对风险预警机制的认识和重视程度，形成全员参与、共同防范风险的文化氛围。面向重点产业，开展企业知识产权管理和风险防控能力培训，引导企业加强知识产权制度建设，依法依规做好技术引进、境外投资、国际参展、产品进出口等活动的知识产权风险预警，提升知识产权合规管理能力。指导地方、行业组织和企业及时发现和处置知识产权风险，有力保障产业安全。

（2）加强政策沟通与合作。与政府部门建立长期稳定的沟通机制，及时了解政策动态和执行要求；积极参与政策制定和修订过程，提出建设性意见和建议。企业应与政府部门建立并维护良好的沟通渠道，这不仅有助于企业及时了解政策信息，同时也能够促进双方在政策实施过程中的协调与合作。企业可通过行业协会、商会等组织参与到政策的前期讨论和制定过程中，提供行业视角和专业建议，以确保政策更贴近企业实际需求。企业与政府部门之间应建立资源共享和信息交流的机制，这有助于双方在政策实施过程中及时调整和优化策略。企业可与政府部门联合开展创新项目，利用政府的资源和支持，推动技术研发和产业化进程。企业应积极参与政府举办的政策培训和解读会，深入理解政策内容，把握政策导向，提高申报和利用政策的能力。企业可与政府部门共同建立合作平台，如产业联盟、创新中心等，通过平台促进企业与政府、企业与企业之间的交流与合作。企业应积极响应政府的政策号召，如参与国家重大科技项目、新兴产业发展等，以获得政府的支持和资源。在政策合作中，企业与政府可探索风险共担和利益共享的合作模式，形成互利共赢的合作关系。

（3）完善财务管理和内部控制。建立健全的财务管理制度和内部控制体系，加强对政策资金的监管和审计；提高财务人员的专业素养和风险防范意识，确保资金使用的合规性和效益性。企业应根据《企业内部控制基本规范》及配套指引的要求，持续优化内部控制制度，强化风险评估机制，开展内部控制评价，聘请会计师事务所实施财务报告内部控制审计，促进内部控制的持续改进和有效性提升。企业需要真实、准确、完整地披露内部控制相关信息，每年在披露年报的同时，公开内部控制评价报告及审计报告。企业应强化集团管控，明确职能部门或机构的内控职责，落实业务部门内控运行责任，审计部门要加强监督检查，揭示风险隐患和内控缺陷，促进内控体系优化。企业应加强关键指标硬约束，如资产负债率、净资产收益率等，加强资源配置和风控规则硬约束，制定个性化、差异化指标体系和激励措施，以支持企业在国家安全、国计民生等重大战略任务中发挥主力军作用。企业应支撑战略、支持决策、服务业务、创造价值、防控风险，通过全面预算、成本管控、税务规划等手段，主动创造财务价值，促进企业价值提升。企业应建立健全统一的财务核算和报告体系，优化核算和报告信息系统，强化决算管理，加强审计管理，完善财务稽核机制，构建业财融合的财务报告分析体系。企业应建立健全的风险预警机制，通过监测关键指标和业务流程，及时发现潜在风险，并采取相应措施进行防范和控制。企业应积极应用大数据、人工智能等新技术，推动财务管理从信息化向数字化、智能化转型，提高财务数据的准确性和实时性。

（4）强化市场竞争能力。加大研发投入，推动技术创新和产品升级；加强品牌建设和市场营销，提高品牌知名度和市场影响力；拓展多元化市场渠道，降低对单一市场的依赖。积极参与基础前沿研究，利用税收优惠政策支持基础研究投入，并探索与国家实验室等研发合作，促进自主创新和技术积累，提升核心竞争力。国家鼓励科技型中小企业成长为创新的重要发源地，通过国家科技成果转化引导基金等支持科技型中小企业转移转化科技成果，提升技术创新水平。加强科技人才的吸引和培养，扩大博士后招收规模，鼓励企业招收海外博士后，同时依托各类科技计划项目开发科研助理岗位，加快落实科技创新薪酬分配激励机制。通过风险投资等金融支持，利用科技创新再贷款、重大科技成果产业化专项债等政策工具，发挥各类金融机构的作用，为自身发展增信授信。积极参与国家重大科研基础设施、大型科学仪器等科技资源的开放共享，利用这些资源促进自身技术进步和产品创新。加强与高校、科研院所的合作，共建新型研发机构，推动科技成果转化，加快成果在企业转化和产业化。发挥在产业链供应链中的中坚作用，通过强链补链行动，整合产业资源，提升产业链竞争力和抗风险能力。加快推进新一代信息技术和制造业融合发展，实施智能制造工程和绿色制造工程，提高中高端供给能力，并在落实碳达峰、碳中和目标中发挥示范引领作用。参与建设大中小企业融通发展平台载体，与中小企业建立稳定合作关系，构建创新协同、产能共享、供应链互通的产业发展生态。

（5）制定应急响应计划。针对可能发生的政策变化、执行不力等风险事件，制定详细的应急响应计划；明确责任分工和应对措施，确保在风险事件发生时能够迅速、有效地进行应对和处置。首先，企业需要进行细致的风险评估，识别可能遇到的各种潜在风险和威胁，并对这些风险的可能性和影响进行分析。明确应急响应的组织架构，包括指挥链条、决策流程和各相关部门或岗位的职责和权限。根据不同风险制定相应的应急策略和操作程序，确保在紧急情况下能够迅速有效地应对。通过培训提高员工对应急预案的了解，通过模拟演练检验和完善应急预案的可行性和有效性。确保紧急情况下信息能够迅速准确地传达给所有相关人员，并及时向外界报告情况。准备必要的应急资源和设备，包括备用电源、救援设备、医疗物资等。建立有效的监测系统，以便及时发现潜在的危机并发出预警。事件结束后，对应急响应的效果进行评估，总结经验教训，不断改进应急预案。确保应急计划得到企业高层的支持，并为实施计划提供必要的资源保障。确保应急响应计划符合相关法律法规要求，并与政府的应急管理政策保持一致。

第二节　扶持政策应用规划实务

一、案例企业基本信息

1993 年 4 月，北京东方电子设备控股公司诞生了，它原身是一个长期亏本的北京电子管厂。当时，超过 2600 名员工共同出资 600 万多元，成立了这家公司。

京东方的发展历经四个成长阶段：转型创业期（1993—2001 年）、发展主营期（2001—2007 年）、奋起追赶期（2007—2015 年）、实现领先期（2015 年至今），企业核心能力和实力不断增强。

（一）转型创业阶段

1993 年王东升接手连年亏损的北京电子管厂，首先是对北京东方电器股份有限公司的股权结构进行了改造。其后又与日本公司开展了技术交流，培养了专业人员，并开展了精细零部件、原料贸易等方面的贸易。1997 年，与一家我国台湾地区的公司共同组建了一家公司，开始涉足显示器行业。2001 年于 A 股上市，更命名为“京东方科技集团股份有限公司”。

（二）发展主营阶段

在 2001 年，京东方通过并购韩国现代的部分资源，正式启动 LCD 和 OLED 显示技术的研发。随后，京东方在 2003 年正式投入半导体显示技术的核心市场，并在同年建成第 5 代 TFT－LCD 生产线，在 2005 年，这一技术正式投入使用，为国内的半导体显示技术提供了重要的支持，从而终止了国际市场对京东方的控制。2003 年，京东方投入 12 亿美元，在北京市建成第 5 代 TFT－LCD 生产线，标志着中国大陆独立“液晶显示屏”时期的开启。然而，随着京东方液晶显示屏的推出，韩国和日本地区的控制面板龙头企业纷纷大幅度降价，使得刚刚渡过资产危机的京东方再次陷入了巨额亏损的困境。京东方迫不得已再度向北京人民政府寻求帮助，采用非公开发售 A 股计划方案，促使北京市人民政府以“可转债”的形式变成企业大股东。伴随着京东方的高速发展，康宁、冠捷等多个全球 500 强企业也陆续开展配套设施投资，总投资额超出 700 亿元，形成了一个年销售额近千亿元、缴税 40 多亿巨大管理体系。这就让京东方得到了大量地区政府机构的热捧，打开了一条银团贷款与政府部门投资相结合的新型产业投融资方式。

（三）奋起追赶阶段

2008 年全球金融危机给京东方带来了一个难得的机会，使其能够在营运能力不足、企业规模缩小的情况下，在政府的支持下，京东方通过股票市场增资扩股筹集了 200 亿多财产，并且全力以赴地进行了逆周期扩大。京东方在“剑字”号发展战略规划的指导下，从 2008—2013 年，在合肥完成了第 4.5 代 TFT－LCD 工厂，并在北京市建设了中国第一条高世代 TFT－LCD 工厂。这也是中国唯一的 TFT－LCD 生产工艺我国工程实验室。同时，京东方还在第 8.5 代 TFT－LCD 产品线上取得了重大进展，为中国的可持续发展打下了扎实的基石。随着合肥、鄂尔多斯和重庆的投资，这三座城市分别建设了第 8 代 TFT－LCD 工厂、第 6 代 AMO－LED 工厂以及第 8 代 TFT－LCD 工厂。

2007—2009年，京东方借鉴韩国公司的成功经验，在政府扶持下进行逆周期投资，快速扩产，实现自主生产，彻底改变了国内大型LCD的供给格局。为了实现双赢，京东方于2010年与国内知名企业海尔和康佳达成了长期合作关系。随后，2013—2015年，京东方不断扩大业务范围，推出智能医疗产品，与IBM合作搭建大数据平台，基于电脑、手机等高清显示屏，开启了线上医疗咨询新模式。

（四）领先阶段

自2014年以来，京东方积极推进业务转型，在福州建成了第六代柔性AMOLED工厂，在合肥建成了世界最大的第10.5代TFT-LCD工厂，以满足市场需求。京东方在2020年取得了重大突破，成功实施了国外面板技术封锁，开创了我国半导体行业的新格局，其LCD市场占有率达到26.80%，排名世界第一名。京东方在电视机面板销售量和供货占地面积方面均保持全球第一的地位，其中电视机面板销售量达到46.4100万片，供货占地面积达到2990万平方米，而MonitorLCD、NotebookLCD、TabletLCD等同类产品的销售市场也处于领先地位。京东方企业集团在智能手机面板领域以其40800万片的产销量和21.6%的市场占比位居世界第一，并且从2020年第四季度开始向iPhone运输AMOLED产品，成为国内首家推出柔性OLED产品的公司。自2015年起，京东方的研发实力一直处在行业的前列，拥有众多的独特的知识产权和关键的技术。2018年，京东方的专利申请总数超过了9000件，而且超过了90%的申请均属于发明，使得京东方在半导体领域的创新能力得到了显著提升。

二、面板行业扶持政策解读

面板技术的出现标志着半导体材料领域的一个重大突破，它是衡量集成电路技术发展水平的重要指标。但中国面板行业在过去很长一段时间处于极度依赖进口的状态，甚至在进口材料供应消耗排名中，“缺芯少屏”的情况更是突出，面板产品品类仅次于石油、铁矿石和芯片，排名第四。

为了推进液晶显示领域的发展，我国政府采取了多项举措，包括制定相关策略法规，以鼓励、扶持和指导中小企业打破产业瓶颈。

（一）国家层面扶持政策

我国最早的液晶显示屏、面板行业的产业扶持政策可以追溯到2002年。2002年，国务院发布了《鼓励软件产业和集成电路产业发展的若干政策》，这一政策对软件和集成电路产业给予了很多税收优惠和支持措施。2010 年，国务院发布了《国务院关于加快培育和发展战略性新兴产业的决定》，将新型显示列为七大战略性新兴产业中新一代信息技术产业的核心基础产业发展。在引导我国新型显示产业健康有序发展过程中，国家发展改革委、工业和信息化部等部门推出了系列扶持政策，如表 6－2 所示。

表 6－2　　国家层面的行业扶持策略

时间	发布部门	策略名称	要点
2010 年 10 月	国务院	《国务院关于加快培育和发展战略性新兴产业的决定》	在七大战略新兴行业中，把新型显示作为新一代信息技术行业的核心和基础行业来发展
2011 年 7 月	科学技术部	《国家"十二五"科学和技术发展规划》	推动国家显示行业的升级与改造，重点是在核心原料、屏幕等产品的自主制造上，形成一批规模超过百亿元的产业集群
2012 年 1 月	国务院	《国务院关于印发工业转型升级规划（2011—2015 年）的通知》	重点支持高世代薄膜晶体管液晶显示器件（TFT－LCD）面板发展，提高等离子体显示器件（PDP）产业竞争力，加快大尺寸有机电致发光显示器件（OLED）、电子纸、三维（3D）显示、激光显示等新型显示技术的研发和产业化，发展上游原材料、元器件及专用装备等配套产业，完善新型显示产业体系，平板显示产业规模占全球比重提高到 20% 以上
2012 年 2 月	工业和信息化部	《电子信息制造业"十二五"发展规划》	平板电视面板自给率达 80% 以上。平板显示器件产业年均增长超过 30%，销售收入达到 1500 亿元，规模占全球比重由当前的 5% 提升到 20% 以上
2012 年 3 月	财政部	《关于调整部分商品进口关税的通知》	将 32 寸及以上 LCD 面板的消费税将由原暂定的 3% 提高到 5%，提升国内面板厂商的议价能力和拿单能力
2012 年 9 月	科学技术部	《新型显示科技发展"十二五"专项规划》	着力突破液晶显示和等离子体显示的产业瓶颈和商业模式，提高当前主流显示产业的国际竞争力。培育一批液晶显示和等离子体显示龙头企业和产业集群。到 2015 年，实现显示产业链新增产值超过 5000 亿元
2014 年 5 月	国家发展改革委、工业和信息化部	《国家发展改革委办公厅工业和信息化部办公厅关于组织实施新型平板显示和宽带网络设备研发及产业化专项有关事项的通知》	提出通过专项基金等方式对于面板上游原材料产业进行扶持，逐步推动我国面板产业整体生态的发展

续表

时间	发布部门	策略名称	要点
2014 年 10 月	国家发展改革委、工业和信息化部	《2014—2016 年新型显示产业创新发展行动计划》	到 2016 年，产能利用率保持合理水平，产品结构不断优化，行业资源环境效率显著提高，按面积计算出货量达到世界第二，全球市场占有率超过 20%，产业总体规模超过 3000 亿元
2015 年 12 月	—	《中华人民共和国与大韩民国政府自由贸易协定》	韩国进口面板 8 年内关税保持 5%，第 9 年降至 2.5%，第 10 年降至 0
2016 年 12 月	国务院	《“十三五”国家战略性新兴产业发展规划》	积极引导外商投资方向，鼓励外商投资战略性新兴产业，推动跨国公司、国际知名研究机构在国内设立研发中心。支持风电和太阳能、新型显示材料、集成电路、新能源汽车、生物育种等领域的发展
2017 年 1 月	国家发展改革委	《战略性新兴产业重点产品和服务指导目录（2016 版）》	将高性能非晶硅（a－Si）/低温多晶硅（LTPS）/氧化物（Oxide）液晶显示器（TFT－LCD）面板产品；新型有源有机电致发光二极管（AMOLED）面板产品；新型柔性显示、激光显示、立体显示、量子点发光二极管（QLED）显示器件产品等新型显示面板（器件）列为战略性新兴产业重点产品
2017 年 6 月	国家发展改革委、商务部	《外商投资产业指导目录（2017 年修订）》	将 TFT－LCD、PDP、OLED 等平板显示屏、显示屏材料制造（第 6 代及第 6 代以下 TFT－LCD 玻璃基板除外）列入鼓励外商投资产业目录
2018 年 9 月	工业和信息化部	《2018—2020 年新型显示产业行动计划》	为引导显示产业健康发展，将重点引导支持企业进行超高清、柔性面板等量产技术的研发，推动我国新型显示产业迈向全球价值链的中高端
2018 年 10 月	工业和信息化部、国家发展改革委	《扩大和升级信息消费三年行动计划（2018—2020 年）》	支持企业加大技术创新投入，突破新型背板、超高清、柔性面板等量产技术，带动产品创新，实现产品结构调整。推动面板企业与终端企业拓展互联网、物联网、人工智能等不同领域应用，在中高端消费领域培育新增长点，进一步扩大在线健康医疗、安防监控、智能家居等领域的应用范围
2018 年 11 月	国家统计局	《战略性新兴产业分类（2018）》	显示器件制造归属为电子核心产业中的新型电子元器件及设备制造，国民经济行业代码为 3974
2019 年 2 月	工业和信息化部、国家广播电视总局、中央广播电视总台	《超高清视频产业发展行动计划（2019—2022 年）》	支持面向超高清视频的新型显示器件等的开发和量产。增强 IPTV 网络的承载能力，满足 4K 和 8K 视频传输的低时延、高宽带、高可靠、高安全应用需求，推动普及超高清机顶盒

续表

时间	发布部门	策略名称	要点
2019 年 8 月	国家发展改革委	《产业结构调整指导目录（2019 年本）》	薄膜场效应晶体管 LCD（TFT - LCD）、有机发光二极管（OLED）、电子纸显示、激光显示、3D 显示等新型平板显示器件、液晶面板产业用玻璃基板、电子及信息产业用盖板玻璃等关键部件及关键材料
2020 年 10 月	国务院	《中华人民共和国国民经济和社会发展第十四个五年规划和 2035 年远景目标纲要》	聚焦新一代信息技术、生物技术、新能源、新材料、高端装备、新能源汽车、绿色环保以及航空航天、海洋装备等战略性新兴产业，加快关键核心技术创新应用，增强要素保障能力，培育壮大产业发展新动能
2021 年 3 月	财政部、海关总署、税务总局	《关于 2021—2030 年支持新型显示产业发展进口税收政策的通知》	自 2021 年 1 月 1 日至 2030 年 12 月 31 日，对新型显示器件生产企业进口国内不能生产或性能不能满足需求的自用生产性原材料、消耗品和净化室配套系统、生产设备（包括进口设备和国产设备）零配件，对新型显示产业的关键原材料、零配件（即靶材、光刻胶、掩模版、偏光片、彩色滤光膜）生产企业进口国内不能生产或性能不能满足需求的自用生产性原材料、消耗品，免征进口关税

（二）地方层面扶持政策

为响应国家关于面板行业的战略部署，各地政府对产业发展进行了具体的规划和布局，地方政府颁布的部分相关扶持政策如表 6 - 3 所示。

表 6 - 3　　　地方层面扶持政策

地区	发布时间	政策名称	重点内容
北京	2020 年 6 月 22 日	《北京经济技术开发区管理委员会关于印发〈北京经济技术开发区关于加快四大主导产业发展的实施意见〉的通知》	旨在推进 AMOLED、TFT - LCD 等高新技术道路的面板企业发展：加大真空热蒸镀、薄膜密封、接触传感器涂层 LLO 驱动晶片贴合等工艺技术 R&D 和工艺优化，以提升制造业的质量和效率实现高质量发展。为了推进 MicroLED 科技的发展，北京市加大了面板公司的工程化和产业化脚步，引进了更多的以上材质和元件公司以及下游模组和整机应用领域的公司，使得我市成为一个集聚的地方，从而不断壮大产业的整体规模

续表

地区	发布时间	政策名称	重点内容
北京	2016年5月23日	《北京市经济和信息化委员会关于印发〈北京市鼓励发展的高精尖产品目录（2016年版）〉和〈北京市工业企业技术改造指导目录（2016年版）〉的通知》	支持新型显示器件的开发，包括高世代薄膜晶体管液晶显示（TFT－LCD）、发光二极管（LED）/有机发光二极管（OLED）显示、激光显示、柔性显示、新型触控面板等新型显示产品，高性能液晶等关键材料及相关器件；新型显示模组、一体化整机与模组一体化产品等
天津	2017年6月14日	《天津市贯彻国家信息产业发展指南实施方案》	积极引进高性能液晶显示器（LCD）有机发光二极管（OLED）等新型显示面板卡头企业推动关键芯片研发制造，提升流频电视、平板电脑及移动终端等下游产品规模，构建完善新型显示产业链
河北	2020年4月19日	《河北省人民政府关于印发河北省数字经济发展规划（2020—2025年）的通知》	引导支持企业加快新型背板、超高清、柔性面板等量产技术研发，通过技术创新带动产品创新，实现产品结构调整。加快研究主动矩阵有机发光二极体（AMOLED）显示、量子点自发光（QLED）显示、微缩技术（MicroLED）等显示技术，加强技术储备，完成产业新技术路线探索和布局
河北	2018年2月22日	《河北省人民政府关于加快推进工业转型升级建设现代化工业体系的指导意见》	进一步提升液晶材料、玻璃基板、光刻胶、偏光片、光学膜（TAC）等新型显示基础材料工艺水平，扩大市场占有率，引进发展高世代大尺寸玻璃基板、掩膜板、高端靶材、驱动芯片。加快发展有源矩阵有机发光二极管（AMOLED）显示面板，大力发展手机平板屏、笔记本电脑屏、仪器仪表屏等中小尺寸面板
山西	2021年8月1日	《山西省人民政府关于印发山西省加快推进数字经济发展的实施意见和若干政策的通知》	推动培育新型显示产业链。发挥我省在LED显示、显示面板制造专用装备、激光导光板、激光投影、液晶显示材料等领域的发展基础，以4K/8K超清显示、LED显示、专用装备、显示材料、纳米陶瓷等领域为重点，大力培育和引进重大项目，完善产业链条，打造新型显示产业集群
内蒙古	2021年10月24日	《内蒙古自治区人民政府办公厅关于印发自治区“十四五”数字经济发展规划的通知》	大力引导新型显示产业跨越发展。大力推动OLED/AMOLED显示器件和终端产业化，积极布局全息、柔性、量子点（QLED）、Micro－LED激光显示等前沿显示技术，加速拓展在物联网、人工智能、虚拟现实等新领域应用
吉林	2021年9月28日	《关于印发〈2021年吉林省工业和信息化工作要点〉的通知》	着力推动新型显示与照明规模化发展，加快OLED基板及薄膜封装材料等研发及产业化，推进Mini－COB智能工厂建设
上海	2021年7月5日	《上海市人民政府办公厅关于印发〈上海市先进制造业发展“十四五”规划〉的通知》	以联动发展、加大供给为重点，持续扩大中小尺寸显示屏产能，提升面板制造技术水平，推进折叠、卷曲等柔性显示屏的研发和产业化，拓展有机发光显示（AM－OLED）在车载显示屏、笔记本显示屏、智能硬件等领域的应用

续表

地区	发布时间	政策名称	重点内容
江苏	2021年8月16日	《省政府办公厅关于印发江苏省“十四五”制造业高质量发展规划的通知》	加快超高清显示、大尺寸内嵌式触控、金属氧化物、Mini-LED背光等技术的融合创新，提升薄膜晶体管液晶显示（TFT-LCD）技术水平。加速有源矩阵有机发光显示（AMOLED）技术、先进制程工艺研发及产业化，大幅降低柔性显示屏的制造成本，突破低温多晶金属氧化物技术并实现量产，支持微发光显示（Mini/Micro-LED）的量产技术研发和产业化，提升关键材料与装备自主可控水平
浙江	2021年5月8日	《省发展改革委 省经信厅关于印发〈浙江省新材料产业发展“十四五”规划〉的通知》	重点发展量子点显示材料、发光材料及传感应用、有机电致发光材料、电子传输材料、电绝缘层材料、液晶显示光学薄膜、可形变液晶显示材料、显示超薄微晶玻璃面板等、多功能激光显示材料、高稳定性柔性透明电极、高导热柔性基板与封装材料、印刷OLED材料、高强透波微晶玻璃、功能陶瓷材料、可印刷介电润湿材料、聚集诱导发光材料、光/电致变色等新型感知和检测材料、智能聚合物，新型显示器件制程用配套材料
安徽	2019年6月10日	《安徽省经济和信息化厅 安徽省广播电视局 安徽广播电视台关于印发〈安徽省超高清视频产业发展行动方案（2019—2022年）〉的通知》	巩固和发展大尺寸TFT-LCD产品技术开发及应用、背光模组生产一体化、高世代显示玻璃基板生产和清洁工艺技术、特种显示技术及其器件、高档ITO导电玻璃和导电膜显示材料等特色产业技术优势，重点支持新型有机发光显示（AMOLED）、微显示（Mini/Micro OLED）技术、器件和材料研发，着力提升超高清显示的制造工艺、精细加工能力和水平、产品经济性及量产能力
福建	2021年7月5日	《福建省人民政府关于印发福建省“十四五”制造业高质量发展专项规划的通知》	加快3D显示、激光显示等新型显示技术研发布局。加快天马微6代柔性AMOLED、电气硝子玻璃基板三期等项目建设，发展柔性显示、低温多晶氧化物、金属氧化物等新型显示面板及模组，加快培育光学膜、偏光片、玻璃基板、触控IC等核心材料和关键元器件。开发彩色电子标签、线上教育平板、电子公交站牌、智能挡光玻璃等终端产品
江西	2021年9月7日	《江西省人民政府关于印发江西省“十四五”制造业高质量发展规划的通知》	依托打造全国电子信息产业重要基地，推动电子电路、电子组件、材料、平面显示、纳米技术等领域技术渗透融合，加强半导体、封测、材料、化工、印刷电路板、显示面板等交叉互动，提升柔性电子有机材料制备、有机电子器件设计与应用等制造水平
山东	2019年2月27日	《数字山东发展规划（2018—2022年）》	以高端装备、新能源汽车、电力电子等需求为导向，大力发展核心基础元器件。积极与国内外龙头企业沟通对接，引进建设高世代液晶面板生产线和主动矩阵有机发光二极管面板生产线。支持发展新型显示器件，加快液晶面板、主动矩阵有机发光二极管面板及其模组、背光源、超薄玻璃基板等关键材料和器件研发产业化

续表

地区	发布时间	政策名称	重点内容
河南	2019年1月8日	《河南省人民政府办公厅关于印发河南省新型显示和智能终端产业发展行动方案等8个方案的通知》	重点引进拥有高世代 TFT - LCD（薄膜晶体管液晶显示器）、AMOLED（有源矩阵有机发光二极体）等核心技术的骨干企业和重大项目，推动产业加速集聚。提前布局大尺寸 AMOLED 面板、中小尺寸 AMOLED 柔性折叠屏、LPD（激光荧光体显示）面板等产业化项目。积极引进新型显示领军型创新团队，加快推动 LTPS（低温多晶硅技术）、QLED（量子点发光二极管）、LPD、Micro - LED（微发光二极管）以及蒸镀和封装关键工艺突破和产业化
湖北	2021年9月24日	《省人民政府关于印发湖北省科技创新"十四五"规划的通知》	重点突破高世代大尺寸液晶面板、主动矩阵有机发光二极管（AMOLED）、微型发光二极管（Mini/Micro LED）、高性能薄膜晶体管液晶显示器（TFT - LCD）、激光显示等关键技术，着力解决新型显示共性问题
湖南	2020年12月14日	《关于印发〈湖南省新型显示器件产业链发展提升三年行动计划（2020—2022)〉的通知》	以柔性、超高清、高性价比为技术重点发展方向，巩固消费电子品外观玻璃、2.5D/3D 曲面玻璃、光学薄膜、触摸屏单体和模组等重点产品的市场地位，突破高世代面板/盖板用基板玻璃。加快布局 TFT - LCD、柔性 AMOLED 面板、OLED 生产线，发展大、中、小尺寸面板
广东	2019年5月13日	《广东省人民政府办公厅关于印发广东省超高清视频产业发展行动计划（2019—2022年）的通知》	加快推动乐金显示 8.5 代 OLED 面板、超视界 10.5 代 TFT - LCD 显示器件生产线、华星光电 11 代超高清新型显示器件生产线等重大项目建设。鼓励企业通过国际合作、并购重组等形式，重点加大超高清视频产业前端企业引进力度，推动摄录设备、芯片制造、新型显示、电视整机等产业链重大项目落户广东
广东	2021年5月13日	《广东省人民政府关于加快数字化发展的意见》	高水平推进超高清视频产业发展试验区建设，支持发展 OLED（有机发光二极管）、AMOLED（主动矩阵有机发光二极体）、MicroLED（微发光二极管）、QLED（量子点发光二极管）、印刷显示、柔性显示、石墨烯显示等新型显示关键核心技术，加速激光显示、3D 显示等前沿显示技术研发及产业化，进一步提升全球产业化引领能力
重庆	2021年10月25日	《重庆市人民政府办公厅关于印发重庆两江新区国民经济和社会发展第十四个五年规划和二〇三五年远景目标纲要的通知》	补齐壮大新型显示产业链条，积极布局高世代液晶和柔性显示面板项目，打造国内重要的全系列尺寸面板制造基地

续表

地区	发布时间	政策名称	重点内容
重庆	2021年7月19日	《重庆市人民政府关于印发重庆市制造业高质量发展“十四五”规划（2021—2025年）的通知》	推动现有AMOLED（有源矩阵有机发光二极体）、TFT-LCD（薄膜晶体管液晶显示器）等技术路线面板企业加强真空热蒸镀、薄膜封装、触摸传感器涂层、LLO（激光剥离）、驱动芯片贴合等技术研发和工艺优化，推动Micro LED（发光二极管微缩化和矩阵化）技术路线面板企业加快工程化、产业化步伐，吸引更多上游材料、器件领域企业和下游模组、整机领域企业向我市集聚，持续壮大产业整体规模
四川	2019年8月6日	《四川省人民政府关于加快推进数字经济发展的指导意见》	加强超高清产业整体布局，建设成都影视硅谷、超高清视频（四川）制作技术协同中心，打造国家超高清视听创新基地。积极推动4K/8K产业的图像传感器、核心芯片、显示面板、终端设备等核心产品技术研发和关键设备产业化
甘肃	2021年10月22日	《甘肃省人民政府办公厅关于印发〈“十四五”兰州经济圈发展规划〉等3项省级区域规划的通知》	加强平凉智能光电产业园与天水国家级经济技术开发区的对接合作，壮大光电显示材料产业链，建设陇东南智能光机电产业新型工业化示范基地
宁夏	2021年11月2日	《自治区人民政府办公厅关于印发〈宁夏回族自治区制造业高质量发展“十四五”规划〉的通知》	加快向下延伸发展ED/OLED/Micro-LED等液晶显示材料、光稳定剂、光引发剂、光刻胶、蓄电池酸、电子级酸等、光学膜材料、电子特气等电子化学品新材料

三、京东方不同生命周期扶持政策应用

京东方在2003—2022年获得了多项政府部门扶持，包含策略性补贴、贷款便利、定向增发、公司债券购买以及土地资源等，总金额达3000多亿元。这表明政府部门对京东方的扶持不仅力度巨大，而且方式多样，为其发展提供了有力的支持。在政府的有力领导下，京东方只用了20多年的时间，就从一家濒临破产的电子管厂发展成为了液晶面板显示行业的领军企业，而这一切的成果，都离不开政府在策略引导下提供的全方位支持，以及对其发展的有效指导。

（一）初创期扶持政策应用

21世纪初，全球TFT-LCD工业兴起，我国此前并未涉足过该领域，同时中国政府政策倾向于把重心放到外资企业上面。基于此背景，京东方仍决定进入TFT-LCD领域，并

立足成为自主掌握技术的企业。初创期的京东方无论是在技术、人才还是资金等资源上都十分匮乏，只能通过不断的资源拼凑来突破资源困境，打破能力不足的约束。为了快速进入 TFT－LCD 行业，京东方决定收购韩国企业 HYDIS，这也是当时在政府支持下完成的历史最大一宗跨国并购交易 HYDIS 收购后，京东方开始执行在北京独立建设第 5 代生产线的决定。第 5 代生产线建设期间，北京市朝阳区政府规划四个区块，来供京东方进行挑选，支持力度可以说是绝无仅有。但是由于京东方现有资金链不足，于是北京市政府和国家开发银行介入，联合了由九家银行组成的财团，向京东方贷款 7.4 亿美元。北京市政府还为第 5 代生产线建设提供了 28 亿元贷款，在北京市政府提供的资金、土地和其他资源支持下成功实施。此外，第 5 代生产线建设运营期间，北京市政府向京东方提供 1.8 亿元利率，财政局提供专款 5327 万元。

京东方通过国外并购和建设自主路线，第一时间获得相关核心技术，同时引进并培养高端技术和管理人才。目前，京东方的资源行动是资源整合，主要任务是迅速独立把握核心技术。现阶段反映的资源行动战略是一个简单的构成。因此，在政府基金的资源引导下，京东方从零开始，逐渐积累了属于自己的技术、人才和市场等资源。根据简单的分配策略，将应用资源修补程序来实现建立阶段的任务目标，提高自身产品竞争力。

（二）成长期扶持政策应用

2008 年，国务院通过产业振兴计划，缓解全球金融危机对中国经济的负面影响，京东方液晶产业的政策环境也发生了巨大变化。作为一家拥有强大产业的发展中国家公司，在这种有利的政策环境下，得到了政府更多的支持和帮助。当时，京东方有能力独立完成所有新生产线的设计、流程组合和系统集成，获得了包括政府和公众在内的所有扩张资源的信任。在此基础上，京东方根据现有生产线的资源和产能积累资源，并在短期内快速扩张。在北京 85 代线建设期间，国投指示北京银行向京东方贷款 2 亿元，年利率仅为 0.01%。2009 年 4 月，京东方还成立了中国第一个国家 TFT－LCD 工艺技术工程实验室，得到了国家发展改革委和北京市发展改革委的政治支持和 3000 万元的资金支持。

京东方在各区域政府的大力支持下，利用现有资源进行资源重组和扩建，同时整合集团中央研究院和现有研究院，建立系统的技术研发中心形成系统的科技创新研发体系，有效配置和整合现有资源，从而有效利用资源，提高企业创新能力，迅速打破外国企业对中国企业的技术封锁。

（三）成熟期扶持政策应用

经过成长阶段的资源重组，京东方在竞争过程中，体现了自身核心能力的差异性，在资源方面内外两手抓，在获取外部资源的同时还可以和内部资源完美融合，高效协同作业。在政府的支持下，外部资源大量流入。京东方企业的不同部门正在整合和调整资源，不同部门相互加强。内部和外部资源在不同业务部门和公司内部得到有效协调，资源行动的重点转向了更多的行业协同发展和资源导向的利用。

政府的大力支持是京东方能够在资源方面持续发展的核心动力源泉。尽管京东方拥有成熟的资源基础和全球创新竞争力，能够适应市场变化，不因颠覆性的技术创新而过时企业积极响应国家“十三五”科技创新规划，把握科技创新发展的新趋势，通过战略转型拓展相关领域的发展，以此来进一步提升企业技术创新实力。也正是由于政府引导基金对京东方的支持，京东方才能抓住风口，从而实现自身价值。

四、京东方扶持政策应用效果

自 2001 年上市后，京东方致力于半导体显示事业发展，在公司规模、经营销售、技术革新等多个方面持续实现突破。在政府的指导下，京东方于 2003 年建立了第一条 LED 控制面板生产线，并将继续扩大和维护。到 2020 年，京东方已经拥有 16 条控制面板生产线和 6 条整个设备生产线，覆盖北京、鄂尔多斯等 12 个城市。京东方的分公司遍及世界 20 多个发达国家和地区，客户也延伸至欧盟、亚洲、美国等各地。

京东方的发展成就，是政府政策推动、京东方自身努力、市场机遇带动的共同作用，如图 6－1 所示。作为国内液晶显示的领军企业，其仅仅依靠政府扶持策略，是不可能发展至行业领军企业的。同理，京东方发展成就不可能单独依靠其自身努力或者市场机遇等任何单一的因素的。但是在这些发展成就的影响因素当中，作为国有控股企业，政府扶持策略是各项发展成就推进因素的形成基础。例如，只有政府大力扶持，京东方才有了努力所需的各种资源；只有政府扶持策略的不断推行，才会有更多的市场机遇，才会形成各种有利因素推动京东方实现现有发展成就。

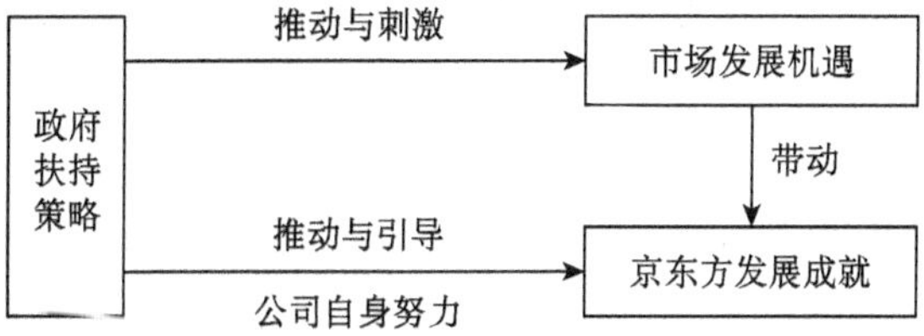

图 6－1　京东方快速发展的推动力量

2013—2022 年，京东方在资产规模、营业收入和总市值方面取得了显著的增长。表 6－4和表 6－5 为京东方 2022 年行业排名和关键财务指标。

表 6-4　　2022 年京东方相关产品行业排名和占比

产品	产品占比（%）	行业排名
智能手机液晶显示屏	24	1
平板显示屏	37	1
笔记本电脑显示屏	30	1
显示器显示屏	25	1
电视显示屏	19	1

表 6-5　　2022 年京东方关键财务数据

	京东方 A	行业平均	行业排名
总市值	2199 亿	196.1 亿	4
净资产	1779 亿	49.65 亿	1
净利润	51.82 亿	1.08 亿	1
市盈率	10.61	92.59	5
市净率	2.24	6.1	48
毛利率	28.13%	13.84%	126
净利率	12.69%	-98.19%	91
净资产收益率	5.51%	1.28%	30

京东方在液晶显示屏领域，突破了日韩两国的垄断，实现了液晶显示屏的国际自给自足，降低了中国液晶显示屏的生产成本；保持了行业的领先地位同时，它还在继续扩大自己的经营规模，加强了自主研发，推出了高质量、高附加值的产品，提供了多样化的服务。运用先进的新能源技术，京东方能够实现各种智能电网业务流程，其中包括了电力工程、建设、环保节能、售电、植物工厂等。此外，京东方还对其进行环保改造，实现节能减排。与此同时，还可以借助新能源技术的开发，构建一种绿色可持续的生态环境，从而实现可持续性。

实践环节

进入“产业扶持政策应用虚拟仿真实训项目”平台，在“应用技能教学”板块点击“课程七政策应用规划”，根据平台指引完成通达汽车扶持政策应用规划。

操作步骤：

1. 各部门制定年度工作计划

首先，确定年度公司工作计划，然后由总经办工作计划列明工作重点方向并下发各部门，包括企划部、销售部、采购部等，同时由总经办收集审阅各部门的工作计划。通达汽车年度工作计划如表 6 －6 所示。

表 6 －6　　通达汽车年度工作计划

<table>
<tr><th></th><th>总经办工作计划</th><th>企划部工作计划</th><th>采购部工作计划</th><th>销售部工作计划</th></tr>
<tr><td>1</td><td>公司计划下一年度上市 6 款新能源车，其中客车 3 款，货车 2 款，专用车 1 款</td><td>审阅各部门工作计划，对计划中涉及产业政策补贴的内容提出建议</td><td rowspan="3">结合生产部的技术需求，经过初步询价，预算 95 万元</td><td rowspan="3">制定 6 款新车的发布方案，结合财务部测算，确定新车发布价格，预计 3 款客车的销量分别为 180 辆、150 辆、90 辆；2 款货车的销售销量分别为 130 辆、98 辆；专用车预测销量为 95 辆，每增加 1 台销量，需增加开支 10 万元</td></tr>
<tr><td>2</td><td>规划一项国家级资质</td><td rowspan="2">计划申请国家技术创新示范企业</td></tr>
<tr><td>3</td><td>现有生产线进行技术改造</td></tr>
</table>

2. 政策企划部研究相关扶持政策

总经办审阅各部门的工作计划，对具体的扶持政策进行解读，包括奖补对象、申报条件、奖补标准、申报要求、申报程序和时间要求等内容。

经过政府官网查询，通达汽车可以利用的扶持政策有如下三个：

（1）《郑州市工业和信息化局关于开展 2021 年工业企业技术改造固定资产投资奖补资金项目申报工作的通知》。

（2）《郑州市支持新能源汽车及汽车零部件产业发展的若干措施》。

（3）《技术创新示范企业认定管理办法（试行）》。

充分吃透扶持政策的基本要求，确定该政策扶持的具体行业领域、技术或产品阶段。针对政府资助扶持政策扶持方式要求的条件，准确选择申报资金方式；选择企业的技术、产品与扶持政策相匹配的支持阶段、市场定位以及合理投资预算的项目，认真准备申报材料，力争把项目优势凸显出来。

注：三条政策原文请到官方网站自行下载。

3. 政策企划部政策制定应用策略

解读完政策后，对标政策细则，选出适用的政策名称和相应依据条款并对各部门的工作计划提出建议。例如，计算扶持政策中列明的具体要求金额与各部门工作计划中写明金额数量的差异，并据此确定预计增加投入额以及达到目标后能够获得的相应奖励；或根据政策中提出的指标要求，计算各部门是否达到基本要求，若未达标，则提出相应的具体建议，如提高预算或增加外籍专家聘请数量等。

（1）采购部工作建议（见表 6 －7）。

表 6－7 采购部工作建议

部门名称	采购部
部门计划	结合生产部的技术需求，经过初步询价，预算 95 万元
提出建议	提高产品质量，增加预算至 100 万元
政策名称	郑州市工业和信息化局关于开展 2021 年工业企业技术改造固定资产投资奖补资金项目申报工作的通知
依据条款	企业技术改造完成的固定资产投资（含土地购置、建安工程、设备购置等）合计不低于 100 万元
预计增加投入	5 万元
获得奖励	技改投资额 5% 的奖金奖励，若增加至 100 万元，可获奖励 5 万元

（2）销售部工作建议（见表 6－8）。

表 6－8 销售部工作建议

部门名称	销售部
部门计划	制定 6 款新车的发布方案，结合财务部测算，确定新车发布价格，预计 3 款客车的销量分别为 180 辆、150 辆、90 辆；2 款货车的销售销量分别为 130 辆，98 辆；专用车预测销量为 95 辆，每增加 1 台销量，需增加开支 10 万元
提出建议	适当加大促销力度，降低产品促销内价格，提高每款新车的销量至 100 辆
政策名称	关于印发《郑州市支持新能源汽车及汽车零部件产业发展的若干措施》的通知
依据条款	在郑州市注册的新能源整车生产企业取得工业和信息化部汽车产品公告的，每公告 1 款新能源汽车整车产品且实现 100 辆以上销售
预计增加投入	170 万元
获得奖励	可获得最高 550 万元奖励

4. 政策企划部规划申报新的企业资质

例如，对标国家技术创新示范企业要求，着手准备相关材料（见表 6－9）。

表 6－9 对标国家技术创新示范企业要求

三级指标	单位	基本要求	计算结果
企业研发经费支出额占产品销售收入的比重	%	≥3	7.15
企业研发经费支出比例比上次评价增长	%	≥0	1.42
研发人员年人均收入与企业年人均收入之比		>1.2	1.41
研发人员培训费占技术中心人员总收入的比重	%	>2	1.89
来企业从事技术开发工作的外部专家数	人/月	>30	28
对外合作项目占全部开发项目数的比重	%	>10	13.33
企业研究与试验发展人员占职工人数的比重	%	>2	21.08
企业研发机构拥有的高级专家及博士人数	人	>8	45
企业技术开发仪器设备原值	万元	>2000	12800

续表

三级指标	单位	基本要求	计算结果
通过国家和国际组织认证的实验室数	个	≥1	1
企业拥有的全部有效发明专利数	项	≥3	360
研发周期三年及以上项目数占全部项目数的比重	%	>10	13.33
企业拥有的中国名牌产品或驰名商标数	个	≥1	1
当年完成的新产品新技术新工艺开发项目数	项	>20	10
当年受理的专利申请数	项	>10	107
主持和参与制定的国际、国家、行业标准数	项	≥1	15
——其中当年受理的发明专利申请数	项	≥1	8
新产品销售收入占产品销售收入的比重	%	>20	18.62
新产品销售利润占产品销售利润的比重	%	>15	15.02
自有品牌产品与技术出口创汇额	万美元	>0	47595.85
获国家自然科学、技术发明、科技进步奖项目数	项	>0	2
年末现金净流量与可供分配利润的差额	万元	> =0	-180

5. 政策企划部出具政策企划建议总报告

报告格式如下：

河南通达汽车股份有限公司政策企划建议总报告

总经理办公室：

根据公司2020年12月1日，总经办发布的〔2020年6号〕文件《河南通达汽车股份有限公司2021年度工作计划》，制定了本部门2021年两项重点工作，一是规划申报国家技术创新示范企业；二是审阅各部门工作计划，对计划中涉及产业政策补贴的内容提出建议。

一、关于各部门工作计划的政策企划建议

建议一：提高产品质量，增加预算至100万元，具体介绍如表6-10所示。

表6-10　采购部工作计划的政策企划建议

部门名称	采购部
部门计划	结合生产部的技术需求，经过初步询价，预算95万元
提出建议	提高产品质量，增加预算至100万元
政策名称	郑州市工业和信息化局关于开展2021年工业企业技术改造固定资产投资奖补资金项目申报工作的通知
依据条款	企业技术改造完成的固定资产投资（含土地购置、建安工程、设备购置等）合计不低于100万元
预计增加投入	5万元
获得奖励	技改投资额5%的奖金奖励，若增加至100万元，可获奖励5万元

建议二：适当加大促销力度，降低产品促销内价格，提高每款新车的销量至100辆，具体介绍如表6－11所示。

表6－11　　销售部工作计划的政策企划建议

部门名称	销售部
部门计划	制定6款新车的发布方案，结合财务部测算，确定新车发布价格，预计3款客车的销量分别为180辆、150辆、90辆；2款货车的销售销量分别为130辆，98辆；专用车预测销量为95辆，每增加1台销量，需增加开支10万元
提出建议	适当加大促销力度，降低产品促销内价格，提高每款新车的销量至100辆
政策名称	关于印发《郑州市支持新能源汽车及汽车零部件产业发展的若干措施》的通知
依据条款	在郑州市注册的新能源整车生产企业取得工业和信息化部汽车产品公告的，每公告1款新能源汽车整车产品且实现100辆以上销售
预计增加投入	170万元
获得奖励	可获得最高550万元奖励

建议一投入产出比：5÷5＝1（倍）；

建议二投入产出比：550÷170＝3.23（倍）。

二、关于规划申报国家技术创新示范企业的建议

根据《工业和信息化部办公厅关于组织推荐2021年国家技术创新示范企业的通知》及系列政策文件，我部门按照2020年的数据测算了关于申报国家技术创新示范企业的指标要求，针对尚未达标的指标，对各部门工作计划提建议，计算结果及建议如表6－12所示。

表6－12　　关于规划申报国家技术创新示范企业的建议

三级指标	单位	基本要求	计算结果	是否达标及建议
研发人员培训费占技术中心人员总收入的比重	%	＞2	1.89	不达标，若技术中心人员总收入不变，建议人力资源部将研发人员培训预算提高至16954394.33元
来企业从事技术开发工作的外部专家数	人/月	＞30	28	不达标，建议人力资源部将招聘专家的个数提高到3个，且其中2个为外籍专家
当年完成的新产品新技术新工艺开发项目数	项	＞20	10	不达标，建议研发部开发的新工艺可提高到21项
新产品销售收入占产品销售收入的比重	%	＞20	18.62	不达标，建议销售部调整新老产品促销力度，财务部关注2021年新产品收入约占全部收入的比例，建议高于20%
年末现金净流量与可供分配利润的差额	万元	≥0	－180	不达标，建议财务部关注年末现金净流量与可供分配利润的差额指标，保持大于0

政策企划申报部

第七章　产业扶持政策应用实务

学习目标

了解产业扶持政策在具体产业中的应用情况，理解具体产业政策的出台的背景目标和实施意义，掌握产业扶持政策在具体产业中的应用方法；能分析特定产业的发展现状、识别适用的扶持政策，并为之设计产业扶持政策的应用方案，能评估扶持政策的潜在影响，具备将产业扶持政策与实际产业需求相结合的实践能力；树立合法规范使用国家产业政策的觉悟，培养社会责任和可持续发展的意识，具备跨学科综合分析问题的意识，能够在经济、管理、法律等多个领域内进行思考。

导入案例

富士康“归去来”说明了什么？

2023 年 3 月，富士康宣布投资 48.8 亿元在印度建厂，公开表示未来 3 年内，把价值 3000 亿美元的部分制造业务转移到境外。2024 年 7 月 22 日，富士康与河南省政府签署战略合作协议，宣布将在郑州新增投资 10 亿元，重返这片曾经的重要制造基地。2024 年 8 月 16 日，《经济日报》发表评论员文章《理性看待富士康的出与进》，文章认为“国际产业转移本质上是各国比较优势动态变化的市场选择。当一些在华跨国公司将部分产业链外迁时，我们不必夸大解读，要坚信中国制造仍具有不可替代的优势；当一些跨国公司继续扩大在华投资时，我们也不能沾沾自喜。中国制造还须提升核心竞争力，向价值链高端攀升”。

富士康“回归”中国背后的原因可以从多个角度进行分析。

首先，从成本和效率的角度来看，尽管富士康曾将部分产业链转移到印度、越南等地区以寻求更低的劳动力成本，但这些地区的生产效率和产品质量并不尽如人意。同时基础设施的不足，如工业用水、用电不足，供应链零部件厂商短缺，增加了生产成本和难度。

其次，中国在产业链集群、物流供应链、生产技术、产业工人和产业配套环境等方面具有显著优势。中国拥有超大规模的市场和完整的产业体系，能够大幅降低制造业成本，同时生产效率高和成本低的双重优势，使得即使是苹果这样的大公司，想要从中国转出10%的产能也需大约8年时间。

最后，我国近年来推出的一系列减税降费政策，减轻了企业的经营负担，提高了利润率，为富士康等大型企业在国内的发展提供了坚实的财务基础和政策支持。

【思考与讨论】 富士康回归河南，政府给了哪些具体的政策支持？如何平衡扶持政策和市场机制，以促进企业的长期发展？

产业扶持政策包括财政补贴、税收优惠、信贷支持、人才支持等多种类型，这些政策往往相互关联，共同作用于某个特定产业，推动和促进该产业及整个经济的发展。本章以具体产业为例，讲述该产业中的产业扶持政策应用。

第一节　传统产业转型升级政策

为提高钢铁、煤炭、纺织等传统产业产品附加值和市场竞争力，国家出台了若干产业扶持政策，对节能减排、技术改造、技术创新等行为进行重点扶持，提高了资源的利用效率，减少了环境污染。比较典型的产业扶持政策有2023年12月工业和信息化部等八部委《关于加快传统制造业转型升级的指导意见》等。

一、传统制造业转型升级政策颁布背景

传统制造业是我国制造业的主体，也是现代化产业体系的基底。我国制造业具备世界上规模最大、门类最齐全、体系最完整、国际竞争力较强等优势，具有竞争力的产品大多集中在轻工、机械等传统制造业领域。多年来，传统制造业由于带动效应强、产业关联度大、国际市场占有率高，一直是科技成果转化、经济稳定增长的重要力量，是吸纳就业、创造税收的重要渠道，也是开展国际贸易、有效应对外部打压的主力军。

然而，经历了多年的高速发展，传统制造业出现了诸多问题，比如：低端产能过剩，高端供给不足；产业基础不扎实；创新能力薄弱等。在新一轮科技革命和产业变革大潮中，我国传统制造业面临资源约束趋紧、要素成本上升等挑战，传统制造业的比较优势正逐步消失，亟待需要通过转型升级重塑新的竞争优势。

推动传统制造业转型升级，技术改造和技术创新是关键。所以传统制造业转型升级的产业政策主要围绕技术改造实施资金支持和税收优惠，引导传统制造业增加技改投入，加快向高端化、智能化、绿色化、融合化升级。同时鼓励金融对传统制造业的支持服务，如发挥多层次资本市场作用，支持符合条件的传统制造业企业通过股票、债券等多种融资方式进行技术改造，或通过并购重组实现转型升级。

二、传统制造业转型升级扶持政策体系

（一）基本政策

近几年传统制造业转型升级政策的基本政策主要是《关于加快传统制造业转型升级的指导意见》，该指导意见是在2023年12月28日由工业和信息化部、国家发展改革委、教育部、财政部、中国人民银行、税务总局、金融监管总局、中国证监会八部委联合发布的。意见强调了传统制造业作为我国制造业的主体和现代化产业体系的基底的重要性，并指出推动其转型升级是适应和引领新一轮科技革命和产业变革的战略选择。

具体来说，指导意见提出了以下关键措施：

（1）加快先进适用技术的推广应用，鼓励企业与高校、科研院所共建研发机构，并优化国家级科技创新平台的布局。

（2）持续优化产业结构，支持传统制造业深耕细分领域，孵化新技术、培育新产业，并依法淘汰落后产能。

（3）深入实施产业基础再造工程，聚焦基础零部件、基础元器件等薄弱领域，强化产业基础支撑体系。

（4）着力增品种提品质创品牌，开发新产品以满足消费升级需求，实施卓越质量工程，全面提升产品质量。

（5）加快数字技术赋能，推动企业智改数转网联，促进信息技术与制造过程的深度融合。

（6）促进产业链供应链网络化协同，推动工业互联网与重点产业链协同发展。

（7）推动产业园区和集群整体改造升级，以国家先进制造业集群为引领，提升综合竞

争力。

（8）强化绿色低碳发展，实施节能降碳改造，推进资源高效循环利用。

（9）推进产业融合互促，加速培育新业态新模式，优化产业布局。

（10）加大政策支持力度，营造良好发展环境，包括组织领导、财税支持、金融服务和人才供给。

指导意见旨在通过这些措施，到2027年使传统制造业的高端化、智能化、绿色化、融合化发展水平得到明显提升，并有效支撑制造业比重保持基本稳定，进一步巩固和增强制造业在全球产业分工中的地位和竞争力。其中“政策支持”就是本书所讲的产业扶持政策，重点体现在财政补贴、税收优惠、金融服务等方面。

（二）规划方案

以钢铁行业为例。作为国家支柱产业，钢铁行业是国民经济中的重要组成部分，在经济建设、社会发展、财政税收、国防建设以及稳定就业等方面发挥着重要作用，对保障国民经济又好又快发展作出了重要贡献。但近些年，我国传统钢铁行业出现了严重的产能过剩、产业集中度低、环保压力加大等问题，为此，国务院、国家发展改革委、工业和信息化部等多部门陆续印发了推动钢铁行业绿色低碳发展的政策规划，内容涉及5G网络建设、终端IPv6升级改造、“双千兆”网络基础设施、工业互联网建设等，以促进钢铁行业转型升级和高质量发展。重要的几条产业政策为：

1.《关于促进钢铁工业高质量发展的指导意见》

该政策发布于2022年1月20日，由工业和信息化部、国家发展改革委、生态环境部联合制定。该政策的核心内容是：

（1）鼓励行业龙头企业实施兼并重组，打造具有全球竞争力的超大型钢铁企业集团，改变部分地区钢铁产业“小散乱”的局面，增强企业发展内生动力。

（2）落实钢铁行业碳达峰实施方案，加快低碳冶炼技术研发应用，构建全过程碳排放数据管理体系，参与全国碳排放权交易，推动超低排放改造，提高固废资源综合利用效率。

（3）开展钢铁行业智能制造行动计划，推进5G、工业互联网等技术应用，突破智能制造关键共性技术，打造智能制造示范工厂，构建智能制造标准体系。

（4）加快钢材产品提质升级，发展高品质特殊钢等关键钢材，提升产品和服务附加值，满足市场需求。

（5）加强统筹协调，推进各项工作落实，强化政策衔接，积极支持企业技术攻关和前沿技术突破，引导社会资本投入。

2.《钢铁行业稳增长工作方案》

该政策发布于2023年8月21日，由工业和信息化部、国家发展改革委、财政部、自然资源部、生态环境部、商务部、海关总署七部委联合印发。该政策的核心内容是：

（1）针对行业需求不振、效益下滑等问题，提出稳运行、扩需求、促改革、助企业、强动能的工作思路。

（2）行业发展三项基本原则：优化供给与扩大需求相结合、立足当前与着眼长远相结合、市场主导与政府促进相结合。

（3）行业发展四大行动举措：技术创新改造行动、钢材消费升级行动、供给能力提升行动、龙头企业培育行动。

（4）行业发展五项保障措施：巩固去产能成果、加大财税金融支持、加强要素保障、强化运行调度、加强宣传引导。

这些措施旨在促进钢铁行业的平稳运行和高质量发展，同时加快行业的转型升级。

（三）实施办法

以《钢铁行业节能降碳专项行动计划》为例。该政策发布于2024年5月27日，由国家发展改革委、工业和信息化部、生态环境部、市场监管总局、国家能源局五部委联合制定。该政策的核心内容是：

（1）强化新上项目源头把关。加强固定资产投资项目节能审查和环评审批把关，全面提高新建和改扩建项目的能效和环保水平，对不符合要求的钢铁项目坚决停批停建。

（2）加快节能降碳改造升级。细化钢铁行业节能降碳改造和用能设备更新的实施路径，推广先进技术和设备，加快通用设备改造升级。

（3）加强全流程余能利用。加强行业余能利用改造，推广高效利用技术，加快应用更新。

（4）优化生产工艺流程。加快提升短流程电炉炼钢比重，到2025年底，废钢利用量达到3亿吨，电炉钢产量占粗钢产量比例力争提升到15%。

（5）推进钢铁低碳冶炼新模式。加快研发推广应用氢基直接还原、富氢熔融还原等技术，提升钢铁冶炼新能源开发利用比例。

（6）提升数字化管理水平。强化钢铁生产过程能源消耗和碳排放数据监测、分析和管理，加强用能设备和生产工艺智能化控制，到2025年底钢铁行业关键工序数控化率达到80%左右。

（7）加大资金支持。综合运用政府投资、税收优惠、绿色金融等手段，加大对节能降碳改造项目的支持力度。

（8）推进标准提升和技术创新。加快修订能源消耗限额标准，推动制定碳排放核算、低碳工艺技术等标准，加快节能降碳先进技术推广应用。

可以看到，从传统制造业转型升级基本政策，到各部委出台的规划方案，以及实施办法，产业政策逐步具体、逐渐落地，共同推动传统产业转型发展。

三、传统制造业转型升级扶持政策应用案例

以煤炭产业为例，为促进传统制造业转型升级，国家先后颁布《关于进一步加快煤矿智能化建设促进煤炭高质量发展的通知》等政策，这些政策在财税扶持方面，提出了促进煤炭清洁高效利用的财政补贴、税费、贷款支持等政策，以及对技术装备清单中的技术装备享受税费减免、贷款支持等优惠措施，通过智能化升级提高了煤炭产业的安全生产水平和效率，同时促进了煤炭的清洁高效利用。

中国神华能源股份有限公司（以下简称“中国神华”）便是一个在煤炭行业享受政府补贴和税收优惠的典型案例。中国神华是全球领先的以煤炭为基础的综合能源上市公司。成立于2004年11月8日，是国家能源投资集团有限责任公司的旗舰上市公司。其业务涵盖煤炭、电力、新能源、煤化工、铁路、港口航运六大板块，形成了跨行业、跨产业纵向一体化的运营模式。

作为煤炭行业的龙头企业，中国神华积极响应国家关于绿色发展和ESG（环境、社会和公司治理）的号召，通过科技创新和转型升级，致力于煤炭的清洁高效利用。公司在加快清洁能源转型、绘制“碳达峰”行动路线图方面作出了显著努力，如使用碳减排技术、推动矿山修复与废弃物全面处理等。

此外，中国神华还通过设置ESG管治架构、明确职责，加快了公司在ESG方面的建设发展。公司将ESG指标纳入经营业绩考核，通过这种方式，中国神华不仅提升了自身的环境和社会表现，赢得了更多的信任和支持，还增强了企业发展竞争力。同时，公司在ESG转型中获得了政府提供的激励措施、补贴和税收优惠等政策支持，这些政策措施降低了企业转型的成本，提供了更多的机会和发展动力。

通过这些政策支持和税收优惠，中国神华等煤炭企业更好地应对经营中的困难，同时也推动了企业在环保和可持续发展方面作出更多努力。

中国神华工获得的政策支持包括以下形式：

（1）税收优惠。包括对清洁能源项目、节能减排技术应用的税收减免或退税。另外，中国神华部分子公司受益于西部大开发企业所得税优惠税率，这些子公司的企业所得税税率为15%，相较于一般企业所得税的25%，享受了较大的税收优惠。

（2）财政补贴。针对其在新能源项目、技术研发和设备更新方面的投入提供财政资金支持。中国神华作为行业领军企业，在环保和技术改造方面获得了大量的补贴支持。如2015年中国神华曾获得过12.6亿元的政府补贴，主要用于支持企业的环保项目建设和运营以及技术创新等方面。

（3）信贷支持。包括获得政策性贷款、优惠贷款利率等金融信贷支持，以降低企业融资成本。虽然无法查阅到具体的信贷支持金额，但从公司年报或相关金融公告中看出，中国神华与财务公司之间的关联交易中包括了贷款、信贷等金融服务，这从一个侧面反映了企业获得的信贷支持。

（4）政策支持下的技术创新。政府还通过设立专项资金、建设科研平台等方式，支持中国神华进行技术创新。这些创新活动不仅提高了企业的核心竞争力，也推动了整个煤炭行业的技术进步。

此外，国家发展改革委等部门统筹安排了3000亿元左右的超长期特别国债资金，用于支持大规模设备更新和消费品以旧换新，这间接为中国神华等能源企业提供了转型升级的财政支持。

专栏7-1

工业和信息化部等八部门关于加快传统制造业转型升级的指导意见

工信部联规〔2023〕258号

各省、自治区、直辖市及计划单列市、新疆生产建设兵团工业和信息化主管部门、发展改革委、教育厅（委、局）、财政厅（局），中国人民银行上海总部、各省、自治区、直辖市及计划单列市分行，国家税务总局各省、自治区、直辖市及计划单列市税务局，国家金融监督管理总局各监管局，中国证监会各派出机构，有关中央企业：

传统制造业是我国制造业的主体，是现代化产业体系的基底。推动传统制造业转型升级，是主动适应和引领新一轮科技革命和产业变革的战略选择，是提高产业链供应链韧性和安全水平的重要举措，是推进新型工业化、加快制造强国建设的必然要求，关系现代化产业体系建设全局。为加快传统制造业转型升级，提出如下意见。

一、发展基础和总体要求

党的十八大以来，在以习近平同志为核心的党中央坚强领导下，我国制造业已形成了世界规模最大、门类最齐全、体系最完整、国际竞争力较强的发展优势，成为科技成果转化的重要载体、吸纳就业的重要渠道、创造税收的重要来源、开展国际贸易的重要领域，为有效应对外部打压、世纪疫情冲击等提供了有力支撑，为促进经济稳定增长作出了重要贡献。石化化工、钢铁、有色、建材、机械、汽车、轻工、纺织等传统制造业增加值占全部制造业的比重近80%，是支撑国民经济发展和满足人民生活需要的重要基础。与此同时，我国传统制造业“大而不强”“全而不精”问题仍然突出，低端供给过剩和高端供给不足并存，创新能力不强、产业基础不牢，资源约束趋紧、要素成本上升，巩固提升竞争优势面临较大挑战，需加快推动质量变革、效率变革、动力变革，实现转型升级。

加快传统制造业转型升级要以习近平新时代中国特色社会主义思想为指导，深入贯彻党的二十大精神，落实全国新型工业化推进大会部署，坚持稳中求进工作总基调，完整、准确、全面贯彻新发展理念，加快构建新发展格局，统筹发展和安全，坚持市场主导、政府引导，坚持创新驱动、系统推进，坚持先立后破、有保有压，实施制造业技术改造升级工程，加快设备更新、工艺升级、数字赋能、管理创新，推动传统制造业向高端化、智能化、绿色化、融合化方向转型，提升发展质量和效益，加快实现高质量发展。

到2027年，传统制造业高端化、智能化、绿色化、融合化发展水平明显提升，有效支撑制造业比重保持基本稳定，在全球产业分工中的地位和竞争力进一步巩固增强。工业企业数字化研发设计工具普及率、关键工序数控化率分别超过90%、70%，工业能耗强度和二氧化碳排放强度持续下降，万元工业增加值用水量较2023年下降13%左右，大宗工业固体废物综合利用率超过57%。

二、坚持创新驱动发展，加快迈向价值链中高端

（一）加快先进适用技术推广应用。鼓励以企业为主体，与高校、科研院所共建研发机构，加大研发投入，提高科技成果落地转化率。优化国家制造业创新中心、产业创新中心、国家工程研究中心等制造业领域国家级科技创新平台布局，鼓励面向传统制造业重点领域开展关键共性技术研究和产业化应用示范。完善科技成果信息发布和共享机制，制定先进技术转化应用目录，建设技术集成、熟化和工程化的中试和应用验证平台。

（二）持续优化产业结构。推动传统制造业优势领域锻长板，推进强链延链补链，加强新技术新产品创新迭代，完善产业生态，提升全产业链竞争优势。支持传统制造业深耕细分领域，孵化新技术、开拓新赛道、培育新产业。持续巩固“去产能”成果，依法依规淘汰落后产能，坚决遏制高耗能、高排放、低水平项目盲目上马。完

善高耗能、高排放、低水平项目管理制度，科学细化项目管理目录，避免对传统制造业按行业“一刀切”。

（三）深入实施产业基础再造工程。支持企业聚焦基础零部件、基础元器件、基础材料、基础软件、基础工艺和产业技术基础等薄弱领域，加快攻关突破和产业化应用，强化传统制造业基础支撑体系。深化重点产品和工艺“一条龙”应用，强化需求和场景牵引，促进整机（系统）和基础产品技术互动发展，支持企业运用首台（套）装备、首批次材料、首版次软件实施技术改造，扩大创新产品应用市场。

（四）着力增品种提品质创品牌。聚焦消费升级需求和薄弱环节，大力开发智能家居、绿色建材、工艺美术、老年用品、婴童用品等领域新产品。推动供给和需求良性互动，增加高端产品供给，加快产品迭代升级，分级打造中国消费名品方阵。实施卓越质量工程，推动企业健全完善先进质量管理体系，提高质量管理能力，全面提升产品质量。加快企业品牌、产业品牌、区域品牌建设，持续保护老字号，打造一批具有国际竞争力的“中国制造”高端品牌。推动传统制造业标准提档升级，完善企业技术改造标准，用先进标准体系倒逼质量提升、产品升级。

三、加快数字技术赋能，全面推动智能制造

（五）大力推进企业智改数转网联。立足不同产业特点和差异化需求，加快人工智能、大数据、云计算、5G、物联网等信息技术与制造全过程、全要素深度融合。支持生产设备数字化改造，推广应用新型传感、先进控制等智能部件，加快推动智能装备和软件更新替代。以场景化方式推动数字化车间和智能工厂建设，探索智能设计、生产、管理、服务模式，树立一批数字化转型的典型标杆。加快推动中小企业数字化转型，推动智改数转网联在中小企业先行先试。完善智能制造、两化融合、工业互联网等标准体系，加快推进数字化转型、智能制造等贯标，提升评估评价公共服务能力，加强工业控制系统和数据安全防护，构建发展良好生态。

（六）促进产业链供应链网络化协同。鼓励龙头企业共享解决方案和工具包，带动产业链上下游整体推进数字化转型，加强供应链数字化管理和产业链资源共享。推动工业互联网与重点产业链“链网协同”发展，充分发挥工业互联网标识解析体系和平台作用，支持构建数据驱动、精准匹配、可信交互的产业链协作模式，开展协同采购、协同制造、协同配送、产品溯源等应用，建设智慧产业链供应链。支持重点行业建设“产业大脑”，汇聚行业数据资源，推广共性应用场景，服务全行业转型升级和治理能力提升。

（七）推动产业园区和集群整体改造升级。推动国家高新区、科技产业园区等升级数字基础设施，搭建公共服务平台，探索共享制造模式，实施整体数字化改造。以国家先进制造业集群为引领，推动产业集群数字化转型，促进资源在线化、产能柔性化和产业链协同化，提升综合竞争力。探索建设区域人工智能数据处理中心，提供海量数据处理、生成式人工智能工具开发等服务，促进人工智能赋能传统制造业。探索平台化、网络化等组织形式，发展跨物理边界虚拟园区和集群，构建虚实结合的产业数字化新生态。

四、强化绿色低碳发展，深入实施节能降碳改造

（八）实施重点领域碳达峰行动。落实工业领域和有色、建材等重点行业碳达峰实施方案，完善工业节能管理制度，推进节能降碳技术改造。开展产能置换政策实施情况评估，完善跨区域产能置换机制，对能效高、碳排放低的技术改造项目，适当给予产能置换比例政策支持。积极发展应用非粮生物基材料等绿色低碳材料。建立健全碳排放核算体系，加快建立产品碳足迹管理体系，开展减污降碳协同创新和碳捕集、封存、综合利用工程试点示范。有序推进重点行业煤炭减量替代，合理引导工业用气增长，提升工业终端用能电气化水平。

（九）完善绿色制造和服务体系。引导企业实施绿色化改造，大力推行绿色设计，开发推广绿色产品，建设绿色工厂、绿色工业园区和绿色供应链。制修订一批低碳、节能、节水、资源综合利用、绿色制造等重点领域标准，促进资源节约和材料合理应用。积极培育绿色服务机构，提供绿色诊断、研发设计、集成应用、运营管理、评价认证、培训等服务。发展节能节水、先进环保、资源综合利用、再制造等绿色环保装备。强化绿色制造标杆引领，带动更多企业绿色化转型。

（十）推动资源高效循环利用。分类制定实施战略性资源产业发展方案，培育创建矿产资源高效开发利用示范基地和示范企业，加强共伴生矿产资源综合利用，提升原生资源利用水平。积极推广资源循环生产模式，大力发展废钢铁、废有色金属、废旧动力电池、废旧家电、废旧纺织品回收处理综合利用产业，推进再生资源高值化循环利用。推动粉煤灰、煤矸石等工业固废规模化综合利用，在工业固废集中产生区、煤炭主产区、基础原材料产业集聚区探索工业固废综合利用新模式。推进工业废水循环利用，提升工业水资源集约节约水平。

（十一）强化重点行业本质安全。引导企业改造有毒、有害、非常温等生产作业环境，提高工作舒适度，通过技术改造改善安全生产条件。深化“工业互联网＋安全

生产”，增强安全生产感知、监测、预警、处置和评估能力。加大安全应急装备在重点领域推广应用，在民爆等高危行业领域实施“机械化换人、自动化减人”。支持石化化工老旧装置综合技术改造，培育智慧化工园区，有序推进城镇人口密集区危险化学品生产企业搬迁改造和长江经济带沿江化工企业“搬改关”。

五、推进产业融合互促，加速培育新业态新模式

（十二）促进行业耦合发展。推进石化化工、钢铁、有色、建材、电力等产业耦合发展，推广钢化联产、炼化集成、资源协同利用等模式，推动行业间首尾相连、互为供需和生产装置互联互通，实现能源资源梯级利用和产业循环衔接。大力发展生物制造，增强核心菌种、高性能酶制剂等底层技术创新能力，提升分离纯化等先进技术装备水平，推动生物技术在食品、医药、化工等领域加快融合应用。支持新型功能性纤维在医疗、新能源等领域应用。搭建跨行业交流对接平台，深挖需求痛点，鼓励企业开展技术产品跨行业交叉应用，拓展技术产品价值空间，打造一批典型案例。

（十三）发展服务型制造。促进传统制造业与现代服务业深度融合，培育推广个性化定制、共享制造、全生命周期管理、总集成总承包等新模式、新场景在传统制造业领域的应用深化。推动工业设计与传统制造业深度融合，促进设计优化和提升，创建一批国家级工业设计中心、工业设计研究院和行业性、专业性创意设计园区，推动仓储物流服务数字化、智能化、精准化发展，增强重大技术装备、新材料等领域检验检测服务能力，培育创新生产性金融服务，提升对传统制造业转型升级支撑水平。

（十四）持续优化产业布局。支持老工业基地转型发展，加快产业结构调整，培育产业发展新动能。根据促进制造业有序转移的指导意见和制造业转移发展指导目录，充分发挥各地资源禀赋、产业基础优势，结合产业链配套需求等有序承接产业转移，提高承接转移承载力，差异化布局生产力。在传统制造业优势领域培育一批主导产业鲜明、市场竞争力强的先进制造业集群、中小企业特色产业集群。支持与共建“一带一路”国家开展国际产能合作，发挥中外中小企业合作区等载体作用，推动技术、装备、标准、服务等协同走出去。

六、加大政策支持力度，营造良好发展环境

（十五）加强组织领导。在国家制造强国建设领导小组领导下，加强战略谋划、统筹协调和重大问题研究，推动重大任务和重大政策加快落地。各地区各部门协同联动，鼓励分行业、分地区制定实施方案，细化工作举措、出台配套政策、抓好推进落实，形成一批优秀案例和典型经验。充分发挥行业协会等中介组织桥梁纽带作用，加强政策宣贯、行业监测、决策支撑和企业服务。

（十六）加大财税支持。加大对制造业技术改造资金支持力度，以传统制造业为重点支持加快智改数转网联，统筹推动高端化、智能化、绿色化、融合化升级。落实税收优惠政策，支持制造业高质量发展。支持传统制造业企业参与高新技术企业、专精特新中小企业等培育和评定，按规定充分享受财政奖补等优惠政策。落实企业购置用于环保、节能节水、安全生产专用设备所得税抵免政策，引导企业加大软硬件设备投入。

（十七）强化金融服务。充分利用现有相关再贷款，为符合条件的传统制造业转型升级重点项目提供优惠利率资金支持。发挥国家产融合作平台、工业企业技术改造升级导向计划等政策作用，引导银行机构按照市场化、法治化原则加大对传统制造业转型升级的信贷支持，优化相关金融产品和服务。鼓励产业投资基金加大传统制造业股权投资支持力度。发挥多层次资本市场作用，支持符合条件的传统制造业企业通过股票、债券等多种融资方式进行技术改造或加大研发投入，通过并购重组实现转型升级。

（十八）扩大人才供给。优化传统制造业相关中职、高职专科、职业本科专业设置，全面实践中国特色学徒制，鼓励建立校企合作办学、培训、实习实训基地建设等长效机制，扩大高素质技术技能人才培养规模。实施“制造业人才支持计划”，推进新工科建设，布局建设一批未来技术学院、现代产业学院、专业特色学院，建设“国家卓越工程师实践基地”，面向传统制造业领域培养一批数字化转型人才、先进制造技术人才、先进基础工艺人才和具有突出技术创新能力、善于解决复杂工程问题的工程师队伍。

工业和信息化部 国家发展改革委 教育部 财政部

中国人民银行 税务总局 金融监管总局 中国证监会

2023 年 12 月 28 日

第二节 战略性新兴产业发展政策

一、战略性新兴产业发展政策颁布背景

国家统计局发布的《战略性新兴产业分类（2018）》中，将战略性新兴产业划分了

488 个国民经济行业和 4455 种产品与服务。本分类规定的战略性新兴产业是以重大技术突破和重大发展需求为基础，对经济社会全局和长远发展具有重大引领带动作用，知识技术密集、物质资源消耗少、成长潜力大、综合效益好的产业，包括：新一代信息技术产业、高端装备制造产业、新材料产业、生物产业、新能源汽车产业、新能源产业、节能环保产业、数字创意产业、相关服务业九大领域。

随着经济社会的发展和科技的进步，战略性新兴产业的分类和重点领域也在不断地更新和扩展。在工业和信息化部、科技部、国家能源局、国家标准化管理委员会 2023 年 8 月 3 日颁布的《新产业标准化领航工程实施方案（2023—2035 年）》中，在战略性新兴产业中增加了“未来产业”，这些未来产业聚焦在元宇宙、脑机接口、量子信息、人形机器人、生成式人工智能、生物制造、未来显示、未来网络、新型储能九个领域，这些领域代表着未来的科技发展方向。

综合上述概念，本书所介绍的“战略性新兴产业”主要包括以下七个领域：

（1）新一代信息技术产业：该产业涉及物联网、云计算、大数据、人工智能等尖端技术，是推动经济社会信息化、数字化转型的关键力量。

（2）高端装备制造产业：包括智能制造、航空航天、海洋工程等高端装备的研发与制造，对于提升国家制造业水平和国际竞争力具有重要意义。

（3）新材料产业：新材料产业是现代工业的基础，涵盖先进基础材料、关键战略材料和前沿新材料等，对推动工业创新和产业升级至关重要。

（4）生物产业：生物产业涉及生物医药、生物农业、生物制造等领域，是未来科技发展的重要方向，对人类健康和生活质量的提升有重大影响。

（5）新能源汽车产业：随着环保意识的提高和能源结构的转型，新能源汽车产业迎来了快速发展，包括电动汽车、混合动力汽车等，是未来交通领域的主导力量。

（6）新能源产业：新能源产业包括太阳能、风能、核能等的开发和利用，是实现能源可持续发展的重要途径。

（7）节能环保产业：节能环保产业致力于提高资源利用效率，减少环境污染，是推动绿色发展的重要力量。

战略性新兴产业是新型工业化的关键组成部分，是经济增长的新引擎，发展这些产业有助于提升国家在全球经济中的竞争力，尤其是在关键核心技术领域实现自主可控，有助于推动经济结构优化升级，实现经济持续健康发展。同时，新一轮的科技革命和产业变革为战略性新兴产业提供了发展机遇，促使政策制定者重视前沿技术的研发和应用。目前，全球各主要经济体均在加强国家顶层科技战略布局，力图在前沿新兴产业中取得科技发展新优势，这要求中国加快战略性新兴产业的发展步伐。

我国战略性新兴产业在“十三五”时期得到了快速发展，创新驱动所需的体制机制环境更加完善，人才、技术、资本等要素配置持续优化，新兴消费升级加快，新兴产业投资需求旺盛，部分领域国际化拓展加速，产业体系渐趋完备，市场空间日益广阔。但依然存在：战略性新兴产业整体创新水平还不高、一些领域核心技术受制于人、一些改革举措和政策措施落实不到位、新兴产业监管方式创新和法规体系建设相对滞后等问题，使战略性新兴产业还不适应经济发展新旧动能加快转换、产业结构加速升级的要求，所以迫切需要加强统筹规划和政策扶持。

二、战略性新兴产业扶持政策体系

战略性新兴产业扶持基本政策可追溯到2010年10月10日颁布的《国务院关于加快培育和发展战略性新兴产业的决定》（以下简称《决定》）（国发〔2010〕32号），该决定内容共分为八个方面，旨在促进节能环保、新一代信息技术、生物、高端装备制造、新能源、新材料、新能源汽车七大产业用20年达世界先进水平。

战略性新兴产业发展需要巨大的资金投入。当前，我国发展战略性新兴产业资金投入严重不足，财税政策引导社会投资、激励企业创新积极性的力度不够，多层次资本市场发育不完善。《决定》指出：应在充分发挥企业投入积极性的同时，切实发挥中央财政资金的引导作用、国家税收政策的激励作用和多层次资本市场的支撑作用，建立健全政策体系，创新支持方式。具体体现在：

（1）财政支持政策方面。针对当前政府资金使用分散、重点领域投入强度不足、缺乏稳定投入支持机制等问题，《决定》提出切实加大财政投入力度，发挥中央财政资金引导和调动社会投资积极性的作用，重点在整合现有政策资源和利用现有资金渠道的基础上，建立稳定的财政投入增长机制，设立战略性新兴产业发展专项资金，大幅度增加中央财政的资金投入，专项集中支持重大产业创新发展工程、重大应用示范工程、重大创新成果产业化、创新能力建设等，引导创业投资发展。

（2）税收激励政策方面。针对战略性新兴产业人力资本、研发费用比例较高、产品发展初期进入市场难度较大的特征，切实完善税收激励政策，重点在落实好现行各项促进科技投入、科技成果转化和支持高技术产业发展等税收政策的基础上，结合税制改革方向和税种特征，综合运用各种手段，从激励自主创新、引导消费、鼓励发展新业态等角度，针对产业的具体特征，制定流转税、所得税、消费税、营业税等支持政策，形成普惠性激励社会资源发展战略性新兴产业的政策手段。

（3）金融政策方面。针对战略性新兴产业发展初期大量创新型中小企业需要创业投资、场外交易、发行债券等多种直接融资支持和政策性融资支持等特点，强化金融服务支撑，重点鼓励金融机构加大信贷支持，积极发挥多层次资本市场的融资功能，大力发展创业投资和股权投资基金。主要包括积极开展知识产权质押融资、产业链融资等信贷方式创新，加大力度支持战略性新兴产业发展；加快完善创业板、场外证券交易在内的资本市场，进一步扩大中小企业集合债券发行规模，积极探索发展高收益类债券等债券品种；扩大政府新兴产业创业投资资金规模，建立政府创业投资引导基金，进一步扶持和引导发展创业投资。

此外，地方政府也积极响应国家战略导向，出台了一系列专项支持政策。例如，江苏省支持设立500亿元的战略性新兴产业母基金；黑龙江省制定了《战略性新兴产业倍增计划》，提出了推动“制造＋服务”发展模式的具体措施。

以工业和信息化部、教育部、科学技术部、交通运输部、文化和旅游部、国务院国有资产监督管理委员会、中国科学院七部门2024年1月18日发布的《工业和信息化部等七部门关于推动未来产业创新发展的实施意见》为例，该政策的核心内容包括：

（1）加快技术创新和产业化。面向未来产业重点方向实施国家科技重大项目和重大科技攻关工程，加快突破关键核心技术，提升创新能力，并促进成果转化，发布前沿技术应用推广目录，建设未来产业成果“线上发布大厅”等。

（2）打造标志性产品。突破下一代智能终端，发展适应通用智能趋势的工业终端产品，支撑工业生产提质增效，赋能新型工业化，并突破高级别智能网联汽车、元宇宙入口等具有爆发潜能的超级终端。

（3）壮大产业主体。培育高水平企业梯队，引导领军企业前瞻谋划新赛道，通过内部创业、投资孵化等培育未来产业新主体，打造特色产业链，并构建产业生态。

（4）优化产业支撑体系。加强标准引领与专利护航，同步构筑中试能力，建设专业人才队伍，并强化新型基础设施，深入推进5G、工业互联网等建设。

（5）保障措施。加强统筹协调，形成部际协同、央地协作的工作格局，加大金融支持，强化安全治理，并深化国际合作，鼓励国内企业与研究机构走出去，深度参与全球未来产业分工。

这些产业扶持政策为战略性新兴产业的发展提供了有力的支持和保障，有助于推动我国经济社会可持续发展和国际竞争力的提升。

三、战略性新兴产业扶持政策应用案例

立讯精密工业股份有限公司（以下简称立讯精密）成立于2004年，总部位于中国广

东省东莞市，它是一家集研发、生产和销售于一体的技术导向公司，专注于连接器、连接线、马达、无线充电、FPC、天线、声学和电子模块等产品。这些产品广泛应用于消费电子、通信、企业级、汽车及医疗等全球多个重要领域。

立讯精密自成立以来，不断通过纵向的垂直整合与横向的业务拓展占领市场先机，追求智能化研发设计、数字化运营管理、精细化成本控制、自动化生产制造。它在海外设立了众多子公司，巩固了在连接器领域的龙头地位，并逐步实现了对消费电子精密制造领域的垂直覆盖。

在立讯精密的快速发展和持续扩张进程中，以下领域享受到了产业政策的扶持：

（1）产业升级与技术驱动。立讯精密致力于电子产业向全球价值链中高端发展，通过持续加大研发投入和技术创新，推动了从传统制造向先进制造业的转型升级。

（2）市场拓展与品牌建设。作为粤港澳大湾区战略性新兴产业领航企业，立讯精密在消费电子、汽车、通信产业深度聚焦和发展，不断推出符合市场需求的新产品和新服务。

（3）产业链协同。立讯精密通过“三个五年计划”战略路径，推进稳链固链强链，实现产融结合协同赋能，这与政府推动产业链协同发展的扶持政策相契合。

（4）国际市场参与。立讯精密积极参与国际市场，通过高标准、高要求满足全球顶尖客户的需求，这与政府鼓励企业“走出去”和参与国际竞争的政策相符。

（5）新能源汽车领域布局。立讯精密在新能源汽车领域进行了战略布局，与奇瑞集团签署战略合作框架协议，从事新能源汽车 ODM 整车研发及制造，这符合国家推动新能源汽车产业发展的政策方向。

（6）政策环境与荣誉。立讯精密被评为深圳第 11 家“世界 500 强”企业，这一成就反映了公司在政策环境支持下取得的显著成绩。

这些扶持政策为立讯精密的发展注入了强大动力，促进了企业的技术创新和市场扩张，进一步巩固了其在战略性新兴产业中的地位。

专栏 7－2

工业和信息化部等七部门关于推动未来产业创新发展的实施意见

工信部联科〔2024〕12 号

各省、自治区、直辖市及计划单列市、新疆生产建设兵团工业和信息化、教育、科技、交通运输、文化和旅游、国有资产监督管理主管部门，中国科学院院属各单位，各省、自治区、直辖市通信管理局，有关中央企业，各有关单位：

未来产业由前沿技术驱动，当前处于孕育萌发阶段或产业化初期，是具有显著战略性、引领性、颠覆性和不确定性的前瞻性新兴产业。大力发展未来产业，是引领科技进步、带动产业升级、培育新质生产力的战略选择。为贯彻落实党的二十大精神和《中华人民共和国国民经济和社会发展第十四个五年规划和2035年远景目标纲要》，把握新一轮科技革命和产业变革机遇，围绕制造业主战场加快发展未来产业，支撑推进新型工业化，现提出如下意见。

一、指导思想

以习近平新时代中国特色社会主义思想为指导，全面贯彻党的二十大精神，完整、准确、全面贯彻新发展理念，加快构建新发展格局，统筹发展和安全，以传统产业的高端化升级和前沿技术的产业化落地为主线，以创新为动力，以企业为主体，以场景为牵引，以标志性产品为抓手，遵循科技创新及产业发展规律，加强前瞻谋划、政策引导，积极培育未来产业，加快形成新质生产力，为强国建设提供有力支撑。

二、基本原则

前瞻部署、梯次培育。顺应新一轮科技革命和产业变革趋势，面向国家重大需求和战略必争领域，系统谋划，超前布局。把握未来产业发展规律，分阶段培育，动态调整。

创新驱动、应用牵引。以前沿技术突破引领未来产业发展，加强原创性、颠覆性技术创新。以场景为牵引，贯通研发与应用，加快产业化进程。

生态协同、系统推进。汇聚政产学研用等资源，融合资本、人才、技术、数据等要素，打造创新链产业链资金链人才链深度融合的产业生态。

开放合作、安全有序。主动参与全球未来产业分工和合作，深度融入全球创新网络。统筹技术创新和伦理治理，营造包容审慎、安全可持续的发展环境。

三、发展目标

到2025年，未来产业技术创新、产业培育、安全治理等全面发展，部分领域达到国际先进水平，产业规模稳步提升。建设一批未来产业孵化器和先导区，突破百项前沿关键核心技术，形成百项标志性产品，打造百家领军企业，开拓百项典型应用场景，制定百项关键标准，培育百家专业服务机构，初步形成符合我国实际的未来产业发展模式。

到2027年，未来产业综合实力显著提升，部分领域实现全球引领。关键核心技术取得重大突破，一批新技术、新产品、新业态、新模式得到普遍应用，重点产业实现规模化发展，培育一批生态主导型领军企业，构建未来产业和优势产业、新兴产业、传统产业协同联动的发展格局，形成可持续发展的长效机制，成为世界未来产业重要策源地。

四、重点任务

（一）全面布局未来产业

1. 加强前瞻谋划部署。把握全球科技创新和产业发展趋势，重点推进未来制造、未来信息、未来材料、未来能源、未来空间和未来健康六大方向产业发展。打造未来产业瞭望站，利用人工智能、先进计算等技术精准识别和培育高潜能未来产业。发挥新型举国体制优势，引导地方结合产业基础和资源禀赋，合理规划、精准培育和错位发展未来产业。发挥前沿技术增量器作用，瞄准高端、智能和绿色等方向，加快传统产业转型升级，为建设现代化产业体系提供新动力。

拓展阅读 1：前瞻部署新赛道

- 未来制造。发展智能制造、生物制造、纳米制造、激光制造、循环制造，突破智能控制、智能传感、模拟仿真等关键核心技术，推广柔性制造、共享制造等模式，推动工业互联网、工业元宇宙等发展。
- 未来信息。推动下一代移动通信、卫星互联网、量子信息等技术产业化应用，加快量子、光子等计算技术创新突破，加速类脑智能、群体智能、大模型等深度赋能，加速培育智能产业。
- 未来材料。推动有色金属、化工、无机非金属等先进基础材料升级，发展高性能碳纤维、先进半导体等关键战略材料，加快超导材料等前沿新材料创新应用。
- 未来能源。聚焦核能、核聚变、氢能、生物质能等重点领域，打造“采集—存储—运输—应用”全链条的未来能源装备体系。研发新型晶硅太阳能电池、薄膜太阳能电池等高效太阳能电池及相关电子专用设备，加快发展新型储能，推动能源电子产业融合升级。
- 未来空间。聚焦空天、深海、深地等领域，研制载人航天、探月探火、卫星导航、临空无人系统、先进高效航空器等高端装备，加快深海潜水器、深海作业装备、深海搜救探测设备、深海智能无人平台等研制及创新应用，推动深地资源探采、城市地下空间开发利用、极地探测与作业等领域装备研制。
- 未来健康。加快细胞和基因技术、合成生物、生物育种等前沿技术产业化，推动5G/6G、元宇宙、人工智能等技术赋能新型医疗服务，研发融合数字孪生、脑机交互等先进技术的高端医疗装备和健康用品。

（二）加快技术创新和产业化

2. 提升创新能力。面向未来产业重点方向实施国家科技重大项目和重大科技攻关工程，加快突破关键核心技术。发挥国家实验室、全国重点实验室等创新载体作用，加强基础共性技术供给。鼓励龙头企业牵头组建创新联合体，集聚产学研用资源，体系化推进重点领域技术攻关。推动跨领域技术交叉融合创新，加快颠覆性技术突破，打造原创技术策源地。举办未来产业创新创业大赛，激发各界创新动能。

3. 促进成果转化。发布前沿技术应用推广目录，建设未来产业成果“线上发布大厅”，打造产品交易平台，举办成果对接展会，推动供需精准对接。构建科技服务和技术市场新模式，遴选科技成果评价和转移转化专业机构，开拓应用场景和商业模式。落实首台（套）重大技术装备和首批次材料激励政策，加快新技术新产品应用推广。

（三）打造标志性产品

4. 突破下一代智能终端。发展适应通用智能趋势的工业终端产品，支撑工业生产提质增效，赋能新型工业化。发展量大面广、智能便捷、沉浸体验的消费级终端，满足数字生活、数字文化、公共服务等新需求。打造智能适老的医疗健康终端，提升人民群众生命健康质量。突破高级别智能网联汽车、元宇宙入口等具有爆发潜能的超级终端，构筑产业竞争新优势。

5. 做优信息服务产品。发展下一代操作系统，构筑安全可靠的数字底座。推广开源技术，建设开源社区，构建开源生态体系。探索以区块链为核心技术、以数据为关键要素，构建下一代互联网创新应用和数字化生态。面向新一代移动信息网络、类脑智能等加快软件产品研发，鼓励新产品示范应用，激发信息服务潜能。

6. 做强未来高端装备。面向国家重大战略需求和人民美好生活需要，加快实施重大技术装备攻关工程，突破人形机器人、量子计算机、超高速列车、下一代大飞机、绿色智能船舶、无人船艇等高端装备产品，以整机带动新技术产业化落地，打造全球领先的高端装备体系。深入实施产业基础再造工程，补齐基础元器件、基础零部件、基础材料、基础工艺和基础软件等短板，夯实未来产业发展根基。

拓展阅读2：创新标志性产品

- 人形机器人。突破机器人高转矩密度伺服电机、高动态运动规划与控制、仿生感知与认知、智能灵巧手、电子皮肤等核心技术，重点推进智能制造、家庭服务、特殊环境作业等领域产品的研制及应用。
- 量子计算机。加强可容错通用量子计算技术研发，提升物理硬件指标和算法纠错性能，推动量子软件、量子云平台协同布置，发挥量子计算的优越性，探索向垂直行业应用渗透。
- 新型显示。加快量子点显示、全息显示等研究，突破Micro-LED、激光、印刷等显示技术并实现规模化应用，实现无障碍、全柔性、3D立体等显示效果，加快在智能终端、智能网联汽车、远程连接、文化内容呈现等场景中推广。
- 脑机接口。突破脑机融合、类脑芯片、大脑计算神经模型等关键技术和核心器件，研制一批易用安全的脑机接口产品，鼓励探索在医疗康复、无人驾驶、虚拟现实等典型领域的应用。
- 6G网络设备。开展先进无线通信、新型网络架构、跨域融合、空天地一体、网络与数据安全等技术研究，研制无线关键技术概念样机，形成以全息通信、数字孪生等为代表的特色应用。

• 超大规模新型智算中心。加快突破 GPU 芯片、集群低时延互连网络、异构资源管理等技术，建设超大规模智算中心，满足大模型迭代训练和应用推理需求。

• 第三代互联网。推动第三代互联网在数据交易所应用试点，探索利用区块链技术打通重点行业及领域各主体平台数据，研究第三代互联网数字身份认证体系，建立数据治理和交易流通机制，形成可复制可推广的典型案例。

• 高端文旅装备。研发支撑文化娱乐创作的专用及配套软件，推进演艺与游乐先进装备、水陆空旅游高端装备、沉浸式体验设施、智慧旅游系统及检测监测平台的研制，发展智能化、高端化、成套化文旅设备。

• 先进高效航空装备。围绕下一代大飞机发展，突破新型布局、智能驾驶、互联航电、多电系统、开式转子混合动力发动机等核心技术。推进超声速、超高效亚声速、新能源客机等先进概念研究。围绕未来智慧空中交通需求，加快电动垂直起降航空器、智能高效航空物流装备等研制及应用。

• 深部资源勘探开发装备。围绕深部作业需求，以超深层智能钻机工程样机、深海油气水下生产系统、深海多金属结核采矿车等高端资源勘探开发装备为牵引，推动一系列关键技术攻关。

（四）壮大产业主体

7. 培育高水平企业梯队。引导领军企业前瞻谋划新赛道，通过内部创业、投资孵化等培育未来产业新主体。实施中央企业未来产业启航行动计划，加快培育未来产业新企业。建设未来产业创新型中小企业孵化基地，梯度培育专精特新中小企业、高新技术企业和“小巨人”企业。支持新型研发机构快速发展，培育多元化的未来产业推进力量。

8. 打造特色产业链。依托龙头企业培育未来产业链，建设先进技术体系。鼓励有条件的地区先行先试，结合国家自主创新示范区、国家高新技术产业开发区、新型工业化产业示范基地等，创建未来产业先导区，推动产业特色化集聚发展。创新管理机制，建设数字化的供应链产业链，促进创新资源汇聚，加速数据、知识等生产要素高效流通。

9. 构建产业生态。加强产学研用协作，打造未来产业创新联合体，构建大中小企业融通发展、产业链上下游协同创新的生态体系。强化全国统一大市场下的标准互认和要素互通，提升产业链供应链韧性，构建产品配套、软硬协同的产业生态。

（五）丰富应用场景

10. 开拓新型工业化场景。围绕装备、原材料、消费品等重点领域，面向设计、生产、检测、运维等环节打造应用试验场，以产品规模化迭代应用促进未来产业技术成熟。深化新一代信息技术与制造业融合，加快推动产业链结构、流程与模式重构，开拓未来制造新应用。发挥中央企业丰富场景优势，加快建设多元化未来制造场景。

加快工业元宇宙、生物制造等新兴场景推广，以场景创新带动制造业转型升级。

11. 打造跨界融合场景。依托重大活动，实现前沿技术和产品的跨领域、综合性试点应用，打造示范标杆。依托载人航天、深海深地等重大工程和项目场景，加速探索未来空间方向的成果创新应用，服务国家战略需求。依托城市群和都市圈建设，打造绿色集约的产城融合场景。创新未来信息服务场景，加速形成普惠均等、便捷智慧的信息服务新范式。

12. 建设标志性场景。定期遴选发布典型应用场景清单和推荐目录，建立优秀案例和解决方案库。引导地方开发特色化的标杆示范场景，依托场景组织高水平供需对接活动，加速新技术新产品推广。鼓励企业面向应用场景开展创新研发，支持高校和科研院所针对原创性、颠覆性技术，建设早期试验场景，引领未来技术迭代突破。

（六）优化产业支撑体系

13. 加强标准引领与专利护航。结合未来产业发展需求，统筹布局未来产业标准化发展路线，加快重点标准研制。针对重点标准适时开展宣贯和培训，引导企业对标达标，加速未来产业标准应用推广。促进标准、专利与技术协同发展，引导企业将自主知识产权与技术标准相融合。完善关键领域自主知识产权建设及储备机制，深化国际国内知识产权组织协作，构建未来产业高质量专利遴选、评价及推广体系。

拓展阅读3：强化标准引领

- 前瞻布局标准研究。聚焦元宇宙、脑机接口、量子信息等重点领域，制定标准化路线图，研制基础通用、关键技术、试验方法、重点产品、典型应用以及安全伦理等标准，适时推动相关标准制定。
- 推动标准应用试点。组织有关行业协会、标准化专业机构和技术组织，围绕企业发展需求，开展未来产业领域标准的宣贯、培训，将先进技术、先进理念、先进方法以标准形式导入企业研发、生产、管理等环节。
- 深化标准国际合作。支持国内企事业单位深度参与国际电信联盟（ITU）、国际标准化组织（ISO）、国际电工委员会（IEC）等国际标准化活动，组织产业链上下游企业共同推进国际标准研制，探索成立国际性标准化联盟组织。
- 构建知识产权体系。建设未来产业知识产权运营服务平台，开展知识产权风险监测与评估。组建知识产权联盟，建设产业专利池，开展重点产业链专利分析，建设高质量专利遴选、评价及推广体系。

14. 同步构筑中试能力。按产业需求建设一批中试和应用验证平台，提升精密测量仪器、高端试验设备、设计仿真软件等供给能力，为关键技术验证提供试用环境，加快新技术向现实生产力转化。建设一批中试公共服务机构，提高工程开发、技术熟化、样品试制、测试验证等中试服务水平。

15. 建设专业人才队伍。大力培育未来产业领军企业家和科学家，优化鼓励原创、包容失败的创新创业环境。激发科研人员创新活力，建设一批未来技术学院，探索复合型创新人才的培养模式。强化校企联合培养，拓展海外引才渠道，加大前沿领域紧缺高层次人才的引进力度。

16. 强化新型基础设施。深入推进5G、算力基础设施、工业互联网、物联网、车联网、千兆光网等建设，前瞻布局6G、卫星互联网、手机直连卫星等关键技术研究，构建高速泛在、集成互联、智能绿色、安全高效的新型数字基础设施。引导重大科技基础设施服务未来产业，深化设施、设备和数据共享，加速前沿技术转化应用。推进新一代信息技术向交通、能源、水利等传统基础设施融合赋能，发展公路数字经济，加快基础设施数字化转型。

五、保障措施

（一）加强统筹协调。在中央科技委领导下，按照国家制造强国建设领导小组要求，形成部际协同、央地协作的工作格局。以实施意见为指南，围绕脑机接口、量子信息等专业领域制定专项政策文件，形成完备的未来产业政策体系。发挥行业协会等社会组织作用，推广先进的典型案例，营造推进未来产业发展的良好氛围。

（二）加大金融支持。推动制造业转型升级基金、国家中小企业发展基金等加大投入，实施“科技产业金融一体化”专项，带动更多资本投早投小投硬科技。完善金融财税支持政策，鼓励政策性银行和金融机构等加大投入，引导地方设立未来产业专项资金，探索建立风险补偿专项资金，优化风险拨备资金等补偿措施。

（三）强化安全治理。坚持包容审慎的治理理念，探索跨部门联合治理模式，构建多方参与、有效协同的未来产业治理格局。加强伦理规范研究，科学划定“红线”和“底线”，构建鉴别－评估－防御－治理一体化机制。引导企业建立数据管理、产品开发等自律机制，完善安全监测、预警分析和应急处置手段，防范前沿技术应用风险。

（四）深化国际合作。依托“一带一路”等机制，鼓励国内企业与研究机构走出去，深度参与全球未来产业分工。鼓励跨国公司、国外科研机构等在我国建设前沿技术研发中心，推动国内外企业联合开展技术研发和产业化应用。举办全球未来产业发展论坛等活动，组建未来产业国际创新联盟。加强与相关国际组织合作，主动参与国际治理规则和国际标准制定，积极贡献中国产品、中国方案和中国智慧。

工业和信息化部 教育部 科学技术部 交通运输部

文化和旅游部 国务院国有资产监督管理委员会 中国科学院

2024 年 1 月 18 日

第三节 区域协调发展产业扶持政策

一、区域协调发展产业扶持政策颁布背景

中国是一个地理面积广阔、地区间经济差异较大的国家。长期以来，一些地区过度依赖资源开发或传统产业发展，导致经济结构单一，而其他地区则相对薄弱。这种经济发展的不平衡性不仅影响了国家的整体经济实力，也制约了部分地区的发展潜力。为了缩小地区间的发展差距，实现经济的可持续发展，政府提出了区域协调发展的目标。

区域协调发展是国家战略的重要组成部分。政府通过制定一系列相关政策，引导各地区发挥自身优势，加强区域合作，形成优势互补、协同发展的区域经济格局。这些政策的颁布不仅体现了国家对区域协调发展的重视，还为各地区提供了明确的发展方向和政策支持。

随着中国经济的快速发展和全球化进程的深入，传统的粗放型增长模式已难以适应新时代的要求。为了实现经济的高质量发展，提高国际竞争力，必须转变发展方式，优化经济结构，提高经济发展的质量和效益。通过实施区域协调发展的产业扶持政策，可以促进各地区间的资源共享、技术交流和市场拓展，可以推动各地区间的经济互补和合作，促进产业升级和结构调整，从而提高整个国家的经济实力和国际竞争力。

二、区域协调发展产业扶持政策体系

区域协调发展产业扶持政策可以追溯到中共中央、国务院 2018 年 11 月 18 日颁布的《关于建立更加有效的区域协调发展新机制的意见》，该政策对区域协调发展的总体要求和目标是：坚持以新发展理念为指导，按照高质量发展要求，发挥各地区比较优势，缩小区域发展差距，处理好政府与市场的关系，加快形成区域协调发展新机制，以适应新时代实施区域协调发展战略的需要。

意见提出区域协调发展的主要任务和措施包括：

（1）建立区域战略统筹机制：加强对区域发展的统筹规划和政策引导，形成各具特

色、优势互补的区域经济布局。

（2）健全市场一体化发展机制：推动区域市场一体化建设，实施全国统一的市场准入负面清单制度，消除区域市场壁垒，促进资源、要素和产品的自由流动和优化配置。

（3）深化区域合作机制：加强跨区域的产业协作、创新协同和公共服务共享，提升合作层次和水平，促进流域上下游合作发展，加强省际交界地区合作，推动区域间的互利共赢发展。

（4）优化区域互助机制：深入开展对口支援，完善和规范对口支援规划的编制实施和评估调整机制，通过结对帮扶、对口支援等方式，促进发达地区与欠发达地区的协同发展。

（5）健全区际利益补偿机制：建立生态补偿、产业转移利益共享等机制，保障各区域的合理利益。

（6）完善基本公共服务均等化机制：推动基本公共服务在区域间的均衡配置，提高人民群众的获得感和幸福感。

（7）推动国家重大区域战略融合发展：以"一带一路"建设、京津冀协同发展、长江经济带发展、粤港澳大湾区建设等重大战略为引领，促进区域间相互融通补充，推动区域板块之间融合互动发展。

（8）创新区域政策调控机制：实行差别化的区域政策，提高财政、产业、土地、环保、人才等政策的精准性和有效性。

这些意见旨在促进区域协调发展向更高水平和更高质量迈进，解决区域发展不平衡不充分的问题，为建设现代化经济体系和满足人民日益增长的美好生活需要提供重要支撑。

三、区域协调发展产业扶持政策应用案例

具体的区域享受到协调发展产业扶持政策的案例有很多。例如：

（一）西部地区发展政策

深入实施西部大开发，支持西部地区承接国内外产业转移，加快建设西部陆海新通道，实行负面清单与鼓励类产业目录相结合的产业政策；继续实施差别化用地政策，新增建设用地指标进一步向西部地区倾斜；注重选拔符合西部地区需要的专业化人才，建立健全有利于吸引、激励和留住人才的体制机制；深入开展对口支援新疆、西藏和青海等省藏区等工作。

（二）京津冀地区发展政策

以《京津冀协同发展规划纲要》为蓝图，推动京津冀协同发展，形成了目标一致、层次明确、相互衔接的规划政策体系。北京非首都功能疏解，雄安新区进入大规模建设；加强天津滨海新区改革开放，2023 年天津港集装箱吞吐量突破 2200 万标箱；交通一体化网络加快构建，生态协同治理成效明显，产业链上下游协作持续强化，公共服务共建共享加快推进。

（三）东北地区发展政策

推动东北全面振兴，优化营商环境，推进传统优势产业转型升级和新兴产业培育，增强了重点城市的人口和经济活动承载能力。《东北全面振兴“十四五”实施方案》为东北地区的发展提供了全面的政策指导和支持，以黑龙江省为例，政府出台了《黑龙江省加快推进农产品加工业高质量发展三年行动计划（2023—2025 年）》和《黑龙江省支持农产品精深加工业高质量发展政策措施》。这些政策旨在推动农产品加工业的高质量发展，提升农业现代化水平，进而促进东北地区的经济发展。

（四）中部地区崛起政策

促进中部地区加快崛起，鼓励长江中游三省协同协作，推动粮食生产、能源原材料、现代装备制造及高技术产业基地和综合交通运输枢纽建设；加快合肥综合性国家科学中心建设，推动重大科技基础设施集群化发展，开展关键共性技术、前沿引领技术攻关，提高科技创新对产业发展的引领作用；支持河南等主产区建设粮食生产核心区，推进高标准农田建设，发展高效旱作农业，推动农村第一、第二、第三产业融合发展，改善农村人居环境；推动省际协作和交界地区协同发展：建立健全中部地区省际合作机制，推动中部六省省际交界地区以及与东部、西部其他省份交界地区合作，加强流域上下游产业园区合作共建；构建以先进制造业为支撑的现代产业体系：在长江沿线建设中国（武汉）光谷、中国（合肥）声谷等产业集群，打造集研究开发、检验检测、成果推广等功能于一体的服务平台。

（五）粤港澳大湾区政策

粤港澳大湾区政策主要体现在金融及现代服务业支持政策、创新及科技发展政策、市场准入及营商环境优化政策、青年就业创业支持政策等方面。例如，《前海规划》中明确提出聚焦金融等现代服务业发展，支持香港优势行业开拓内地市场；制定出台横琴粤澳深度合作区放宽市场准入特别措施，支持广州南沙开展放宽市场准入试点等；探索更多培育和发展壮大经营主体的举措。例如，通过数字化改革助力政府职能转变，促进基层治理改革创新；制定《粤港澳大湾区国际一流营商环境建设三年行动计划》，打造市场化、法治化、国际化的一流营商环境；对青年就业创业构建全方位就业创业支持体系，如广东省政府明确提出支持开展“大湾区青年就业计划”，对参加人员提供生活津贴；深圳为在前海合作区就业的港澳青年提供补贴等，以推动解决港澳青年在粤港澳大湾区就业创业面临的问题。

（六）长三角地区发展政策

相关政策主要聚焦于科技创新支持、产业集群发展、一体化发展体制机制和区域市场一体化等方面。比如，支持张江、合肥两大综合性国家科学中心合作共建，以及南京、杭州—宁波创建区域科技创新中心；探索设立长三角基础研究联合基金，协同开展跨学科交叉基础研究；围绕重大攻关任务组建长三角创新联合体，支持新型研发机构建设，并鼓励灵活有效的政策实施；实施制造业重点产业链高质量发展行动，支持低空经济发展，加快布局低空产业基础设施建设、产品研发和制造；协同推进未来产业发展，联合争创国家级未来产业先导区，并发布长三角未来产品应用场景和典型案例；制定出台长三角市场监管部门服务建设全国统一大市场先行区举措；加强长三角地区投资类企业准入等市场准入规范统一；联合编制实施长三角区域物流提质增效降本行动方案，探索金融一体化服务机制。

（七）黄河流域高质量发展政策

推动黄河流域生态保护和高质量发展，加大对黄河流域产业发展的资金支持力度，这包括提供贷款、补贴和担保等金融服务，以降低企业融资成本；实施一系列人才引进和培育政策，包括出台人才引进政策，提供专业培训和技术交流机会，以吸引优秀人才来黄河流域工作和创业；推动产业结构布局的调整优化，包括坚决遏制高污染、高耗水、高耗能项目的盲目发展，对于市场已饱和的高耗能、高耗水项目，进行严格的能效和水效对标；政府鼓励企业加大研发投入，提高自主创新能力，以培育壮大具有核心竞争力的制造业和高新技术产业。

（八）特殊类型地区

特殊类型地区包括革命老区、民族地区、边疆地区等，通过中央财政转移支付等措施，促进了这些地区的经济发展和民生改善，提高了人民生活水平。

这些区域在国家区域协调发展战略中占有重要地位，通过一系列扶持政策，促进了区域经济均衡发展，提高了发展的整体性和协调性。

专栏 7－3

中共中央 国务院印发《粤港澳大湾区发展规划纲要》

前言

粤港澳大湾区包括香港特别行政区、澳门特别行政区和广东省广州市、深圳市、珠海市、佛山市、惠州市、东莞市、中山市、江门市、肇庆市（以下称珠三角九市），总面积5.6万平方公里，2017年末总人口约7000万人，是我国开放程度最高、经济活力最强的区域之一，在国家发展大局中具有重要战略地位。建设粤港澳大湾区，既是新时代推动形成全面开放新格局的新尝试，也是推动“一国两制”事业发展的新实践。为全面贯彻党的十九大精神，全面准确贯彻“一国两制”方针，充分发挥粤港澳综合优势，深化内地与港澳合作，进一步提升粤港澳大湾区在国家经济发展和对外开放中的支撑引领作用，支持香港、澳门融入国家发展大局，增进香港、澳门同胞福祉，保持香港、澳门长期繁荣稳定，让港澳同胞同祖国人民共担民族复兴的历史责任、共享祖国繁荣富强的伟大荣光，编制本规划。

本规划是指导粤港澳大湾区当前和今后一个时期合作发展的纲领性文件。规划近期至2022年，远期展望到2035年。

第一章　规划背景

改革开放以来，特别是香港、澳门回归祖国后，粤港澳合作不断深化实化，粤港澳大湾区经济实力、区域竞争力显著增强，已具备建成国际一流湾区和世界级城市群的基础条件。

第一节　发展基础

区位优势明显。粤港澳大湾区地处我国沿海开放前沿，以泛珠三角区域为广阔发展腹地，在“一带一路”建设中具有重要地位。交通条件便利，拥有香港国际航运中心和吞吐量位居世界前列的广州、深圳等重要港口，以及香港、广州、深圳等具有国际影响力的航空枢纽，便捷高效的现代综合交通运输体系正在加速形成。

经济实力雄厚。经济发展水平全国领先，产业体系完备，集群优势明显，经济互补性强，香港、澳门服务业高度发达，珠三角九市已初步形成以战略性新兴产业为先导、先进制造业和现代服务业为主体的产业结构，2017年大湾区经济总量约10万亿元。

创新要素集聚。创新驱动发展战略深入实施，广东全面创新改革试验稳步推进，国家自主创新示范区加快建设。粤港澳三地科技研发、转化能力突出，拥有一批在全国乃至全球具有重要影响力的高校、科研院所、高新技术企业和国家大科学工程，创新要素吸引力强，具备建设国际科技创新中心的良好基础。

国际化水平领先。香港作为国际金融、航运、贸易中心和国际航空枢纽，拥有高度国际化、法治化的营商环境以及遍布全球的商业网络，是全球最自由经济体之一。澳门作为世界旅游休闲中心和中国与葡语国家商贸合作服务平台的作用不断强化，多元文化交流的功能日益彰显。珠三角九市是内地外向度最高的经济区域和对外开放的重要窗口，在全国加快构建开放型经济新体制中具有重要地位和作用。

合作基础良好。香港、澳门与珠三角九市文化同源、人缘相亲、民俗相近、优势互补。近年来，粤港澳合作不断深化，基础设施、投资贸易、金融服务、科技教育、休闲旅游、生态环保、社会服务等领域合作成效显著，已经形成了多层次、全方位的合作格局。

第二节　机遇挑战

当前，世界多极化、经济全球化、社会信息化、文化多样化深入发展，全球治理体系和国际秩序变革加速推进，各国相互联系和依存日益加深，和平发展大势不可逆转，新一轮科技革命和产业变革蓄势待发，“一带一路”建设深入推进，为提升粤港澳大湾区国际竞争力、更高水平参与国际合作和竞争拓展了新空间。在新发展理念引领下，我国深入推进供给侧结构性改革，推动经济发展质量变革、效率变革、动力变革，为大湾区转型发展、创新发展注入了新活力。全面深化改革取得重大突破，国家治理体系和治理能力现代化水平明显提高，为创新大湾区合作发展体制机制、破解合作发展中的突出问题提供了新契机。

同时，粤港澳大湾区发展也面临诸多挑战。当前，世界经济不确定不稳定因素增多，保护主义倾向抬头，大湾区经济运行仍存在产能过剩、供给与需求结构不平衡不匹配等突出矛盾和问题，经济增长内生动力有待增强。在“一国两制”下，粤港澳社会制度不同，法律制度不同，分属于不同关税区域，市场互联互通水平有待进一步提升，生产要素高效便捷流动的良好局面尚未形成。大湾区内部发展差距依然较大，协同性、包容性有待加强，部分地区和领域还存在同质化竞争和资源错配现象。香港经济增长缺乏持续稳固支撑，澳门经济结构相对单一、发展资源有限，珠三角九市市场经济体制有待完善。区域发展空间面临瓶颈制约，资源能源约束趋紧，生态环境压力日益增大，人口红利逐步减退。

第三节　重大意义

打造粤港澳大湾区，建设世界级城市群，有利于丰富“一国两制”实践内涵，进一步密切内地与港澳交流合作，为港澳经济社会发展以及港澳同胞到内地发展提供更多机会，保持港澳长期繁荣稳定；有利于贯彻落实新发展理念，深入推进供给侧结构性改革，加快培育发展新动能、实现创新驱动发展，为我国经济创新力和竞争力不断增强提供支撑；有利于进一步深化改革、扩大开放，建立与国际接轨的开放型经济新体制，建设高水平参与国际经济合作新平台；有利于推进“一带一路”建设，通过区域双向开放，构筑丝绸之路经济带和21世纪海上丝绸之路对接融汇的重要支撑区。

第二章　总体要求

第一节　指导思想

深入贯彻习近平新时代中国特色社会主义思想和党的十九大精神，统筹推进“五位一体”总体布局和协调推进“四个全面”战略布局，全面准确贯彻“一国两制”“港人治港”“澳人治澳”高度自治的方针，严格依照宪法和基本法办事，坚持新发展理念，充分认识和利用“一国两制”制度优势、港澳独特优势和广东改革开放先行先试优势，解放思想、大胆探索，不断深化粤港澳互利合作，进一步建立互利共赢的区域合作关系，推动区域经济协同发展，为港澳发展注入新动能，为全国推进供给侧结构性改革、实施创新驱动发展战略、构建开放型经济新体制提供支撑，建设富有活力和国际竞争力的一流湾区和世界级城市群，打造高质量发展的典范。

第二节　基本原则

创新驱动，改革引领。实施创新驱动发展战略，完善区域协同创新体系，集聚国际创新资源，建设具有国际竞争力的创新发展区域。全面深化改革，推动重点领域和关键环节改革取得新突破，释放改革红利，促进各类要素在大湾区便捷流动和优化配置。

协调发展，统筹兼顾。实施区域协调发展战略，充分发挥各地区比较优势，加强政策协调和规划衔接，优化区域功能布局，推动区域城乡协调发展，不断增强发展的整体性。

绿色发展，保护生态。大力推进生态文明建设，树立绿色发展理念，坚持节约资源和保护环境的基本国策，实行最严格的生态环境保护制度，坚持最严格的耕地保护制度和最严格的节约用地制度，推动形成绿色低碳的生产生活方式和城市建设运营模式，为居民提供良好生态环境，促进大湾区可持续发展。

开放合作，互利共赢。以“一带一路”建设为重点，构建开放型经济新体制，打造高水平开放平台，对接高标准贸易投资规则，加快培育国际合作和竞争新优势。充分发挥港澳独特优势，创新完善各领域开放合作体制机制，深化内地与港澳互利合作。

共享发展，改善民生。坚持以人民为中心的发展思想，让改革发展成果更多更公平惠及全体人民。提高保障和改善民生水平，加大优质公共产品和服务供给，不断促进社会公平正义，使大湾区居民获得感、幸福感、安全感更加充实、更有保障、更可持续。

“一国两制”，依法办事。把坚持“一国”原则和尊重“两制”差异有机结合起来，坚守“一国”之本，善用“两制”之利。把维护中央的全面管治权和保障特别行政区的高度自治权有机结合起来，尊崇法治，严格依照宪法和基本法办事。把国家所需和港澳所长有机结合起来，充分发挥市场化机制的作用，促进粤港澳优势互补，实现共同发展。

第三节　战略定位

充满活力的世界级城市群。依托香港、澳门作为自由开放经济体和广东作为改革开放排头兵的优势，继续深化改革、扩大开放，在构建经济高质量发展的体制机制方面走在全国前列、发挥示范引领作用，加快制度创新和先行先试，建设现代化经济体系，更好融入全球市场体系，建成世界新兴产业、先进制造业和现代服务业基地，建设世界级城市群。

具有全球影响力的国际科技创新中心。瞄准世界科技和产业发展前沿，加强创新平台建设，大力发展新技术、新产业、新业态、新模式，加快形成以创新为主要动力和支撑的经济体系；扎实推进全面创新改革试验，充分发挥粤港澳科技研发与产业创新优势，破除影响创新要素自由流动的瓶颈，进一步激发各类创新主体活力，建成全球科技创新高地和新兴产业重要策源地。

“一带一路”建设的重要支撑。更好发挥港澳在国家对外开放中的功能和作用，提高珠三角九市开放型经济发展水平，促进国际国内两个市场、两种资源有效对接，在更高层次参与国际经济合作和竞争，建设具有重要影响力的国际交通物流枢纽和国际文化交往中心。

内地与港澳深度合作示范区。依托粤港澳良好合作基础，充分发挥深圳前海、广州南沙、珠海横琴等重大合作平台作用，探索协调协同发展新模式，深化珠三角九市与港澳全面务实合作，促进人员、物资、资金、信息便捷有序流动，为粤港澳发展提供新动能，为内地与港澳更紧密合作提供示范。

宜居宜业宜游的优质生活圈。坚持以人民为中心的发展思想，践行生态文明理念，充分利用现代信息技术，实现城市群智能管理，优先发展民生工程，提高大湾区民众生活便利水平，提升居民生活质量，为港澳居民在内地学习、就业、创业、生活提供更加便利的条件，加强多元文化交流融合，建设生态安全、环境优美、社会安定、文化繁荣的美丽湾区。

第四节　发展目标

到2022年，粤港澳大湾区综合实力显著增强，粤港澳合作更加深入广泛，区域内生发展动力进一步提升，发展精力充沛、创新能力突出、产业结构优化、要素流动顺畅、生态环境优美的国际一流湾区和世界级城市群框架基本形成。

——区域发展更加协调，分工合理、功能互补、错位发展的城市群发展格局基本确立；

——协同创新环境更加优化，创新要素加快集聚，新兴技术原创能力和科技成果转化能力显著提升；

——供给侧结构性改革进一步深化，传统产业加快转型升级，新兴产业和制造业核心竞争力不断提升，数字经济迅速增长，金融等现代服务业加快发展；

——交通、能源、信息、水利等基础设施支撑保障能力进一步增强，城市发展及运营能力进一步提升；

——绿色智慧节能低碳的生产生活方式和城市建设运营模式初步确立，居民生活更加便利、更加幸福；

——开放型经济新体制加快构建，粤港澳市场互联互通水平进一步提升，各类资源要素流动更加便捷高效，文化交流活动更加活跃。

到2035年，大湾区形成以创新为主要支撑的经济体系和发展模式，经济实力、科技实力大幅跃升，国际竞争力、影响力进一步增强；大湾区内市场高水平互联互通基本实现，各类资源要素高效便捷流动；区域发展协调性显著增强，对周边地区的引领带动能力进一步提升；人民生活更加富裕；社会文明程度达到新高度，文化软实力显著增强，中华文化影响更加广泛深入，多元文化进一步交流融合；资源节约集约利用水平显著提高，生态环境得到有效保护，宜居宜业宜游的国际一流湾区全面建成。

第三章　空间布局

坚持极点带动、轴带支撑、辐射周边，推动大中小城市合理分工、功能互补，进一步提高区域发展协调性，促进城乡融合发展，构建结构科学、集约高效的大湾区发展格局。

第一节　构建极点带动、轴带支撑网络化空间格局

极点带动。发挥香港—深圳、广州—佛山、澳门—珠海强强联合的引领带动作用，深化港深、澳珠合作，加快广佛同城化建设，提升整体实力和全球影响力，引领粤港澳大湾区深度参与国际合作。

轴带支撑。依托以高速铁路、城际铁路和高等级公路为主体的快速交通网络与港口群和机场群，构建区域经济发展轴带，形成主要城市间高效连接的网络化空间格局。更好发挥港珠澳大桥作用，加快建设深（圳）中（山）通道、深（圳）茂（名）铁路等重要交通设施，提高珠江西岸地区发展水平，促进东西两岸协同发展。

第二节　完善城市群和城镇发展体系

优化提升中心城市。以香港、澳门、广州、深圳四大中心城市作为区域发展的核心引擎，继续发挥比较优势做优做强，增强对周边区域发展的辐射带动作用。

——香港。巩固和提升国际金融、航运、贸易中心和国际航空枢纽地位，强化全球离岸人民币业务枢纽地位、国际资产管理中心及风险管理中心功能，推动金融、商贸、物流、专业服务等向高端高增值方向发展，大力发展创新及科技事业，培育新兴产业，建设亚太区国际法律及争议解决服务中心，打造更具竞争力的国际大都会。

——澳门。建设世界旅游休闲中心、中国与葡语国家商贸合作服务平台，促进经济适度多元发展，打造以中华文化为主流、多元文化共存的交流合作基地。

——广州。充分发挥国家中心城市和综合性门户城市引领作用，全面增强国际商贸中心、综合交通枢纽功能，培育提升科技教育文化中心功能，着力建设国际大都市。

——深圳。发挥作为经济特区、全国性经济中心城市和国家创新型城市的引领作用，加快建成现代化国际化城市，努力成为具有世界影响力的创新创意之都。

建设重要节点城市。支持珠海、佛山、惠州、东莞、中山、江门、肇庆等城市充分发挥自身优势，深化改革创新，增强城市综合实力，形成特色鲜明、功能互补、具有竞争力的重要节点城市。增强发展的协调性，强化与中心城市的互动合作，带动周边特色城镇发展，共同提升城市群发展质量。

发展特色城镇。充分发挥珠三角九市特色城镇数量多、体量大的优势，培育一批具有特色优势的魅力城镇，完善市政基础设施和公共服务设施，发展特色产业，传承传统文化，形成优化区域发展格局的重要支撑。建设智慧小镇，开展智能技术应用试验，推动体制机制创新，探索未来城市发展模式。加快推进特大镇行政管理体制改革，在降低行政成本和提升行政效率的基础上不断拓展特大镇功能。

促进城乡融合发展。建立健全城乡融合发展体制机制和政策体系，推动珠三角九市城乡一体化发展，全面提高城镇化发展质量和水平，建设具有岭南特色的宜居城乡。加强分类指导，合理划定功能分区，优化空间布局，促进城乡集约发展。提高城乡基础设施一体化水平，因地制宜推进城市更新，改造城中村、合并小型村，加强配套设施建设，改善城乡人居环境。

第三节　辐射带动泛珠三角区域发展

发挥粤港澳大湾区辐射引领作用，统筹珠三角九市与粤东西北地区生产力布局，带动周边地区加快发展。构建以粤港澳大湾区为龙头，以珠江—西江经济带为腹地，带动中南、西南地区发展，辐射东南亚、南亚的重要经济支撑带。完善大湾区至泛珠三角区域其他省区的交通网络，深化区域合作，有序发展"飞地经济"，促进泛珠三角区域要素流动和产业转移，形成梯度发展、分工合理、优势互补的产业协作体系。依托沿海铁路、高等级公路和重要港口，实现粤港澳大湾区与海峡西岸城市群和北部湾城市群联动发展。依托高速铁路、干线铁路和高速公路等交通通道，深化大湾区与中南地区和长江中游地区的合作交流，加强大湾区对西南地区的辐射带动作用。

第四章　建设国际科技创新中心

深入实施创新驱动发展战略，深化粤港澳创新合作，构建开放型融合发展的区域协同创新共同体，集聚国际创新资源，优化创新制度和政策环境，着力提升科技成果转化能力，建设全球科技创新高地和新兴产业重要策源地。

第一节　构建开放型区域协同创新共同体

加强科技创新合作。更好发挥内地与香港、澳门科技合作委员会的作用，推动香港、澳门融入国家创新体系、发挥更重要作用。充分发挥粤港澳科技和产业优势，积极吸引和对接全球创新资源，建设开放互通、布局合理的区域创新体系。推进"广州—深圳—香港—澳门"科技创新走廊建设，探索有利于人才、资本、信息、技术等创新要素跨境流动和区域融通的政策举措，共建粤港澳大湾区大数据中心和国际化创新平台。加快国家自主创新示范区与国家双创示范基地、众创空间建设，支持其与香港、澳门建立创新创业交流机制，共享创新创业资源，共同完善创新创业生态，为港澳青年创新创业提供更多机遇和更好条件。鼓励粤港澳企业和科研机构参与国际科技创新合作，共同举办科技创新活动，支持企业到海外设立研发机构和创新孵化基地，鼓励境内外投资者在粤港澳设立研发机构和创新平台。支持依托深圳国家基因库发起设立"一带一路"生命科技促进联盟。鼓励其他地区的高校、科研机构和企业参与大湾区科技创新活动。

加强创新基础能力建设。支持重大科技基础设施、重要科研机构和重大创新平台在大湾区布局建设。向港澳有序开放国家在广东建设布局的重大科研基础设施和大型科研仪器。支持粤港澳有关机构积极参与国家科技计划（专项、基金等）。加强应用基础研究，拓展实施国家重大科技项目。支持将粤港澳深化创新体制机制改革的相关举措纳入全面创新改革试验。

加强产学研深度融合。建立以企业为主体、市场为导向、产学研深度融合的技术创新体系，支持粤港澳企业、高校、科研院所共建高水平的协同创新平台，推动科技成果转化。实施粤港澳科技创新合作发展计划和粤港联合创新资助计划，支持设立粤港澳产学研创新联盟。

第二节　打造高水平科技创新载体和平台

加快推进大湾区重大科技基础设施、交叉研究平台和前沿学科建设，着力提升基础研究水平。优化创新资源配置，建设培育一批产业技术创新平台、制造业创新中心和企业技术中心。推进国家自主创新示范区建设，有序开展国家高新区扩容，将高新区建设成为区域创新的重要节点和产业高端化发展的重要基地。推动珠三角九市军民融合创新发展，支持创建军民融合创新示范区。支持港深创新及科技园、中新广州知识城、南沙庆盛科技创新产业基地、横琴粤澳合作中医药科技产业园等重大创新载体建设。支持香港物流及供应链管理应用技术、纺织及成衣、资讯及通信技术、汽车零部件、纳米及先进材料等五大研发中心以及香港科学园、香港数码港建设。支持澳门中医药科技产业发展平台建设。推进香港、澳门国家重点实验室伙伴实验室建设。

第三节　优化区域创新环境

深化区域创新体制机制改革。研究实施促进粤港澳大湾区出入境、工作、居住、物流等更加便利化的政策措施，鼓励科技和学术人才交往交流。允许香港、澳门符合条件的高校、科研机构申请内地科技项目，并按规定在内地及港澳使用相关资金。支持粤港澳设立联合创新专项资金，就重大科研项目开展合作，允许相关资金在大湾区跨境使用。研究制定专门办法，对科研合作项目需要的医疗数据和血液等生物样品跨境在大湾区内限定的高校、科研机构和实验室使用进行优化管理，促进临床医学研究发展。香港、澳门在广东设立的研发机构按照与内地研发机构同等待遇原则，享受国家和广东省各项支持创新的政策，鼓励和支持其参与广东科技计划。开展知识产权证券化试点。

促进科技成果转化。创新机制、完善环境，将粤港澳大湾区建设成为具有国际竞争力的科技成果转化基地。支持粤港澳在创业孵化、科技金融、成果转化、国际技术转让、科技服务业等领域开展深度合作，共建国家级科技成果孵化基地和粤港澳青年创业就业基地等成果转化平台。在珠三角九市建设一批面向港澳的科技企业孵化器，为港澳高校、科研机构的先进技术成果转移转化提供便利条件。支持珠三角九市建设国家科技成果转移转化示范区。充分发挥香港、澳门、深圳、广州等资本市场和金融服务功能，合作构建多元化、国际化、跨区域的科技创新投融资体系。大力拓展直接融资渠道，依托区域性股权交易市场，建设科技创新金融支持平台。支持香港私募基金参与大湾区创新型科技企业融资，允许符合条件的创新型科技企业进入香港上市集资平台，将香港发展成为大湾区高新技术产业融资中心。

强化知识产权保护和运用。依托粤港、粤澳及泛珠三角区域知识产权合作机制，全面加强粤港澳大湾区在知识产权保护、专业人才培养等领域的合作。强化知识产权行政执法和司法保护，更好发挥广州知识产权法院等机构作用，加强电子商务、进出口等重点领域和环节的知识产权执法。加强在知识产权创造、运用、保护和贸易方面的国际合作，建立完善知识产权案件跨境协作机制。依托现有交易场所，开展知识产权交易，促进知识产权的合理有效流通。开展知识产权保护规范化市场培育和“正版正货”承诺活动。发挥知识产权服务业集聚发展区的辐射作用，促进高端知识产权服务与区域产业融合发展，推动通过非诉讼争议解决方式（包括仲裁、调解、协商等）处理知识产权纠纷。充分发挥香港在知识产权保护及相关专业服务等方面具有的优势，支持香港成为区域知识产权贸易中心。不断丰富、发展和完善有利于激励创新的知识产权保护制度。建立大湾区知识产权信息交换机制和信息共享平台。

第五章　加快基础设施互联互通

加强基础设施建设，畅通对外联系通道，提升内部联通水平，推动形成布局合理、功能完善、衔接顺畅、运作高效的基础设施网络，为粤港澳大湾区经济社会发展提供有力支撑。

第一节　构建现代化的综合交通运输体系

提升珠三角港口群国际竞争力。巩固提升香港国际航运中心地位，支持香港发展船舶管理及租赁、船舶融资、海事保险、海事法律及争议解决等高端航运服务业，并为内地和澳门企业提供服务。增强广州、深圳国际航运综合服务功能，进一步提升港口、航道等基础设施服务能力，与香港形成优势互补、互惠共赢的港口、航运、物流和配套服务体系，增强港口群整体国际竞争力。以沿海主要港口为重点，完善内河航道与疏港铁路、公路等集疏运网络。

建设世界级机场群。巩固提升香港国际航空枢纽地位，强化航空管理培训中心功能，提升广州和深圳机场国际枢纽竞争力，增强澳门、珠海等机场功能，推进大湾区机场错位发展和良性互动。支持香港机场第三跑道建设和澳门机场改扩建，实施广州、深圳等机场改扩建，开展广州新机场前期研究工作，研究建设一批支线机场和通用机场。进一步扩大大湾区的境内外航空网络，积极推动开展多式联运代码共享。依托香港金融和物流优势，发展高增值货运、飞机租赁和航空融资业务等。支持澳门机场发展区域公务机业务。加强空域协调和空管协作，优化调整空域结构，提高空域资源使用效率，提升空管保障能力。深化低空空域管理改革，加快通用航空发展，稳步发展跨境直升机服务，建设深圳、珠海通用航空产业综合示范区。推进广州、深圳临空经济区发展。

畅通对外综合运输通道。完善大湾区经粤东西北至周边省区的综合运输通道。推进赣州至深圳、广州至汕尾、深圳至茂名、岑溪至罗定等铁路项目建设，适时开展广州经茂名、湛江至海安铁路和柳州至肇庆铁路等区域性通道项目前期工作，研究广州至清远铁路进一步延伸的可行性。有序推进沈海高速（G15）和京港澳高速（G4）等国家高速公路交通繁忙路段扩容改造。加快构建以广州、深圳为枢纽，高速公路、高速铁路和快速铁路等广东出省通道为骨干，连接泛珠三角区域和东盟国家的陆路国际大通道。

构筑大湾区快速交通网络。以连通内地与港澳以及珠江口东西两岸为重点，构建以高速铁路、城际铁路和高等级公路为主体的城际快速交通网络，力争实现大湾区主要城市间1小时通达。编制粤港澳大湾区城际（铁路）建设规划，完善大湾区铁路骨干网络，加快城际铁路建设，有序规划珠三角主要城市的城市轨道交通项目。加快深中通道、虎门二桥过江通道建设。创新通关模式，更好发挥广深港高速铁路、港珠澳大桥作用。推进莲塘/香园围口岸、粤澳新通道（青茂口岸）、横琴口岸（探索澳门莲花口岸搬迁）、广深港高速铁路西九龙站等新口岸项目的规划建设。加强港澳与内地的交通联系，推进城市轨道交通等各种运输方式的有效对接，构建安全便捷换乘换装体系，提升粤港澳口岸通关能力和通关便利化水平，促进人员、物资高效便捷流动。

提升客货运输服务水平。按照零距离换乘、无缝化衔接目标，完善重大交通设施布局，积极推进干线铁路、城际铁路、市域（郊）铁路等引入机场，提升机场集疏运能力。加快广州—深圳国际性综合交通枢纽建设。推进大湾区城际客运公交化运营，推广“一票式”联程和“一卡通”服务。构建现代货运物流体系，加快发展铁水、公铁、空铁、江河海联运和“一单制”联运服务。加快智能交通系统建设，推进物联网、云计算、大数据等信息技术在交通运输领域的创新集成应用。

第二节　优化提升信息基础设施

构建新一代信息基础设施。推进粤港澳网间互联宽带扩容，全面布局基于互联网协议第六版（IPv6）的下一代互联网，推进骨干网、城域网、接入网、互联网数据中心和支撑系统的 IPv6 升级改造。加快互联网国际出入口带宽扩容，全面提升流量转接能力。推动珠三角无线宽带城市群建设，实现免费高速无线局域网在大湾区热点区域和重点交通线路全覆盖。实现城市固定互联网宽带全部光纤接入。建设超高清互动数字家庭网络。

建成智慧城市群。推进新型智慧城市试点示范和珠三角国家大数据综合试验区建设，加强粤港澳智慧城市合作，探索建立统一标准，开放数据端口，建设互通的公共应用平台，建设全面覆盖、泛在互联的智能感知网络以及智慧城市时空信息云平台、空间信息服务平台等信息基础设施，大力发展智慧交通、智慧能源、智慧市政、智慧社区。推进电子签名证书互认工作，推广电子签名互认证书在公共服务、金融、商贸等领域应用。共同推动大湾区电子支付系统互联互通。增强通信企业服务能力，多措并举实现通信资费合理下降，推动降低粤港澳手机长途和漫游费，并积极开展取消粤港澳手机长途和漫游费的可行性研究，为智慧城市建设提供基础支撑。

提升网络安全保障水平。加强通信网络、重要信息系统和数据资源保护，增强信息基础设施可靠性，提高信息安全保障水平。积极推动先进技术在香港、澳门、广州、深圳等城市使用，促进保密通信技术在政府部门、金融机构等应用。建立健全网络与信息安全信息通报预警机制，加强实时监测、通报预警、应急处置工作，构建网络安全综合防御体系。

第三节　建设能源安全保障体系

优化能源供应结构。大力推进能源供给侧结构性改革，优化粤港澳大湾区能源结构和布局，建设清洁、低碳、安全、高效的能源供给体系。大力发展绿色低碳能源，加快天然气和可再生能源利用，有序开发风能资源，因地制宜发展太阳能光伏发电、生物质能，安全高效发展核电，大力推进煤炭清洁高效利用，控制煤炭消费总量，不断提高清洁能源比重。

强化能源储运体系。加强周边区域向大湾区以及大湾区城市间送电通道等主干电网建设，完善城镇输配电网络，提高电网输电能力和抗风险能力。加快推进珠三角大型石油储备基地建设，统筹推进新建液化天然气（LNG）接收站和扩大已建LNG接收站储转能力，依托国家骨干天然气管线布局建设配套支线，扩大油气管道覆盖面，提高油气储备和供应能力。推进广州、珠海等国家煤炭储备基地建设，建成煤炭接收与中转储备梯级系统。研究完善广东对香港、澳门输电网络、供气管道，确保香港、澳门能源供应安全和稳定。

第四节　强化水资源安全保障

完善水利基础设施。坚持节水优先，大力推进雨洪资源利用等节约水、涵养水的工程建设。实施最严格水资源管理制度，加快制定珠江水量调度条例，严格珠江水资源统一调度管理。加快推进珠三角水资源配置工程和对澳门第四供水管道建设，加强饮用水水源地和备用水源安全保障达标建设及环境风险防控工程建设，保障珠三角以及港澳供水安全。加强粤港澳水科技、水资源合作交流。

完善水利防灾减灾体系。加强海堤达标加固、珠江干支流河道崩岸治理等重点工程建设，着力完善防汛防台风综合防灾减灾体系。加强珠江河口综合治理与保护，推进珠江三角洲河湖系统治理。强化城市内部排水系统和蓄水能力建设，建设和完善澳门、珠海、中山等防洪（潮）排涝体系，有效解决城市内涝问题。推进病险水库和病险水闸除险加固，全面消除安全隐患。加强珠江河口水文水资源监测，共同建设灾害监测预警、联防联控和应急调度系统，提高防洪防潮减灾应急能力。

第六章　构建具有国际竞争力的现代产业体系

深化供给侧结构性改革，着力培育发展新产业、新业态、新模式，支持传统产业改造升级，加快发展先进制造业和现代服务业，瞄准国际先进标准提高产业发展水平，促进产业优势互补、紧密协作、联动发展，培育若干世界级产业集群。

第一节　加快发展先进制造业

增强制造业核心竞争力。围绕加快建设制造强国，完善珠三角制造业创新发展生态体系。推动互联网、大数据、人工智能和实体经济深度融合，大力推进制造业转型升级和优化发展，加强产业分工协作，促进产业链上下游深度合作，建设具有国际竞争力的先进制造业基地。

优化制造业布局。提升国家新型工业化产业示范基地发展水平，以珠海、佛山为龙头建设珠江西岸先进装备制造产业带，以深圳、东莞为核心在珠江东岸打造具有全球影响力和竞争力的电子信息等世界级先进制造业产业集群。发挥香港、澳门、广州、深圳创新研发能力强、运营总部密集以及珠海、佛山、惠州、东莞、中山、江门、肇庆等地产业链齐全的优势，加强大湾区产业对接，提高协作发展水平。支持东莞等市推动传统产业转型升级，支持佛山深入开展制造业转型升级综合改革试点。支持香港在优势领域探索“再工业化”。

加快制造业结构调整。推动制造业智能化发展，以机器人及其关键零部件、高速高精加工装备和智能成套装备为重点，大力发展智能制造装备和产品，培育一批具有系统集成能力、智能装备开发能力和关键部件研发生产能力的智能制造骨干企业。支持装备制造、汽车、石化、家用电器、电子信息等优势产业做强做精，推动制造业从加工生产环节向研发、设计、品牌、营销、再制造等环节延伸。加快制造业绿色改造升级，重点推进传统制造业绿色改造、开发绿色产品，打造绿色供应链。大力发展再制造产业。

第二节　培育壮大战略性新兴产业

依托香港、澳门、广州、深圳等中心城市的科研资源优势和高新技术产业基础，充分发挥国家级新区、国家自主创新示范区、国家高新区等高端要素集聚平台作用，联合打造一批产业链条完善、辐射带动力强、具有国际竞争力的战略性新兴产业集群，增强经济发展新动能。推动新一代信息技术、生物技术、高端装备制造、新材料等发展壮大为新支柱产业，在新型显示、新一代通信技术、5G和移动互联网、蛋白类等生物医药、高端医学诊疗设备、基因检测、现代中药、智能机器人、3D打印、北斗卫星应用等重点领域培育一批重大产业项目。围绕信息消费、新型健康技术、海洋工程装备、高技术服务业、高性能集成电路等重点领域及其关键环节，实施一批战略性新兴产业重大工程。培育壮大新能源、节能环保、新能源汽车等产业，形成以节能环保技术研发和总部基地为核心的产业集聚带。发挥龙头企业带动作用，积极发展数字经济和共享经济，促进经济转型升级和社会发展。促进地区间动漫游戏、网络文化、数字文化装备、数字艺术展示等数字创意产业合作，推动数字创意在会展、电子商务、医疗卫生、教育服务、旅游休闲等领域应用。

第三节　加快发展现代服务业

建设国际金融枢纽。发挥香港在金融领域的引领带动作用，巩固和提升香港国际金融中心地位，打造服务“一带一路”建设的投融资平台。支持广州完善现代金融服务体系，建设区域性私募股权交易市场，建设产权、大宗商品区域交易中心，提升国际化水平。支持深圳依规发展以深圳证券交易所为核心的资本市场，加快推进金融开放创新。支持澳门打造中国—葡语国家金融服务平台，建立出口信用保险制度，建设成为葡语国家人民币清算中心，发挥中葡基金总部落户澳门的优势，承接中国与葡语国家金融合作服务。研究探索建设澳门—珠海跨境金融合作示范区。

大力发展特色金融产业。支持香港打造大湾区绿色金融中心，建设国际认可的绿色债券认证机构。支持广州建设绿色金融改革创新试验区，研究设立以碳排放为首个品种的创新型期货交易所。支持澳门发展租赁等特色金融业务，探索与邻近地区错位发展，研究在澳门建立以人民币计价结算的证券市场、绿色金融平台、中葡金融服务平台。支持深圳建设保险创新发展试验区，推进深港金融市场互联互通和深澳特色金融合作，开展科技金融试点，加强金融科技载体建设。支持珠海等市发挥各自优势，发展特色金融服务业。在符合法律法规及监管要求的前提下，支持粤港澳保险机构合作开发创新型跨境机动车保险和跨境医疗保险产品，为跨境保险客户提供便利化承保、查勘、理赔等服务。

有序推进金融市场互联互通。逐步扩大大湾区内人民币跨境使用规模和范围。大湾区内的银行机构可按照相关规定开展跨境人民币拆借、人民币即远期外汇交易业务以及与人民币相关衍生品业务、理财产品交叉代理销售业务。大湾区内的企业可按规定跨境发行人民币债券。扩大香港与内地居民和机构进行跨境投资的空间，稳步扩大两地居民投资对方金融产品的渠道。在依法合规前提下，有序推动大湾区内基金、保险等金融产品跨境交易，不断丰富投资产品类别和投资渠道，建立资金和产品互通机制。支持香港机构投资者按规定在大湾区募集人民币资金投资香港资本市场，参与投资境内私募股权投资基金和创业投资基金。支持香港开发更多离岸人民币、大宗商品及其他风险管理工具。支持内地与香港、澳门保险机构开展跨境人民币再保险业务。不断完善“沪港通”“深港通”和“债券通”。支持符合条件的港澳银行、保险机构在深圳前海、广州南沙、珠海横琴设立经营机构。建立粤港澳大湾区金融监管协调沟通机制，加强跨境金融机构监管和资金流动监测分析合作。完善粤港澳反洗钱、反恐怖融资、反逃税监管合作和信息交流机制。建立和完善系统性风险预警、防范和化解体系，共同维护金融系统安全。

构建现代服务业体系。聚焦服务业重点领域和发展短板，促进商务服务、流通服务等生产性服务业向专业化和价值链高端延伸发展，健康服务、家庭服务等生活性服务业向精细和高品质转变，以航运物流、旅游服务、文化创意、人力资源服务、会议展览及其他专业服务等为重点，构建错位发展、优势互补、协作配套的现代服务业体系。推进粤港澳物流合作发展，大力发展第三方物流和冷链物流，提高供应链管理水平，建设国际物流枢纽。支持澳门加快建设葡语国家食品集散中心。推动粤港澳深化工业设计合作，促进工业设计成果产业化。深化粤港澳文化创意产业合作，有序推进市场开放。充分发挥香港影视人才优势，推动粤港澳影视合作，加强电影投资合作和人才交流，支持香港成为电影电视博览枢纽。巩固提升香港作为国际高端会议展览及采购中心的地位，支持澳门培育一批具有国际影响力的会议展览品牌。深化落实内地与香港、澳门关于建立更紧密经贸关系的安排（CEPA）对港澳服务业开放措施，鼓励粤港澳共建专业服务机构，促进会计审计、法律及争议解决服务、管理咨询、检验检测认证、知识产权、建筑及相关工程等专业服务发展。支持大湾区企业使用香港的检验检测认证等服务。

第四节　大力发展海洋经济

坚持陆海统筹、科学开发，加强粤港澳合作，拓展蓝色经济空间，共同建设现代海洋产业基地。强化海洋观测、监测、预报和防灾减灾能力，提升海洋资源开发利用水平。优化海洋开发空间布局，与海洋功能区划、土地利用总体规划相衔接，科学统筹海岸带（含海岛地区）、近海海域、深海海域利用。构建现代海洋产业体系，优化提升海洋渔业、海洋交通运输、海洋船舶等传统优势产业，培育壮大海洋生物医药、海洋工程装备制造、海水综合利用等新兴产业，集中集约发展临海石化、能源等产业，加快发展港口物流、滨海旅游、海洋信息服务等海洋服务业，加强海洋科技创新平台建设，促进海洋科技创新和成果高效转化。支持香港发挥海洋经济基础领域创新研究优势。在保障珠江河口水域泄洪纳潮安全的前提下，支持澳门科学编制实施海域中长期发展规划，进一步发展海上旅游、海洋科技、海洋生物等产业。支持深圳建设全球海洋中心城市。支持粤港澳通过加强金融合作推进海洋经济发展，探索在境内外发行企业海洋开发债券，鼓励产业（股权）投资基金投资海洋综合开发企业和项目，依托香港高增值海运和金融服务的优势，发展海上保险、再保险及船舶金融等特色金融业。

第七章　推进生态文明建设

牢固树立和践行绿水青山就是金山银山的理念，像对待生命一样对待生态环境，实行最严格的生态环境保护制度。坚持节约优先、保护优先、自然恢复为主的方针，以建设美丽湾区为引领，着力提升生态环境质量，形成节约资源和保护环境的空间格局、产业结构、生产方式、生活方式，实现绿色低碳循环发展，使大湾区天更蓝、山更绿、水更清、环境更优美。

第一节　打造生态防护屏障

实施重要生态系统保护和修复重大工程，构建生态廊道和生物多样性保护网络，提升生态系统质量和稳定性。划定并严守生态保护红线，强化自然生态空间用途管制。加强珠三角周边山地、丘陵及森林生态系统保护，建设北部连绵山体森林生态屏障。加强海岸线保护与管控，强化岸线资源保护和自然属性维护，建立健全海岸线动态监测机制。强化近岸海域生态系统保护与修复，开展水生生物增殖放流，推进重要海洋自然保护区及水产种质资源保护区建设与管理。推进“蓝色海湾”整治行动、保护沿海红树林，建设沿海生态带。加强粤港澳生态环境保护合作，共同改善生态环境系统。加强湿地保护修复，全面保护区域内国际和国家重要湿地，开展滨海湿地跨境联合保护。

第二节　加强环境保护和治理

开展珠江河口区域水资源、水环境及涉水项目管理合作，重点整治珠江东西两岸污染，规范入河（海）排污口设置，强化陆源污染排放项目、涉水项目和岸线、滩涂管理。加强海洋资源环境保护，更加重视以海定陆，加快建立入海污染物总量控制制度和海洋环境实时在线监控系统。实施东江、西江及珠三角河网区污染物排放总量控制，保障水功能区水质达标。加强东江、西江、北江等重要江河水环境保护和水生生物资源养护，强化深圳河等重污染河流系统治理，推进城市黑臭水体环境综合整治，贯通珠江三角洲水网，构建全区域绿色生态水网。强化区域大气污染联防联控，实施更严格的清洁航运政策，实施多污染物协同减排，统筹防治臭氧和细颗粒物（PM2.5）污染。实施珠三角九市空气质量达标管理。加强危险废物区域协同处理处置能力建设，强化跨境转移监管，提升固体废物无害化、减量化、资源化水平。开展粤港澳土壤治理修复技术交流与合作，积极推进受污染土壤的治理与修复示范，强化受污染耕地和污染地块安全利用，防控农业面源污染，保障农产品质量和人居环境安全。建立环境污染“黑名单”制度，健全环保信用评价、信息强制性披露、严惩重罚等制度。着力解决人民群众关心的环境保护历史遗留问题。

第三节　创新绿色低碳发展模式

挖掘温室气体减排潜力，采取积极措施，主动适应气候变化。加强低碳发展及节能环保技术的交流合作，进一步推广清洁生产技术。推进低碳试点示范，实施近零碳排放区示范工程，加快低碳技术研发。推动大湾区开展绿色低碳发展评价，力争碳排放早日达峰，建设绿色发展示范区。推动制造业智能化绿色化发展，采用先进适用节能低碳环保技术改造提升传统产业，加快构建绿色产业体系。推进能源生产和消费革命，构建清洁低碳、安全高效的能源体系。推进资源全面节约和循环利用，实施国家节水行动，降低能耗、物耗，实现生产系统和生活系统循环链接。实行生产者责任延伸制度，推动生产企业切实落实废弃产品回收责任。培育发展新兴服务业态，加快节能环保与大数据、互联网、物联网的融合。广泛开展绿色生活行动，推动居民在衣食住行游等方面加快向绿色低碳、文明健康的方式转变。加强城市绿道、森林湿地步道等公共慢行系统建设，鼓励低碳出行。推广碳普惠制试点经验，推动粤港澳碳标签互认机制研究与应用示范。

第八章　建设宜居宜业宜游的优质生活圈

坚持以人民为中心的发展思想，积极拓展粤港澳大湾区在教育、文化、旅游、社会保障等领域的合作，共同打造公共服务优质、宜居宜业宜游的优质生活圈。

第一节　打造教育和人才高地

推动教育合作发展。支持粤港澳高校合作办学，鼓励联合共建优势学科、实验室和研究中心。充分发挥粤港澳高校联盟的作用，鼓励三地高校探索开展相互承认特定课程学分、实施更灵活的交换生安排、科研成果分享转化等方面的合作交流。支持大湾区建设国际教育示范区，引进世界知名大学和特色学院，推进世界一流大学和一流学科建设。鼓励港澳青年到内地学校就读，对持港澳居民来往内地通行证在内地就读的学生，实行与内地学生相同的交通、旅游门票等优惠政策。推进粤港澳职业教育在招生就业、培养培训、师生交流、技能竞赛等方面的合作，创新内地与港澳合作办学方式，支持各类职业教育实训基地交流合作，共建一批特色职业教育园区。支持澳门建设中葡双语人才培训基地，发挥澳门旅游教育培训和旅游发展经验优势，建设粤港澳大湾区旅游教育培训基地。加强基础教育交流合作，鼓励粤港澳三地中小学校结为“姊妹学校”，在广东建设港澳子弟学校或设立港澳儿童班并提供寄宿服务。研究探索三地幼儿园缔结“姊妹园”。研究开放港澳中小学教师、幼儿教师到广东考取教师资格并任教。加强学校建设，扩大学位供给，进一步完善跨区域就业人员随迁子女就学政策，推动实现平等接受学前教育、义务教育和高中阶段教育，确保符合条件的随迁子女顺利在流入地参加高考。研究赋予在珠三角九市工作生活并符合条件的港澳居民子女与内地居民同等接受义务教育和高中阶段教育的权利。支持各级各类教育人才培训交流。

建设人才高地。支持珠三角九市借鉴港澳吸引国际高端人才的经验和做法，创造更具吸引力的引进人才环境，实行更积极、更开放、更有效的人才引进政策，加快建设粤港澳人才合作示范区。在技术移民等方面先行先试，开展外籍创新人才创办科技型企业享受国民待遇试点。支持大湾区建立国家级人力资源服务产业园。建立紧缺人才清单制度，定期发布紧缺人才需求，拓宽国际人才招揽渠道。完善外籍高层次人才认定标准，畅通人才申请永久居留的市场化渠道，为外籍高层次人才在华工作、生活提供更多便利。完善国际化人才培养模式，加强人才国际交流合作，推进职业资格国际互认。完善人才激励机制，健全人才双向流动机制，为人才跨地区、跨行业、跨体制流动提供便利条件，充分激发人才活力。支持澳门加大创新型人才和专业服务人才引进力度，进一步优化提升人才结构。探索采用法定机构或聘任制等形式，大力引进高层次、国际化人才参与大湾区的建设和管理。

第二节　共建人文湾区

塑造湾区人文精神。坚定文化自信，共同推进中华优秀传统文化传承发展，发挥粤港澳地域相近、文脉相亲的优势，联合开展跨界重大文化遗产保护，合作举办各类文化遗产展览、展演活动，保护、宣传、利用好湾区内的文物古迹、世界文化遗产和非物质文化遗产，支持弘扬以粤剧、龙舟、武术、醒狮等为代表的岭南文化，彰显独特文化魅力。增强大湾区文化软实力，进一步提升居民文化素养与社会文明程度，共同塑造和丰富湾区人文精神内涵。吸收中华优秀传统文化精华，大力弘扬廉洁修身、勤勉尽责的廉洁文化，形成崇廉尚洁的良好社会氛围，共同维护向善向上的清风正气，构建亲清新型政商关系，推动廉洁化风成俗。

共同推动文化繁荣发展。完善大湾区内公共文化服务体系和文化创意产业体系，培育文化人才，打造文化精品，繁荣文化市场，丰富居民文化生活。推进大湾区新闻出版广播影视产业发展；加强国家音乐产业基地建设，推动音乐产业发展。加强大湾区艺术院团、演艺学校及文博机构交流，支持博物馆合作策展，便利艺术院团在大湾区内跨境演出。支持新建香港故宫文化博物馆、西九文化区戏曲中心等重点文化项目，增强香港中西合璧的城市文化魅力。支持香港通过国际影视展、香港书展和设计营商周等具有国际影响力的活动，汇聚创意人才，巩固创意之都地位。支持深圳引进世界高端创意设计资源，大力发展时尚文化产业。支持香港、澳门、广州、佛山（顺德）弘扬特色饮食文化，共建世界美食之都。共同推进大湾区体育事业和体育产业发展，联合打造一批国际性、区域性品牌赛事。推进马匹运动及相关产业发展，加强香港与内地在马匹、饲草饲料、兽药、生物制品等进出境检验检疫和通关等方面的合作。

加强粤港澳青少年交流。支持“粤港澳青年文化之旅”、香港“青年内地交流资助计划”和澳门“千人计划”等重点项目实施，促进大湾区青少年交流合作。在大湾区为青年人提供创业、就业、实习和志愿工作等机会，推动青年人交往交流、交心交融，支持港澳青年融入国家、参与国家建设。强化内地和港澳青少年的爱国教育，加强宪法和基本法、国家历史、民族文化的教育宣传。开展青少年研学旅游合作，共建一批研学旅游示范基地。鼓励举办大湾区青年高峰论坛。

推动中外文化交流互鉴。发挥大湾区中西文化长期交汇共存等综合优势，促进中华文化与其他文化的交流合作，创新人文交流方式，丰富文化交流内容，提高文化交流水平。支持广州建设岭南文化中心和对外文化交流门户，扩大岭南文化的影响力和辐射力。支持中山深度挖掘和弘扬孙中山文化资源。支持江门建设华侨华人文化交流合作重要平台。支持澳门发挥东西方多元文化长期交融共存的特色，加快发展文化产业和文化旅游，建设中国与葡语国家文化交流中心。鼓励香港发挥中西方文化交流平台作用，弘扬中华优秀传统文化。

第三节　构筑休闲湾区

推进大湾区旅游发展，依托大湾区特色优势及香港国际航运中心的地位，构建文化历史、休闲度假、养生保健、邮轮游艇等多元旅游产品体系，丰富粤港澳旅游精品路线，开发高铁“一程多站”旅游产品，建设粤港澳大湾区世界级旅游目的地。优化珠三角地区“144小时过境免签”政策，便利外国人在大湾区旅游观光。支持香港成为国际城市旅游枢纽及“一程多站”示范核心区，建设多元旅游平台。支持澳门建设世界旅游休闲中心，在澳门成立大湾区城市旅游合作联盟，推进粤港澳共享区域旅游资源，构建大湾区旅游品牌，研发具有创意的旅游产品，共同拓展旅游客源市场，推动旅游休闲提质升级。有序推动香港、广州、深圳国际邮轮港建设，进一步增加国际班轮航线，探索研究简化邮轮、游艇及旅客出入境手续。逐步简化及放宽内地邮轮旅客的证件安排，研究探索内地邮轮旅客以过境方式赴港参与全部邮轮航程。推动粤港澳游艇自由行有效实施，加快完善软硬件设施，共同开发高端旅游项目。探索在合适区域建设国际游艇旅游自由港。支持澳门与邻近城市探索发展国际游艇旅游，合作开发跨境旅游产品，发展面向国际的邮轮市场。支持珠三角城市建设国家全域旅游示范区。促进滨海旅游业高品质发展，加快“海洋—海岛—海岸”旅游立体开发，完善滨海旅游基础设施与公共服务体系。探索以旅游等服务业为主体功能的无居民海岛整岛开发方式。建设贯通潮州到湛江并连接港澳的滨海景观公路，推动形成连通港澳的滨海旅游发展轴线，建设一批滨海特色风情小镇。探索开通澳门与邻近城市、岛屿的旅游路线，探索开通香港—深圳—惠州—汕尾海上旅游航线。

第四节　拓展就业创业空间

完善区域公共就业服务体系，建设公共就业综合服务平台，完善有利于港澳居民特别是内地学校毕业的港澳学生在珠三角九市就业生活的政策措施，拓宽港澳居民就业创业空间。鼓励港澳居民中的中国公民依法担任内地国有企事业单位职务，研究推进港澳居民中的中国公民依法报考内地公务员工作。在深圳前海、广州南沙、珠海横琴建立港澳创业就业试验区，试点允许取得建筑及相关工程咨询等港澳相应资质的企业和专业人士为内地市场主体直接提供服务，并逐步推出更多试点项目及开放措施。支持港澳青年和中小微企业在内地发展，将符合条件的港澳创业者纳入当地创业补贴扶持范围，积极推进深港青年创新创业基地、前海深港青年梦工场、南沙粤港澳（国际）青年创新工场、中山粤港澳青年创新创业合作平台、中国（江门、增城）“侨梦苑”华侨华人创新产业聚集区、东莞松山湖（生态园）港澳青年创新创业基地、惠州仲恺港澳青年创业基地等港澳青年创业就业基地建设。实施“粤港暑期实习计划”“粤澳暑期实习计划”和“澳门青年到深圳实习及就业项目”，鼓励港澳青年到广东省实习就业。支持香港通过“青年发展基金”等帮助香港青年在大湾区创业就业。支持澳门建设中国与葡语国家青年创新创业交流中心。支持举办粤港、粤澳劳动监察合作会议和执法培训班。

第五节　塑造健康湾区

密切医疗卫生合作。推动优质医疗卫生资源紧密合作，支持港澳医疗卫生服务提供主体在珠三角九市按规定以独资、合资或合作等方式设置医疗机构，发展区域医疗联合体和区域性医疗中心。支持中山推进生物医疗科技创新。深化中医药领域合作，支持澳门、香港分别发挥中药质量研究国家重点实验室伙伴实验室和香港特别行政区政府中药检测中心优势，与内地科研机构共同建立国际认可的中医药产品质量标准，推进中医药标准化、国际化。支持粤澳合作中医药科技产业园开展中医药产品海外注册公共服务平台建设，发展健康产业，提供优质医疗保健服务，推动中医药海外发展。加强医疗卫生人才联合培养和交流，开展传染病联合会诊，鼓励港澳医务人员到珠三角九市开展学术交流和私人执业医务人员短期执业。研究开展非急重病人跨境陆路转运服务，探索在指定公立医院开展跨境转诊合作试点。完善紧急医疗救援联动机制。推进健康城市、健康村镇建设。

加强食品食用农产品安全合作。完善港澳与内地间的食品原产地可追溯制度，提高大湾区食品安全监管信息化水平。加强粤港澳食品安全合作，提升区域食品安全保障水平，建立健全食品安全信息通报案件查处和食品安全事故应急联动机制，建立食品安全风险交流与信息发布制度。保障内地供港澳食品安全，支持港澳参与广东出口食品农产品质量安全示范区和“信誉农场”建设，高水平打造惠州粤港澳绿色农产品生产供应基地、肇庆（怀集）绿色农副产品集散基地。

第六节　促进社会保障和社会治理合作

推进社会保障合作。探索推进在广东工作和生活的港澳居民在教育、医疗、养老、住房、交通等民生方面享有与内地居民同等的待遇。加强跨境公共服务和社会保障的衔接，探索澳门社会保险在大湾区内跨境使用，提高香港长者社会保障措施的可携性。研究建立粤港澳跨境社会救助信息系统，开展社会福利和慈善事业合作。鼓励港澳与内地社会福利界加强合作，推进社会工作领域职业资格互认，加强粤港澳社工的专业培训交流。深化养老服务合作，支持港澳投资者在珠三角九市按规定以独资、合资或合作等方式兴办养老等社会服务机构，为港澳居民在广东养老创造便利条件。推进医养结合，建设一批区域性健康养老示范基地。

深化社会治理合作。深入推进依法行政，加强大湾区廉政机制协同，打造优质高效廉洁政府，提升政府服务效率和群众获得感。在珠三角九市港澳居民比较集中的城乡社区，有针对性地拓展社区综合服务功能，为港澳居民提供及时、高效、便捷的社会服务。严格依照宪法和基本法办事，在尊重各自管辖权的基础上，加强粤港澳司法协助。建立社会治安治理联动机制，强化矛盾纠纷排查预警和案件应急处置合作，联合打击偷渡行为，更大力度打击跨境犯罪活动，统筹应对传统和非传统安全威胁。完善突发事件应急处置机制，建立粤港澳大湾区应急协调平台，联合制定事故灾难、自然灾害、公共卫生事件、公共安全事件等重大突发事件应急预案，不定期开展应急演练，提高应急合作能力。

第九章　紧密合作共同参与“一带一路”建设

深化粤港澳合作，进一步优化珠三角九市投资和营商环境，提升大湾区市场一体化水平，全面对接国际高标准市场规则体系，加快构建开放型经济新体制，形成全方位开放格局，共创国际经济贸易合作新优势，为“一带一路”建设提供有力支撑。

第一节　打造具有全球竞争力的营商环境

发挥香港、澳门的开放平台与示范作用，支持珠三角九市加快建立与国际高标准投资和贸易规则相适应的制度规则，发挥市场在资源配置中的决定性作用，减少行政干预，加强市场综合监管，形成稳定、公平、透明、可预期的一流营商环境。加快转变政府职能，深化“放管服”改革，完善对外资实行准入前国民待遇加负面清单管理模式，深化商事制度改革，加强事中事后监管。加强粤港澳司法交流与协作，推动建立共商、共建、共享的多元化纠纷解决机制，为粤港澳大湾区建设提供优质、高效、便捷的司法服务和保障，着力打造法治化营商环境。完善国际商事纠纷解决机制，建设国际仲裁中心，支持粤港澳仲裁及调解机构交流合作，为粤港澳经济贸易提供仲裁及调解服务。创新“互联网 + 政务服务”模式，加快清理整合分散、独立的政务信息系统，打破“信息孤岛”，提高行政服务效率。探索把具备条件的行业服务管理职能适当交由社会组织承担，建立健全行业协会法人治理结构。充分发挥行业协会商会在制定技术标准、规范行业秩序、开拓国际市场、应对贸易摩擦等方面的积极作用。加快珠三角九市社会信用体系建设，借鉴港澳信用建设经验成果，探索依法对区域内企业联动实施信用激励和失信惩戒措施。

第二节　提升市场一体化水平

推进投资便利化。落实内地与香港、澳门 CEPA 系列协议，推动对港澳在金融、教育、法律及争议解决、航运、物流、铁路运输、电信、中医药、建筑及相关工程等领域实施特别开放措施，研究进一步取消或放宽对港澳投资者的资质要求、持股比例、行业准入等限制，在广东为港澳投资者和相关从业人员提供一站式服务，更好落实 CEPA 框架下对港澳开放措施。提升投资便利化水平。在 CEPA 框架下研究推出进一步开放措施，使港澳专业人士与企业在内地更多领域从业投资营商享受国民待遇。

推动贸易自由化。加快国际贸易单一窗口建设，推进口岸监管部门间信息互换、监管互认、执法互助。研究优化相关管理措施，进一步便利港澳企业拓展内地市场。支持广州南沙建设全球进出口商品质量溯源中心。加快推进市场采购贸易方式试点。落实内地与香港、澳门 CEPA 服务贸易协议，进一步减少限制条件，不断提升内地与港澳服务贸易自由化水平。有序推进制定与国际接轨的服务业标准化体系，促进粤港澳在与服务贸易相关的人才培养、资格互认、标准制定等方面加强合作。扩大内地与港澳专业资格互认范围，拓展“一试三证”（一次考试可获得国家职业资格认证、港澳认证及国际认证）范围，推动内地与港澳人员跨境便利执业。

促进人员货物往来便利化。通过电子化、信息化等手段，不断提高港澳居民来往内地通行证使用便利化水平。研究为符合条件的珠三角九市人员赴港澳开展商务、科研、专业服务等提供更加便利的签注安排。统筹研究外国人在粤港澳大湾区内的便利通行政策和优化管理措施。加强内地与港澳口岸部门协作，扩展和完善口岸功能，依法推动在粤港澳口岸实施更便利的通关模式，研究在条件允许的情况下主要陆路口岸增加旅客出入境自助查验通道，进一步便利港澳与内地居民往来。研究制定港澳与内地车辆通行政策和配套交通管理措施，促进交通物流发展。进一步完善澳门单牌机动车便利进出横琴的政策措施，研究扩大澳门单牌机动车在内地行驶范围；研究制定香港单牌机动车进入内地行驶的政策措施；完善粤港、粤澳两地牌机动车管理政策措施，允许两地牌机动车通过多个口岸出入境。

第三节　携手扩大对外开放

打造“一带一路”建设重要支撑区。支持粤港澳加强合作，共同参与“一带一路”建设，深化与相关国家和地区基础设施互联互通、经贸合作及人文交流。签署实施支持香港、澳门全面参与和助力“一带一路”建设安排，建立长效协调机制，推动落实重点任务。强化香港全球离岸人民币业务枢纽地位，支持澳门以适当方式与丝路基金、中拉产能合作投资基金、中非产能合作基金和亚洲基础设施投资银行（以下简称亚投行）开展合作。支持香港成为解决“一带一路”建设项目投资和商业争议的服务中心。支持香港、澳门举办与“一带一路”建设主题相关的各类论坛或博览会，打造港澳共同参与“一带一路”建设的重要平台。

全面参与国际经济合作。依托港澳的海外商业网络和海外运营经验优势，推动大湾区企业联手走出去，在国际产能合作中发挥重要引领作用。积极引导华侨华人参与大湾区建设，更好发挥华侨华人、归侨侨眷以及港澳居民的纽带作用，增进与相关国家和地区的人文交流。加强与世界主要经济体联系，吸引发达国家先进制造业、现代服务业和战略性新兴产业投资，吸引跨国公司总部和国际组织总部落户大湾区。加快引进国际先进技术、管理经验和高素质人才，支持跨国公司在大湾区内设立全球研发中心、实验室和开放式创新平台，提升大湾区对全球资源的配置能力。加强粤港澳港口国际合作，与相关国家和地区共建港口产业园区，建设区域性港口联盟。充分发挥港澳在国家对外开放中的特殊地位与作用，支持香港、澳门依法以“中国香港”“中国澳门”名义或者其他适当形式，对外签署自由贸易协定和参加有关国际组织，支持香港在亚投行运作中发挥积极作用，支持澳门在符合条件的情况下加入亚投行，支持丝路基金及相关金融机构在香港、澳门设立分支机构。

携手开拓国际市场。充分发挥港澳对外贸易联系广泛的作用，探索粤港澳共同拓展国际发展空间新模式。鼓励粤港澳三地企业合作开展绿地投资、实施跨国兼并收购和共建产业园区，支持港澳企业与境外经贸合作区对接，共同开拓国际市场，带动大湾区产品、设备、技术、标准、检验检测认证和管理服务等走出去。发挥港澳在财务、设计、法律及争议解决、管理咨询、项目策划、人才培训、海运服务、建筑及相关工程等方面国际化专业服务优势，扩展和优化国际服务网络，为企业提供咨询和信息支持。发挥香港国际金融中心作用，为内地企业走出去提供投融资和咨询等服务。支持内地企业在香港设立资本运作中心及企业财资中心，开展融资、财务管理等业务，提升风险管控水平。支持香港与佛山开展离岸贸易合作。支持搭建“一带一路”共用项目库。加强内地与港澳驻海外机构的信息交流，联合开展投资贸易环境推介和项目服务，助力三地联合开展引进来和走出去工作。发挥澳门与葡语国家的联系优势，依托中国与葡语国家商贸合作服务平台，办好中国—葡语国家经贸合作论坛（澳门），更好发挥中葡合作发展基金作用，为内地和香港企业与葡语国家之间的贸易投资、产业及区域合作、人文及科技交流等活动提供金融、法律、信息等专业服务，联手开拓葡语国家和其他地区市场。

第十章　共建粤港澳合作发展平台

加快推进深圳前海、广州南沙、珠海横琴等重大平台开发建设，充分发挥其在进一步深化改革、扩大开放、促进合作中的试验示范作用，拓展港澳发展空间，推动公共服务合作共享，引领带动粤港澳全面合作。

第一节　优化提升深圳前海深港现代服务业合作区功能

强化前海合作发展引擎作用。适时修编前海深港现代服务业合作区总体发展规划，研究进一步扩展前海发展空间，并在新增范围内实施前海有关支持政策。联动香港构建开放型、创新型产业体系，加快迈向全球价值链高端。推进金融开放创新，拓展离岸账户（OSA）功能，借鉴上海自贸试验区自由贸易账户体系（FTA），积极探索资本项目可兑换的有效路径。支持香港交易所前海联合交易中心建成服务境内外客户的大宗商品现货交易平台，探索服务实体经济的新模式。加强深港绿色金融和金融科技合作。建设跨境经贸合作网络服务平台，助力企业走出去开拓国际市场。建设新型国际贸易中心，发展离岸贸易，打造货权交割地。建设国际高端航运服务中心，发展航运金融等现代航运服务业。建设离岸创新创业平台，允许科技企业区内注册、国际经营。支持在有条件的海关特殊监管区域开展保税研发业务。建设国际文化创意基地，探索深港文化创意合作新模式。

加强法律事务合作。合理运用经济特区立法权，加快构建适应开放型经济发展的法律体系，加强深港司法合作交流。加快法律服务业发展，鼓励支持法律服务机构为"一带一路"建设和内地企业走出去提供服务，深化粤港澳合伙联营律师事务所试点，研究港澳律师在珠三角九市执业资质和业务范围问题，构建多元化争议解决机制，联动香港打造国际法律服务中心和国际商事争议解决中心。实行严格的知识产权保护，强化知识产权行政保护，更好发挥知识产权法庭作用。

建设国际化城市新中心。支持在深圳前海设立口岸，研究加强与香港基础设施高效联通。扩大香港工程建设模式实施范围，推出更多对香港建筑及相关工程业界的开放措施。借鉴香港经验提升城市建设和营运管理水平，建设国际一流的森林城市，突出水城共融城市特色，打造可持续发展的绿色智慧生态城区。引进境内外高端教育、医疗资源，提供国际化高品质社会服务。支持国际金融机构在深圳前海设立分支机构。

第二节 打造广州南沙粤港澳全面合作示范区

携手港澳建设高水平对外开放门户。充分发挥国家级新区和自贸试验区优势，加强与港澳全面合作，加快建设大湾区国际航运、金融和科技创新功能的承载区，成为高水平对外开放门户。合理统筹解决广州南沙新增建设用地规模，调整优化城市布局和空间结构，强化与周边地区在城市规划、综合交通、公共服务设施等方面的一体化衔接，构建"半小时交通圈"。支持广州南沙与港澳合作建设中国企业走出去综合服务基地和国际交流平台，建设我国南方重要的对外开放窗口。

共建创新发展示范区。强化粤港澳联合科技创新，共同将广州南沙打造为华南科技创新成果转化高地，积极布局新一代信息技术、人工智能、生命健康、海洋科技、新材料等科技前沿领域，培育发展平台经济、共享经济、体验经济等新业态。支持粤港澳三地按共建共享原则，在广州南沙规划建设粤港产业深度合作园，探索建设粤澳合作葡语国家产业园，合作推进园区规划、建设、开发等重大事宜。在内地管辖权和法律框架下，营造高标准的国际化、市场化、法治化营商环境，提供与港澳相衔接的公共服务和社会管理环境，为港澳产业转型升级、居民就业生活提供新空间。

建设金融服务重要平台。强化金融服务实体经济的本源，着力发展航运金融、科技金融、飞机船舶租赁等特色金融。支持与港澳金融机构合作，按规定共同发展离岸金融业务，探索建设国际航运保险等创新型保险要素交易平台。研究探索在广东自贸试验区内设立粤港澳大湾区国际商业银行，服务大湾区建设发展。探索建立与粤港澳大湾区发展相适应的账户管理体系，在跨境资金管理、人民币跨境使用、资本项目可兑换等方面先行先试，促进跨境贸易、投融资结算便利化。

打造优质生活圈。高标准推进广州南沙城市规划建设，强化生态核心竞争力，彰显岭南文化、水乡文化和海洋文化特色，建设国际化城市。积极探索有利于人才发展的政策和机制，加快创建国际化人才特区。提升社会服务水平，为区内居民提供更加便利的条件。

第三节 推进珠海横琴粤港澳深度合作示范

建设粤港澳深度合作示范区。配合澳门建设世界旅游休闲中心，高水平建设珠海横琴国际休闲旅游岛，统筹研究旅客往来横琴和澳门的便利措施，允许澳门旅游从业人员到横琴提供相关服务。支持横琴与珠海保税区、洪湾片区联动发展，建设粤港澳物流园。加快推进横琴澳门青年创业谷和粤澳合作产业园等重大合作项目建设，研究建设粤澳信息港。支持粤澳合作中医药科技产业园发展，探索加强与国家中医药现代化科技产业创新联盟的合作，在符合相关法律法规前提下，为园区内的企业新药研发、审批等提供指导。探索符合条件的港澳和外籍医务人员直接在横琴执业。

加强民生合作。支持珠海和澳门在横琴合作建设集养老、居住、教育、医疗等功能于一体的综合民生项目，探索澳门医疗体系及社会保险直接适用并延伸覆盖至该项目。在符合横琴城市规划建设基本要求的基础上，探索实行澳门的规划及工程监管机制，由澳门专业人士和企业参与民生项目开发和管理。研究设立为澳门居民在横琴治病就医提供保障的医疗基金。研究在横琴设立澳门子弟学校。

加强对外开放合作。支持横琴与澳门联手打造中拉经贸合作平台，搭建内地与“一带一路”相关国家和地区的国际贸易通道，推动跨境交付、境外消费、自然人移动、商业存在等服务贸易模式创新。支持横琴为澳门发展跨境电商产业提供支撑，推动葡语国家产品经澳门更加便捷进入内地市场。研究将外国人签证居留证件签发权限下放至横琴。

第四节　发展特色合作平台

支持珠三角九市发挥各自优势，与港澳共建各类合作园区，拓展经济合作空间，实现互利共赢。支持落马洲河套港深创新及科技园和毗邻的深方科创园区建设，共同打造科技创新合作区，建立有利于科技产业创新的国际化营商环境，实现创新要素便捷有效流动。支持江门与港澳合作建设大广海湾经济区，拓展在金融、旅游、文化创意、电子商务、海洋经济、职业教育、生命健康等领域合作。加快江门银湖湾滨海地区开发，形成国际节能环保产业集聚地以及面向港澳居民和世界华侨华人的引资引智创业创新平台。推进澳门和中山在经济、社会、文化等方面深度合作，拓展澳门经济适度多元发展新空间。支持东莞与香港合作开发建设东莞滨海湾地区，集聚高端制造业总部、发展现代服务业，建设战略性新兴产业研发基地。支持佛山南海推动粤港澳高端服务合作，搭建粤港澳市场互联、人才信息技术等经济要素互通的桥梁。

第十一章　规划实施

第一节　加强组织领导

加强对规划实施的统筹指导，设立粤港澳大湾区建设领导小组，研究解决大湾区建设中政策实施、项目安排、体制机制创新、平台建设等方面的重大问题。广东省政府和香港、澳门特别行政区政府要加强沟通协商，稳步落实《深化粤港澳合作推进大湾区建设框架协议》与本规划确定的目标和任务。鼓励大湾区城市间开展多种形式的合作交流，共同推进大湾区建设。

第二节 推动重点工作

中央有关部门要结合自身职能，抓紧制定支持大湾区发展的具体政策和措施，与广东省政府和香港、澳门特别行政区政府加强沟通，坚持用法治化市场化方式协调解决大湾区合作发展中的问题。广东省政府和香港、澳门特别行政区政府要在相互尊重的基础上，积极协调配合，共同编制科技创新、基础设施、产业发展、生态环境保护等领域的专项规划或实施方案并推动落实。国家发展改革委要会同国务院港澳办等有关部门对本规划实施情况进行跟踪分析评估，根据新情况新问题研究提出规划调整建议，重大问题及时向党中央、国务院报告。

第三节 防范化解风险

做好防范化解重大风险工作，重点防控金融风险。强化属地金融风险管理责任，做好重点领域风险防范和处置，坚决打击违法违规金融活动，加强薄弱环节监管制度建设，守住不发生系统性金融风险的底线。广东省要严格落实预算法有关规定，强化地方政府债务限额管理，有效规范政府举债融资；加大财政约束力度，有效抑制不具有还款能力的项目建设；加大督促问责力度，坚决制止违法违规融资担保行为。

第四节 扩大社会参与

支持内地与港澳智库加强合作，为大湾区发展提供智力支持。建立行政咨询体系，邀请粤港澳专业人士为大湾区发展提供意见建议。支持粤港澳三地按照市场化原则，探索成立联合投资开发机构和发展基金，共同参与大湾区建设。支持粤港澳工商企业界、劳工界、专业服务界、学术界等建立联系机制，加强交流与合作。扩大大湾区建设中的公众参与，畅通公众意见反馈渠道，支持各类市场主体共同参与大湾区建设发展。

第四节 “双创”与中小企业发展政策

一、“双创”与促进中小企业发展政策颁布背景

创新是建设现代化经济体系的战略支撑，是推动经济发展和产业转型升级的关键动

力，对于推动经济高质量发展具有重要意义。随着我国经济由高速增长阶段转向高质量发展阶段，对推动大众创业万众创新提出了新的更高要求。

而中小企业是推动创新、促进就业、改善民生的重要力量，对实现经济结构优化升级、扩大就业和改善民生具有重要作用。然而随着中国经济的快速发展，市场竞争也日益激烈。中小企业在资源、资金等方面面临困难，需要政府给予支持和引导。

随着科技的不断进步和新兴产业的快速发展，政府意识到新兴产业对于经济增长的潜力。双创政策为新兴产业的快速发展提供了有力的保障和支持，推动技术创新和产品研发，加速新兴产业的崛起。

为鼓励和支持创新创业和中小企业发展，增强其市场活力和竞争力，我国出台了多种措施进行扶持，比如提供融资支持、税收减免和市场开拓指导；建立健全中小企业服务体系，加强技术创新和人才培养等。

二、“双创”与促进中小企业发展扶持政策体系

我国高度重视创新创业和中小企业的发展，认为它们是推动经济增长、促进就业、激发市场活力和创新能力的重要力量。为了支持这些领域的发展，中国政府出台了一系列扶持政策，其中自2013年以来仅国务院颁布的政策就有40余条，各部委颁布的政策多达250余条。这些政策主要聚焦在以下几个方面：

（一）财政支持政策

（1）设立专门的创新创业基金。设立国家中小企业发展基金和国家新兴产业创业投资引导基金等，为中小企业提供投资和融资支持。这些基金旨在鼓励中小企业加强创新能力、提高核心竞争力。

（2）创业贷款和担保政策。政府提供创业担保贷款，如将小额担保贷款调整为创业担保贷款，最高额度统一调整为10万元。此外，还有银行和其他金融机构提供的创业贷款和风险投资，为中小企业提供了更多的融资渠道和灵活的融资方式。

（二）税收优惠政策

（1）减免企业所得税。中小微企业享受更低的企业所得税税率，这有助于降低企业的经营成本。

（2）减免增值税和附加税。政府陆续出台系列减税政策，进一步减轻小规模纳税人的税收负担。

(3) 其他税费减免。政府还减免或免除印花税、城市维护建设税等税费，以降低中小企业的运营成本。

(三) 创业扶持和服务政策

(1) 完善返乡创业园支持政策。政府整合创建一批农民工返乡创业园，鼓励返乡创业，带动地方经济发展。

(2) 创业咨询和培训服务。政府为创业者提供创业咨询、创业培训、创业项目评审、创业指导和跟踪服务等帮扶，以提高创业成功率。

(3) "一照一码" 和 "一址多照" 改革。政府推进工商营业执照、组织机构代码证、税务登记证 "三证合一" 改革，实现 "一照一码"，推动 "一址多照"、集群注册等住所登记改革，简化注册流程，降低创业门槛。

(四) 科技创新支持政策

政府鼓励中小企业参与科技创新和研发活动，并提供相应的支持政策。这有助于提升中小企业的科技创新能力，推动其向高技术、高附加值方向发展。

专栏 7-4

国务院办公厅关于进一步加大对中小企业纾困帮扶力度的通知

国办发〔2021〕45 号

各省、自治区、直辖市人民政府，国务院各部委、各直属机构：

中小企业是国民经济和社会发展的主力军，在促进增长、保障就业、活跃市场、改善民生等方面发挥着重要作用。近期，受原材料价格上涨、订单不足、用工难用工贵、应收账款回款慢、物流成本高以及新冠疫情散发、部分地区停电限电等影响，中小企业成本压力加大、经营困难加剧。为贯彻落实党中央、国务院决策部署，进一步加大助企纾困力度，减轻企业负担，帮助渡过难关，经国务院同意，现就有关事项通知如下：

一、加大纾困资金支持力度。鼓励地方安排中小企业纾困资金，对生产经营暂时面临困难但产品有市场、项目有前景、技术有竞争力的中小企业，以及劳动力密集、社会效益高的民生领域服务型中小企业（如养老托育机构等）给予专项资金支持，减轻房屋租金、水电费等负担，给予社保补贴等，帮助企业应对原材料价格上涨、物流及人力成本上升等压力。落实创业担保贷款贴息及奖补政策。用好小微企业融资担保降费奖补资金，支持扩大小微企业融资担保业务规模，降低融资担保成本。有条件的地方要发挥好贷款风险补偿机制作用。（财政部、工业和信息化部、人力资源社会保障部、人民银行等国务院相关部门及各地区按职责分工负责）

二、进一步推进减税降费。深入落实月销售额15万元以下的小规模纳税人免征增值税、小型微利企业减征所得税、研发费用加计扣除、固定资产加速折旧、支持科技创新进口等税收优惠政策。制造业中小微企业按规定延缓缴纳2021年第四季度部分税费。研究适时出台部分惠企政策到期后的接续政策。持续清理规范涉企收费，确保政策红利落地。（财政部、税务总局、海关总署、市场监管总局等国务院相关部门及各地区按职责分工负责）

三、灵活精准运用多种金融政策工具。加强再贷款再贴现政策工具精准“滴灌”中小企业，用好新增3000亿元支小再贷款额度。加大信用贷款投放，按规定实施普惠小微企业信用贷款支持政策。对于受新冠疫情、洪涝灾害及原材料价格上涨等影响严重的小微企业，加强流动资金贷款支持，按规定实施普惠小微企业贷款延期还本付息政策。（人民银行、银保监会按职责分工负责）

四、推动缓解成本上涨压力。加强大宗商品监测预警，强化市场供需调节，严厉打击囤积居奇、哄抬价格等违法行为。支持行业协会、大型企业搭建重点行业产业链供需对接平台，加强原材料保供对接服务。推动期货公司为中小企业提供风险管理服务，助力中小企业运用期货套期保值工具应对原材料价格大幅波动风险。稳定班轮公司在中国主要出口航线的运力供给。发挥行业协会、商会及地方政府作用，引导外贸企业与班轮公司签订长约合同，鼓励班轮公司推出中小企业专线服务。（国家发展改革委、工业和信息化部、市场监管总局、中国证监会、交通运输部、商务部等国务院相关部门及各地区按职责分工负责）

五、加强用电保障。加强电力产供储销体系建设，科学实施有序用电，合理安排错峰用电，保障对中小企业尤其是制造业中小企业的能源安全稳定供应。推动产业链龙头企业梳理上下游重点企业名单，保障产业链关键环节中小企业用电需求，维护产业链供应链安全稳定，确保企业已有订单正常生产，防范订单违约风险。加快推进电力市场化改革，充分考虑改革进程和中小企业承受能力，平稳有序推动中小企业进入电力市场。鼓励有条件的地方对小微企业用电实行阶段性优惠。（国家发展改革委、工业和信息化部及各地区按职责分工负责）

六、支持企业稳岗扩岗。落实失业保险稳岗返还及社保补贴、培训补贴等减负稳岗扩就业政策，支持中小企业稳定岗位，更多吸纳高校毕业生等重点群体就业。推动各级政府公共服务平台、人力资源服务机构为中小企业发布实时有效的岗位信息，加强用工供需信息对接。（人力资源社会保障部、财政部及各地区按职责分工负责）

七、保障中小企业款项支付。进一步落实《保障中小企业款项支付条例》，制定保障中小企业款项支付投诉处理办法，加强大型企业应付账款管理，对滥用市场优势地位逾期占用、恶意拖欠中小企业账款行为，加大联合惩戒力度。继续开展清理拖欠中小企业账款专项行动。推动各级政府部门、事业单位、大型企业及时支付采购中小企业货物、工程、服务的账款，从源头防范层层拖欠形成“三角债”。严禁以不签合同、在合同中不约定具体付款时限和付款方式等方法规避及时支付义务的行为。（工业和信息化部、国务院国资委、财政部、人民银行等国务院相关部门及各地区按职责分工负责）

八、着力扩大市场需求。加大民生领域和新型基础设施建设投资力度，进一步落实《政府采购促进中小企业发展管理办法》，鼓励各地因地制宜细化预留采购份额、价格评审优惠、降低投标成本、优先采购等支持措施。组织开展供需对接活动，促进大型企业扩大向中小企业采购规模。搭建政银合作平台，开展中小企业跨境撮合服务。依托跨境电商等外贸新业态，为中小企业提供远程网上交流、供需信息对接等服务。加快海外仓发展，保障外贸产业链供应链畅通运转。充分发挥境外经贸合作区作为中小企业“抱团出海”平台载体的作用，不断提升合作区建设质量和服务水平，引导和支持有合作需求的中小企业入区开展投资合作。（国家发展改革委、财政部、商务部、工业和信息化部按职责分工负责）

九、全面压实责任。各有关部门、各地区要进一步把思想认识行动统一到党中央、国务院决策部署上来，强化责任担当，勇于开拓创新，进一步细化纾困举措，积极采取针对性措施，帮助中小企业应对困难，推动中小企业向“专精特新”方向发展，不断提升市场竞争力。各有关部门要加强对中小企业面临困难和问题的调研，总结经验做法，加强政策储备，适时推动出台；要加大对地方的指导支持力度，扎实推动各项政策措施落地见效。落实情况要及时报送国务院促进中小企业发展工作领导小组办公室。（国务院相关部门及各地区按职责分工负责）

国务院办公厅

2021 年 11 月 10 日

三、"双创"与促进中小企业发展扶持政策应用案例

"双创"与中小企业发展的产业扶持政策在我国应用情况非常广泛且成效显著。一些创业公司不仅获得了注册基金的支持，还得以入驻免费孵化器，享受到了优质的办公环境和资源共享，企业的创业成本和持续经营成本大幅降低，创业成功率显著提升。而针对科技型小微企业的研发费用加计扣除、小微企业发行债券等资金扶持政策，有效缓解了企业初创期的资金紧张，推动了研发项目的顺利进行。

在创新创业平台服务方面，涌现了很多专业化、精细化的众创空间和孵化机构，为初创期、早中期企业提供公共技术、检验检测、财税会计、法律政策、教育培训、管理咨询等服务。焦作高新区就是这么一个典型的"双创"特色载体。

自焦作高新区 2020 年获批国家第三批"双创"特色载体以来，累计获得支持资金 4700 万元，这是河南省获得的最高支持金额。这笔资金为高新区内的中小企业提供了强大的经济后盾，促进了企业的研发和创新活动。

焦作高新区陆续出台了《焦作高新区促进工业经济高质量发展十条措施》和《焦作高新区推动创新驱动高质量发展的十条措施》等一系列政策。这些政策措施为中小企业提供了全方位的支持，包括财政奖励、税收优惠、融资便利等，有效推动了企业的快速发展。

目前，焦作高新区拥有省级以上"双创"孵化载体 10 家，其中包括国家级科技企业孵化器 1 家、省级大学科技园 1 家等。高新区集聚了各级研发平台 148 家，其中省级以上研发平台 83 家。这些孵化载体和研发平台，为初创企业和创新项目提供了优质的成长环境，包括办公空间、技术支持、市场推广等资源，大大降低了创业门槛和风险，为企业提供了先进的技术研发支持和测试服务，帮助企业提升产品竞争力和创新能力。

截至 2023 年 12 月，入驻焦作高新区的高新技术企业总数达到 54 家，科技型中小企业 183 家，国家级专精特新"小巨人"企业 5 家，获批焦作市级创新创业领军人才（团队）32 个。可以看出，通过政策扶持和专业指导，这些企业在技术创新、市场开拓等方面取得了显著成果，已经成为推动区域经济发展的重要力量。

专栏 7－5

国务院关于推动创新创业高质量发展打造"双创"升级版的意见

各省、自治区、直辖市人民政府，国务院各部委、各直属机构：

创新是引领发展的第一动力，是建设现代化经济体系的战略支撑。近年来，大众

创业万众创新持续向更大范围、更高层次和更深程度推进，创新创业与经济社会发展深度融合，对推动新旧动能转换和经济结构升级、扩大就业和改善民生、实现机会公平和社会纵向流动发挥了重要作用，为促进经济增长提供了有力支撑。当前，我国经济已由高速增长阶段转向高质量发展阶段，对推动大众创业万众创新提出了新的更高要求。为深入实施创新驱动发展战略，进一步激发市场活力和社会创造力，现就推动创新创业高质量发展、打造“双创”升级版提出以下意见。

一、总体要求

推进大众创业万众创新是深入实施创新驱动发展战略的重要支撑、深入推进供给侧结构性改革的重要途径。随着大众创业万众创新蓬勃发展，创新创业环境持续改善，创新创业主体日益多元，各类支撑平台不断丰富，创新创业社会氛围更加浓厚，创新创业理念日益深入人心，取得显著成效。但同时，还存在创新创业生态不够完善、科技成果转化机制尚不健全、大中小企业融通发展还不充分、创新创业国际合作不够深入以及部分政策落实不到位等问题。打造“双创”升级版，推动创新创业高质量发展，有利于进一步增强创业带动就业能力，有利于提升科技创新和产业发展活力，有利于创造优质供给和扩大有效需求，对增强经济发展内生动力具有重要意义。

（一）指导思想。

以习近平新时代中国特色社会主义思想为指导，全面贯彻党的十九大和十九届二中、三中全会精神，坚持新发展理念，坚持以供给侧结构性改革为主线，按照高质量发展要求，深入实施创新驱动发展战略，通过打造“双创”升级版，进一步优化创新创业环境，大幅降低创新创业成本，提升创业带动就业能力，增强科技创新引领作用，提升支撑平台服务能力，推动形成线上线下结合、产学研用协同、大中小企业融合的创新创业格局，为加快培育发展新动能、实现更充分就业和经济高质量发展提供坚实保障。

（二）主要目标。

——创新创业服务全面升级。创新创业资源共享平台更加完善，市场化、专业化众创空间功能不断拓展，创新创业服务平台能力显著提升，创业投资持续增长并更加关注早中期科技型企业，新兴创新创业服务业态日趋成熟。

——创业带动就业能力明显提升。培育更多充满活力、持续稳定经营的市场主体，直接创造更多就业岗位，带动关联产业就业岗位增加，促进就业机会公平和社会纵向流动，实现创新、创业、就业的良性循环。

——科技成果转化应用能力显著增强。科技型创业加快发展，产学研用更加协同，科技创新与传统产业转型升级结合更加紧密，形成多层次科技创新和产业发展主体，支撑战略性新兴产业加快发展。

——高质量创新创业集聚区不断涌现。“双创”示范基地建设扎实推进，一批可复制的制度性成果加快推广。有效发挥国家级新区、国家自主创新示范区等各类功能区优势，打造一批创新创业新高地。

——大中小企业创新创业价值链有机融合。一批高端科技人才、优秀企业家、专业投资人成为创新创业主力军，大企业、科研院所、中小企业之间创新资源要素自由畅通流动，内部外部、线上线下、大中小企业融通发展水平不断提升。

——国际国内创新创业资源深度融汇。拓展创新创业国际交流合作，深度融入全球创新创业浪潮，推动形成一批国际化创新创业集聚地，将“双创”打造成为我国与包括“一带一路”相关国家在内的世界各国合作的亮丽名片。

二、着力促进创新创业环境升级

（三）简政放权释放创新创业活力。进一步提升企业开办便利度，全面推进企业简易注销登记改革。积极推广“区域评估”，由政府组织力量对一定区域内地质灾害、水土保持等进行统一评估。推进审查事项、办事流程、数据交换等标准化建设，稳步推动公共数据资源开放，加快推进政务数据资源、社会数据资源、互联网数据资源建设。清理废除妨碍统一市场和公平竞争的规定和做法，加快发布全国统一的市场准入负面清单，建立清单动态调整机制。（市场监管总局、自然资源部、水利部、发展改革委等按职责分工负责）

（四）放管结合营造公平市场环境。加强社会信用体系建设，构建信用承诺、信息公示、信用分级分类、信用联合奖惩等全流程信用监管机制。修订生物制造、新材料等领域审查参考标准，激发高技术领域创新活力。引导和规范共享经济良性健康发展，推动共享经济平台企业切实履行主体责任。建立完善对“互联网＋教育”“互联网＋医疗”等新业态新模式的高效监管机制，严守安全质量和社会稳定底线。（发展改革委、市场监管总局、工业和信息化部、教育部、卫生健康委等按职责分工负责）

（五）优化服务便利创新创业。加快建立全国一体化政务服务平台，建立完善国家数据共享交换平台体系，推行数据共享责任清单制度，推动数据共享应用典型案例经验复制推广。在市县一级建立农村创新创业信息服务窗口。完善适应新就业形态的用工和社会保险制度，加快建设“网上社保”。积极落实产业用地政策，深入推进城镇低效用地再开发，健全建设用地“增存挂钩”机制，优化用地结构，盘活存量、闲置土地用于创新创业。（国务院办公厅、发展改革委、市场监管总局、农业农村部、人力资源社会保障部、自然资源部等按职责分工负责）

三、加快推动创新创业发展动力升级

（六）加大财税政策支持力度。聚焦减税降费，研究适当降低社保费率，确保总体上不增加企业负担，激发市场活力。将企业研发费用加计扣除比例提高到75%的政策由科技型中小企业扩大至所有企业。对个人在二级市场买卖新三板股票比照上市公司股票，对差价收入免征个人所得税。将国家级科技企业孵化器和大学科技园享受的免征房产税、增值税等优惠政策范围扩大至省级，符合条件的众创空间也可享受。（财政部、税务总局等按职责分工负责）

（七）完善创新创业产品和服务政府采购等政策措施。完善支持创新和中小企业的政府采购政策。发挥采购政策功能，加大对重大创新产品和服务、核心关键技术的采购力度，扩大首购、订购等非招标方式的应用。（发展改革委、财政部、工业和信息化部、科技部等和各地方人民政府按职责分工负责）

（八）加快推进首台（套）重大技术装备示范应用。充分发挥市场机制作用，推动重大技术装备研发创新、检测评定、示范应用体系建设。编制重大技术装备创新目录、众创研发指引，制定首台（套）评定办法。依托大型科技企业集团、重点研发机构，设立重大技术装备创新研究院。建立首台（套）示范应用基地和示范应用联盟。加快军民两用技术产品发展和推广应用。发挥众创、众筹、众包和虚拟创新创业社区等多种创新创业模式的作用，引导中小企业等创新主体参与重大技术装备研发，加强众创成果与市场有效对接。（发展改革委、科技部、工业和信息化部、财政部、国资委、卫生健康委、市场监管总局、能源局等按职责分工负责）

（九）建立完善知识产权管理服务体系。建立完善知识产权评估和风险控制体系，鼓励金融机构探索开展知识产权质押融资。完善知识产权运营公共服务平台，逐步建立全国统一的知识产权交易市场。鼓励和支持创新主体加强关键前沿技术知识产权创造，形成一批战略性高价值专利组合。聚焦重点领域和关键环节开展知识产权“雷霆”专项行动，进行集中检查、集中整治，全面加强知识产权执法维权工作力度。积极运用在线识别、实时监测、源头追溯等“互联网＋”技术强化知识产权保护。（知识产权局、财政部、银保监会、人民银行等按职责分工负责）

四、持续推进创业带动就业能力升级

（十）鼓励和支持科研人员积极投身科技创业。对科教类事业单位实施差异化分类指导，出台鼓励和支持科研人员离岗创业实施细则，完善创新型岗位管理实施细则。健全科研人员评价机制，将科研人员在科技成果转化过程中取得的成绩和参与创业项目的情况作为职称评审、岗位竞聘、绩效考核、收入分配、续签合同等的重要依据。建立完善科研人员校企、院企共建双聘机制。（科技部、教育部、人力资源社会保障部等按职责分工负责）

（十一）强化大学生创新创业教育培训。在全国高校推广创业导师制，把创新创业教育和实践课程纳入高校必修课体系，允许大学生用创业成果申请学位论文答辩。支持高校、职业院校（含技工院校）深化产教融合，引入企业开展生产性实习实训。（教育部、人力资源社会保障部、共青团中央等按职责分工负责）

（十二）健全农民工返乡创业服务体系。深入推进农民工返乡创业试点工作，推出一批农民工返乡创业示范县和农村创新创业典型县。进一步发挥创业担保贷款政策的作用，鼓励金融机构按照市场化、商业可持续原则对农村“双创”园区（基地）和公共服务平台等提供金融服务。安排一定比例年度土地利用计划，专项支持农村新产业新业态和产业融合发展。（人力资源社会保障部、农业农村部、发展改革委、人民银行、银保监会、财政部、自然资源部、共青团中央等按职责分工负责）

（十三）完善退役军人自主创业支持政策和服务体系。加大退役军人培训力度，依托院校、职业培训机构、创业培训中心等机构，开展创业意识教育、创业素质培养、创业项目指导、开业指导、企业经营管理等培训。大力扶持退役军人就业创业，落实好现有税收优惠政策，根据个体特点引导退役军人向科技服务业等新业态转移。推动退役军人创业平台不断完善，支持退役军人参加创新创业大会和比赛。（退役军人部、教育部、人力资源社会保障部、税务总局、财政部等按职责分工负责）

（十四）提升归国和外籍人才创新创业便利化水平。深入实施留学人员回国创新创业启动支持计划，遴选资助一批高层次人才回国创新创业项目。健全留学回国人才和外籍高层次人才服务机制，在签证、出入境、社会保险、知识产权保护、落户、永久居留、子女入学等方面进一步加大支持力度。（人力资源社会保障部、外交部、公安部、移民局、知识产权局等和各地方人民政府按职责分工负责）

（十五）推动更多群体投身创新创业。深入推进创新创业巾帼行动，鼓励支持更多女性投身创新创业实践。制定完善香港、澳门居民在内地发展便利性政策措施，鼓励支持港澳青年在内地创新创业。扩大两岸经济文化交流合作，为台湾同胞在大陆创新创业提供便利。积极引导侨资侨智参与创新创业，支持建设华侨华人创新创业基地和华侨大数据中心。探索国际柔性引才机制，持续推进海外人才离岸创新创业基地建设。启动少数民族地区创新创业专项行动，支持西藏、新疆等地区创新创业加快发展。推行终身职业技能培训制度，将有创业意愿和培训需求的劳动者全部纳入培训范围。（全国妇联、港澳办、台办、侨办、人力资源社会保障部、中国科协、发展改革委、国家民委等按职责分工负责）

五、深入推动科技创新支撑能力升级

（十六）增强创新型企业引领带动作用。在重点领域和关键环节加快建设一批国家产业创新中心、国家技术创新中心等创新平台，充分发挥创新平台资源集聚优势。建设由大中型科技企业牵头，中小企业、科技社团、高校院所等共同参与的科技联合体。加大对“专精特新”中小企业的支持力度，鼓励中小企业参与产业关键共性技术研究开发，持续提升企业创新能力，培育一批具有创新能力的制造业单项冠军企业，壮大制造业创新集群。健全企业家参与涉企创新创业政策制定机制。（发展改革委、科技部、中国科协、工业和信息化部等按职责分工负责）

（十七）推动高校科研院所创新创业深度融合。健全科技资源开放共享机制，鼓励科研人员面向企业开展技术开发、技术咨询、技术服务、技术培训等，促进科技创新与创业深度融合。推动高校、科研院所与企业共同建立概念验证、孵化育成等面向基础研究成果转化的服务平台。（科技部、教育部等按职责分工负责）

（十八）健全科技成果转化的体制机制。纵深推进全面创新改革试验，深化以科技创新为核心的全面创新。完善国家财政资金资助的科技成果信息共享机制，畅通科技成果与市场对接渠道。试点开展赋予科研人员职务科技成果所有权或长期使用权。加速高校科技成果转化和技术转移，促进科技、产业、投资融合对接。加强国家技术转移体系建设，鼓励高校、科研院所建设专业化技术转移机构。鼓励有条件的地方按技术合同实际成交额的一定比例对技术转移服务机构、技术合同登记机构和技术经纪人（技术经理人）给予奖补。（发展改革委、科技部、教育部、财政部等按职责分工负责）

六、大力促进创新创业平台服务升级

（十九）提升孵化机构和众创空间服务水平。建立众创空间质量管理、优胜劣汰的健康发展机制，引导众创空间向专业化、精细化方向升级，鼓励具备一定科研基础的市场主体建立专业化众创空间。推动中央企业、科研院所、高校和相关公共服务机构建设具有独立法人资格的孵化机构，为初创期、早中期企业提供公共技术、检验检测、财税会计、法律政策、教育培训、管理咨询等服务。继续推进全国创业孵化示范基地建设。鼓励生产制造类企业建立工匠工作室，通过技术攻关、破解生产难题、固化创新成果等塑造工匠品牌。加快发展孵化机构联盟，加强与国外孵化机构对接合作，吸引海外人才到国内创新创业。研究支持符合条件的孵化机构享受高新技术企业相关人才激励政策，落实孵化机构税收优惠政策。（科技部、国资委、教育部、人力资源社会保障部、工业和信息化部、财政部、税务总局等按职责分工负责）

（二十）搭建大中小企业融通发展平台。实施大中小企业融通发展专项行动计划，加快培育一批基于互联网的大企业创新创业平台、国家中小企业公共服务示范平台。推进国家小型微型企业创业创新示范基地建设，支持建设一批制造业“双创”技术转移中心和制造业“双创”服务平台。推进供应链创新与应用，加快形成大中小企业专业化分工协作的产业供应链体系。鼓励大中型企业开展内部创业，鼓励有条件的企业依法合规发起或参与设立公益性创业基金，鼓励企业参股、投资内部创业项目。鼓励国有企业探索以子公司等形式设立创新创业平台，促进混合所有制改革与创新创业深度融合。（工业和信息化部、商务部、财政部、国资委等按职责分工负责）

（二十一）深入推进工业互联网创新发展。更好发挥市场力量，加快发展工业互联网，与智能制造、电子商务等有机结合、互促共进。实施工业互联网三年行动计划，强化财税政策导向作用，持续利用工业转型升级资金支持工业互联网发展。推进工业互联网平台建设，形成多层次、系统性工业互联网平台体系，引导企业上云上平台，加快发展工业软件，培育工业互联网应用创新生态。推动产学研用合作建设工业互联网创新中心，建立工业互联网产业示范基地，开展工业互联网创新应用示范。加强专业人才支撑，公布一批工业互联网相关二级学科，鼓励搭建工业互联网学科引智平台。（工业和信息化部、发展改革委、教育部、科技部、财政部、人力资源社会保障部等按职责分工负责）

（二十二）完善“互联网＋”创新创业服务体系。推进“国家创新创业政策信息服务网”建设，及时发布创新创业先进经验和典型做法，进一步降低各类创新创业主体的政策信息获取门槛和时间成本。鼓励建设“互联网＋”创新创业平台，积极利用互联网等信息技术支持创新创业活动，进一步降低创新创业主体与资本、技术对接的门槛。推动“互联网＋公共服务”，使更多优质资源惠及群众。（发展改革委、科技部、工业和信息化部等按职责分工负责）

（二十三）打造创新创业重点展示品牌。继续扎实开展各类创新创业赛事活动，办好全国大众创业万众创新活动周，拓展“创响中国”系列活动范围，充分发挥“互联网＋”大学生创新创业大赛、中国创新创业大赛、“创客中国”创新创业大赛、“中国创翼”创业创新大赛、全国农村创业创新项目创意大赛、中央企业熠星创新创意大赛、“创青春”中国青年创新创业大赛、中国妇女创新创业大赛等品牌赛事活动作用。对各类赛事活动中涌现的优秀创新创业项目加强后续跟踪支持。（发展改革委、中国科协、教育部、科技部、工业和信息化部、人力资源社会保障部、农业农村部、国资委、共青团中央、全国妇联等按职责分工负责）

七、进一步完善创新创业金融服务

（二十四）引导金融机构有效服务创新创业融资需求。加快城市商业银行转型，回归服务小微企业等实体的本源，提高风险识别和定价能力，运用科技化等手段，为本地创新创业提供有针对性的金融产品和差异化服务。加快推进村镇银行本地化、民营化和专业化发展，支持民间资本参与农村中小金融机构充实资本、完善治理的改革，重点服务发展农村电商等新业态新模式。推进落实大中型商业银行设立普惠金融事业部，支持有条件的银行设立科技信贷专营事业部，提高服务创新创业企业的专业化水平。支持银行业金融机构积极稳妥开展并购贷款业务，提高对创业企业兼并重组的金融服务水平。（银保监会、人民银行等按职责分工负责）

（二十五）充分发挥创业投资支持创新创业作用。进一步健全适应创业投资行业特点的差异化监管体制，按照不溯及既往、确保总体税负不增的原则，抓紧完善进一步支持创业投资基金发展的税收政策，营造透明、可预期的政策环境。规范发展市场化运作、专业化管理的创业投资母基金。充分发挥国家新兴产业创业投资引导基金、国家中小企业发展基金等引导基金的作用，支持初创期、早中期创新型企业发展。加快发展天使投资，鼓励有条件的地方出台促进天使投资发展的政策措施，培育和壮大天使投资人群体。完善政府出资产业投资基金信用信息登记，开展政府出资产业投资基金绩效评价和公共信用综合评价。（发展改革委、证监会、税务总局、财政部、工业和信息化部、科技部、人民银行、银保监会等按职责分工负责）

（二十六）拓宽创新创业直接融资渠道。支持发展潜力好但尚未盈利的创新型企业上市或在新三板、区域性股权市场挂牌。推动科技型中小企业和创业投资企业发债融资，稳步扩大创新创业债试点规模，支持符合条件的企业发行“双创”专项债务融资工具。规范发展互联网股权融资，拓宽小微企业和创新创业者的融资渠道。推动完善公司法等法律法规和资本市场相关规则，允许科技企业实行“同股不同权”治

理结构。(证监会、发展改革委、科技部、人民银行、财政部、司法部等按职责分工负责)

(二十七)完善创新创业差异化金融支持政策。依托国家融资担保基金，采取股权投资、再担保等方式推进地方有序开展融资担保业务，构建全国统一的担保行业体系。支持保险公司为科技型中小企业知识产权融资提供保证保险服务。完善定向降准、信贷政策支持再贷款等结构性货币政策工具，引导资金更多投向创新型企业和小微企业。研究开展科技成果转化贷款风险补偿试点。实施战略性新兴产业重点项目信息合作机制，为战略性新兴产业提供更具针对性和适应性的金融产品和服务。(财政部、银保监会、科技部、知识产权局、人民银行、工业和信息化部、发展改革委、证监会等按职责分工负责)

八、加快构筑创新创业发展高地

(二十八)打造具有全球影响力的科技创新策源地。进一步夯实北京、上海科技创新中心的创新基础，加快建设一批重大科技基础设施集群、世界一流学科集群。加快推进粤港澳大湾区国际科技创新中心建设，探索建立健全国际化的创新创业合作新机制。(有关地方人民政府牵头负责)

(二十九)培育创新创业集聚区。支持符合条件的经济技术开发区打造大中小企业融通型、科技资源支撑型等不同类型的创新创业特色载体。鼓励国家级新区探索通用航空、体育休闲、养老服务、安全等产业与城市融合发展的新机制和新模式。推进雄安新区创新发展，打造体制机制新高地和京津冀协同创新重要平台。推动承接产业转移示范区、高新技术开发区聚焦战略性新兴产业构建园区配套及服务体系，充分发挥创新创业集群效应。支持有条件的省市建设综合性国家产业创新中心，提升关键核心技术创新能力。依托中心城市和都市圈，探索打造跨区域协同创新平台。(财政部、工业和信息化部、科技部、发展改革委等和各地方人民政府按职责分工负责)

(三十)发挥“双创”示范基地引导示范作用。将全面创新改革试验的相关改革举措在“双创”示范基地推广，为示范基地内的项目或企业开通总体规划环评等绿色通道。充分发挥长三角示范基地联盟作用，推动建立京津冀、西部等区域示范基地联盟，促进各类基地融通发展。开展“双创”示范基地十强百佳工程，鼓励示范基地在科技成果转化、财政金融、人才培养等方面积极探索。(发展改革委、生态环境部、银保监会、科技部、财政部、工业和信息化部、人力资源社会保障部等和有关地方人民政府及大众创业万众创新示范基地按职责分工负责)

（三十一）推进创新创业国际合作。发挥中国—东盟信息港、中阿网上丝绸之路等国际化平台作用，支持与“一带一路”相关国家开展创新创业合作。推动建立政府间创新创业多双边合作机制。充分利用各类国际合作论坛等重要载体，推动创新创业领域民间务实合作。鼓励有条件的地方建立创新创业国际合作基金，促进务实国际合作项目有效落地。（发展改革委、科技部、工业和信息化部等和有关地方人民政府按职责分工负责）

九、切实打通政策落实“最后一公里”

（三十二）强化创新创业政策统筹。完善创新创业信息通报制度，加强沟通联动。发挥推进大众创业万众创新部际联席会议统筹作用，建立部门之间、部门与地方之间的高效协同机制。鼓励各地方先行先试、大胆探索并建立容错免责机制。促进科技、金融、财税、人才等支持创新创业政策措施有效衔接。建立健全“双创”发展统计指标体系，做好创新创业统计监测工作。（发展改革委、统计局等和各地方人民政府按职责分工负责）

（三十三）细化关键政策落实措施。开展“双创”示范基地年度评估，根据评估结果进行动态调整。定期梳理制约创新创业的痛点堵点问题，开展创新创业痛点堵点疏解行动，督促相关部门和地方限期解决。对知识产权保护、税收优惠、成果转移转化、科技金融、军民融合、人才引进等支持创新创业政策措施落实情况定期开展专项督查和评估。（发展改革委、中国科协等和各地方人民政府按职责分工负责）

（三十四）做好创新创业经验推广。建立定期发布创新创业政策信息的制度，做好政策宣讲和落实工作。支持各地积极举办经验交流会和现场观摩会等，加强先进经验和典型做法的推广应用。加强创新创业政策和经验宣传，营造良好舆论氛围。（各部门、各地方人民政府按职责分工负责）

各地区、各部门要充分认识推动创新创业高质量发展、打造“双创”升级版对于深入实施创新驱动发展战略的重要意义，把思想、认识和行动统一到党中央、国务院决策部署上来，认真落实本意见各项要求，细化政策措施，加强督查，及时总结，确保各项政策措施落到实处，进一步增强创业带动就业能力和科技创新能力，加快培育发展新动能，充分激发市场活力和社会创造力，推动我国经济高质量发展。

国务院

2018 年 9 月 18 日

第五节 乡村振兴发展产业扶持政策

一、乡村振兴发展政策颁布背景

农业作为国家的基础产业，对保障国家粮食安全和重要农产品供给至关重要。在当前全球经济一体化和国内市场消费升级的大背景下，农业产业的持续健康发展不仅关乎国计民生，也是实现社会经济可持续发展的重要基石。

长期以来，我国农业存在结构性矛盾，如部分农产品产能过剩与优质农产品供给不足并存。农村内部也存在发展不充分的问题，如产业结构单一、资源利用效率低、农民收入增长缓慢等。这些问题制约了农村经济的可持续发展和农民生活水平的提高。

为解决城乡发展不平衡、农村发展不充分的问题，党的十九大提出了乡村振兴国家战略，旨在通过产业兴旺、生态宜居、乡风文明、治理有效、生活富裕的总要求，推动农业农村现代化。而乡村振兴战略的核心在于产业兴旺，只有产业发展了，才能为农村提供稳定的收入来源和就业机会，从而推动农村经济的全面发展和社会进步。

目前，随着全球经济一体化的深入发展，中国农业既面临来自国际市场的竞争压力，也迎来了融入全球农业产业链、价值链的机遇。随着全球贸易自由化的推进和农业技术的快速发展，国际农产品市场竞争日益激烈。我国农业在国际市场上既面临来自发达国家高质量农产品的竞争，也面临发展中国家低成本农产品的挑战。这种竞争压力促使我国必须加快农业转型升级，提高农产品的质量和竞争力，以应对国际市场的挑战。这要求我国农业不仅要提高生产效率，还要注重品牌建设、市场拓展和国际贸易规则的熟悉与运用，以实现从农业大国向农业强国的转变。

同时，国内经济进入高质量发展阶段，随着人民生活水平的提高和消费观念的转变，消费者对农产品品质、安全及多样化需求日益增长，他们不仅关注农产品的口感和营养价值，还关注农产品的生产过程和环保标准。这就要求我国农业必须加快向绿色、有机、生态方向发展，提高农产品的品质和安全性。

出台促进农业和农村发展的产业政策，是实施乡村振兴战略的重要举措之一。通过出台相关产业政策，可以引导农村产业结构调整、优化资源配置、提高农民收入水平，从而推动农村经济的全面发展。

二、乡村振兴发展扶持政策体系

我国每年都会出台相应的产业扶持政策，以促进农业和农村发展。其中，具有高度权威性的政策通常由国家层面的决策机构制定和颁布，以确保政策的统一性和有效性，如农业农村部、财政部等国家部委发布的政策文件以及“中央一号文件”等。以下是一些具有权威性的农业和农村发展政策：

（一）“中央一号文件”

“中央一号文件”是中共中央每年发布的第一份文件，通常聚焦于“三农”问题，即农业、农村和农民问题。这些文件具有高度的权威性和指导性，为全年的农业农村工作定下基调。

例如，2024 年的“中央一号文件”包含了关于保障国家粮食安全、推进农业供给侧结构性改革、促进农民增收、加强农村基础设施建设等方面的政策措施。2021 年“中央一号文件”是《中共中央 国务院关于全面推进乡村振兴加快农业农村现代化的意见》，是巩固脱贫攻坚成果和乡村振兴的有效衔接。2022 年、2023 年的“中央一号文件”分别就“全面推进乡村振兴重点工作”做了部署。

（二）《全国乡村产业发展规划（2020—2025 年）》

为深入贯彻党中央、国务院决策部署，加快发展乡村产业，依据 2019 年 6 月国务院颁布的《关于促进乡村产业振兴的指导意见》，农业农村部编制了《全国乡村产业发展规划（2020—2025 年）》（以下简称《规划》）。该政策是在我国即将全面建成小康社会，开启全面建设社会主义现代化国家新征程之际发布的，旨在推动乡村产业的高质量发展。

《规划》提出，到 2025 年乡村产业体系健全完备，乡村产业质量效益明显提升，乡村就业结构更加优化，农民增收渠道持续拓宽，乡村产业内生动力持续增强。《规划》明确了提升农产品加工业、拓展乡村特色产业、优化乡村休闲旅游业、发展乡村新型服务业、推进农业产业化和农村产业融合发展、推进农村创新创业等 6 大任务。

《规划》提出了一系列保障措施，包括加强组织领导、加大政策扶持、强化科技支撑、深化改革开放、加强人才培养等，以确保规划目标的实现。例如，完善财政扶持政策，采取“以奖代补、先建后补”等方式，支持现代农业产业园、农业产业强镇、优势特色产业集群及农产品仓储保鲜冷链设施建设，并鼓励地方发行专项债券用于乡村产业；引导县域金融机构将吸收的存款主要用于当地，建立“银税互动”“银信互动”贷款机制，充分发挥融资担保体系作用，推动落实创业担保贷款贴息政策。

（三）农业和农村产业扶持政策的主要方面

我国针对农业和农村产业出台了非常多的产业政策，涵盖了多个方面，主要分类为：

（1）粮食生产支持政策。包括耕地地力保护补贴、稻谷补贴、玉米大豆生产者补贴、粮食产能提升行动等，旨在提高农民种粮积极性，稳定粮食播种面积和产量。

（2）农业结构调整政策。包括大豆油料扩种计划、畜牧业转型升级计划等，通过政策支持和技术推广等措施鼓励农民种植大豆、油菜等油料作物；优化调整生猪产能，推进草食畜牧业转型升级，发展渔业等，促进农业内部各产业的协调发展。

（3）农业科技创新与推广政策。包括种业振兴行动、农业机械化与智能化等，通过加大种源关键核心技术攻关力度等措施推动种业发展；支持农机装备补短板行动，完善农机购置与应用补贴政策；推动智慧农业发展，建设智慧农业引领区等，提高农业生产效率和现代化水平。

（4）农业产业融合发展政策。通过支持农产品加工业发展、优化乡村休闲旅游业、培育乡村新型服务业等措施推动农村产业融合发展，延长农业产业链、提升价值链；支持选择省域内基础好、规模大、有特色、比较优势显著的主导产业，打造一批结构合理、链条完整的优势特色产业集群。

（5）强农惠农富农支持政策。扩大完全成本保险和种植收入保险政策实施范围等，为农业生产提供风险保障；加强农村道路、供水、供电、通信等基础设施建设，改善农村生产生活条件；推动农村金融服务创新，加大对农业、农村、农民的信贷支持力度。

这些政策共同构成了我国促进农业和农村发展的产业扶持政策体系，为农业和农村经济的全面发展提供了有力支撑。需要注意的是，随着时代的发展和形势的变化，这些政策也会不断进行调整和完善。

三、农业和农村发展扶持政策应用案例

以农机补贴政策为例。该政策可追溯到20世纪90年代，是我国政府为了促进农业现代化、提高农业生产效率而实施的一项重要政策。政策通过财政补贴的方式，鼓励农民和农业生产经营组织购买和使用先进的农业机械，降低农民购机成本，提高农机普及率和使用率，从而推动农业和农村产业的发展。随着经济的不断发展和农业现代化的推进，农机补贴政策不断完善和调整，以适应新形势下的农业发展需求。

我国农机购置补贴政策的补贴资金、补贴机具品目、补贴支付方式等随着农业农村发展在不断调整。例如，2024 年 6 月 4 日，农业农村部办公厅和财政部办公厅颁布了《2024—2026 年农机购置与应用补贴实施意见》，这是自 2018 年以来的第 3 轮三年补贴实施意见。与上一个三年补贴实施意见相比，该实施意见整合了很多品目，增加了秸秆还田整地播种机、抛秧机、侧深施肥装置等机具，退出了水稻直播机、甘蔗种植机、采茶机、抓草机、揉丝机、沼气发电机组等品目，使我国农机补贴政策整体呈现以下趋势：

（1）扩大了农机具补贴范围。通过不断扩大补贴范围，将更多先进适用的农机具纳入补贴目录，从而引导农民购买和使用这些机具。例如，政策重点支持的高性能播种机、智能高速插秧机、大型智能高端联合收获机械等，都有助于实现粮油等主要作物的大面积单产提升。

（2）推动农业科技创新。通过补贴鼓励农民和农业生产经营组织购买和使用具有自主创新技术的农机产品。例如，政策支持的智能终端和应用智能作业模式，以及北斗系统在农业生产中的推广应用，都是科技创新在农业领域的具体应用。

（3）优化补贴办理流程。农机补贴政策在实施过程中，不断优化补贴办理流程，简化手续，缩短机具核验办理时限，进一步激发了农民购买和使用农机的积极性。

（4）实施差异化补贴。根据机具的类型、性能以及地区实际需求等因素，制定不同的补贴标准。例如，对区域内保有量明显过多、技术相对落后的机具，实行降低补贴标准、退坡处理直至退出补贴范围；而对重点机具则提高补贴额，以发挥补贴资金的最大效益。

（5）支持农机报废更新，对报废老旧农机给予适当补助。这一政策有助于推动老旧农机的更新换代，减少环境污染和安全隐患，促进农业的可持续发展。

农机补贴政策由财政部、农业部和各级地方政府共同实施，以县级城市安陆市为例，2023 年获得中央补助资金 1150 万元，获得省级补助资金 288 万元，2023 年区受理申报资金 752. 726 万元，实际兑付补贴资金 534. 908 万元，补贴农机具总数 845 台/套，资金兑付率达到 71%，受益农户总数 571 户。

专栏 7 - 6

关于推动返乡入乡创业高质量发展的意见

发改就业〔2020〕104 号

各省、自治区、直辖市及计划单列市、新疆生产建设兵团有关部门和单位：

支持农民工等人员返乡入乡创业，是党中央、国务院作出的重大决策部署。近年来，返乡入乡创业呈现蓬勃发展态势，激发了全社会创新创业创造活力，助推了脱贫攻坚，加快了乡村振兴，促进了城镇化建设和城乡融合发展，稳定扩大就业效果逐步显现。但同时，一些突出矛盾和问题仍然不同程度存在，制约了返乡入乡创业。为推动返乡入乡创业高质量发展，现提出以下意见。

一、总体要求

（一）指导思想。以习近平新时代中国特色社会主义思想为指导，全面贯彻党的十九大和十九届二中、三中、四中全会精神，坚持以人民为中心的发展思想，牢固树立新发展理念，落实高质量发展要求，深入实施就业优先政策和区域协调发展战略，进一步完善体制机制、创新政策举措、强化服务保障，不断优化创业环境、降低创业成本、提升创业带动就业能力，推动返乡入乡创业高质量发展，为更好保障和改善民生提供有力支撑。

（二）基本原则。市场主导，政府引导。强化创业人员和企业主体地位，依托市场力量有效带动返乡入乡创业。更好发挥政府作用，推动形成部门协同、上下联动、政策协调的局面，引导返乡入乡创业高质量发展。

统筹推进，示范引领。把返乡入乡创业与新型城镇化建设、乡村振兴和脱贫攻坚等紧密结合，纳入经济社会发展全局和稳就业大局统筹推进。加强试点示范，引领带动返乡入乡创业再上新台阶。

深化改革，优化环境。以改革推动返乡入乡创业，打破体制机制障碍，大力提升主体带动能力、平台服务能力、要素支撑能力，为返乡入乡创业营造良好的发展环境。

问题导向，精准施策。聚焦融资、用地、人才、服务等方面突出问题，加快创新完善政策措施，为各类人员返乡入乡创业提供全方位政策制度支撑。

（三）总体目标。经过3—5年努力，工作协同、政策协调的机制更加顺畅，支持返乡入乡创业的政策体系更加完善，返乡入乡创业环境进一步优化，市场主体活力进一步迸发，产业转移承接能力进一步增强，带动就业能力进一步提升。到2025年，打造一批具有较强影响力、一二三产业融合发展的返乡入乡创业产业园、示范区（县），全国各类返乡入乡创业人员达到1500万人以上，带动就业人数达到6000万人左右。

二、深化“放管服”改革，优化返乡入乡创业营商环境

（四）推进简政放权。持续深化商事制度改革，全面实施市场准入负面清单制度，以服务业为重点试点进一步放宽市场准入限制，简化优化审批手续和流程，清理各类不合理的审批和许可事项，坚决防止增加不合理收费项目，降低市场准入门槛和制度性交易成本，破除制约劳动者返乡入乡创业的体制机制障碍。（发展改革委、市

场监管总局等按职责分工负责）

（五）优化创业服务。大力发展“互联网＋政务服务”，鼓励网上审批，加快推进政务服务“一网通办”，推广实施网上办、马上办、全程帮办等服务。鼓励县级以上地区设立返乡入乡创业“一站式”综合服务平台。整合优化县乡服务资源，积极打造覆盖县、乡、村的创业服务网络。（发展改革委、人力资源社会保障部、农业农村部、市场监管总局等按职责分工负责）

（六）培育中介服务市场。鼓励、支持和引导地方积极培育市场化中介服务机构，鼓励和支持大型市场化中介服务机构跨区域拓展，加强资源整合与信息共享，为返乡入乡创业人员和企业提供管理咨询、创业指导、资源对接、市场开拓等深度服务。（人力资源社会保障部牵头负责）

（七）构建亲商安商的良好环境。劳务输出地要积极建立权力清单和责任清单制度，完善更加公开透明的权力运行机制，形成引得进、留得住、干得好的发展环境，主动与长三角、珠三角、京津冀等地加强合作，通过开展返乡入乡创业投资对接会、招商洽谈会等方式，积极招引投资和承接产业转移。（发展改革委、商务部按职责分工负责）

三、加大财税政策支持，降低返乡入乡创业生产经营成本

（八）创新财政资金支持方式。统筹利用现有资金渠道或有条件的地区因地制宜设立返乡入乡创业资金，为返乡入乡创业人员和企业提供支持。充分利用外经贸发展专项资金，支持中西部和东北地区承接加工贸易梯度转移，带动促进返乡创业。允许发行地方政府专项债券支持符合条件的返乡入乡创业产业园、示范区（县）建设项目。（财政部、人力资源社会保障部、商务部、发展改革委等按职责分工负责）

（九）实施税费减免。对返乡入乡创业企业招用建档立卡贫困人口、登记失业人员，符合条件的，按规定落实税收优惠等政策。对入驻返乡入乡创业示范基地、创新创业园区（基地）、创业孵化基地等场所或租用各类园区标准化厂房生产的返乡入乡创业企业，各地可对厂房租金、卫生费、管理费等给予一定额度减免。（财政部、税务总局、人力资源社会保障部、发展改革委等按职责分工负责）

四、创新金融服务，缓解返乡入乡创业融资难题

（十）加大贷款支持。各地要加强与相关金融机构合作，创新金融产品和服务，加大对返乡入乡创业企业金融支持。推动城市商业银行、农村商业银行、农村信用社业务逐步回归本源，县域吸收的存款优先用于返乡入乡创业。鼓励和支持国有商业银

行合理赋予县域支行信贷业务审批权限，激发县域支行支持返乡入乡创业融资积极性。支持相关银行对暂时存在流动资金贷款偿还困难且符合相关条件的返乡入乡创业企业给予展期。适当提高对返乡入乡创业企业贷款不良率的容忍度。（人民银行、财政部、银保监会等按职责分工负责）

（十一）引导直接融资。切实发挥国家中小企业发展基金、国家新兴产业创业投资引导基金及各地的产业引导基金、创业投资基金等作用，撬动更多社会资本支持返乡入乡创业。进一步放开资本市场，积极利用上市、发行债券等方式拓宽融资渠道。支持私募股权投资基金加大对返乡入乡创业支持力度。加大债券产品创新，支持返乡入乡创业企业通过发行创新创业公司债券等进行融资。（工业和信息化部、财政部、发展改革委、证监会、人民银行、银保监会等按职责分工负责）

（十二）创新担保方式。探索实施返乡入乡创业信用贷款政策，鼓励在返乡创业试点地区拓展返乡入乡创业企业信用贷款业务。完善创业担保贷款政策，放宽小微企业创业担保贷款申请条件。加快完善政府性融资担保体系，充分发挥国家融资担保基金等作用，积极为符合条件的返乡入乡创业市场主体实施融资担保。推广“银行保险＋政策性担保”合作融资模式，鼓励保险公司为返乡入乡创业人员提供贷款保证保险产品。（银保监会、财政部、人民银行、人力资源社会保障部、发展改革委等按职责分工负责）

（十三）扩大抵押物范围。加快宅基地、集体建设用地以及农房等农村不动产确权登记，完善集体经营性建设用地抵押制度。在宅基地制度改革试点框架下，有条件的地区按照风险可控原则，稳妥探索宅基地使用权抵押贷款业务。探索实施利用大型农机具、股权、商标、应收账款等抵（质）押贷款，不断拓展抵（质）押物范围。（自然资源部、农业农村部、人民银行、银保监会等按职责分工负责）

五、健全用地支持政策，保障返乡入乡创业生产经营空间

（十四）优先保障返乡入乡创业用地。统筹安排相关产业用地，切实保障返乡入乡创业用地需求。各地在安排年度新增建设用地计划指标时，要加大对返乡入乡创业人员从事新产业新业态发展用地的支持。移民搬迁旧宅基地腾退节余的建设用地指标和村庄建设用地整治复垦腾退的建设用地指标，优先用于返乡入乡创业生产经营。（自然资源部、农业农村部等按职责分工负责）

（十五）完善土地利用方式。创新土地流转政策，鼓励承包农户依法采取转包、出租、互换、转让及入股等方式流转承包地，鼓励长期外出务工的农民家庭将相对闲

置的承包地集中流转给返乡入乡创业企业，用于农业生产经营。拓展农村宅基地所有权、资格权、使用权“三权分置”改革试点，鼓励针对返乡入乡创业人员和企业先行先试。返乡入乡人员创办农业休闲观光度假场所和农家乐的，可依法使用集体建设用地。（自然资源部、住房城乡建设部、农业农村部等按职责分工负责）

（十六）盘活存量土地资源。盘活工厂、公用设施等的闲置房产、空闲土地，结合交通区位、产业基础、生产条件等实际情况，依法依规实施改造利用，为返乡入乡创业人员提供低成本生产和办公场地。（自然资源部、农业农村部、住房城乡建设部、发展改革委、人力资源社会保障部、工业和信息化部、科技部等按职责分工负责）

六、优化人力资源，增强返乡入乡创业发展动力

（十七）强化创业培训。持续实施返乡入乡创业培训行动计划，使每位有意愿的创业者都能接受一次创业培训。实施返乡入乡创业带头人培养计划，对具有发展潜力和带头示范作用的返乡入乡创业人员，依托普通高校、职业院校（含技工院校，下同）、优质培训机构、公共职业技能培训平台等开展创业能力提升培训，符合条件的，按规定纳入职业培训补贴范围。（人力资源社会保障部、农业农村部、教育部等按职责分工负责）

（十八）大力培养本地人才。坚持需求导向，依托科教园区、各级各类学校特别是职业院校，实施产教融合、校企合作，开设返乡入乡创业特色产业相关专业，支持返乡入乡创业企业与院校合作订单式培养急需紧缺专业人才。大规模开展职业技能培训，大力培养适应返乡入乡创业企业需求的高素质劳动者。（教育部、人力资源社会保障部、农业农村部等按职责分工负责）

（十九）加快职业技能培训平台共建共享。围绕地方和返乡入乡创业发展需求，支持部分返乡创业试点地区建设一批公共实训基地，支持有条件的职业院校、企业深化校企合作并建设产教融合实训基地，依托大中型企业、知名村镇、大中专院校等力量建设一批农村创新创业孵化实训基地，为返乡入乡创业提供职业技能培训基础平台支撑。（发展改革委、人力资源社会保障部、教育部、农业农村部等按职责分工负责）

（二十）加强人才引进。制定返乡入乡创业“引人”“育人”“留人”政策措施。鼓励返乡入乡创业企业招用各类人才，各地可参照当地人才引进政策给予奖励、住房补贴等支持。鼓励专业技术人才以技术投资、入股等方式转让、转化科研成果，帮助支持返乡入乡创业企业发展。（人力资源社会保障部、科技部等按职责分工负责）

七、完善配套设施和服务，强化返乡入乡创业基础支撑

（二十一）完善基础设施。通过加大政府投资、引导社会资本投入等多种方式，支持中西部和东北地区进一步完善信息、交通、寄递、物流等基础设施。进一步健全以县、乡、村三级物流节点为支撑的物流网络体系，打通农村物流“最后一公里”。深化电子商务进农村综合示范工作。（发展改革委、工业和信息化部、交通运输部、国家邮政局、商务部等按职责分工负责）

（二十二）搭建创业平台。在统筹谋划基础上，支持和引导地方建设一批特色突出、设施齐全的返乡入乡创业园区（基地）。在现有各类园区基础上，整合资源、共建共享，改造提升一批乡情浓厚、产业集中、营商环境良好的返乡入乡创业产业园。支持各地推广新型孵化模式，整合建设一批创业孵化基地、小型微型企业创业创新基地、众创空间和星创天地等平台，并将其打造成为综合性返乡入乡创业孵化载体。（发展改革委、财政部、工业和信息化部、银保监会、人力资源社会保障部、科技部、农业农村部等按职责分工负责）

（二十三）优化基本公共服务。进一步放开城镇落户条件，对符合条件的各类返乡入乡创业人员及其共同生活的配偶、子女和父母全面放开落户限制。增加优质教育、住房等供给，解决返乡入乡创业人员子女入学、居住等实际问题。将符合条件的返乡创业人员纳入城镇住房保障范围。加快推进全国统一的社会保险公共服务平台建设，切实为返乡入乡创业人员妥善办理社保关系转移接续。建立以社会保障卡为载体的“一卡通”服务管理模式，做好社会保障服务工作。对创业失败的劳动者，符合条件的，按规定提供就业服务、就业援助和社会救助。（发展改革委、公安部、教育部、住房城乡建设部、人力资源社会保障部、民政部等按职责分工负责）

八、强化组织保障，确保返乡入乡创业政策任务落地见效

（二十四）加强组织领导。各地要强化责任意识，加强系统谋划，把返乡入乡创业纳入到经济社会发展全局和稳就业大局中统筹谋划和推进，建立健全返乡入乡创业工作机制，统筹制定实施方案、年度计划、目标任务和政策措施。各地区、各有关部门要加强协作，调动各方力量、整合各种资源，共同解决工作中遇到的困难和问题。（各部门按职责分工负责）

（二十五）强化评估考核。完善督查评估和考核机制，有关创业就业项目和资金安排与督查考核结果挂钩。对返乡创业试点地区进行检查考核，对工作成效明显的地区加大激励支持力度，对试点动力不足、主动作为不够、措施落实不到位的地区及时调整退出。（发展改革委、人力资源社会保障部等按职责分工负责）

（二十六）做好宣传引导。创新宣传方式，加强政策宣传解读，总结推广试点示范好经验好做法，大力宣传返乡入乡创业典型和优秀乡村企业家案例，鼓励举办创新创业大赛、创业训练营、创业大讲堂和各类展示活动，营造全社会广泛关心、支持和参与返乡入乡创业的良好氛围。（发展改革委、人力资源社会保障部、农业农村部、工业和信息化部等按职责分工负责）

各地区、各有关部门要进一步提高政治站位，充分认识支持农民工等人员返乡入乡创业的重要性和紧迫性，牢固树立一盘棋的思想，切实加强组织领导，认真落实本意见各项要求，细化、实化政策措施，加大要素保障力度，加快优化创业环境，推动返乡入乡创业高质量发展。

国家发展改革委　教育部　科技部　工业和信息化部　公安部
民政部　财政部　人力资源社会保障部　自然资源部　住房城乡建设部
交通运输部　农业农村部　商务部　人民银行　税务总局
市场监管总局　银保监会　证监会　国家邮政局
2020 年 1 月 19 日

实践环节

进入“产业扶持政策应用虚拟仿真实训项目”平台，在“课题研究”板块搜索“人工智能”相关的产业扶持政策，并完成以下任务：

1. 以“基本政策—规划方案—实施办法—政策执行”为结构，勾画出我国人工智能发展的产业政策管理路径。

2. 国务院“新一代人工智能发展规划”提出的重点任务是什么？支持人工智能发展的重点政策有哪些？各部委、省市是如何响应和落地该政策的？